应用型本科国际经济与贸易专业精品系列规划教材

国 际 贸 易

主 编 苏巧勤 胡云清
副主编 王 媛 涂 庄 顾建强

北京理工大学出版社
BEIJING INSTITUTE OF TECHNOLOGY PRESS

内 容 简 介

本书共分为十三章，系统地介绍了国际贸易的基础理论、基本政策。本书在编写过程中尽可能地吸收了该领域的最新成果，力求能够在内容上反映本学科发展的前沿动态。同时，为了区别于传统的国际贸易教材，本书更加注重理论联系实际，突出应用型人才培养的特点，强化实际动手能力的培养。

本书具有体系的完整性、理论的深刻性、知识的新颖性和生动的可读性等特点。既可作为高等院校经管类和非经管类本科教材，也可作为相关专业专科生及成人高等学历教育的教材，还可作为涉外经济工作者和理论工作者研究国际贸易问题的参考用书。

版权专有　侵权必究

图书在版编目（CIP）数据

国际贸易 / 苏巧勤，胡云清主编. —北京：北京理工大学出版社，2016.12（2020.3重印）
ISBN 978-7-5682-3551-8

Ⅰ．①国…　Ⅱ．①苏…　②胡…　Ⅲ．①国际贸易–高等学校–教材　Ⅳ．①F74

中国版本图书馆 CIP 数据核字（2016）第 315929 号

出版发行 / 北京理工大学出版社有限责任公司
社　　址 / 北京市海淀区中关村南大街 5 号
邮　　编 / 100081
电　　话 /（010）68914775（总编室）
　　　　　（010）82562903（教材售后服务热线）
　　　　　（010）68948351（其他图书服务热线）
网　　址 / http://www.bitpress.com.cn
经　　销 / 全国各地新华书店
印　　刷 / 北京虎彩文化传播有限公司
开　　本 / 787 毫米×1092 毫米　1/16
印　　张 / 18.25
字　　数 / 429 千字
版　　次 / 2016 年 12 月第 1 版　2020 年 3 月第 3 次印刷
定　　价 / 42.00 元

责任编辑 / 王晓莉
文案编辑 / 王晓莉
责任校对 / 周瑞红
责任印制 / 李志强

图书出现印装质量问题，请拨打售后服务热线，本社负责调换

前　言

随着经济全球化的深入发展，世界经济贸易形势发生了巨大变化。大量研究表明，商品、资本、服务和人员间的国际交流正在以前所未有的速度发展，世界上所有国家和地区都不可避免地被卷入全球化浪潮之中，都不同程度地依赖于进口商品和服务以及输入的资本和人才，并形成了相互稳定的经贸关系。而任何孤立的国家和地区既无法享受经济全球化带来的巨大利益，也无法接受包括技术和经济制度在内的各种国际传递。

在此背景下，中国正在积极地、全方位地融入全球化浪潮中，并已获得了累累硕果。2001年 12 月 11 日，中国正式加入世界贸易组织，成为其第 143 个成员国，标志着中国对外开放已经进入一个新的历史发展阶段。2009 年，中国首次取代占据榜首长达 6 年的德国，成为世界上最大的商品出口国。与此同时，改革开放 30 多年来，在对外贸易这个巨型"引擎"的牵引下，中国经济也不断地取得飞速发展，已经成为名副其实的世界经济大国。2006 年 2 月，中国的外汇储备首次超过日本成为世界第一，2010 年中国的 GDP 首次超过日本成为世界"亚军"。

毫无疑问，国际贸易是推动经济全球化的重要力量，也是世界各国彼此经济关系的"晴雨表"。因此，在全球化的背景下，在我国经贸地位不断提升的今天，对国际贸易的研究变得极为重要，也富有极强的时代意义。

作为国际经济学的微观部分，国际贸易学研究的是商品和服务的跨国界流动。本书呈现给大家的是国际贸易研究领域的丰富成果，不仅包括对国际贸易发生的动因、利益等方面的分析，还包括对国际贸易政策和措施的全面介绍，以及正在进行的经济一体化、多边贸易体系及谈判、要素的跨国流动等一系列问题的研究。这些研究成果有的形成于 15 世纪，有的则是对近些年出现的新问题的探讨。

本书以经济管理专业本科生为主要对象。其目标是使学生掌握和运用国际贸易基本理论和基本知识，培养学生利用国际贸易理论分析、处理和解决实际问题的能力。本书不仅能够为培养未来从事国际贸易的高素质的研究和实践人才提供理论支持，还可以为如今在企业中从事国际贸易的人员提供必要的理论指导。

目前，国际经济与贸易方面的教材较多，其中不乏优秀之作。前人的优秀成果是我们编写本书的重要参考和写作基础。当然，相比较而言，本书无论在内容编写上还是在写作的体例和形式上，都具有以下重要特点：

（1）在体例安排上，突出技能培养。本书强调知识的逻辑性、系统性和完整性，注重对学生技能水平的训练及对解决实际问题的创新能力的培养，以强化学生对国际贸易理论知识的掌握。

（2）在内容安排上，具有较强的实用性。本书要求学生不仅能理解国际贸易的基本原理，而且能将其在实际操作中加以灵活运用，这就从深度上挖掘了学生素质培养的潜能。

（3）在编写方法上，为便于教师和学生使用，本书设计了以下学习板块：

①"引导案例"板块通过引入案例，为学习每章内容创造一个学习情境，强化学生在社

会中学习、在生活中学习、在问题中学习的能力。

② "教学目标"板块对该章内容做高度概括和提炼，使学生在学习之前就明确学习的重点与难点，以便于提纲挈领地掌握知识。

③ "本章小结"板块通过对该章基本概念、基础知识和方法的归纳与总结，加强学生对该章重点和难点知识的理解与记忆。

④ "关键词"与"复习思考题"这两个板块主要用以帮助学生巩固所学知识与技能，依据每章的教学目标，启发学生进行拓展性思考，培养他们理论与实践相结合的能力。

⑤ 在正文部分穿插了"专栏"板块，该板块或是对国际贸易现实问题、经验加以分析，或是对时代背景和人物生平作一简介，不仅可以帮助学生掌握重点，强化他们的感性认识，还能扩展其知识面。

本书编写组成员由南理工泰州科技学院具有多年教学经验的任课教师担任。苏巧勤和胡云清为主编，王媛、涂庄和顾建强为副主编。具体编写分工如下：苏巧勤编写了第一、二、三、四章，王媛编写了第五、六、七、八章，涂庄编写了第九、十、十一、十二章，顾建强编写了第十三章。

本书在编写过程中广泛参考了国际贸易学和相关领域的最新研究成果以及网络资料，并在参考文献中详细列出了相应参考书目及作者。在此，向所有作者表示衷心的感谢。

当然，《国际贸易》是一门不断发展的学科，本身就包含着探索和追求，由于编写时间仓促和作者知识水平有限，再加之国际贸易形势发展较快，书中难免存在疏漏和不足之处，敬请读者多提宝贵意见和建议，以便我们进一步修改和完善。

编　者

目 录

第一章 导论 ……………………………………………………………（1）
 第一节 国际贸易的产生与发展 …………………………………（2）
 第二节 国际贸易理论综述 ………………………………………（10）
 第三节 国际贸易的基本概念与分类 ……………………………（20）
 第四节 国际贸易学的研究对象和内容以及研究方法 …………（27）

第二章 古典国际贸易理论 ……………………………………………（30）
 第一节 绝对优势理论 ……………………………………………（31）
 第二节 比较优势理论 ……………………………………………（37）
 第三节 相互需求理论 ……………………………………………（47）
 第四节 比较优势的度量指标 ……………………………………（51）

第三章 新古典国际贸易理论 …………………………………………（55）
 第一节 赫克歇尔–俄林的要素禀赋理论 ………………………（55）
 第二节 对赫克歇尔–俄林模型的验证 …………………………（62）
 第三节 赫克歇尔–俄林模型的拓展 ……………………………（66）

第四章 当代新国际贸易理论 …………………………………………（73）
 第一节 需求偏好重叠理论 ………………………………………（74）
 第二节 产品生命周期理论 ………………………………………（78）
 第三节 产业内贸易理论 …………………………………………（81）
 第四节 不完全竞争和规模经济理论 ……………………………（85）
 第五节 国家竞争优势理论 ………………………………………（99）

第五章 保护贸易理论 …………………………………………………（107）
 第一节 重商主义贸易理论 ………………………………………（107）

第二节　汉密尔顿的保护关税论 …………………………………………（110）
　　第三节　李斯特的幼稚工业保护论 ………………………………………（112）
　　第四节　凯恩斯主义的超保护贸易学说 …………………………………（115）
　　第五节　战略性贸易政策理论 ……………………………………………（120）

第六章　关税措施 …………………………………………………………（123）
　　第一节　关税概述 …………………………………………………………（124）
　　第二节　关税的分类 ………………………………………………………（126）
　　第三节　关税的经济效应 …………………………………………………（134）
　　第四节　海关税则与通关手续 ……………………………………………（137）

第七章　非关税措施 ………………………………………………………（142）
　　第一节　非关税措施概述 …………………………………………………（143）
　　第二节　直接限制进口的非关税措施 ……………………………………（145）
　　第三节　间接限制进口的非关税措施 ……………………………………（150）

第八章　出口鼓励与出口管制措施 ………………………………………（162）
　　第一节　鼓励出口措施 ……………………………………………………（163）
　　第二节　出口管制措施 ……………………………………………………（170）

第九章　世界贸易组织 ……………………………………………………（175）
　　第一节　从关税与贸易总协定到世界贸易组织 …………………………（176）
　　第二节　世界贸易组织的运行机制 ………………………………………（183）
　　第三节　中国与世界贸易组织 ……………………………………………（191）

第十章　区域经济一体化 …………………………………………………（198）
　　第一节　区域经济一体化概述 ……………………………………………（199）
　　第二节　关税同盟理论 ……………………………………………………（204）
　　第三节　区域经济一体化的其他理论 ……………………………………（206）
　　第四节　区域经济一体化的实践 …………………………………………（208）

第十一章　国际资本流动、跨国公司与国际贸易 ………………………（217）
　　第一节　国际资本流动概述 ………………………………………………（218）
　　第二节　国际直接投资与国际贸易 ………………………………………（223）
　　第三节　跨国公司与国际贸易 ……………………………………………（228）

第十二章　国际服务贸易 …………………………………………………（234）
　　第一节　国际服务贸易概述 ………………………………………………（235）
　　第二节　国际服务贸易理论 ………………………………………………（241）
　　第三节　《服务贸易总协定》 ………………………………………………（248）

第四节　中国服务贸易 …………………………………………………………（255）

第十三章　跨境电子商务 …………………………………………………………（262）

　　第一节　跨境电子商务概述 ……………………………………………………（264）

　　第二节　跨境电子商务的运营模式和实践模式 ………………………………（269）

　　第三节　跨境电子商务发展中的问题与政策措施 ……………………………（273）

　　第四节　跨境电子商务未来发展趋势 …………………………………………（276）

参考文献 ……………………………………………………………………………（279）

第一章

导　论

引导案例

中国对外贸易发展情况

2015年是我国外贸历史上极不寻常的一年，形势更加复杂严峻，下行压力加大。据海关初步统计，2015年，全国进出口总值24.58万亿元，同比（下同）下降7%。其中，出口14.14万亿元，下降1.8%；进口10.45万亿元，下降13.2%。按美元计，全国进出口总值3.96万亿美元，下降8%。其中，出口2.28万亿美元，下降2.8%；进口1.68万亿美元，下降14.1%。尽管进出口增速下降，但从国际比较看，我国出口增速仍好于全球主要经济体和新兴市场国家，占全球市场份额稳中有升，结构调整和动力转换加快，外贸发展的质量和效益进一步提高。2015年全年外贸运行主要呈以下特点：

（1）从国际比较来看，我国继续保持第一贸易大国的地位，出口国际市场份额稳中有升。我国出口情况仍好于全球主要经济体和新兴市场国家。据WTO统计，2015年1—11月，美国（-6.8%）、德国（-11.2%）、日本（-9.4%）、韩国（-7.4%）、印度（-17.5%）、南非（-9.5%）、巴西（-16.0%）等国家和地区出口均为负增长，比我国出口降幅（-2.5%）分别高0.6至15个百分点。我国出口国际市场份额升至约13.4%，比2014年提高1个百分点。1—11月，我国进出口比美国多566亿美元，其中出口多6672亿美元，继续保持第一货物贸易大国的地位。

（2）从贸易方式来看，一般贸易出口保持增长，成为拉动出口的主要力量。2015年，一般贸易出口12173亿美元，增长1.2%，占外贸出口53.5%，比2014年同期提高2.1个百分点；加工贸易出口7978亿美元，下降9.8%，占外贸出口35%，比2014年同期下降2.7个百分点。

（3）从主要产品来看，机电产品出口保持增长，产品结构进一步优化。2015年，机电产品出口13119.3亿美元，同比增长0.1%，占外贸出口57.6%，比2014年同期提高1.8个百分点。其中，手机、船舶、灯具等出口分别增长8.5%、13.3%、15%。七大类劳动密集型产品出口4720亿美元，同比下降2.7%，占外贸出口20.7%，其中纺织品、服装、鞋类分别下降

2.3%、6.4%和4.8%。

（4）从经营主体来看，民营企业出口保持增长，成为出口的主力军。2015年，民营企业出口10 295亿美元，同比增长1.8%，占外贸出口45.2%，比2014年同期提高2.1个百分点；外资企业出口10 047亿美元，同比下降6.5%，占外贸出口44.2%；国有企业出口2 424亿美元，同比下降5.5%，占外贸出口10.6%。

（5）从主要市场来看，市场多元化取得进展，对"一带一路"相关国家出口保持增长。2015年，我国对印度、泰国、越南等国出口分别增长7.4%、11.7%和3.8%。对美国、东盟出口增长3.4%和2.1%。对欧盟、日本、中国香港等传统市场出口分别下降4.0%、9.2%、8.7%。对俄罗斯、巴西等新兴市场出口分别下降35.2%和21.4%。

（6）从地区情况来看，中部地区占比提升。2015年，东部十省市（北京、天津、河北、辽宁、上海、江苏、浙江、福建、山东、广东）出口19 015.6亿美元，下降2.0%，占外贸出口83.5%，比2014年提升0.6个百分点；中部地区出口1 826.9亿美元，下降1.5%，占外贸出口8.0%，比2014年提升0.1个百分点；西部地区出口1 923.2亿美元，下降11.5%，占外贸出口8.5%，比2014年下降0.7个百分点。

（7）新型商业模式保持快速增长。跨境电子商务、市场采购等新型商业模式正逐步成为外贸发展新的增长点。2015年，跨境电子商务增速高达30%以上。市场采购贸易方式出口增速超过70%。

（8）受大宗商品价格下跌、国内需求走弱等因素影响，进口仍在低位运行，但质量效益提高。2015年，我国原油、塑料、大豆、天然气、纸浆、谷物、铜精矿等10类大宗商品进口量增价跌，合计减少付汇1 880亿美元（折合人民币约1.2万亿元），大幅降低了国内企业生产成本，改善了效益。

（资料来源：中华人民共和国商务部网站，2016-01-20）

教学目标

1. 了解国际贸易的产生与发展。
2. 了解国际贸易理论的产生与发展。
3. 掌握国际贸易的基本概念和国际贸易的主要分类。
4. 熟悉和学会运用研究国际贸易的基本原则和方法。

第一节　国际贸易的产生与发展

一、国际贸易的产生

国际贸易是指国与国之间所进行的商品和劳务的交换活动，它是世界各国对外贸易的总和。对外贸易是指一个国家或地区与另一个国家或地区之间的商品和劳务的交换活动。

国际贸易不是人类社会一开始就有的，而是在一定历史条件下产生和发展起来的。国际贸易的产生必须具备两个基本条件：一是有剩余的产品可以作为商品进行交换；二是商品交换要在各自为政的经济实体之间进行。因此，没有剩余产品，没有阶级和国家（或独立的经济体），也就没有对外贸易。从根本上来说，社会生产力的发展和社会分工的扩大是国际贸易产生和发展的基础。

原始社会初期，人类处于自然分工状态，生产力水平极其低下，人们在共同劳动的基础上获取有限的生活资料，仅能维持本身生存的需要，没有什么剩余产品可以用作交换。那时候，没有剩余产品，没有私有制，没有阶级，没有国家，当然也就没有对外贸易和国际贸易。

随着社会的发展，出现了第一次社会大分工——原始畜牧业和原始农业的分工。第一次社会大分工后，原始社会的生产力得到了发展，产品除了能维持自身需要外，还有了剩余。人们为了得到自己不生产的产品，便在氏族或部落之间进行交换。那时的交换还只是偶然发生的、原始的物物交换。

随着生产力的继续发展，出现了第二次社会大分工——手工业从农业中分离出来。随着社会生产分为畜牧业、农业、手工业几个部门，就产生了以直接交换为目的的生产——商品生产。商品生产和商品交换的不断扩大，产生了货币。商品交换由物物交换变成了以货币为媒介的商品流通。

第二次社会大分工以后，商品交换日益频繁，交换的地理范围也不断扩大。生产者为了买卖方便和缩短贩卖商品的时间，就需要有专门从事贩运商品和商品交换业务的人——商人，于是就出现了第三次社会大分工。商人的出现使远距离商品交换，甚至海外贸易成为可能。

三次社会大分工，每次都促进了社会生产力的发展和剩余产品的增加；也促进了私有制的发展和奴隶制的形成，使原始社会逐渐过渡到奴隶社会。国家的出现替代了过去的氏族公社，此时，氏族间的商品交换就成了跨越国界的、国际的贸易。

二、国际贸易的发展

（一）资本主义以前的国际贸易

1. 奴隶社会的国际贸易

奴隶社会制度最早出现在古代东方各国，如埃及、巴比伦、中国，但是，以欧洲的希腊、罗马的奴隶制度最为典型。

奴隶社会时期从事国际贸易的国家主要有腓尼基、希腊、罗马等，这些国家在地中海东部和黑海沿岸地区主要从事贩运贸易。我国在夏商时代进入奴隶社会，贸易集中在黄河沿岸。

奴隶社会虽然出现了手工业和商品生产，但在一国整个社会生产中显得微不足道，进入流通的商品数量很少。因为，在奴隶社会，自然经济占主导地位，生产的目的主要是消费，而不是交换。同时，由于社会生产力水平低下和生产技术落后，交通工具简陋，道路条件恶劣，严重阻碍了人与物的交流，对外贸易局限在很小的范围内，其规模和内容都受到很大的限制。

奴隶社会是奴隶主占有生产资料和奴隶的社会，奴隶社会的对外贸易是为奴隶主阶级服务的。当时，奴隶主拥有财富的重要标志是其占有多少奴隶，因此，奴隶社会国际贸易中的主要商品是奴隶。据记载，希腊的雅典就曾经是一个贩卖奴隶的中心。此外，粮食、酒及其他专供奴隶主阶级享用的奢侈品，如宝石、香料和各种织物等也是当时国际贸易中的重要商品。

总的来说，奴隶社会商品生产在整个生产中占的比重很小，能用来进行国际交换的商品更少，对外贸易的范围仅限于在相临国家之间进行。但是，尽管如此，有限的国际贸易对商品经济的发展还是起了一定的推动作用，尤其促进了手工业的发展。

2. 封建社会的国际贸易

随着生产力的发展，人类社会由奴隶社会进入封建社会，商品经济得到了进一步发展，极大地推动了国际贸易的发展，国际贸易也由最初的以物易物贸易形式，转化为以货币交易的形式，同时由于交通工具的改进和马车的出现，国际贸易更趋活跃，国际贸易的规模、范围也在不断地扩大。

中世纪，欧洲国家普遍实行封建制度，国际贸易有了较大发展。在欧洲封建社会的早期，国际贸易活动很少，其中心位于地中海东部，除了盐、酒之类必需品交易外就是买卖奴隶；到封建社会的中期，商品生产取得了一定进展，加之基督教在西欧已十分盛行，教会通过促进国际贸易的发展来获取和维护自身的利益；公元11世纪以后，国际贸易的范围扩大到了地中海、北海、波罗的海和黑海沿岸；封建社会后期，随着城市的兴起和城市手工业的发展，国际贸易进一步发展，交易品已从香料和奢侈品扩展到呢绒、葡萄酒、羊毛和金属制品等。

亚洲各国之间的贸易由近海逐渐扩展到远洋。早在西汉时期，中国就开辟了从长安经中亚通往西亚和欧洲的陆路商路——丝绸之路，把中国的丝绸、茶叶等商品输往西方各国，换回良马、种子、药材和饰品等。到了唐朝，除了陆路贸易外，还开辟了通往波斯湾以及朝鲜和日本等地的海上贸易。在宋、元时期，由于造船技术的进步，海上贸易进一步发展。在明朝永乐年间，郑和曾率领商船队七次下"西洋"，经东南亚、印度洋到达非洲东岸，先后访问了30多个国家，用中国的丝绸、瓷器、茶叶、铜铁器等同所到国家的物品进行交易，换回各国的香料、珠宝、象牙和药材等。

然而，封建社会自给自足的自然经济仍然占统治地位，社会分工和商品经济仍然很不发达，能够进入商品流通的只有少量剩余农产品、土特产品和手工业品。对外贸易在各国国民经济中还不占重要地位，对各国经济的发展没有显著影响，通过贸易往来，主要是实现了各国之间的经济文化交流。

（二）资本主义社会的国际贸易

国际贸易的发展与资本主义生产方式的建立与发展紧密相连。马克思曾经指出："对外贸易的扩大，虽然在资本主义生产方式的幼年时期是这种生产方式的基础，但在资本主义生产方式的发展中，由于这种生产方式的内在必然性，由于这种生产方式要求不断扩大市场，它成为这种方式本身的产物。"马克思这一科学论断，揭示了国际贸易与资本主义生产方式之间的本质联系。与封建制度不同，资本主义制度在本质上具有扩张性。资本的无限扩张决定了它必须以大规模生产为前提，同时也必须以大规模的销售为前提。在资本主义形成以前，国际贸易为资本主义生产方式的产生提供了必要的劳动力、资本和市场，帮助其完成了资本的原始积累。在资本主义生产方式确立后，由资本主义制度的本质所决定，国际贸易成了这种生产方式的产物，这在近代表现得尤为突出。

人类社会从封建社会发展到资本主义社会以后，国际贸易发展得非常迅速。贸易规模、贸易商品种类、贸易地理范围得到了空前的扩大，贸易在各国国民经济中的地位也得到了空前的提高。国际贸易之所以得到迅速发展，是因为：地理上的新发现；主要资本主义国家产业革命的完成。这两方面的原因促使资本主义的商品经济有了极大的发展，对国际贸易的迅速发展也起了决定性作用。

在资本主义生产方式准备时期，1492年，意大利航海家克里斯托弗·哥伦布横渡大西洋，发现了美洲大陆。1498年，葡萄牙的瓦斯哥·达·迦马绕过南非的好望角发现了到达印度的新航线。这两个重大发现，使欧洲的对外贸易在地理范围上扩大了。在此之前，欧洲国际贸易的地理位置主要为地中海、北海、波罗的海，与亚洲的贸易主要是通过阿拉伯商人间接进行的。在地理大发现之后，欧洲对外贸易的范围就直接扩大到大西洋彼岸的美洲和亚洲的印度、中国以及南洋群岛。当时，大量的欧洲商人涌向这些地区，用武力和欺骗手段，进行海盗式的、掠夺性的贸易，并且占领这些国家和地区，使这些国家和地区沦为他们的殖民地。

欧洲的几个主要贸易国家为了争夺海上的贸易霸权，曾经进行过几次商业战争，几个主要贸易国家也因此而经历了几度兴衰。随着几个主要贸易国家的兴衰，国际贸易的中心也曾多次转移。最初，由于西班牙、葡萄牙的兴起，比利牛斯半岛诸城市成为国际贸易的中心；以后，荷兰兴起，安特卫普和阿姆斯特丹取代了前者，成了国际贸易的中心；到17世纪时，英国取得了国际贸易的霸权，伦敦就成了国际贸易的中心。以上所述说明，地理大发现使国际贸易迅速发展。

同样，这一时期的产业革命也促进了国际贸易的迅速发展。18世纪后半期和19世纪，资本主义国家相继发生并完成了产业革命。所谓产业革命，是以机器为主的工厂制度代替以手工技术为基础的手工工场制的革命。它既是一场技术革命，又是一场生产关系的变革。这次产业革命是18世纪60年代在英国棉纺织业首先开始的。当时，哈格里夫斯发明的珍妮纺织机、瓦特研制的蒸汽机，在这次技术革命中起了突出的作用。英国的产业革命在19世纪30年代基本完成。继英国之后，法国在19世纪初开始产业革命，19世纪60年代末基本完成，之后，美国、德国、日本也相继开展并完成了产业革命。

随着蒸汽机的出现和应用范围的扩大，特别是机器制造业的形成，机械化生产遍及了工业、交通运输业、采矿业等部门，改变了整个工业生产的面貌。机器大工业的建立，迅速提高了社会生产力，使社会产品得到极大丰富，这就为国际贸易奠定了物质基础。另外，交通运输和通信联络工具有了很大进步，火车代替了马车，轮船代替了帆船。这些都使得运费降低、运输时间减少，这实际上就等于缩短了各国之间的地理距离，使过去不可能的国际贸易成为可能。

关于这一段时间的生产与贸易情况，下面有一组数据可以说明：1850—1913年的63年，世界工业生产增加了10倍，国际贸易量也增加了10倍。这说明，产业革命使世界经济得到了迅速发展，也使国际贸易得到了迅速发展。

从总的情况看，资本主义社会与封建社会相比较，国际贸易无论内容还是形式，都发生了显著变化。具体来讲，这些变化主要表现为以下几个方面：

（1）贸易的商品种类已不像封建社会那样只限于少量的奢侈消费品，而是品种越来越多，工业品、原料、谷物也成为大宗的贸易商品。

（2）贸易方式由过去的现场看货成交，发展成为凭样品成交。

（3）由于国际贸易的日益频繁，开始出现了为国际贸易服务的运输、保险、借贷金融等专业化企业。

（4）国家之间为了把贸易渠道稳定下来，以便使经常贸易有所保证，或为了争取到贸易对方国的优惠待遇，国与国之间签订的贸易条约、贸易协定等协议形式也普遍发展起来。

(三)第二次世界大战后国际贸易发展的特点

第二次世界大战(以下简称"二战")后,由于第三次科技革命的发生、国际分工和生产国际化的深化和扩大、贸易自由化的加强、跨国公司的加速发展和在世界范围内的稳定,国际贸易取得了巨大发展。

国际贸易额从1950年的607亿美元增长到1990年的34 700亿美元,1999年为6.8万亿美元,其增长速度(4.5%)超过了世界经济的增长速度(3.3%)。在这一时期,国际贸易出现了以下新的特点:

1. 国际贸易增长迅速,呈波浪形变化趋势

1945年,第二次世界大战结束。1948年,世界生产基本上恢复到"二战"前的水平,所以,一般都以这一年作为分析"二战"后世界经济发展的起点。

"二战"前国际贸易发展较快的两个阶段是:1870—1900年,年均增长率为3.2%;1900—1913年,年均增长率为3.8%。"二战"后的各个阶段发展速度均大大高于"二战"前的发展速度。但是,在整体高速增长的同时,各阶段的增长速度又不均衡,呈现出波浪式变化的特点,如表1-1所示。

表1-1 1950—1990年国际贸易年均增长情况

年 份	1950—1990	1950—1960	1960—1970	1970—1980	1980—1990
年均增长率/%	11.4	6.5	9.2	20.3	6.0

(资料来源:联合国贸易与发展会议《国际贸易发展手册1991》)

2. 各种类型的国家在国际贸易中发展不平衡

(1)各类国家在国际贸易中地位的变化。发达国家在国际贸易中的地位在加强,其贸易额在国际贸易中的比重在上升。1938年,发达国家的出口总额占世界的65.9%;1950年,其在国际贸易中的比重占60.8%,1980年占62.6%,1989年占71.4%。

发展中国家在国际贸易中的地位呈下降趋势。1950—1990年,发展中国家出口年均增长率为11.2%,低于世界平均水平(11.4%)。所以,发展中国家在国际贸易中的比重逐渐下降,由31.1%下降为21.6%。

(2)发达国家内部各主要资本主义国家经济发展不平衡。这种不平衡,可以用3个指标来反映:出口增长率、在世界出口中所占比重、对外贸易差额。从出口增长率来看,1950—1990年,日本、德国、美国的年均出口增长情况是:日本16.7%,德国13.3%,这两个国家超过世界平均水平11.4%;美国9.8%,低于世界平均水平。从各国在世界出口中所占比重来看,1950—1990年,日本、德国、美国的出口在世界出口中所占比重的变化情况是:美国从1950年的16.7%下降为1990年的11.8%;日本从1950年的1.4%上升为1990年的8.4%;德国从1950年的3.2%上升为1990年的11.2%。从对外贸易差额变动情况来看,美国在20世纪50、60年代为顺差,到70、80年代变为逆差,而且,近几年逆差数额越来越大。德国战后一直保持顺差。日本在20世纪70年代以前,基本上是逆差,80年代以后,一直保持顺差,而且顺差数额逐渐增大。

(3)发展中国家内部经济发展不平衡。"二战"后,发展中国家在国际贸易中所占比重总体下降,但是,其内部各国之间的发展也不平衡,具体表现为:石油出口国对外贸易发展迅速，所占比重上升，非石油出口国所占比重下降；在非石油出口国内部，工业制成品出口国（一些新兴的工业化国家）在国际贸易中的地位上升。

在世界燃料出口国中，发展中国家所占比重很大，上升也很快。1955年发展中国家燃料出口占世界燃料出口的比重为57.4%，1980年上升为72.4%。这说明，发达国家在燃料上对发展中国家依赖性很强。就是因为这个原因，石油出口国对外贸易增长速度快于非石油出口国，特别是1973年以后，石油价格上涨，使石油出口国的贸易额在国际贸易中所占比重从1950年的6.3%剧增到1980年的16.4%。但是，在此之后，由于石油价格回落等原因，这个比重又有所下降，1990年降到6.0%。工业制成品出口国之所以在国际贸易中的地位上升，是因为在国际贸易中，制成品贸易所占比重呈上升趋势，而这些国家是以出口制成品为主的，所以贸易增长较快，所占比重上升。

3. 国际贸易中商品结构发生变化

（1）工业制成品与初级产品比重发生变化。商品按其加工程度不同，可分为初级产品和工业制成品两大类。初级产品，也称为基本产品或原始产品，是指未经加工或只进行过简单加工的农（包括农、林、牧、渔）矿产品。工业制成品，也称为制成品，是指在工业企业内已完成全部生产过程，可供销售的合格产品。

"二战"后，国际贸易中初级产品与工业制成品比重的变化表现为：工业制成品比重扩大，初级产品比重减少。"二战"前，国际贸易的商品结构（工业制成品与初级产品的比例）保持在：初级产品占61%，工业制成品占39%。1876—1938年的60多年中，这个比例基本上比较稳定，没有大的变化。"二战"后，工业制成品贸易增长非常迅速，所占比重不断上升；而初级产品贸易增长相对缓慢，所占比重有所下降。1955年，工业制成品与初级产品的比重大体持平；1960年工业制成品比重增长到55%，而初级产品比重下降到45%，工业制成品比重开始超过初级产品比重。到1980年，原来的比例关系恰好颠倒过来：初级产品占39%，而工业制成品占61%。

之所以发生这种变化，一方面是因为发达资本主义国家对初级产品的需求下降。"二战"后，由于科学技术的进步，以及生产向深度进军，原材料的深度开发，知识密集型产业的发展，减少了对天然原材料的消耗；另外，各种合成材料的出现和大量生产，也替代了一部分天然原料；再者，"二战"后，发达国家为了摆脱对其他国家初级产品的依赖，也开始大力发展农业，提高了粮食和原料的自给率。以上因素导致发达资本主义国家对初级产品的需求下降。另一方面是因为发展中国家的初级产品的供给减少。由于发展中国家的初级产品与发达国家的工业制成品之间的交换存在不等价交换的现象，初级产品的出口价格趋于下降，或有增长但增幅很小，而工业制成品出口价格趋于上升，这就造成两类产品的价格差不断扩大，这种情况很不利于初级产品的生产和出口；另外，发展中国家随着生产力的发展，已经可以把许多原料在国内进行不同程度的加工了。这些因素导致了发展中国家初级产品出口量相对减少。供给与需求的同时下降使得初级产品在国际贸易中的比重下降，工业制成品比重上升。

（2）工业制成品内部结构发生变化。"二战"后，世界工业制成品内部商品结构发生变化，具体表现为：机械、运输机械及化工产品在贸易中比重上升；纺织品、轻工业品在贸易中比重下降。这种变化实际上体现了世界工业生产结构的变化。

1899年，机械和运输机械在世界制成品贸易中占12%，到1980年，此比重增长为40.6%，而纺织品和轻工业品在同期由 40.6% 下降为 9.1%。化工产品贸易增长速度在工业制成品贸易中最快。1960—1980 年，世界工业制成品贸易额增长了 15.6%，而化工产品贸易额增长了 18.7 倍；运输机械和机械贸易额增长了 17.4 倍。

世界工业制成品贸易结构发生这种变化的主要原因，是"二战"后发达国家工业化程度越来越高和发展中国家工业化建设进展很快，对机械、运输机械、化工产品需求量增大；由于国际分工的深化和跨国公司的快速发展，机械制造业和化工业的中间产品实行专业化生产，因此，这类产品的国际交换日益频繁；由于科技进步，新产品、新材料不断涌现，产品生产周期缩短，产品的更新速度加快，对此类产品需求增加；在经济发展的基础上，人们的收入增加，支付能力提高，高档消费品、家用机械和电器、机械等普遍进入消费领域。以上原因使得化工产品、机械、运输机械等生产资料的贸易速度加快，而消费品贸易相对减缓。

（3）初级产品内部结构发生变化。在世界初级产品贸易中，食品、烟草、农业原料、矿业原料的贸易增长缓慢，比重下降，而燃料（如石油）贸易一直增长很快，所以比重上升。1955—1981 年，世界商品出口总额增长了 20.3 倍，非燃料初级产品出口总额增长 8.4 倍，而燃料出口总额增长 46.5 倍。在世界初级产品出口总额中，对于燃料所占比重，1955 年为 22.2%，1970 年增长到 27.6%，1980 年增长到一半以上。

造成这种情况的原因主要有两点：一是随着世界经济的发展，能源（石油）消耗增加，而石油化工工业的发展也增加了对石油的需求；二是 1973 年以后，石油价格大幅上涨，提高了石油贸易在初级产品贸易总额中的比重。

（4）服务贸易迅速发展，成为国际贸易中重要的组成部分。"二战"后科技的发展使发达国家劳动生产率大大提高，不仅农业和其他初级产品生产中使用的劳动力越来越少，制造业的就业比重也逐渐由上升转为停滞或下降。与此同时，人们的收入不断提高，在主要耐用消费品得到满足后，人们对服务的需求越来越大，服务业在各国经济中的比重越来越大，服务贸易也相应地得到了发展。"二战"后初期，服务贸易在国际贸易中几乎没有引起重视。但从 20 世纪 70 年代开始，服务贸易日益成为国际贸易中的一个组成部分。1970 年世界服务业出口总值为 800 多亿美元，1980 年增长到 4 026 亿美元，1990 年又翻了一番，为 8 962 亿美元，2000 年则进一步达到 16 136 亿美元。服务贸易占国际贸易的比重也从 20 世纪 80 年代的 17% 左右增长到 90 年代末的 22% 左右。服务贸易已上升到与货物贸易同等重要的地位，服务贸易总协定已成为世界贸易组织的 3 个主要协议之一。

4. 贸易区域集团化趋势加强

为了促进国际贸易的增长，"二战"后，世界各国通过贸易谈判，签署各种贸易条约和协定，建立区域性的自由贸易区、关税同盟及自主的单边措施等各种形式，以求逐步实行贸易自由化，其结果使贸易集团化趋势不断强化。

"二战"后，贸易区域一体化的主要表现是区域贸易集团的成立。"二战"后初期，最早成立的区域一体化组织有两个：一个是经济互助委员会，简称经互会；另一个是欧洲经济共同体，简称欧共体。20 世纪 90 年代以来，各种形式的区域性经济合作越来越多，其中最多的是自由贸易区，包括欧洲自由贸易组织（EFTA）、北美自由贸易区（NAFTA）、南美共同市场（MERCOSUR）、东南亚国家的自由贸易区（AFTA）、东南非洲自由贸易区（COMESA）等。合作程度稍高的有关税同盟、共同市场以及经济同盟，如欧盟。几乎所有的关贸总协定成员国都参加了一个或数个区域性自由贸易协定。从 1948 年到 1994 年，关贸总协定成员国共签订 124 项区域性自由贸易协议，而从 1995 年世贸组织成立到 2000 年，世贸组织共收到 100 项成员国参加区域自由贸易的通知，区域性或局部性自由贸易发展迅速。

（四）21 世纪初国际贸易发展的特点及趋势

进入 21 世纪，随着全球经济的高速发展，国际贸易的发展也相应地表现出了新的特点和趋势。

1. 国际贸易步入新一轮高速增长期

伴随世界经济较快增长和经济全球化的纵深发展，当前国际贸易增长明显加快，已经进入新一轮高速增长期。全球贸易的高速增长既是科技进步、生产力提高、国际分工深化的共同结果，同时又促进了世界生产。20 世纪 90 年代以来，国际贸易的增长率连续超过世界生产的增长率，导致世界各国的外贸依存度均有不同程度的上升。

2. 国际贸易商品结构走向高级化

国际贸易商品结构走向高级化表现为服务贸易和技术贸易的快速发展。国际贸易结构的高级化与产业结构的升级互为依托，其变化趋势表现为两点：一是伴随着各国产业结构的优化升级，全球服务贸易发展迅猛。在行业结构上，服务贸易日益向金融、保险、电信、信息、咨询等新兴服务业倾斜，传统的运输业、旅游业所占份额持续下降；在地区分布上，发展中国家服务贸易所占份额继续扩大，东亚地区的增长尤其显著。二是高技术产品在制成品贸易中的地位大大提高，尤以信息通信技术产品出口增长最快。

3. 全球范围的区域经济合作势头高涨

近年来，经济全球化与区域经济一体化已成为世界经济发展的重要趋势。区域化和全球化的相互促进、互为补充乃至阶段性的交替发展，凸显了社会生产力发展的必然要求及当代世界经济贸易发展的本质特征。

4. 跨国公司对全球贸易的主导作用日益增强

在经济全球化的推动下，生产要素（特别是资本）在全球范围内更加自由地流动，跨国公司通过在全球范围内建立生产和营销网络，推动了贸易投资日益一体化，并对国际经济贸易格局产生了深刻影响。一是跨国公司已成为全球范围内资源配置的核心力量，其发展直接推动了国际贸易和国际资本流动的发展。二是国际贸易竞争从以比较优势为主，转变为以跨国公司内部贸易以及在国际范围内整合配置资源为主。

5. 国际贸易交易方式网络化

随着知识经济时代多媒体技术和网络技术的发展，国际贸易交易日益借助国际互联网来完成，出现了所谓的网络贸易。整个交易过程（包括交易磋商、签约、货物交付、货款收付等）大多在全球电信网络上进行。

6. 贸易自由化和保护主义的斗争越演越烈

在经济全球化的推动下，世界各国经济交往越加频繁，贸易自由化已是不可逆转的潮流。但是随着国际贸易规模不断扩大，贸易摩擦产生的可能性也就越大。当前，各国经济景气的非均衡性、区域贸易集团的排他性、贸易利益分配的两极化等都是造成贸易保护主义层出不穷的重要原因。

第二节 国际贸易理论综述

一、国际贸易理论的产生和发展

国际贸易如此重要,对国际贸易的研究也就成为必然。早在 15 世纪末 16 世纪初,即在西方国家的资本原始积累阶段,对国际贸易的研究就已出现。当时的主要理论为重商主义。重商主义主要研究对外贸易怎样能够为一国带来财富,而所谓财富,则完全由金银货币来衡量。在重商主义者看来,国内市场上的贸易是由一部分人支付货币给另一部分人,从而使一部分人获利,另一部分人受损。国内贸易的结果只是社会财富在国内不同集团之间的再分配,整个社会财富的总量并没有增加。而对外贸易可以使一国从国外获得金银货币从而使国家致富。因此,重商主义对贸易的研究主要集中在如何进行贸易,具体来说就是怎样通过鼓励商品输出、限制商品进口来增加货币的流入,从而增加社会财富。

对怎样能够做到多输出少进口,晚期的重商主义与早期的观点有所不同。早期重商主义强调绝对的贸易出超,主张控制商品进口和货币外流。晚期重商主义(16 世纪下半期到 17 世纪末)则从长远的观点看,认为在一定时期内的外贸入超是允许的,只要最终的贸易结果能保证出超,保证货币最终流回国内就可以。但无论是早期还是晚期,重商主义都主张限制进口,对贸易的研究是很有局限性的。

18 世纪末期,重商主义的贸易观念受到古典经济学派的挑战,并被自由贸易的思想取代。古典经济学的主要代表亚当·斯密的基本经济思想是"自由放任",这一原则也被用于国际贸易理论。在其著名的《国富论》中,斯密从个人之间的交换推论到国家之间的交换。他认为,既然每个人只生产自己擅长生产的东西,然后用来交换别人擅长生产的东西比自己什么都生产合算,那么各国间的分工和交换也应该是同样合算的。因此,他认为无论出口还是进口,一国都能获得利益。古典经济学的另一位主要代表大卫·李嘉图在《政治经济学和赋税原理》一书中也对自由贸易的好处做了说明。

从古典经济学开始,对国际贸易的研究就不再局限于怎样进行贸易,而开始对贸易产生的原因与结果以及与之相应的政策进行分析。从古典的斯密、李嘉图,到 20 世纪的瑞典经济学家赫克歇尔、俄林,到当代的里昂惕夫、萨缪尔森、巴格瓦蒂、琼斯、克鲁格曼等,许多经济学家从各种角度,在各个方面对国际贸易的理论与政策进行了分析论证。方法越来越精细,手段越来越严密,国际贸易理论成为经济学的一个独立分支并得到不断发展。

二、国际贸易理论的基本框架

国际贸易理论是国际经济学中非常重要的一个部分,其基础是微观经济学。可以说,国际贸易理论是开放条件下的微观经济学。国际贸易理论研究的范围不仅包括商品和服务的国际流动,也包括生产要素的国际流动和技术知识的国际传递。生产要素和技术知识一方面作为某种特殊商品有其本身的国际市场,另一方面作为要素投入对商品和服务的生产起着重要作用。国际贸易理论研究商品、服务和生产要素国际流动的原因和方向,也研究流动的结果。这些结果包括对各国生产、消费、商品价格和社会各集团利益的影响。

与商品、服务、生产要素的国际流动及技术知识的国际转移有关的各种商业、产业和消费政策也都是国际贸易理论研究的对象。商业或贸易政策直接影响贸易的数量和价格，产业政策和消费政策则通过对国内的生产和消费的干预间接地影响贸易。国际贸易研究还包括经济增长、技术变动对贸易的影响，即从动态上分析国际贸易的变动的原因与结果。

从研究的性质来看，国际贸易理论也像其他经济学一样，可以分成实证的（Positive）理论和规范的（Normative）理论。所谓实证分析，主要揭示各种经济变量之间的关系，分析各种贸易行为和政策的前因后果而不去评论其好坏对错。实证研究是一种技术分析，就像各种化验、测量一样。所谓规范理论，主要是对实证分析的结果做出诊断和评论。这种诊断和评论则在很大程度上反映了不同的认识和价值观。例如，在分析进口关税的结果时，实证贸易理论将揭示这一政策所造成的消费者、生产者和整个国家的得失。至于怎样来看待这些利益和损失，这些得失的重要性如何，则是规范理论的问题。不过，在任何一项具体研究中，这两者都是密切相连，不可分割的。实证分析为规范理论提供基础，离开实证分析的理论往往是缺乏说服力的。仅仅是实证分析而没有规范研究则会失去经济学的社会意义。因此，整个国际贸易理论体系是实证和规范的统一。

（一）国际贸易基本理论

国际贸易理论通常分为"基本理论"和"贸易政策"两个大的部分。国际贸易的基本理论主要研究3个方面的问题：贸易的基础、贸易的影响、贸易与经济发展的相互作用。

1. 关于国际贸易的基础

研究国际贸易的基础，也就是讨论贸易发生的原因。各国之间为什么发生贸易？各国在什么情况下才发生国际贸易？为什么一些国家出口纺织品而另一些国家出口电视机？是什么因素决定一国的进出口模式？这些就是国际贸易的基础问题。国际贸易的基本原则是低价进口，高价出口。所以，只有当产品在国家与国家之间存在价格差异时才会发生贸易。

那么，各国之间的物价水平为什么会不一样呢？简单地说，那是因为各国的市场上有着不同的供给与需求。我们知道，产品的国内市场价格是由各国国内的供给与需求决定的。不同的供给曲线反映了不同的生产成本，不同的生产成本又反映了不同的生产技术和要素价格。不同的需求曲线则反映了各国收入的不同、对产品偏好的不同以及各国市场结构的差异。那么，各国之间的产品价格差异究竟是怎样产生的呢？对这些问题的不同解释就形成了不同的国际贸易理论模型。

大部分的国际贸易理论模型是从供给方面即从生产成本上解释国际贸易的基础，包括古典的斯密模型和李嘉图模型、新古典经济学中的赫克歇尔–俄林模型，以及当代的"规模经济"模型等。

（1）用技术的差异来解释贸易基础的斯密模型和李嘉图模型。国际贸易古典模型的两位代表人物是著名的亚当·斯密和大卫·李嘉图。他们最早提出了自由贸易的理论，在他们的理论中，劳动是最主要的生产投入。因此，他们认为产品的成本由劳动生产率决定，而劳动生产率又由生产技术决定。斯密和李嘉图建立了以技术差异来解释贸易基础的古典贸易模型。斯密的绝对优势模型和李嘉图的比较优势模型为这方面的研究奠定了基础。

（2）用资源的不同配置来解释贸易基础的赫克歇尔–俄林模型。瑞典经济学家赫克歇尔和俄林提出，各国的资源储备情况决定了它们产品生产的相对成本，即一国的资源储备的相对丰裕程度决定了该国不同产品的生产成本。他们认为，生产产品需要不同的生产要素，而不仅是劳动力。资本、土地和其他生产要素也都在生产中起着重要的作用，并且不同的商品生产需要不同的生产要素配置，各国生产要素储备比例的不同造成各国产品成本的差异。因此，产品生产的相对成本可以由技术差异决定，但更主要是由生产中使用的要素比例和一国的要素稀缺程度决定的。赫克歇尔–俄林模型被称为要素配置模型或资源禀赋模型。

（3）用市场和生产规模的不同来解释贸易基础的规模经济贸易模型。如何解释在资源禀赋和技术相近国家之间的成本差异呢？经济学家发现，在当代经济中，一个产品的生产规模大小是决定产品成本的重要因素。当代经济中，制造业和高科技产业已日益成为主要产业，而这些产业的特点是固定投资巨大，所以存在着规模经济和不完全竞争。产品的市场越大，生产规模越大，平均成本就越低，反之就高。所以，由于生产规模不同，即使要素和技术相似，各国之间也会存在生产成本的差异。这一理论的主要贡献者为保罗·克鲁格曼等。

（4）解释成本优势动态变动的产品周期理论。各国的成本优势并不是一成不变的。各国在产品中的成本领先地位是在不断变化的。许多发达国家最早生产了纺织品、钢铁、家用电器、汽车等，后来却逐渐丧失了在这些行业的领先地位，从原来的净出口国变成了净进口国。产品周期理论从产品生产技术的变化出发，强调不同要素在不同阶段的作用，以此来解释这种贸易基础的变化。这一理论主要是由雷蒙·弗农提出的。

从需求方面解释贸易基础的主要有：

（1）用偏好不同解释贸易模式的需求模型。除了考虑不同的生产成本造成不同的供给曲线对价格的影响以外，一些经济学家还从需求的角度来讨论贸易模式。给定相同的技术、相同的要素配置和相同的生产规模，两个国家可能有完全相同的生产能力和成本函数，但是，这两个国家仍然可能会有不同的产品价格。其中一个原因就是各国消费者的偏好不同。美国和日本都生产大米，假定两国生产大米的成本一样，但日本人对大米的偏好大于美国人，日本的大米就有可能比美国贵，日本就有可能从美国进口大米。

（2）用收入不同解释贸易模式的林德模型。如果各国的偏好也相似，贸易仍有可能吗？经济学家林德则从各国收入的不同来解释贸易模式。我们知道，收入不同会造成不同的需求曲线。收入较高，消费者愿意支付的价格就较高。一般来说，如果偏好和成本相同的话，同样的产品在发达国家的绝对价格会比在发展中国家的高。这不仅部分解释了为什么发达国家的产品主要向其他发达国家出口（发达国家之间的贸易占全世界贸易总量的将近50%），也解释了为什么发展中国家的产品也更愿意进入欧美市场而不是其他发展中国家。

2. 关于贸易产生的影响

国际贸易理论不仅解释贸易为什么会发生，还分析自由贸易产生的各种影响。虽然从总体上说，自由贸易会给各国都带来利益，但这种利益有多大？利益的分配如何？有没有一些利益集团受到损失？贸易对本国的生产和消费会带来多大影响？短期影响是什么，长期又有什么影响？经济学家从不同的情况出发对自由贸易所产生的影响做了全面的分析。

（1）对本国经济的影响。需要考察的本国经济指标主要包括：国内市场价格或相对价格，本国进口产品和出口产品的生产量，本国进口产品和出口产品的消费量。

（2）对本国社会福利的影响。本国的社会福利包括生产者的利益、消费者的利益、整个社会的净利益。在生产者中，还要进一步分析不同的要素拥有者的利益，如劳动者的利益、资本所有者的利益、土地拥有者的利益等。

（3）对国际市场和外国贸易伙伴利益的影响。具体来说，国际贸易理论还分析贸易对别国经济（价格、生产量、消费量等）和对别国各阶层利益（生产者、消费者、各种要素的拥有者等）的影响，以及对国际市场价格的影响。

对国际贸易影响的分析既有对局部市场的，也有对整体经济的；既有对一国总体的，也有对全球整体的；既有对短期影响的分析，也包括对长期影响的分析。

3. 国际贸易的动态变化

国际贸易研究的第三个方面是贸易模式和贸易量的动态变化。在前面的模型中，一般都假设技术不变和资源储备不变。但在现实中，技术在不断进步，资本和劳动力资源在不断增加，技术变化和资源增长会对贸易产生什么影响？要素的国际流动（移民、国际投资等）会怎样影响一国的经济与贸易？反过来，国际贸易的发展又会怎样影响经济增长和技术进步？近年来，贸易理论在这方面的研究有很多成果。

表1-2简要概括了国际贸易主要理论模型的主要理论贡献者、关键假设和决定贸易模式的主要因素。

表1-2 国际贸易的主要理论模型

主要理论模型		主要理论贡献者	关键假设	决定贸易模式的主要因素
古典贸易理论	绝对优势贸易模型	亚当·斯密	劳动是唯一的要素投入 固定的产品和边际成本 完全竞争的商品和要素市场 固定的规模报酬（无规模经济）	生产技术绝对不同（绝对劳动生产率差异）
	比较优势贸易模型	大卫·李嘉图		生产技术相对不同（相对劳动生产率差异）
新古典贸易理论	资源配置贸易模型	赫克歇尔 俄林	两种或两种以上要素投入产品，边际成本递增 完全竞争的商品和要素市场 固定的规模报酬（无规模经济）	资源禀赋不同
	特殊要素贸易模型	保罗·萨缪尔森		
当代贸易理论	规模经济贸易模型	保罗·克鲁格曼	产品生产具有规模经济 不完全竞争的商品市场 竞争的要素市场	生产规模不同
	产品周期贸易模型	雷蒙·弗农	—	生产技术的不同阶段

（二）国际贸易政策分析

国际贸易经济学中的另一个重要部分是关于贸易政策的分析。国际贸易的政策分析主要研究两个方面的问题：贸易政策的影响和贸易政策制定中的政治经济学。

1. 贸易政策的影响

这部分的内容主要是对各种贸易政策（包括关税、配额、出口补贴等）以及影响贸易的其他经济政策（包括产业政策、消费政策等）的实证分析。

贸易政策基本上都是对自由贸易的干预。这种干预有限制贸易的，也有鼓励贸易的；既有进口方面的政策，也有出口方面的政策。但任何贸易政策都会给国内经济带来影响，包括对国内市场价格的影响、对贸易量的影响、对国内生产量和消费量的影响，以及对各种生产要素收益、各种集团利益和整个社会福利的影响。对于贸易大国，还要分析其贸易政策对国际市场的影响以及贸易条件变化的影响。贸易政策的研究还包括区域性经济合作的研究。

20世纪70年代以来，由于产业组织理论的发展，不完全竞争被引入了对贸易政策的分析，从而大大丰富了这方面的研究。

2. 贸易政策的政治经济学

新古典经济学的分析强调社会效益的最大化。因此，在贸易政策的实证分析中人们不难看到，任何对自由贸易进行干预的政策都会给整个经济带来效益或福利的净损失。然而，既然如此，为什么各国政府还要运用政策干预贸易？决定各国不同时期不同产业贸易政策的主要因素是什么？对于这些问题的研究构成了国际贸易政策分析的另一个重要组成部分，即贸易政策制定过程中的政治与经济利益，人们亦称之为贸易政策中的政治经济学。

与国际贸易理论有密切联系的是国际金融理论，从更大范围来说，是国际宏观经济理论。国际宏观经济理论研究开放条件下的宏观问题，包括财政政策、货币政策在开放经济中的作用和国外经济变动对本国宏观稳定的影响。与国际贸易和国际资本流动直接有关的是外汇市场上的汇率变化和货币、资本市场上的利率变动。而汇率、利率的变动又受到国内外货币、财政和汇率政策的影响。因此，许多国家通过宏观经济政策和汇率政策来影响对外贸易和国际资本流动。反过来，外资外贸的变动也影响外汇的供求，从而影响汇率和利率。在国际贸易的理论和政策分析中，有时也必须联系国际金融的有关理论进行。

三、国际贸易的基本经济分析工具

国际贸易理论研究的是具体的商品、服务和生产要素的国际交换，其分析工具主要是市场经济学中的微观经济分析方法。微观经济学主要分析生产者和消费者的行为，分析商品市场和要素市场的供求。具体来说，微观经济学分析厂商怎样在技术、政策、预算等各种条件的限制下追求利润的最大化，分析消费者怎样在有限的收入下追求最大满足（效用最大化）。对市场的研究则主要集中在供求的变动和市场均衡的实现上。在没有贸易时，国内市场被称为"封闭"的市场，均衡价格由国内的供给和需求决定。在有贸易的情况下，国内市场变成了"开放"的市场，均衡价格的形成除了国内供求外，还受国外供给和需求，即进口和出口的影响。无论是"封闭"还是"开放"的市场，国际贸易理论关于生产者和消费者行为的基本假设、对市场均衡的定义等与微观经济学中的都是一样的。

为了更准确地说明各种经济关系，国际贸易分析借助于许多数学工具，其程度有深有浅，取决于所要研究说明的问题。本书作为经济学本科学生的教材，主要目的是介绍贸易的基本经济学理论和政策，而不是推导各种理论，因此，本书中所用的数学工具将尽可能简单和前后一致。考虑到本书读者不一定都读过微观经济理论的书籍，也为了避免在介绍国际贸易理论时混淆基本经济概念和贸易理论中的特殊分析，在进入本书理论分析之前，我们先对所要运用的基本微观经济分析工具作一简单介绍。其他的微观经济学概念，会在具体运用前作说明。对于谙熟微观经济理论的读者，则可跳过这一部分而直接从下节学习。

（一）总体均衡分析

从分析的范围来说，我们分成总体均衡分析和局部均衡分析。总体均衡分析既包括商品市场上进口与出口两个部门的总体分析，也包括商品市场与要素市场两种市场的总体分析。由于各种商品市场和要素市场都是紧密相连的，总体均衡分析有助于把握任何一种行为和政策对整个经济的影响。局部均衡分析则主要分析一种商品或一种要素市场上供求变动或政府政策对本产品价格、产量以及直接涉及的消费者和生产者的影响。

在国际贸易总体均衡分析中，我们所用的主要工具是生产可能性曲线和社会无差异曲线。在局部均衡分析中所用的是供给曲线与需求曲线。

1. 生产可能性曲线

经济学研究的一个基本问题是供给与需求，在国际贸易研究中也不例外。国际贸易实际上研究的是国际市场上的供给（出口）与需求（进口）问题。为了研究一国能够出口什么，需要进口什么，我们必须先研究一国的生产能力。在经济学中，为了表现整个国家能生产什么，我们常常使用一种称为"生产可能性曲线"的图形。

生产可能性曲线（Production Possibility Curve，PPC）表明一个国家在充分和有效地使用其所有资源时能生产的各种商品数量的组合。为了简化分析，假设中国只生产两种产品：大米和小麦。图 1-1 所示的纵坐标表示小麦的生产量，横坐标为大米的生产量。如果将全国所有的土地和人力用于生产小麦，不生产大米，小麦的生产总量可达到 W 吨；或将全部资源投入大米生产，可生产 R 吨的大米。这是两个极端的情况。比较实际的情况可能是，生产一部分大米和一部分小麦。如果将一部分土地用来生产大米，这些土地就不能用来种小麦，小麦产量就不可能再保持在 W，新的生产组合可能是在 A 点、B 点或者是 C 点、D 点，这种可能的生产组合会有很多。如果将各种可能的组合都表示出来，即可得到一条曲线，这就是生产可能性曲线。生产可能性曲线表示的是一国在充分使用其有限资源时所能达到的各种生产组合。

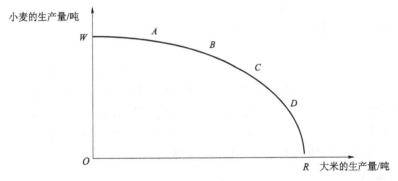

图 1-1　生产可能性曲线

生产可能性曲线可以是一条直线，也可以是一条向外凸或向里凹的曲线，其形状取决于各种商品生产的机会成本。所谓"机会成本"指的是为了多生产某种产品（如大米）而必须放弃的其他产品（小麦）的数量。用小麦来衡量的每单位大米生产的机会成本为：

$$\text{大米的机会成本} = \frac{\text{减少的小麦产量}}{\text{增加的大米产量}}$$

大米的机会成本是小麦产量变动与大米产量变动的比率，从几何概念上讲，这也正是生产可能性曲线的斜率。

机会成本可以是不变的、递增的或递减的。相应地，生产可能性曲线也就出现了直线的、外凸的或里凹的不同形状，如图 1-2 所示。

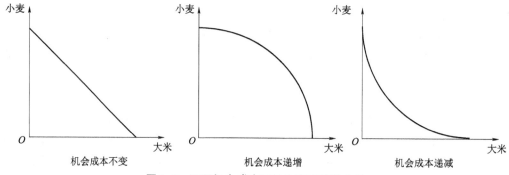

图1-2 不同机会成本下的生产可能性曲线

机会成本不变的假设是建立在只有一种要素投入而要素的生产率又是固定的基础上的。如果说生产小麦和生产大米只需要使用土地，而每亩①土地的大米产量和小麦产量是固定的（比如说，1亩地可以生产1吨大米或0.5吨小麦），那么每增加1吨大米的生产就要减少1亩地的小麦生产，所要减少的小麦产量也是固定不变的0.5吨。

在大多数情况下，每种产品的生产都有两种以上的要素投入：劳动和土地，或者劳动和资本。在其他生产要素（如土地、资本）不变的情况下，不断地增加一种要素（劳动）的投入，每个新增要素投入（劳动）所增加的产量（称为"边际产量"）会越来越少，经济学中称为"边际产量递减规律"。换一个角度说：当该种产品产量不断增加时，每单位产品生产所使用的要素量（劳动）投入会越来越多。由于生产要素是固定的，如果用来生产每吨大米所需的劳动越来越多，那么不得不因此而放弃的小麦产量也会越来越多，大米生产的机会成本也越来越高，这就是"机会成本递增"。

机会成本也可能是递减的。如果两种商品的生产都是规模越大成本越低的话，这种可能性就会发生。

在将要介绍的贸易理论中，古典学派的斯密、李嘉图是假设机会成本不变的，在他们的模型中，劳动是唯一的要素投入，劳动生产率也是固定的。新古典学派的贸易模型是建立在机会成本递增的假设上的，他们假设有两种以上的要素投入，各种要素的边际产量是递减的。当代贸易理论在解释工业国家的同类产品的双向贸易时，则假设机会成本是递减的。在下面篇章的分析中会详细讨论他们的理论并用到这些概念。

2. 社会无差异曲线

怎样表现需求呢？在没有收入限制时，需求取决于人们的偏好。经济学家借助于一种称为无差异曲线的图形来反映对商品的不同偏好。在一条"无差异曲线"上的每一点都代表了不同的商品组合，但在这一曲线上的任何组合都给消费者带来同样的满足程度。例如，消费者对于他一顿午餐吃1碗米饭和3片面包，还是吃3碗米饭和1片面包，或者其他组合，可能都是没有差别的，他都吃饱了，都获得同样程度的满足。从另一个角度来讲，在同一条无差异曲线即同样的消费效用上，可以有不同需求组合。在没有预算限制的情况下，消费者可以根据自己的偏好选择任何一种组合。如果消费者比较喜欢面包，在前面的例子中他可能选择1碗米饭和3片面包；要是消费者更喜欢米饭，他就会选择3碗米饭和1片面包。但是，当消费者选择一种组合时，他必须放弃其他组合。他一方面通过获得更多面包来增加效用，

---

① 1亩=666.67平方米。

另一方面不得不放弃一些米饭从而使效用减少。这种替代关系用两种产品的边际效用的比率来反映，被称为"边际替代率"。边际替代率是无差异曲线的斜率。

无差异曲线的概念也被广泛地用来分析整个经济对不同产品的需求。虽然在一个国家或经济社会里，每个人都有自己的享受标准和消费偏好，很难找一组能反映每一个消费者满足程度的无差异曲线，但我们仍然能用一幅反映平均消费效用的或反映大多数人消费偏好的无差异曲线图来分析，我们称为"社会无差异曲线"（Commodity Indifference Curves，CIC）。社会无差异曲线反映一国的平均消费偏好，如果社会无差异曲线的位置偏向小麦，表示该国多数消费者偏好于小麦，如果偏向大米，则表示该国消费者在总体上比较喜欢大米。不同的偏好也是产生贸易的原因之一，这一点已经在前面的介绍中提到，还会在后面的章节中进一步展开讨论。

3. 总体均衡

在总体均衡分析中，生产可能性曲线表示供给，社会无差异曲线表示需求。在市场经济中，人们追求的是社会福利的最大化，即在有限的生产能力上选择能够带来最高福利水平的商品组合。在图 1-3 中可以看到，在生产可能性曲线上，人们至少有 A、B、C、D、E 五种商品组合，每一个组合都是可行的，但给社会带来的福利水平是不同的。最高的是 E 点（由社会无差异曲线 CIC_3 表示），其次是 C 点或 D 点（由 CIC_2 表示），最低的是选择 A 点或 B 点（由 CIC_1 表示）。在 E 点上的商品生产组合是该经济的总体均衡点，即社会的最优生产点。在这一点上，生产可能性曲线和社会无差异曲线相切，产品生产的机会成本等于产品消费的边际替代率。通过总体均衡点的直线代表封闭经济中横轴上产品（大米）对纵轴上产品（小麦）的相对价格，用 Pr（大米价格）/Pw（小麦价格）表示。在封闭经济中，产品的相对价格等于生产该产品的相对成本或机会成本，也等于产品消费的边际替代率。

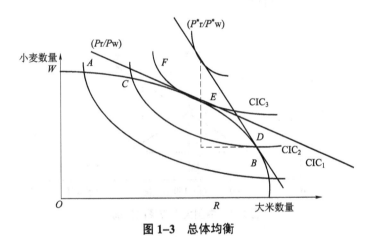

图 1-3　总体均衡

在开放经济中，商品的相对价格是由国际市场的供给与需求决定的。所以，大米的相对价格可能大于也可能小于封闭经济中的相对价格。假定开放条件下大米的相对价格（P^*r/P^*w）高于封闭时大米的相对价格（Pr/Pw），市场的均衡点就不再会在 E 点了，生产和消费也不再在同一点上了。在新的国际大米相对价格（P^*r/P^*w）下，该国的生产点在 D（生产可能性曲线与相对价格曲线相切，产品的相对价格等于生产该产品的相对成本或机会成本），而消费点则在 F（社会无差异曲线与相对价格曲线相切，产品的相对价格等于产品消费的边际替代率）。

一国生产量和消费量之间的差距就是进出口,即国际贸易。

(二)局部均衡分析

在局部均衡分析中,我们只分析某个具体的商品市场和要素市场的情况,如中国的大米市场或中国的小麦市场,而不是同时分析这两个市场。

1. 商品供求和封闭经济中的市场均衡

商品市场上的参与方主要是生产者和消费者。生产者向市场供给商品,用供给曲线表示。消费者从市场上购买商品,反映在需求曲线上。

供给曲线实际上是生产者的边际成本曲线,也是生产者出售不同数量商品时所要索取的不同的最低价格。在边际成本递增的情况下,生产者所生产或销售的产品数量越多,边际成本就越高,所要的价格也就越高。供给曲线还可以从另一个角度解释,即在不同价格下生产者愿意生产和销售的产品数量。根据供给规律,价格越高,生产者愿意生产和销售的产品数量(供给量)就越多。在边际成本递增的假设下,供给曲线的斜率是正的。需求曲线表示在给定收入或预算约束的情况下,消费者在购买不同数量的商品时愿意支付的价格。在商品边际效用递减的假定下,人们买得越多,边际效用越低,愿意支付的价格也越低。从另一方面来解释,需求曲线反映了不同价格下消费者愿意和能够购买的商品数量。给定收入和偏好等不变,商品价格越低,消费者愿意和能够购买的商品数量越多,反之则越少。需求曲线的斜率一般为负。

从生产者角度来看,商品价格越高越好;从消费者角度来看,价格越低越好。如果消费者想最终买到商品,生产者想最终销售商品的话,市场价格不得不由供求双方来共同决定。

图1-4显示的是中国大米市场的情况,把农民(供给者)和消费者(需求者)都引到了这个市场,让他们来讨价还价进行交易。

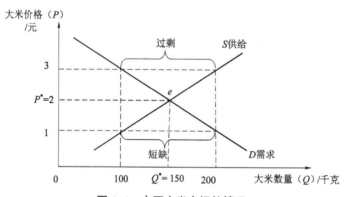

图1-4 中国大米市场的情况

作为农民,既要卖高价,又不想有卖不掉的剩余;作为消费者,想压低价格,但不愿买不到大米。双方都在讨价还价的过程中寻找一个大家满意的均衡点。在这个均衡点上,农民在合适的价格下卖掉了他们想卖的大米;消费者在愿意支付的价格下买到了他们想要买的数量。在这个均衡点上的价格就是市场均衡价格。在均衡价格上,供给正好等于需求,市场既无剩余也无短缺。

如果中国没有参与国际贸易,那么中国就是一个"封闭的经济"。在封闭经济中的市场的均衡完全由本国的供给与需求来决定。供给与需求(即买卖双方)一开始也不一定知道市场均衡价格在哪里，但市场机制（"看不见的手"）会将价格和供求量引向均衡。在图 1–4 中，如果农民要价每千克 3 元，愿意出售 200 千克，消费者嫌贵，只愿意买 100 千克，市场出现剩余或积压。结果是：价格下跌，销售量上升，剩余减少。另外，如果消费者杀价太狠，每千克只愿付 1 元，农民想想不合算就不愿意多种多卖（只卖 100 千克）。而 1 元 1 千克的话，消费者又想买很多（200 千克），结果造成市场大米短缺。"物以稀为贵"，一旦出现大米稀缺，人们就愿意出高价，市场价格上升，短缺逐渐消失。所以太高了不行，太低了也不行，市场价格经过波动最终会达到均衡水平。在图 1–4 中，市场的均衡点是 e，大米的均衡价格等于 2 元，在这一价格下，供求相等，成交量是 150 千克。

要说明的一点是，这里的市场是没有政府干预的市场，价格才会经过波动最终达到均衡水平。如果由政府来规定价格，这一价格可能不会随着市场上出现的过剩或短缺进行调整，那么市场就不会达到均衡。不管政府对各种商品价格的实际控制情况如何，关于市场均衡的分析至少让我们知道市场的均衡价格应该在哪里。

2. 开放经济中的市场均衡

假如中国进口或出口大米，那么中国就不再是封闭经济，而是一个"开放经济"。开放经济中市场的均衡不再只由国内的供给和需求决定。如果我们进口大米，那么，在供给方面，除了中国的农民以外，现在必须加上外国农民，在市场均衡价格上，中国消费者对大米的总需求等于中国农民的大米供给加上进口大米。如果我们出口大米，在中国大米的需求方面增加了外国消费者，在市场的均衡点上中国的大米供给等于国内需求量加上出口量。

在图 1–5（a）中，如果国际市场上的大米价格是每千克 3 元的话，中国农民就不愿意再在国内市场上卖 2 元而愿意出口。中国大米不仅供应国内市场，也供应国外市场，对中国大米的新的需求量等于这一价格下中国国内的需求量（由国内需求曲线表示）加上这一价格下外国的需求量。在新的均衡点 e' 上，中国农民的总供给量是 200 千克，其中国内消费者购买 100 千克，其余 100 千克则出口国外。

我们用图 1–5（b）表示有进口的大米市场。如果外国农民能在每千克 1 元的价格下向中国提供足够大米的话，中国大米市场的需求量就增加到 e'' 点。在新的均衡点 e''，国内总需求量变成了 200 千克，其中 100 千克是国内生产者在这一价格下愿意生产和提供的大米，其余 100 千克则通过进口获得。

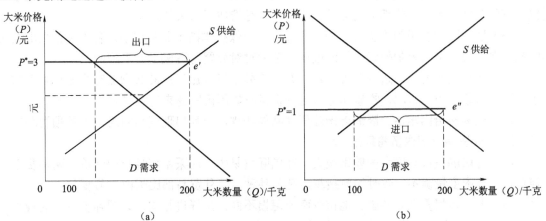

图 1–5 开放经济中的中国市场
（a）出口；（b）进口

在本书中，主要讨论分析开放经济中的市场均衡。

第三节　国际贸易的基本概念与分类

一、国际贸易与国内贸易的比较

（一）国际贸易概念的界定

国际贸易（International Trade）是指世界各国（地区）之间商品（货物和服务）交换的活动，是各国（地区）之间劳动分工的表现形式，反映了世界各国（地区）在经济上的相互依赖。

从一国（地区）的角度来看，它与世界其他国家（地区）之间商品交换的活动，称为对外贸易（Foreign Trade）。有的国家如英国、日本等岛国，把它称为海外贸易（Overseas Trade）。由于对外贸易由商品的进口和出口两部分组成，人们有时也把它称为进出口贸易。

包括货物和服务的对外贸易称为广义的对外贸易。如果不把服务包括在内，则称为狭义的对外贸易。

国际贸易和对外贸易都是超越国界的商品交换活动。从这一点来讲，两者是一致的。但它们也有明显的区别。前者着眼于国际范围，后者着眼于某个国家（地区）。

（二）与国内贸易相比，国际贸易的特点

国际贸易与国内贸易同属商品交换的范畴，都是通过商品交换活动实现商品价值的方式。交易过程大体相同。经营的目的都是取得经济利润或经济效益。

1. 对外贸易困难比国内贸易多

（1）语言不同。在国际贸易中各国如使用同一种语言，就不会有语言困难，但实际上各国语言差别很大。为使交易顺利进行，必须采用一种共同的语言。当今，国际贸易中最通行的商业语言是英语。但英语在有些地区使用还不普遍。因此，除通晓英语外，还要掌握一些地区的语言。

（2）法律、风俗习惯不同。各贸易国家的商业法律、风俗习惯、宗教、信仰并不完全一致，有的差别很大，这些都给国际贸易的顺利进行造成了很大的困难。

（3）贸易障碍多于国内贸易。为了争夺市场，保护本国工业和市场，各国往往采取关税壁垒与非关税壁垒来限制外国商品的进口。它们对对外贸易造成了许多障碍。

（4）市场调查困难。进行对外贸易，开拓国外市场，出口厂商必须随时掌握市场动态，了解贸易对象的资信状况，收集和分析这些资料不如国内贸易来得容易。

（5）交易接洽困难多。因缺乏国际贸易共同法规，一旦出现贸易纠纷，不易顺利解决。

2. 对外贸易比国内贸易复杂

（1）各国的货币与度量衡差别很大。在国际贸易中，应采用何种货币计价，两种货币如何兑换，各国度量衡不一致时如何换算，凡此种种，对外贸易都比国内贸易复杂。

（2）商业习惯复杂。各国各地市场商业习惯不同，怎样进行沟通？国际贸易中的规约与条例解释是否一致？对外贸易也比国内贸易复杂，稍有不慎，便会影响贸易的进行。

（3）海关制度及其他贸易法规不同。各国都设有海关，对于货物进出口都有许多规定。

货物出口，不但要在输出国家输出口岸履行报关手续，而且出口货物的种类、品质、规格、包装和商标也要符合输入国家的各种规定。

（4）国际汇兑复杂。国际贸易货款的清偿多以外汇支付，而汇价依各国采取的汇率制度、外汇管理制度而定，使国际汇兑相当复杂。

（5）货物的运输与保险。国际贸易运输，一要考虑运输工具，二要考虑运输合同的条款、运费、承运人与托运人的责任，还要办理装卸、提货手续。为避免国际贸易货物运输中的损失，还要对运输货物加以保险。

3. 国际贸易风险大

（1）信用风险。在国际贸易中，自买卖双方接洽开始，要经过报价、还价、确认而后订约，直到履约。在此期间，买卖双方的财务经营可能发生变化，有时危及履约，出现信用风险。

（2）商业风险。在国际贸易中，因货样不符、交货期晚、单证不符等，进口商往往拒收货物，从而给出口商造成了商业风险。

（3）汇兑风险。在国际贸易中，交易双方必有一方要以外币计价。如果外汇汇率不断变化，信息不灵，就会出现汇兑风险。

（4）运输风险。国际贸易货物运输里程一般超过国内贸易，在运输过程中发生的风险也随之增多。

（5）价格风险。贸易双方签约后，货价可能上涨或下跌，对买卖双方造成风险。因对外贸易多是大宗交易，故价格风险更大。

（6）政治风险。一些国家因政治变动，贸易政策法令不断修改，常常使经营贸易的厂商承担很多政治变动带来的风险。

4. 国际贸易的决策难度大

从认识论的角度来看，对外贸易决策的信息处理量和难度要大于国内贸易。相对于贸易人员的理性界限来说，大多数国内贸易问题的分析难度会落在人的理性边界之内，而大多数国际贸易问题的分析难度会落在理性边界之外。换句话说，贸易人员的国内贸易的决策行为更多地表现为全面分析的"选美行为"，而他们的对外贸易决策行为则更多地表现为"解决问题"的"找钥匙行为"。

在国际贸易活动中，贸易人员会更多地依靠建立在经验基础上的模糊估计，以"搜索、寻找、试试看"的"找钥匙"方式，发现一个虽然不是最优，却能够解决问题的、"足够好"的解决方案。随着世界经济一体化的发展，随着贸易人员认识水平的不断提高，国际贸易难度的分布曲线会渐渐左移，而贸易人员的理性边界线会不断右移。等到这种量变积累到一定程度，国际贸易学的规律与国内贸易学的规律就会渐趋统一。

二、国际贸易的基本统计概念

统计国际贸易状况，需要经常使用下列基本统计概念或指标。

（一）总贸易与专门贸易

各国在进行对外贸易统计时，所采用的统计方法存在差异，一些国家采用总贸易，而另一些国家采用专门贸易。

总贸易（General Trade）以货物通过国境作为统计标准，凡进入国境的商品一律列为进口，称为总进口（General Import）；反之，凡是离开国境的商品一律列为出口，称为总出口（General Export）。总进口额加总出口额就是总贸易额。日本、英国、加拿大、澳大利亚、俄罗斯等国家采用这种划分标准，中国也选择这种标准。

专门贸易（Special Trade）以货物通过关境作为统计标准，凡进入关境的一律列为进口，称为专门进口（Special Import）；反之，凡离开关境的商品一律列为出口，称为专门出口（Special Export）。专门进口额加专门出口额就是专门进出口额。美国、德国、法国、意大利、瑞士等国家采用这种划分标准。

总贸易额和专门贸易额是不相等的。一是通过国境而未通过关境的贸易，如进入保税区又输出他国的货物，计入总贸易额而不计入专门贸易额；二是国境和关境往往不一致，有时国境大于关境，如一国在境内设立保税区；有时也有关境大于国境，若干国家成立关税同盟。

总贸易和专门贸易说明的是不同的问题。前者说明一国在国际货物流通中所处的地位和所起的作用；后者说明一国作为生产者和消费者在国际货物贸易中具有的意义。

由于各国在编制统计时采用的是不同的方法，所以联合国发表的各国对外贸易额资料，一般均注明是按何种标准编制的。

（二）贸易额与贸易量

贸易额又称为贸易值（Trade Value），是一个用货币单位表示或反映贸易规模的指标。贸易额可以用本国货币加以表示，为了便于国际比较，可同时用国际通用的美元加以计量。一国的对外贸易额是一个国家在一定时期（如一年）出口贸易额与进口贸易额的总和。而世界的国际贸易总额应该是各国出口额的总和。从理论上说，各国贸易额应该等于世界贸易总额的2倍。但是由于各国都偏好夸大本国进口额而少算本国的出口额，因而都倾向于按FOB价格计算出口贸易额，按CIF计算进口贸易额，导致世界出口总额小于进口总额的现象发生。

贸易量（Trade Volume）是用进出口商品的实物计量单位表示或反映贸易规模的指标。按照实物计量单位进行统计，优点是可以剔除价格变动因素对贸易额带来的扭曲影响，更准确地反映实际贸易规模及其变动。但实物计量单位用来统计一个国家全部商品进出口情况时，又有一个缺点，即实物单位无法在不同商品间进行加总。于是，为了反映一国的贸易总量规模及其变动情况，在方法和形式上，还是要借用货币单位，即用以不变价格为基础的贸易量指数来表示，从而消除价格变动的影响。贸易量有对外贸易量与国际贸易量之分。

（三）贸易差额

一个国家（或地区）在一定时期（如一年）内，出口额与进口额之间的差额，称为贸易差额（Balance of Trade）。若出口额大于进口额，称为贸易出超（Trade Surplus）或贸易顺差（Favorable Balance of Trade）；反之，若进口额大于出口额，称为贸易入超（Trade Deficit）或贸易逆差（Unfavorable Balance of Trade）。贸易差额是衡量一国对外贸易状况乃至国民经济状况的重要指标。一般来说，贸易顺差表明一国的对外贸易处于一个相对较有利的地位，贸易逆差则表明处于较为不利的地位。但这并不是绝对的，比如长期的贸易顺差会使国内市场可供商品与服务相对于货币购买力来说变得匮乏，等于是将有用的商品换成了无用的货币，它会产生一种使国内市场价格上升的压力。所谓的贸易顺差并非绝对是好事；而贸易逆差若是发生于为加速经济发展而适度举借外债，引进先进技术及生产资料，也不是坏事。但是，从长期趋势来看，一国的进出口贸易应基本保持平衡。

（四）对外贸易与国际贸易商品结构

广义的对外贸易与国际贸易商品结构，是指货物、服务在一国进出口或世界贸易中所占的比重。狭义的对外贸易与国际贸易商品结构，是指货物贸易在一国进出口贸易或世界贸易中所占的比重。

对外贸易货物结构（Composition of Foreign Trade）是指一定时期内一国进出口贸易中各类货物的构成，即某大类或某种货物进出口贸易与整个进出口贸易额之比，以份额表示。国际贸易货物结构（Composition of International Trade）是指一定时期内各大类货物或某种货物在整个国际贸易中的构成，即各大类货物或某种货物贸易额与整个世界出口贸易额相比，以比重表示。为便于分析比较，世界各国均以《联合国国际贸易标准分类》（SITC）公布国际贸易和对外贸易货物结构。

对外贸易或国际贸易货物结构可以反映出一国或世界的经济发展水平、产业结构状况等。对外贸易或国际贸易服务结构是指一定时期内一国或世界服务进出口中各类服务的构成。

（五）对外贸易与国际贸易地理方向

对外贸易地理方向（Direction of Foreign Trade）又称为对外贸易地区分布或国别构成，是指一定时期内各个国家或国家集团在一国对外贸易中所占有的地位，通常以它们在该国进、出口总额或进出口总额中的比重来表示。对外贸易地理方向指明一国出口货物和服务的去向和进口货物和服务的来源，从而反映一国与其他国家或国家集团之间经济贸易联系的程度。一国的对外贸易地理方向通常受经济互补性、国际分工的形式与贸易政策的影响。

国际贸易地理方向亦称"国际贸易地区分布"（International Trade by Region），用以表明世界各洲、各国或各个国家集团在国际贸易中所占的地位。计算各国在国际贸易中的比重，既可以计算各国的进、出口额在世界进出口总额中的比重，也可以计算各国的进出口总额在国际贸易总额（世界进出口总额）中的比重。

由于对外贸易是一国与别国之间发生的货物与服务交换，因而把对外贸易按货物与服务分类和按国家分类结合起来分析研究，即把货物与服务结构和地理方向的研究结合起来，可以查明一国出口中不同类别货物与服务的去向和进口中不同类别货物与服务的来源。

（六）对外贸易依存度和对外开放程度

对外贸易依存度（Ratio of Dependence on Foreign Trade）是指一个国家或地区在一定时期内的出口额和进口额之和占国内生产总值的比率，等于出口依存度与进口依存度之和。出口依存度（Ratio of Export Dependence），又称为平均出口倾向（Average Propensity to Export），是指一个国家或地区的出口额占国内生产总值的比率；进口依存度（Ratio of Import Dependence），又称为平均进口倾向（Average Propensity to Import），是指一个国家或地区的进口额占国内生产总值的比率。

对外贸易依存度能够反映一个国家或地区参与国际分工的程度，也是衡量一国对世界经济变动的敏感性。

仅用对外贸易依存度还不足以衡量对外开放程度。在20世纪70年代以后，随着跨国公司和欧洲货币市场的发展，国际投资和国际金融迅速地增长并成为国际经济活动的基本形式。

因此，要度量一个国家的对外开放程度，必须从国际贸易、国际金融、国际投资3个方面着手。在国际贸易方面，衡量一个国家对外开放程度的指标是进出口总额对国内生产总值的比率；在国际金融方面，衡量一个国家对外开放程度的指标是对外资产和债务总额对国内生产总值的比率；在国际投资方面，衡量一个国家对外开放程度的指标是对外直接投资和接受外来直接投资总额对国内生产总值的比率。

三、国际贸易的分类

（一）货物贸易与服务贸易

对外贸易按商品形式与内容的不同，分为货物贸易（Goods Trade）和服务贸易（Service Trade）。按关税与贸易总协定乌拉圭回合多边贸易谈判达成的《服务贸易总协定》，国际服务贸易是指："从一参加方境内向任何其他参加方境内提供服务；在一参加方境内向任何其他参加方的服务消费者提供服务；一参加方在其他任何参加方境内通过提供服务的实体的介入而提供服务；一参加方的自然人在其他任何参加方境内提供服务。"服务贸易多为无形、不可储存的；服务提供与消费同时进行；其贸易额在各国国际收支表中只得到部分反映，在各国海关统计中查询不到。

世界贸易组织列出服务行业包括12个部门：商业、通信、建筑、销售、教育、环境、金融、卫生、旅游、娱乐、运输、其他。

（二）出口贸易、进口贸易、过境贸易、转口贸易、复出口、复进口

出口贸易（Export Trade）是指一国把自己生产的商品输往国外市场销售，又称为输出贸易。如果商品不是因外销而输往国外，则不计入出口贸易的统计之中，如运往境外使馆、驻外机构的物品，或者携带个人使用物品到境外等。

进口贸易（Import Trade）是指一国从国外市场购进用以生产或消费的商品，又称为输入贸易。如果商品不是因购入而输入国内，则不计入进口贸易。同样，若不是因购买而输入国内的商品，则不称进口贸易，也不列入统计，如外国领事馆运进自用的货物，以及旅客携带个人使用物品进入国内等。

某种商品从甲国经由乙国输往丙国销售，对乙国来说，这项买卖就是过境贸易（Transit Trade）。在过境贸易中，又可分为直接过境贸易和间接过境贸易。直接过境贸易是指A国的商品进入本国境内后不存放海关仓库而直接运往B国；间接过境贸易是指A国的商品进入C国境内后存放仓库，然后再运往B国。在过境贸易中，由于本国未通过买卖取得货物的所有权，因此过境商品一般不列入本国的进出口统计中。

转口贸易（Entrepot Trade）是指本国从A国进口商品后，再出口至B国的贸易，本国的贸易就称为转口贸易。转口贸易中的货物运输可以有两种方式：一是转口运输，即货物从A国运入本国后，再运往B国；二是直接运输，即货物从A国直接运往B国，而不经过本国。

从国外输入的商品，没有在本国消费，又未经加工就再出口，称为复出口（Reexport）或复输出。例如，进口货物的退货、转口贸易等。

输往国外的商品未经加工又输入本国，则称为复进口（Reimport）或再输入。产生复进口的原因，或者是商品质量不合格，或者是商品销售不对路，或者是国内本身就供不应求。

从经济效益考虑，一国应该尽量避免出现复进口的情况。

（三）有形贸易和无形贸易

按商品形态划分，贸易可分为有形贸易和无形贸易。

有形贸易（Tangible Goods Trade）是指买卖那些看得见、摸得着的具有物质形态的商品（如粮食、机器等）的交换活动。为了便于统计和分析，联合国秘书处于 1950 年公布了《国际贸易标准分类》（Standard International Trade Classification，SITC）。1960 年、1975 年、1985 年还分别对其作过三次修订。在这个标准分类中，把有形商品分为 10 大类（Section）（见表 1–3）、67 章（Division）、261 组（Group）、1 033 个分组（Sub-group）和 3 118 个项目（Item）。SITC 几乎包括了所有的有形贸易商品。每种商品都有一个五位数的目录编号。第一位数表明类，前两位数表示章，前三位数表示组，前四位数表示分组，五位数一起表示某个商品项目。例如，活山羊的标准分类编号为 001.22。其中，0 表示类，名称为食品及主要供食用的活动物；00 表示章，名称为主要供食用的活动物；001 表示组，名称为主要供食用；001.2 表示分组，名称为活绵羊及山羊；001.22 表示项目，名称为活山羊。

表 1–3 有形商品 10 大类

大类编号	类别名称
0	食品及主要供食用的活动物
1	饮料及烟草
2	燃料以外的非食用原料
3	矿物燃料、润滑油及有关原料
4	动植物油脂
5	未列名化学品及有关产品
6	主要按原料分类的制成品
7	机械及运输设备
8	杂项制品
9	没有分类的其他商品

无形贸易（Intangible Goods Trade）是指买卖一切不具备物质形态的商品的交换活动，如运输、保险、金融、文化娱乐、国际旅游、技术转让、咨询等方面的提供和接受。无形贸易可以分为服务贸易和技术贸易。一般来说，服务贸易（Trade in Services）是指提供活劳动（非物化劳动）以满足服务接受者的需要并获取报酬的活动。为了便于统计，世界贸易组织的《服务贸易总协定》把服务贸易定义为四种方式：① 过境交付，即从一国境内向另一国境内提供服务；② 境外消费，即在一国境内向来自其他国家的消费者提供服务；③ 自然人流动，即一国的服务提供者以自然人的方式在其他国家境内提供服务；④ 商业存在，即一国的服务提供者在其他国家境内以各种形式的商业或专业机构提供服务。技术贸易（Technology Transference）是指技术供应方通过签订技术合同或协议，将技术有偿转让给技术接受方使用。有形贸易与无形贸易有一个鲜明的区别，即有形贸易均需办理海关手续，其贸易额总是列入

海关的贸易统计，而无形贸易尽管也是一国国际收支的构成部分，但由于无须经过海关手续，一般不反映在海关资料上。但是，对形成国际收支来讲，这两种贸易是完全相同的。

然而，无形贸易在国际贸易活动中已占据越来越重要的地位。它的贸易额在最近几年接近于国际商品贸易额的 1/4。不少发达国家的服务贸易额已占其出口贸易额的相当比重，有的（如美国）已达一半左右。近年来，服务贸易的增长速度明显快于有形贸易的增长速度，且继续保持着十分强劲的势头。特别是乌拉圭回合通过了《服务贸易总协定》，规定把服务贸易纳入国际贸易的规范轨道，逐步实现自由化。这将促使各国进一步大力发展服务贸易。我国提出的发展大经贸的工作思路，实际上就强调了发展无形贸易的重要意义。

（四）双边贸易和多边贸易

双边贸易（Bilateral Trade）是指两国政府之间商定的贸易规则和调节机制下的贸易。两国政府往往通过签订贸易条约或协定来规定贸易规则和调节机制，要求两国在开展贸易时必须遵守贸易条约或协定中的规定。双边贸易所遵守的规则和调节机制不适用于任何一个签约国与第三方非签约国之间开展的贸易。例如，在《中美贸易条约》下开展的中美贸易就是一种双边贸易。

多边贸易（Multilateral Trade）是指在多个国家政府之间商定的贸易规则和调节机制下的贸易。同样，多个国家政府之间也需要通过签订贸易条约或协定来规定贸易规则和调节机制，而且这些贸易规则和调节机制也不适用于任何一个签约国与其他非签约国之间的贸易。例如，世界贸易组织中的国家所开展的贸易就属于多边贸易。

（五）自由结汇贸易和易货贸易

自由结汇贸易（Free-liquidation Trade）指的是以国际货币作为清偿手段的国际贸易，又称为现汇贸易。能够充当这种国际支付手段的，主要是美元、英镑、欧元和日元这些可以自由兑换的货币。反之，以经过计价的商品作为清偿手段的国际贸易，则称为易货贸易（Barter Trade），或称为换货贸易。它的特点是，进口与出口直接相联系，以货换货，进出基本平衡，可以不用现汇支付。这就解决了那些外汇匮乏国家开展对外贸易难的问题。加上现在各国之间经济依赖性加强，有支付能力的国家有时也不得不接受这种贸易方式，因此，易货贸易在国际贸易中十分兴盛，大致已接近世界贸易额的 1/3。

必须注意，倘若两国间签订了贸易支付协定，规定双方贸易经由清算账户收付款，则一般不允许进行现汇贸易。因此，从清偿工具的角度看，这是一种特殊形式的国际贸易。

（六）水平贸易和垂直贸易

按经济发展水平划分，贸易可分为水平贸易和垂直贸易。

经济发展水平比较接近的国家之间开展贸易活动，称为水平贸易（Horizontal Trade）。例如，北北之间、南南之间以及区域性集团内的国际贸易，一般都是水平贸易。相反，经济发展水平不同的国家之间的贸易，称为垂直贸易（Vertical Trade）。这两类国家在国际分工中所处的地位相差甚远，其贸易往来有着许多与水平贸易大不一样的特点。南北之间贸易一般就属此类。区分和研究这两者的差异，对一国确定其对外贸易的政策和策略具有重要作用。

（七）陆路贸易、海路贸易、空运贸易、邮购贸易

按货物运送方式划分，贸易可分为陆路贸易、海路贸易、空运贸易、邮购贸易。

陆路贸易（Trade by Roadway），采用陆路运送货物的贸易，其运输工具通常为火车、卡车等。海路贸易（Trade by Seaway），即通过海上运输货物的贸易，运输工具主要是各种船舶，这是国际贸易最主要的运送方式。空运贸易（Trade by Airway），即采用航空方式运货的贸易。这种贸易通常适用于贵重或数量小或时间紧的商品的贸易。邮购贸易（Trade by Mail Order），即采用邮政包裹方式寄送货物的贸易。对数量不多的商品贸易，可采用邮购贸易。

第四节 国际贸易学的研究对象和内容以及研究方法

经济学界一直注意研究和探讨国际贸易中的各种问题与规律。资本主义原始积累时期的重商主义研究对外贸易如何带来财富。资本主义自由竞争时期的古典学派亚当·斯密和大卫·李嘉图探讨了国际分工形成的原因和分工的依据，论证了国际分工和国际贸易的利益。20世纪以来瑞典经济学家赫克歇尔和俄林提出了按照生产要素禀赋进行国际分工的学说。第二次世界大战后，西方经济学家把比较成本说动态化，特别是在产品周期学说中动态地考察了比较利益的转移过程。发展经济学家正努力探讨发展中国家的贸易发展模式。

一、国际贸易的研究对象

国际贸易理论是国际经济学中非常重要的一个部分，其基础是微观经济学。国际贸易理论是开放条件下的微观经济学。国际贸易的研究对象包括国际商品交换的运行机制，国际贸易的原因和基础，影响国际贸易的各种因素，国际贸易对一国国内收入分配的影响以及国际贸易与经济增长之间的关系等。国际贸易理论研究的范围不仅包括商品和服务的国际流动，也包括生产要素的国际流动和技术知识的国际传递。国际贸易理论研究商品、服务和生产要素国际流动的原因和方向，也研究流动的结果，包括对各国生产、消费、商品价格和社会各集团利益的影响。与商品、服务和生产要素的国际流动有关的对外贸易政策也是国际贸易的研究对象。对外贸易政策是国际商品交换活动的准则，它对国际贸易起着促进或限制的作用，也关系到各国的经济发展和财富的积累。国际贸易的研究还包括经济增长、技术进步对贸易的影响，即动态分析国际贸易变动的原因与结果。因此，国际贸易是一门理论性、政策性和社会实践性都很强的课程。

二、国际贸易的前沿和热点问题

2009年全球贸易增长速度受金融危机影响而大幅下降，2010年虽恢复较快，但随之而来的欧债危机（欧洲主权债务危机）对全球经济发展的影响更是不容忽视，贸易战越演越烈。加强WTO在国际经济发展中的协调作用，推动区域经济合作将是各国发展对外贸易的重要选择。近年来，随着中国经济地位的提升，中国贸易问题已经从国别问题上升为国际贸易领域研究的主流问题之一。另外，随着经济全球化进程的加快和科学技术的迅猛发展，知识产权制度在经济和社会活动中的地位得到了历史性提升，知识产权保护在当代国际贸易中的重要性受到更多的关注。一国知识产权保护的程度越高，国际贸易的发展水平就越高。知识产权贸易已经成为国际贸易中的重要组成部分，知识产权保护也成为国际贸易中的焦点和难点。

三、国际贸易的研究方法

在研究国际贸易时可采取以下方法:

1. 规范分析和实证分析相结合的方法

国际贸易学作为经济学的一个重要分支,经济学中采用的规范分析和实证分析方法同样适用于国际贸易的研究。规范分析是以一定的价值判断为基础,以某种看法或标准作为理论前提和政策制定依据的经济学方法。实证分析是撇开价值判断,揭示实际经济变量、经济事物内在联系的经济学方法。在对国际贸易的任何一项具体的研究中,它们都是将这两种方法结合起来加以研究的。

2. 静态分析和动态分析相结合的方法

静态分析方法通常是对经济变量在同一时期内发生的相互关系进行分析,这种分析方法把同一时期的假设条件,如资本、人口、技术等视为既定的,不考虑其变化,在此基础上研究经济运行规律。动态分析方法通常是对在不同时期内的经济变量都标上了不同的日期,从时间序列中分析经济变量的变化及经济变量之间的互相关系,如在资本的增减、价格的升降、收入的变化等基础上研究有关变量相互影响的规律。在国际贸易研究中,既要采用静态分析法,也要采用动态分析法。

3. 定性分析和定量分析相结合的方法

定性分析主要是依赖文字来说明经济运行规律,而定量分析则是把数学的方法用于经济分析中。国际贸易研究应该把定性分析方法和定量分析方法相结合,这样建立的理论才更严密、更有说服力。

本章小结

1. 本章为全书导论,简要回顾了国际贸易产生与发展的历史,阐述了国际贸易理论的基本体系,介绍了国际贸易的研究对象、内容和国际贸易的基本经济学分析工具。

2. 本章从多个角度对国际贸易进行了分类,介绍了国际贸易所涉及的基本概念,介绍了统计中常用的基本概念。

3. 国际贸易研究的内容多,涉及的范围很广。在学习和研究国际贸易时,要运用理论联系实际的方法,把实证分析和规范分析相结合、动态分析和静态分析相结合、定性分析和定量分析相结合。只有这样,才能正确地分析和解释国际贸易。

关键词

国际贸易　对外贸易　国际贸易额　国际贸易量　国际贸易商品结构　国际贸易地区分布　对外贸易地理方向　对外贸易商品结构　对外贸易依存度　贸易差额　总贸易　专门贸易　有形贸易　无形贸易　直接贸易　间接贸易　转口贸易　易货贸易

复习思考题

1. 简述国际贸易和国内贸易的异同。

2. 对外贸易产生需要什么条件？
3. 国际贸易如何分类？
4. 影响一国对外贸易依存度的因素有哪些？
5. 为什么国际贸易值不能将各国进出口值相加，且必须是各国出口值相加？
6. 为什么国际贸易量能准确反映国际贸易规模？
7. 总贸易与专门贸易的区别有哪些？
8. 一国外贸顺差越多越好吗？

第二章

古典国际贸易理论

引导案例

"海上马车夫"的传奇

在15世纪末期，欧洲国家开始了开辟新航路的征程，这让欧洲出现了前所未有的商业繁荣，也为荷兰成为商业帝国提供了历史性的机遇。

但是有谁能够想到这个后来被称为"海上马车夫"的国家在最初的时候竟然是依靠出口鲱鱼的优势而为自己赢得了发展时机。其实，鲱鱼并不是荷兰特有的物种，更具体地说，在当时的情况下，鱼类的存储困难使它们的运输路程受到了严重的限制。而荷兰人却掌握了一种技术，这就是先用一把小刀将鲱鱼的肚子剖开，然后将内脏取出来，将头切掉，最后用盐腌制，这样就能延长鲱鱼的保存时间。由此一来，荷兰就获得了出口鲱鱼的优势。

但是，荷兰商人很快发现，那些能够获得丰厚利润的海外贸易中，他们必须面对来自英国商人的强力挑战。而当时的英国拥有庞大的国土面积，甚至是荷兰面积的四倍，而人口则是荷兰的五倍。因此，与荷兰相比，英国具有更优越的地理条件。那么，荷兰人怎样做才能击败英国这个强大的竞争对手呢？

荷兰又开始加紧改良造船技术，主要体现在对船体的设计上。与传统的船只相比，经过荷兰改造的船只没有了武装系统，同时船价只有欧洲其他国家船价的一半，而载货量却得到了很大的提升。此外，当时货船所缴纳的税款取决于甲板的宽度，而荷兰人在改进船只的时候缩小了大肚船的甲板，因此也省下了很多的税款。经过荷兰人改造的没有武装系统但造价低廉的航船就是荷兰人打败英国人的工具。虽然在船舰上装上武力系统可以有效地防御海盗的突袭，但是荷兰人却冒险造出一种只能用于运输货物而缺少必要武力系统的商船。而这样做就需要荷兰人付出代价，因为每一次出航都变成了一次命运的赌博。当然，造船成本低廉也就意味着货物的运费相应便宜，正是依靠对航船的创新，荷兰在对外贸易中的竞争力得到了很大的提高。

荷兰人凭借着这种优势赢得了广阔的国际市场。到了16世纪末期，整个欧洲的海运贸易几乎被荷兰人垄断，荷兰船队的数量甚至比英格兰、法国和苏格兰的海上商船的总数还要多。于是，荷兰人赢得了"海上马车夫"的称号，并因此而享誉世界。

（资料来源：胡东宁. 国际贸易理论与政策. 北京：中国铁道出版社，2011：25—26）

教学目标

1. 理解绝对优势理论。
2. 掌握比较优势理论。
3. 了解相互需求理论的基本内容。
4. 掌握比较优势的度量指标。

第一节　绝对优势理论

第一个建立起市场经济学分析框架的是 18 世纪的英国古典经济学奠基人亚当·斯密。斯密花了将近 10 年的时间，于 1776 年写出了一部奠定古典政治经济学理论体系的著作《国民财富的性质和原因的研究》（An Inquiry into the Nature and Causes of the Wealth of Nations，简称《国富论》），影响巨大。在这部著作中，斯密第一次把经济科学所有主要领域的知识归结成一个统一和完整的体系，而贯穿这一体系的基本思想就是自由放任的市场经济思想。

一、绝对优势理论的基本观点

（一）斯密的自由贸易思想

18 世纪 70 年代英国工业革命处于萌芽时期，在晚期重商主义的政策主张下，包括英国在内的欧洲主要国家工业制造业的发展都快于农业。斯密看到了贸易对国民财富增长的作用，但同时也意识到重商主义极端的保护政策从根本上阻碍了新兴资产阶级从海外获取生产所需的廉价原料，并扩大海外市场的努力，使得国民经济的发展受到限制。

斯密的自由贸易思想是其整个自由竞争市场经济体系的一个有机组成部分。在《国富论》中，斯密运用分工理论对自由贸易的合理性进行了论证："如果一件东西购买时所费的代价比在家内生产时所费的小，就永远不会想要在家内生产，这是每一个精明的家长都知道的格言。裁缝不想自己制作鞋子，而向鞋匠购买。鞋匠不想制作他自己的衣服，而雇裁缝制作……如果外国能以比我们自己制造还便宜的商品供给我们，我们最好就用我们有利的使用自己的产业生产出口的物品的一部分向他们购买。"

斯密通过对国家和家庭进行对比来描述国际贸易的必要性，提出对家庭而言只生产一部分它自己需要的产品而用那些它能出售的产品来购买其他产品是合算的，同样的道理应该适用于国家。

斯密首次从消费者（裁缝）的角度强调进口（从鞋匠那里购买鞋子）的利益（比自己在家生产便宜），他从分工交换的好处来分析贸易所得。在国际贸易中，不仅出口带来利益，进口也同样给一国带来好处。因此，在斯密的体系中，无论是进口还是出口，都应是市场上的一种自由交换。这种自由交换的结果，双方都会得到好处。国际贸易只是自由市场经济的一部分，不应加以任何限制。

专栏 2-1

亚当·斯密

亚当·斯密（Adam Smith, 1723—1790）是英国著名的经济学家，资产阶级古典经济学派的主要奠基人之一，国际分工及国际贸易理论的创始者，自由贸易的倡导者。亚当·斯密于1723年出生在苏格兰法夫郡（County Fife）寇克卡迪（Kirkcaldy）一个海关官员的家庭，他的父亲在他出生前两个月就去世了。斯密自小博览群书，在十四岁时就进入了格拉斯哥大学（Glasgow University）学习。他选定了人文科学的方向，在逻辑、道德哲学、数学和天文学方面都成绩斐然。1740年，他作为斯内尔奖学金获得者进入牛津大学深造6年。由于某些政治事件的原因，斯密不得不于1746年回到寇克卡迪，当时无固定工作。1748年，他开始应邀到爱丁堡授课，内容涵盖法学、政治学、社会学和经济学，由此名声大振。

到了18世纪50年代，斯密就提出经济自由主义的基本思想。1751年斯密被推举为格拉斯哥大学的逻辑学教授，1752年转任道德哲学（即社会科学）教授。他的讲课内容包括了伦理学、修辞学、法学、政治经济学以及"治安和税收"领域。1758—1763年，斯密曾兼任格拉斯哥大学财务主管、教务长、副校长等职务。在这段被他称为"一生中最幸福的时期"中，斯密参加了政治经济学俱乐部活动（被称为"俱乐部人"），而且，他每年总要到爱丁堡待上2~3个月，宣扬他的经济自由思想。他曾在讲演中说道："应该让人的天性本身自然发展，并在其追求自己的目的和实施其本身计划的过程中给予它充分自由……"

1759年，斯密发表了他的第一部科学巨著《道德情操论》，标志着他哲学和经济学思想的形成。在《道德情操论》创作的过程中，内在的兴趣和时代的需要（发展格拉斯哥工商业）使斯密沉湎于政治经济学的研究之中。在1762—1763年的讲稿里，他提出了一系列出色的唯物主义思想，在讲稿的经济学部分中，已出现了在《国富论》中得到发展的思想萌芽。这部著作作为斯密树立了威望，他因此被聘为巴克卢公爵的私人教师。1864年，斯密正式辞去大学教授工作，并在1764—1766年和他的弟子一同游览欧洲，大多是在法国。在那里，斯密有幸认识了阿郎贝尔（Alembert）、奥尔巴克（Holbach）和爱尔维修（Helvetius），尤其重要的是结识了重农主义学派的领导人——弗朗索瓦·魁奈（Francois Quesnay）。斯密曾对政治经济学有过兴趣，他到达巴黎之时正是法国重农学派的影响和成就达到高峰的时候。在法国巴黎期间，斯密批判性地借鉴重农主义学派，沿着英国传统的道路，在劳动价值论的基础上创立了自己的经济理论。同法国唯物主义伦理学的重要代表爱尔维修结识后，斯密又将其关于新伦理的思想用于政治经济学，创造了关于人的本性和人与社会相互关系的概念，成了古典学派观点的基础。斯密通过"经济人"这一概念，提出了一个具有重大理论意义和实际意义的问题：关于人的经济活动的动因和动力问题。而"看不见的手"这一提法指出了客观经济规律的自发作用。斯密又把利己主义和经济发展自发规律相结合，提出了自然秩序这一概念。这是他放任主义政策的原则和目的。当他最后写作《国富论》之时，竞争和自由是他的经济学的基石，成为一条主线贯穿于整部《国富论》之中。

1767年春，斯密回到寇克卡迪开始了大约6年的写作工作。1776年3月，《国富论》在伦敦出版并在其后被翻译成多种语言。书中的经济观点集中地体现了产业资产阶级的利益和要求，因而受到了热烈的赞扬。该书对当时政府的经济政策产生了一定的影响。斯密将其渊博的学问、深刻的洞察力和别具一格的幽默贯注于这部著作之中。《国富论》无疑是政治经济学史上最引人入胜的著作之一。当时一位有名的学者指出，这不仅是一篇经济专题论文，而且是"一本描述时代的非常有趣的书"。1776年，斯密被授予爱丁堡市荣誉市民称号。1787—1789年，他被选为格拉斯哥大学名誉校长。

斯密成名后，曾被任命为苏格兰海关专员和盐务专员，但大部分时间还是致力于精炼修改他的这部著作。1790年7月，斯密于爱丁堡逝世，享年68岁。

（资料来源：新帕尔格雷夫经济学大辞典（第4卷）．北京：经济科学出版社，1996：384—404）

（二）绝对优势的理论基础

斯密认为，国际贸易的基础是各国之间生产技术的绝对差别。他用一国中不同人的劳动生产率和职业分工来解释国际贸易的原因：裁缝之所以自己不去制作靴子，是因为从鞋匠那里购买靴子比自己在家生产要便宜；而裁缝擅长做衣服，在做衣服方面裁缝比鞋匠能干，裁缝应该用衣服来换靴子。一个国家之所以要进口别国的产品，是因为该国生产这种产品的技术处于劣势，自己生产比购买别国产品的成本要高；而一国之所以能够向别国出口产品，是因为该国在这一产品的生产技术上比别国先进，或者说具有绝对优势（Absolute Advantage）。因为该国能够用同样的资源比别国生产出更多的产品，从而使单位产品的生产成本低于别国。

因此，斯密认为，国际贸易和国际分工的原因和基础是各国间存在的劳动生产率和生产成本的绝对差别。一国如果在某种产品上具有比别国高的劳动生产率，该国在这一产品上就具有绝对优势；相反，劳动生产率低的产品，就不具有绝对优势，即具有绝对劣势。绝对优势也可间接地由生产成本来衡量：如果一国生产某种产品所需的单位劳动比别国生产同样产品所需的单位劳动要少，该国就具有生产这种产品的绝对优势，反之则具有劣势。各国应该集中生产并出口其具有劳动生产率和生产成本"绝对优势"的产品，进口其不具有"绝对优势"的产品，其结果比自己什么都生产更有利。在贸易理论上，这一学说被称为"绝对优势理论"。

斯密将导致各国积极参与国际贸易取得贸易利益的所谓"优势"区分为"自然优势"（Natural Advantages）和"获得性优势"（Acquired Advantages）。前者为一国固有的天赋优势，如一国所处的地理位置、自然环境、土壤质量、气候条件或矿产资源。例如，苏格兰即便投入数十倍甚至数百倍的资本与劳动，都生产不出可以与法国葡萄酒相媲美的红葡萄酒和白兰地；后者为后天获得的优势，如通过接受教育与训练，以及大量的生产实践，一个工匠的生产技艺可以日臻精湛。当然，一个国家（如当时的英国）也可以通过技术创新和制度创新，使其工业生产能力处于世界领先地位，从而取得获得性优势。至于一国同另一国相比的优势地位是先天固有的，还是后天获得的，其实都无关紧要。斯密的这些观点在后来的国际贸易理论中得到了进一步发展：赫克歇尔-俄林的资源禀赋理论和克鲁格曼的规模经济理论都可追溯到早期古典经济学的思想。

按照亚当·斯密的主张，每一个国家都应集中致力于生产其最擅长生产的物品，而所谓擅长与否则全然取决于在各自拥有的优势基础上生产成本的绝对差异。生产成本绝对低于他国谓之"最擅长"，否则即为"最不擅长"。各国都照此原则进行生产和开展相互贸易，势必导致资本劳动等经济资源向其最擅长的产业流动。如此一来，既实现了本国经济资源的最佳配置，提高了生产效率，又形成了国与国之间合理的分工，贸易双方都能以绝对低的成本从对方换回本应付出更大成本才能生产出来的产品。如此贸易的最终结果当然是双方皆大欢喜，各自获得贸易利益。

二、绝对优势理论的模型

（一）基本假设

与其他经济理论分析一样，为了不影响结论，使分析更加严谨，在研究国际贸易时，亚当·斯密将许多不存在直接关系和当时并不重要的变量假设为不变，并将不直接影响分析的其他条件尽可能简化。绝对成本理论的基本假设主要有：

（1）假设世界上只有两个国家，并且只生产两种商品。

（2）劳动是唯一的要素投入，每国的劳动力资源在某一给定时间都是固定不变的，且具有同质性，劳动力市场始终处于充分就业状态。

（3）劳动力要素可以在国内不同部门之间流动但不能在国家之间流动。

（4）两国在不同产品上的生产技术不同，并且两国的技术水平都保持不变。

（5）规模报酬不变。

（6）所有市场都是完全竞争的，没有任何一个生产者和消费者有足够的力量对市场施加影响，他们都是价格的接受者；且各国生产的产品价格都等于产品的平均生产成本，没有经济利润。

（7）实行自由贸易，不存在政府对贸易的干预或管制。

（8）运输费用和其他交易费用（Transaction Costs）为零。

（9）两国之间的贸易是平衡的，因此，不用考虑货币在国家间的流动。

（二）衡量方法

根据绝对优势贸易理论，各国应该专门生产并出口其具有"绝对优势"的产品，不生产但进口其不具有"绝对优势"（或有"绝对劣势"）的产品。

绝对优势的衡量有两种办法：

（1）用劳动生产率，即用单位要素投入的产出率来衡量。一国如果在某种产品上具有比别国高的劳动生产率，该国在这一产品上就具有绝对优势。

（2）用生产成本，即用生产一单位产品所需的要素投入数量来衡量。如在某种产品的生产中，一国单位产量所需的要素投入低于另一国，该国在这一产品上就具有绝对优势。

（三）举例

为了更清楚地说明这一模型，假设这两个国家是"中国"和"美国"。两国都生产"大米"和"小麦"，但生产技术不同。劳动是唯一的生产要素，两国有相同的劳动力资源，都是100人。由于生产技术的不同，同样的劳动人数，可能的产出是不同的。如果两国所有的劳动都用来生产大米，假设中国可以生产100吨，美国只能生产80吨。如果两国的劳动都用来生产小麦，假设中国能生产50吨，而美国能生产100吨。两国的生产可能性如表2-1所示。

表 2-1　中国和美国的生产可能性（1）

商品 国别	大米/吨	小麦/吨
中国	100	50
美国	80	100

从劳动生产率的角度来说，中国每人每年可以生产 1 吨大米，而美国每人每年只生产 0.8 吨，中国具有生产大米的绝对优势。美国每人每年可以生产 1 吨小麦，而中国每人每年只能生产 0.5 吨，美国具有生产小麦的绝对优势，如表 2-2 所示。

表 2-2　中国和美国的劳动生产率（Q_j/L）

商品 国别	大米（人均产量）/吨	小麦（人均产量）/吨
中国	1.0	0.5
美国	0.8	1.0

注：Q_j 是产量，L 是劳动投入；其中 j=大米、小麦。

从生产成本的角度来说，每吨大米在中国只要 1 个单位的劳动投入，在美国则要 1.25 个单位。相反，每吨小麦在中国需要两个单位的劳动投入，在美国只要 1 个。在表 2-3 中，分别用 a_{LR} 和 a_{LW} 来表达中美两国单位大米和单位小麦生产中的劳动要素投入，即生产成本。

表 2-3　中国和美国的生产成本（a_{Lj}）

商品 国别	大米（a_{LR}）/吨	小麦（a_{LW}）/吨
中国	1.0	2.0
美国	1.25	1.0

显然，a_{LR}（中国）<a_{LR}（美国），而 a_{LW}（中国）>a_{LW}（美国）。通过生产成本的比较，可以得出与以上比较劳动生产率时同样的结论。

根据"绝对优势"贸易理论，中国应该专门生产大米（100 吨），然后用其中的一部分去跟美国交换小麦。美国则应专门生产小麦（100 吨），然后用一部分小麦去交换中国的大米。

（四）贸易所得

这种专业化的分工和交换有什么好处呢？用一个假设的例子来说明。如果没有贸易的话，两国都是封闭经济，自给自足，因此，为了满足不同的消费，每个国家都要生产两种产品。为了方便起见，假设每个国家都将自己的劳动资源平均分布在两种产品的生产上。那么，中国的大米产量是 50 吨，小麦是 25 吨，美国则生产 40 吨大米和 50 吨小麦。在封闭经济中，各国的生产量也是各国的消费量。

在两国开放自由贸易和专业化分工之后，中国生产 100 吨大米而美国生产 100 吨小麦。假设中国仍然保持自给自足时的大米消费量（50 吨），拿出另外的 50 吨去跟美国交换小麦，而美国也是如此，保证原来的小麦消费量（50 吨），将余下的 50 吨小麦去交换大米。这样，中国与美国用 50 吨大米换 50 吨小麦。贸易的结果是，中国现在有 50 吨大米（自己生产的）和 50 吨小麦（进口的），比自给自足时多了 25 吨小麦。而美国也有 50 吨小麦和 50 吨大米，比自给自足时多了 10 吨大米，两国都比贸易前增加了消费，都得到了在自给自足时不可能达到的消费水平。这就是贸易所得。

在这个例子中，中国大米与美国小麦的交换比例是 1:1，而实际中这一比例会变动。究竟以什么样的比例（即价格）进行交换，取决于国际市场上两种产品的供给与需求。这一点，将会在后面详细讨论。但有一点非常明确，中国用 1 吨大米换取的小麦不能少于 0.5 吨，否则不如自己生产；进口 1 吨中国大米，美国愿意支付的小麦不会超过 1.25 吨，否则无利可图。两国都能从分工和贸易中获利的小麦/大米交换比例（大米的相对价格）应在 0.5 与 1.25 之间。

（五）评述

绝对优势理论的意义在于：① 揭示了国际分工和专业化生产能使资源得到更有效地利用，从而提高劳动生产率的规律；② 首次论证了贸易双方都能从国际分工与国际贸易中获利的思想，即国际贸易可以是一个"双赢游戏"，而不是一个"零和游戏"，从而部分地解释了国际贸易产生的原因；③ 斯密的研究把国际贸易理论纳入了市场经济的理论体系，开创了对国际贸易的经济分析；④ 反映和代表了当时英国资产阶级的利益，为自由贸易思想提供了理论依据。

但是，绝对优势贸易理论的局限性很大，因为在现实社会中，有些国家比较先进发达，有可能在各种产品的生产上都具有绝对优势，而另一些国家可能不具有任何生产技术上的绝对优势，但是贸易仍然在这两种国家之间发生，而斯密的理论无法解释这种绝对先进和绝对落后国家之间的贸易。

为了说明"绝对优势"学说的局限性，对前面的例子（见表 2-1）做以下改动：假设美国的劳动力都用来生产大米，每年的生产能力不是 80 吨，而是 150 吨；中国的生产能力不变，这样，两国的生产可能性变成如表 2-4 所示的样子。

表 2-4　中国和美国的生产可能性（2）

商品 国别	大米/吨	小麦/吨
中国	100	50
美国	150	100

在这种情况下，美国小麦和大米的劳动生产率都比中国高，在大米和小麦上都有绝对优势。根据斯密的绝对优势贸易理论，美国应该出口小麦，也出口大米，而中国没有任何产品可以出口，不但应该进口小麦，还应该进口大米。可是，如果中国不能出口就没有能力来支付进口产品，也就无法进口，国际贸易也就没有可能。因此，斯密的绝对优势贸易理论在解释国际贸易的实际现象时有很多局限性。

什么是导致国家进行贸易的根本原因？斯密会说："绝对优势。"即一个国家之所以能够出口某种产品，是因为它生产的这种产品具有绝对优势，生产这种产品的劳动力成本比其他国家低，或者生产这种产品的劳动生产率比其他国家高。但是，这种只有绝对优势才能出口的观点往往让人们陷入认知上的误区。例如，19世纪时许多国家都确信英国将成为世界的大工厂，没有什么不能生产的，而且没有哪个国家能够比英国的生产效率更高，因而英国将夺走所有的工业。后来担心的国家是美国，一直到20世纪60年代，法国还在担心美国的竞争力是否会对法国所有行业产生毁灭性的打击。20世纪七八十年代人们又开始担心韩国，到了21世纪，中国又成了人们最为担心的国家。在东南亚和西方国家一种流行的观点是，中国的13亿人口似乎是廉价劳动力用之不竭的源泉，随着中国技术的进步，生产力的提高，中国没有什么不能生产的，中国正在变成世界的大工厂，许多国家，尤其是东南亚国家的产业将在与中国的竞争中无法生存，因此，国家应该采用贸易政策来限制中国产品的进口，以防止中国产品对本国产业的毁灭性打击。

事实上，所有这些担心的情况都没有出现，东南亚国家的产业也不会因为中国产品的出口而消失。直观上，每个国家，即使生产率低下，仍然必定可以找到在世界市场上具有竞争力的产品，否则用什么来支付进口产品呢？因此，基于绝对优势的贸易理论只是解释了小部分的贸易，事实上，国际贸易并不依赖于国家是否存在绝对优势，国家可以从贸易获利，并不需要依赖绝对优势的假定。

第二节　比较优势理论

一、比较优势理论的基本观点

（一）产生背景

工业革命使英国的工业生产急剧增长，从1770年到1820年大约增长了四倍，出现了许多新的城市和工业中心。机器生产大大促进了劳动生产率的提高，给英国资产阶级提供了数量巨大、成本低廉的商品。当时英国社会的主要矛盾是工业资产阶级同地主中贵族阶级的矛盾，这一矛盾由于工业革命的进展而变得异常尖锐。这个斗争在经济方面表现为关于《谷物法》的存废。作为英国工业革命时期的资产阶级经济学者，大卫·李嘉图都是站在了工业资产阶级的立场上，并在《政治经济学及赋税原理》一书中提出了以自由贸易为前提的比较优势理论（Comparative Advantage），为工业资产阶级的斗争提供了有力的理论武器。

（二）李嘉图的贸易思想

作为古典政治经济学的重要人物，大卫·李嘉图继承和发展了亚当·斯密的观点，在绝对优势理论的基础上提出了比较优势理论，认为一个国家不仅可以依据绝对优势原则参加国际分工和国际贸易，而且即使一个国家在生产上没有任何绝对优势，只要它与其他国家相比，生产各种商品的相对成本不同，那么这个国家仍然可以通过生产相对成本较低的产品并出口，来换取它自己生产中相对成本较高的产品，从而获得利益。

比较优势理论的基本思想可以归纳为：在国际分工中，如果两国的生产力不等，一国生产任何一种商品的成本均低于另一国，处于绝对优势地位；而另一国的劳动生产率在任何商品的生产中均低于甲国，处于绝对劣势地位，这时两国仍存在进行贸易的可能性。也就是说，两国中处于优势地位的一国可以专门生产优势较大的产品，处于劣势地位的另一国可以专门生产劣势较小的产品，通过国际分工和贸易，双方仍然可以在相互贸易中获得利益。也就是说，只要各国之间存在着劳动生产率上的相对差别，就会出现生产成本和产品价格的相对差别，从而使各国在不同的产品上具有优势，使国际分工和国际贸易成为可能。

李嘉图用实例由个人推及国家说明了这一道理，他说："如果两个人都能制造鞋和帽子，其中一个人在两种职业上都比另一个人强些。不过制帽子时只强 1/5 或 20%，而制鞋时则强 1/3 或 33%。那么，这个较强的人就专门制鞋，那个较差的人就专门制帽子，这样双方都能获利。"

李嘉图比较成本理论的核心可以归纳为一句话："两利相权取其重，两弊相权取其轻。"依据这一思想进行国家之间的分工和贸易，对各方都有利。

专栏 2-2　　大卫·李嘉图

大卫·李嘉图（David Ricardo，1772—1823）于 1772 年出生于英国伦敦一个富有的交易所经纪人家庭，14 岁就开始跟随父亲在交易所从事证券金融业务。因婚姻和宗教问题与父亲脱离关系，自己经营交易所，做得非常成功，10 年之后就拥有了 200 万英镑的财产，成为伦敦证券交易所和房地产市场上炙手可热的投资家，后来又当上了英国上议院议员。功成名就后，他利用空闲时间学习了自然科学。1799 年，李嘉图在巴思逗留期间偶然得到一本《国富论》，成为这本书的一个真正的"赞赏者"。当时英国脱离金本位制的特定环境使李嘉图对政治经济学产生了很大的兴趣。最终，他在分析、批判前人经济理论的基础上，结合时代提出的问题，将经济理论推上了一个新的阶段。

李嘉图对经济理论的研究和著作，几乎涉猎了经济学中的所有方面，他首先研究的是货币。李嘉图是货币数量论的倡导者。他在 1809—1811 年发表的几篇文章和几个小册子中，批判了当时的货币流通制度，并且拟定了一个实事求是的纲领，甚至提出要创立新的国家银行，显示了他极大胆的建议方式和极雄辩的著作能力。他的货币理论思想主要有：① 稳定货币流通是发展经济的最重要条件；② 这种稳定只有以黄金为基础的条件下才有可能实现；③ 在流通中黄金可以在相当大程度上，甚至完全为按固定平价兑换黄金的纸币所取代。之后，他出版了《论谷物低价格对资本利润的影响》。书中，他主要研究了价值理论。他以斯密的价值理论为出发点研究价值问题，力图在基本点上纠正和揭露斯密价值学说的混乱和矛盾。他坚持了耗费劳动量决定商品价值的原理，并将这一原理始终贯穿在他的经济理论中。他考虑了劳动性质与价值的关系，认为各种不同性质的估价由市场决定，并且主要决定于劳动者的相对熟练程度和所完成的劳动的强度，最不利条件下的劳动决定价值。决定商品价值的是劳动总量，即不仅包括生产该商品时所需的劳动，而且包括生产用于该过程的资本物所需的劳动。

李嘉图对国际贸易理论有开创性的贡献，他是贸易自由的坚决支持者。在他的主要著作《政治经济学及赋税原理》（Principles of Political Economy and Taxation）一书中，李嘉图以一个有关国际贸易的一般理论支持了自己的观点。该理论包括了比较优势学说——该学说或许可以说成是政治经济学中最广泛地为人们所接受的"真理"（马歇尔，1887）。在《政治经济学及赋税原理》的《论对外贸易》一章中，他对苏格兰和葡萄牙的外贸进行了研究并用精彩的例子"葡萄酒"和"棉布"说明了比较成本，以及得到了贸易的结果使贸易参与国更加富裕的结论，即后来所谓的比较优势原则。这个基本思想在后来被无数经济学者引用并发展。他还从比较耗费原则中得出了与他在贸易自由条件下和谐发展国际经济关系理论相适应的结论。

终其一生，李嘉图都以严谨的思维、数学逻辑性和精确性著称。他是古典政治经济学的集大成者。他发展了斯密的工资、利润和地租的观点，即社会3个主要阶层最初收入的观点。他认为，地租只是从利润中扣除，从而利润被说成是收入最初的基本形式，而资本是收入的基础，即利润实质上就是剩余价值。这又是他在科学上取得的光辉成就之一。1819年，他成为一名议员，积极参与讨论银行改革、税收提议等问题，并成为伦敦政治经济俱乐部的奠基人。

（资料来源：新帕尔格雷夫经济学大辞典（第1卷）.北京：经济科学出版社，1996：196—214）

二、比较优势理论的模型

（一）基本假设和生产贸易模式

比较优势模型的假设与绝对优势模型基本一样，强调两国之间生产技术存在相对差别。

在比较优势模型中，生产和贸易的模式是由生产技术的相对差别以及由此产生的相对成本差别决定的。各国应该专门生产并出口其拥有"比较优势"的产品，进口其不具有"比较优势"（或有"比较劣势"）的产品。

产品的比较优势可以用相对劳动生产率、相对生产成本或者机会成本来确定。

（1）用产品的相对劳动生产率来衡量。相对劳动生产率是不同产品劳动生产率的比率，或两种不同产品的人均产量之比。用公式表示：

$$\text{产品A的相对劳动生产率（相对于产品B）} = \frac{\text{产品A的劳动生产率（人均产量：} Q_A/L\text{）}}{\text{产品B的劳动生产率（人均产量：} Q_B/L\text{）}}$$

如果一个国家某种产品的相对劳动生产率高于其他国家同样产品的相对劳动生产率，该国在这一产品上就拥有比较优势。反之，则只有比较劣势。

表2-5中的数字是根据前面假设的例子（表2-1）所计算的相对劳动生产率。中国大米的相对劳动生产率是1吨大米/0.5吨小麦，即2吨大米/吨小麦。美国大米的相对劳动生产率是0.8吨大米/吨小麦，2>0.8，中国大米的相对劳动生产率高于美国，中国具有生产大米的比较优势。两国小麦的相对劳动生产率则正好相反：中国为0.5吨小麦/吨大米，美国为1.25吨小麦/吨大米，美国具有生产小麦的比较优势。

表2-5 中美两国的相对劳动生产率（1）

相对劳动生产率 国别	大米/小麦	小麦/大米
中国	2	0.5
美国	0.8	1.25

（2）用相对成本来衡量。所谓"相对成本"，指的是一个产品的单位要素投入与另一产品单位要素投入的比率。用公式表示：

$$\text{产品A的相对成本}_{(相对于产品B)} = \frac{\text{单位产品A的要素投入量}(a_{LA})}{\text{单位产品B的要素投入量}(a_{LB})}$$

如果一国生产某种产品的相对成本低于别国生产同样产品的相对成本，该国就具有生产该产品的比较优势。上例中两国每吨大米和小麦的相对成本如表2-6所示。

表2-6 中美两国大米和小麦生产的相对成本

国别 相对成本	大米（a_{LR}/a_{LW}）/吨	小麦（a_{LW}/a_{LR}）/吨
中国	0.5	2.0
美国	1.25	0.8

中国大米的相对成本比美国的低，而美国小麦的相对成本比中国的低。因此，结论与用相对劳动生产率来衡量是一致的：中国有生产大米的比较优势，美国有生产小麦的比较优势。

（3）一种产品是否具有生产上的比较优势还可用该产品的机会成本来衡量。所谓"机会成本"指的是为了多生产某种产品（如小麦）而必须放弃的其他产品（大米）的数量。用大米来衡量的每单位小麦产量的机会成本为：

$$\text{小麦的机会成本} = \frac{\text{减少的大米产量}(\Delta Q_R)}{\text{增加的小麦产量}(\Delta Q_W)}$$

式中，Q_R 是大米产量，Q_W 是小麦产量，"Δ"表示变动。

在前面的计算中可以看到，在给定的时间（或土地）里，每个中国农民可以生产1吨大米，也可以生产0.5吨小麦，但不能同时生产1吨大米和0.5吨小麦。也就是说，在中国，一个农民要想多生产1吨小麦，他就不得不少生产2吨大米。每吨小麦的"机会成本"是2吨大米。在美国，一个农民要想多生产1吨小麦，就必须少生产0.8吨大米。每吨小麦的"机会成本"是0.8吨大米。同样，可以算出大米的机会成本（小麦机会成本的倒数）：中国为0.5吨小麦，美国为1.25吨小麦。中国生产大米的机会成本低，具有比较优势。美国小麦的机会成本低，具有生产小麦的比较优势。

由此可见，三种方法的结论是相同的，都能确定本国产品的比较优势。

李嘉图的比较优势理论认为，贸易的基础是生产技术相对差别以及由此产生的相对成本的不同。一国之所以能够出口获利，只需在该产品的生产上有比较优势而不一定要有绝对优势。一国可能会在所有的产品上都不具有绝对优势，但一定会在某些产品上拥有比较优势。因此，任何国家都可以有出口的产品，都有条件参与国际分工和国际贸易。

与"绝对优势"学说相比，"比较优势"学说更有普遍意义。在前面的例子（见表2-4）中，美国不但拥有生产小麦的绝对优势，也拥有生产大米的绝对优势。根据"绝对优势"学说，美国应该生产所有两种产品并向中国出口，中国应该什么也不生产只是进口。但是，这种情况实际是不可能发生的，因为贸易本身是双向的。一个国家不可能只有进口而没有出口。如果只有在绝对优势的条件下才能出口获利，那么中国什么东西都不能出口，中国和美国就不会发生贸易。

但是,根据比较优势学说,贸易仍能在两国间发生。中国虽然在所有两种产品上都不拥有绝对优势,却在大米生产上拥有比较优势。生产 1 吨大米的机会成本,在美国是 1.25 吨小麦,在中国只是 0.5 吨,也就是说,用 0.5 吨小麦在中国就可以换到 1 吨大米,在美国则要用 1.25 吨。中国生产大米的相对劳动生产率比美国高:2>0.5(见表 2-7),中国则有生产大米的比较优势。从而中国可以集中生产大米并出口美国,同时从美国进口小麦,两国之间发生了贸易。通过这个例子可以看到,"比较优势"学说不仅在理论上更广泛地论证了贸易的基础,在实践上也部分解释了先进国家与落后国家之间贸易的原因。

表 2-7 中美两国的相对劳动生产率(2)

相对劳动生产率 国 别	大米/小麦	小麦/大米
中国	2	0.5
美国	0.5	1.25

(二)贸易影响与贸易所得

在绝对优势贸易理论中,人们对贸易所得比较容易看得清楚,因为一国出口产品的绝对生产成本一定比别国低而且进口的也一定是自己生产成本绝对比别国高的产品,所以贸易一定能够赚钱或省钱。但在比较优势理论中,贸易所得就不是那么直观。一国有可能出口比别国生产成本高的产品,也有可能从别国进口生产成本不如本国低的产品。在这种情况下,一国参与国际贸易的利益(所得)何在呢?

1. 总体均衡分析

"比较优势"理论可以用图形和曲线来说明。在总体均衡的分析中,可以使用生产可能性曲线说明供给,用社会无差异曲线表示需求。在前面的例子中,中国和美国都只生产两种产品:大米和小麦。因此,在我们的总体均衡分析中,也只有大米和小麦两种产品。图 2-1 中的(a)(b)两图分别说明中美两国的生产消费情况,两图中的纵坐标都表示小麦的生产量,横坐标都为大米的生产量。如果各国都将所有的人力用于生产小麦,不生产大米,小麦的生产总量分别为 50 吨(中国)和 100 吨(美国);或两国将全部资源投入大米生产,可分别生产 100 吨(中国)和 80 吨(美国)大米。这是两个极端的情况。各国也都可以生产一部分大米和一部分小麦。如果中国将一部分劳动力用来生产大米,中国的小麦产量就不可能再保持在 50 吨,新的生产组合可能是 40 吨小麦和 20 吨大米,或者是 30 吨小麦 40 吨大米等。这种可能的生产组合会有很多。如果将各种可能的组合都表示出来即可得到各国的生产可能性曲线。由于在李嘉图的"比较优势"模型中劳动是唯一的生产要素投入,而劳动生产率又是固定的,因此,产品的机会成本也就固定不变了。各国的生产可能性曲线都是直线,用 PPC 表示。

图 2-1 中,中美两国对小麦和大米这两种产品的需求分别用各自的社会无差异曲线表示。在各国的社会无差异曲线图中,CIC_1 都比 CIC_0 具有更高的社会福利水平。

中美两国在发生贸易之前,各自根据社会的需求偏好(社会无差异曲线 CIC_0)和生产能力(生产可能性曲线 PPC)选择 S_0 点作为生产的均衡点,C_0 作为消费的均衡点。无国际贸易的情形下，如果社会福利达到最大化，本国生产的产品完全用于本国消费，即 S_0 与 C_0 重合。在 S_0 点上各国大米的机会成本（在封闭经济中也是大米的相对价格）都用 P_0 来表示。中国生产每吨大米的机会成本为 0.5 吨小麦；美国生产大米的机会成本是 1.25 吨小麦。图 2-1 中大米是在横轴上，因此，大米生产的机会成本正好是生产可能性曲线的斜率。中国大米的相对成本低，中国拥有生产大米的比较优势；美国则拥有生产小麦的比较优势。

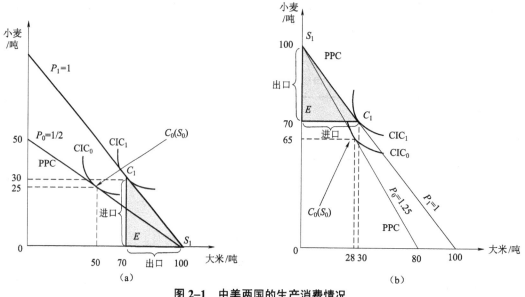

图 2-1 中美两国的生产消费情况
(a) 中国；(b) 美国

如果两国发生贸易，根据比较优势的原理，美国会专门生产小麦并向中国出口一部分小麦以换取大米，中国则集中生产大米并用一部分大米出口与美国交换小麦。各国的生产点都会从原来没有贸易时的 S_0 点转移到 S_1（中国生产 100 吨大米，美国生产 100 吨小麦），然后再根据国际价格进行交换。

国际价格是双方都接受的交换价格。国际价格的形成会在分析各种具体的商品市场时讨论，在此先假定为 1（P_1），即每吨小麦可以交换 1 吨大米。对于中国来说，自己生产 1 吨小麦要牺牲 2 吨大米，现在只要用 1 吨大米即可换取 1 吨小麦，无疑是愿意的。对于美国来说，每吨大米的生产原来要花费 1.25 吨小麦的代价，现在只需用 1 吨小麦就可从中国得到 1 吨大米，当然也有贸易的意愿。

在给定的国际价格下，各国根据自己的社会消费偏好进行最优选择。各国都会在自己的社会无差异曲线（CIC_1）与国际价格曲线相切的点（C_1）上决定两种产品的消费。假设中国在这一点上需要消费 70 吨大米，中国就可用余下的 30 吨大米去与美国人交换小麦。在国际价格为 1:1 的情况下，中国可以获得（进口）30 吨小麦，总的消费量为 70 吨大米和 30 吨小麦。美国也根据同样的道理选择它们的消费，在国际价格下出口一部分小麦（30 吨）以换取大米（30 吨）。在均衡点上，美国进口的大米量与出口的小麦量，正好等于中国相应的出口和进口量。生产（S_1 点）与消费（C_1 点）之间的差别就是国际贸易量，C_1、E、S_1 三点所组成的三角被称为"贸易三角"。

根据比较优势形成的专业化分工和国际贸易使中国的消费从无贸易时的 50 吨大米 25 吨小麦增加到 70 吨大米 30 吨小麦，美国的消费也从原来的 28 吨大米 65 吨小麦，提高到 30

吨大米70吨小麦。两国的生产能力（由生产可能性曲线表示）都没有变化，而消费水平却都提高了，两国都从国际分工和国际贸易中获得了利益，达到了比贸易前更高的社会福利水平（用 CIC_1 表示）。需要说明的是，在总体均衡分析中，衡量福利水平的是社会无差异曲线的水平而非产品的绝对消费量。如果中国特别偏好大米，那么贸易后的消费水平也可能是80吨大米20吨小麦。与贸易前相比，大米消费量增加了，但小麦消费量却减少了，但总的社会福利水平仍是提高了。因此，贸易后两种产品的消费都增加的情况可以用来说明整个国家的贸易所得，但说明贸易所得并不一定需要两种产品的消费都增加。

如果再进一步分析，可以看到从贸易中的社会福利分别来自于"交换所得"与"专业化生产和分工所得"两个部分。前者是产品在消费领域的重新配置所得，后者是资源在生产领域的更有效配置所得。在总体上，都可称为配置所得（Gain From Allocation）。

为了说明交换所得，可以假设中国在与美国发生贸易时并不改变生产结构，即仍然生产50吨大米和25吨小麦，但中国大米的相对价格是0.5，而美国大米的相对价格是1.25。在这种情况下，中国愿意将50吨大米中的一部分与美国交换小麦。仍然假定其交换比例（或称国际价格）为1:1。交换的结果使得中国大米消费减少、小麦消费增加，并达了新的更高的社会福利水平。在图2–2中，消费从 A 点移到 B 点，社会福利水平从 CIC_0 提高到 CIC_0'。

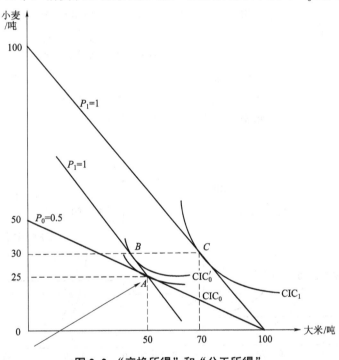

图2–2 "交换所得"和"分工所得"

现在进一步假设，在新的国际价格下中国的生产发生了变化。国际大米的相对价格是1，中国大米生产的相对成本为0.5。中国有生产大米的比较优势，出口大米有利可图。这样，中国将全部资源用于生产大米而不生产任何小麦，美国则正好相反：只生产小麦不生产大米。然后两国再进行交换。这种生产资源的重新配置使得中国有能力将消费点进一步从 B 点移到 C 点，并使社会福利水平提高到 CIC_1。这一部分的提高主要来源于生产资源的重新配置，是"分工所得"。参与国际贸易的总收益包括"分工所得"和"交换所得"两部分。

通过以上总体均衡分析，现在来概括一下李嘉图模型中贸易对一国经济的影响和所得：

（1）发生贸易后各国出口具有比较优势的产品，进口没有比较优势的产品，造成具有比较优势的产品（出口产品）的相对价格上升（或没有比较优势的进口产品的相对价格下降）。

（2）相对价格的变化促进各国实行专业分工，专门从事本国具有比较优势的产品的生产，不生产不具有比较优势的产品。

（3）在新的生产贸易下，各国的社会福利水平提高。贸易所得来自于产品的消费和生产两个方面的有效配置。通过贸易，一国可以消费超出其生产能力的产品。

2. 局部均衡分析

与总体均衡分析不同，局部均衡分析只讨论某个产品市场而非整个经济的情况。局部均衡分析有助于了解在某个具体产品市场上的价格、生产、消费以及这一产品的生产者和消费者的利益变动，也有助于弄清商品均衡价格是如何决定和变动的。

图 2-3 是根据图 2-1 假设的数据推导出来的中美两国大米市场情况。在中国，大米生产的相对成本为 0.5。如果大米的相对价格低于 0.5，那么中国将不会生产大米，供给量为 0。大米相对价格等于 0.5 时，等于相对成本，这时中国有可能生产，也有可能不生产，产量可以从 0 一直到 100 吨（最大产量）。如果相对价格大于 0.5 时，中国就会将全部资源用来生产大米，但供给量不会超过其生产能力（100 吨），所以这一段的供给曲线在 100 吨处垂直。美国的大米市场情况类似，如果大米的相对价格低于 1.25，美国不会生产任何大米。在相对价格等于 1.25 时，美国就可能生产大米，产量在 0 到 80 吨之间，供给曲线为水平直线。但是相对价格超过 1.25 时，供给曲线在 80 吨处垂直。

在没有贸易时，各国大米的相对价格等于其相对成本，生产多少则由国内的需求（由"需求曲线0"表示）决定。根据假定，在自给自足的情况下，中国大米生产量为 50 吨，美国为 28 吨。

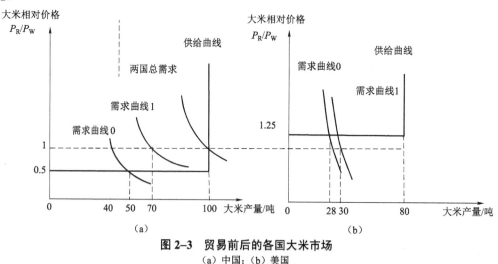

图 2-3　贸易前后的各国大米市场
(a) 中国；(b) 美国

由于中国大米的相对价格低于美国，因此，一旦发生贸易，两国的大米相对价格就会趋同：中国大米相对价格上升，美国的大米相对价格下降，从而造成中国的大米产量变为 100 吨，而美国则降低为 0。这时，中国成了唯一的大米生产者，中国所面对的也是两国对大米的总需求，大米的国际价格由中国的供给与两国的总需求来决定。在这一例子中，假定这一最终的均衡价格为1。

值得指出的是，这里的"两国总需求"并非两国贸易前对大米的需求（用"需求曲线0"表示）的简单相加，而是自由贸易下两国对大米的需求（由"需求曲线1"表示）之和。那么，自由贸易会使各国对大米的需求发生什么样的变化呢？首先，各国对大米的需求量会受到价格变动的影响。根据需求规律，大米价格上升的国家，对大米的需求量下降；而价格下降的国家，需求量会上升。这种影响称为价格效应。价格效应表现在需求量沿原有的需求曲线上下滑动。其次，各国对大米的需求还会受到通过贸易而产生的收入变动的影响。由于参与贸易，各国不仅通过出口直接增加了收入，还由于进口便宜产品而节省了原来用于消费同量产品的开支，各国总的实物消费量都增加了。国际贸易使各国按实物衡量或按原来物价计算的总收入增加。由于大米是一种正常品（收入的需求弹性为正），收入增加，需求就会增加，表现为需求曲线向右移动。这是收入效应。

在例子中，中国出口大米，国内的大米相对价格上升，通过"价格效应"人们降低大米的消费量，顺着原来的需求曲线向左上方移动（假定消费量下降到40吨）。同时，由于中国集中生产大米并能用大米换取比封闭经济中更多的小麦，整个国家用实物衡量的收入增加，导致大米需求曲线外移（从需求曲线0移到需求曲线1），总需求量增加甚至有可能超过由于价格效应所产生的需求量下降幅度。在图2-3中，中国大米需求的价格效应是消费量下降10吨（从50吨到40吨），而收入效应是增加30吨（从40吨到70吨），净增加为20吨。但是中国对大米的最终需求量究竟是增加还是减少则取决于价格变动和收入变动中哪一个影响更大。

对于美国来说，情况就比较明确，因为美国进口大米的"价格效应"和"收入效应"对大米需求量的影响是一致的：① 大米价格下降，需求量增加；② 用同样量的小麦现在可以换取更多的大米使得美国劳动力用实物衡量的收入增加，导致大米需求曲线外移（从需求曲线0移到需求曲线1），在同样的价格下也增加大米的需求量。美国对大米的最终消费量增加多少无法确定，但一定不会比进口以前少，除非大米是劣等品。

（三）评述

1. 比较优势理论对实践的指导意义

与"绝对优势"学说相比，"比较优势"学说更有普遍意义。在例子中，美国不但拥有生产小麦的绝对优势，也拥有生产大米的绝对优势。根据"绝对优势"学说，美国应该生产所有两种产品并向中国出口，中国应该什么也不生产只是进口。但是，这种情况实际是不可能发生的，因为贸易本身是双向的。一个国家不可能只有进口没有出口。如果只有在绝对优势的条件下才能出口获利，中国什么东西都不能出口，中国和美国就不会发生贸易。但是，根据比较优势学说，贸易仍能在两国间发生。中国虽然在所有两种产品上都不拥有绝对优势，却在大米生产上拥有比较优势。从而中国可以集中生产大米并出口美国，同时从美国进口小麦，两国之间发生了贸易。通过这个例子可以看到，"比较优势"学说不仅在理论上更广泛地论证了贸易的基础，在实践上也部分解释了先进国家与落后国家之间贸易的原因。

比较优势理论认为贸易的基础是生产技术相对差别以及由此产生的相对成本的不同。一国之所以能够出口获利，只需在该产品的生产上有比较优势而不一定要有绝对优势。一国可能会在所有的产品上都不具有绝对优势，但一定会在某些产品上拥有比较优势。因此，任何国家都可以有出口的产品，都有条件参与国际分工和国际贸易。比较优势理论的提出是西方古典国际贸易理论体系建立的标志。

比较优势理论曾为英国工业资产阶级争取自由贸易提供了有力的理论武器。尽管自李嘉图提出至今已近200年，但仍不失为指导一般贸易实践的基本原则。不仅如此，比较优势理论的原理除了可以用于对国际贸易问题的分析以外，还有较为广泛的一般适用性。

例如，大学教授一般都要聘请助教，专门负责对学生的日常辅导，负责批阅学生的作业，同时还要帮助教授做好讲授课程的有关准备工作。但我们知道，一位学术造诣高深的教授，完全可以在承担教学和科研工作任务的同时兼顾这些工作，而且教授直接对学生进行辅导，学生们的收益一定会更大、更多。又如，经验丰富的外科大夫除了能够给病人动手术以外，肯定还完全能够胜任对病人的护理，完全能够亲自为一个外科手术做各方面准备。但外科大夫往往都要专门聘请护士。再如，企业的高级资深管理人员，除了可以全面打理公司业务外，还能非常熟练地处理公司的日常业务，至于文件的打印，资料的分类、整理、归档等，公司经理们更应是行家里手。但他们同样还是要专门聘请秘书和打字员。

凡此种种，还可以举出很多其他例子。究其原因，无非是因为社会的劳动分工中普遍存在着绝对优势或绝对劣势中的比较优势。教授、外科大夫、公司经理同助教、护士、总经理秘书相比，前者尽管在各方面都享有绝对优势，但他们更大的优势或比较优势分别在教学和科研、主刀动手术和企业的经营管理方面；后者虽然处在全面劣势地位，但他们在辅导学生的学业和批阅学生作业、对病员进行常规护理、处理公司的一般文件等的日常事务上的劣势相对较小，或者说他们在这些方面具有比较优势。可见"两利相权取其重，两弊相权取其轻"不仅是指导国际贸易的基本原则，在社会生活的其他诸多方面，都应该成为进行合理社会分工以取得最大社会福利与劳动效率的原则。

2. 比较优势理论的缺陷

然而，比较优势理论也存在着理论上的"硬伤"，或者说，存在理论分析上的"死角"。这是因为，在李嘉图的理论分析中，比较优势之所以能够成立，全然取决于两国间两种商品生产成本对比上"度"的差异。但是，如果只是考察经过高度抽象的"2×2贸易模型"，势必存在着这样一种情况，即两国间在两种商品生产成本对比上不存在"度"的差异。表2-8所示即为"等优势或等劣势贸易模型"（Equal Advantage or Equal Disadvantage Model）。一旦出现此种等优势或等劣势的情况，李嘉图的比较优势理论及其基本原则"两利相权取其重，两弊相权取其轻"就不再起作用了。人们惊异地看到，李嘉图陷入了"此优为彼优，无甚可择"或"彼劣即此劣，何以权轻"的尴尬境地。

表2-8 等优势或等劣势贸易模型

国别 \ 商品	大米/吨	小麦/吨
中国	100	50
美国	200	100

另外，比较优势理论的分析方法是静态的、短期的，没有考虑到产量变化对产品价格和国际贸易的影响。虽然李嘉图也承认，当各国的生产技术及生产成本发生变化之后，国际贸

易的格局也会发生变化，但他并没有进一步阐明这一思想，更没有用来修正他的理论。

3. 绝对优势理论与比较优势理论的关系

比较优势理论与绝对优势理论都认定对外贸易可以使一国的产品销售市场得以迅速扩张，因而十分强调对外贸易对促进一国增加生产、扩大出口供给的重要作用。或者反过来说，斯密和李嘉图站在当时新兴的产业资本家阶级的立场上，为了给产业资本所掌握的超强的工业生产能力以及由此产生的大量剩余产品寻找出路，从供给的角度，论证了开拓国际市场、推进国际贸易的重要性，以及推行自由贸易政策的必要性和合理性。从这个意义上来说，可以将斯密和李嘉图的贸易思想归于贸易理论研究上的"供给派"（Supply to Send）。

但就绝对优势理论与比较优势理论各自涵盖的研究对象而论，对此两者进行比较，人们也可以清楚地看到，无论一国是否拥有绝对低成本的优势商品，只要存在相互间的比较优势，国际的自由贸易就可以使贸易双方都获得贸易利益。这就是说，实际上，从理论分析的角度考察，比较优势理论分析研究的经济现象涵盖了绝对优势理论分析研究的经济现象，而不是相反。这说明，斯密所论及的绝对优势贸易模型不过是李嘉图讨论的比较优势贸易模型的一种特殊形态，是一个特例。绝对优势理论与比较优势理论是特殊与一般的关系。将只适用于某种特例的贸易模型推广至对普遍存在的一般经济现象的理论分析，正是李嘉图在发展古典国际贸易理论方面的一大贡献。

第三节 相互需求理论

相互需求理论是西方庸俗经济学派在 20 世纪 30 年代前的国际贸易理论。约翰·穆勒承上启下，对李嘉图的比较优势理论做了重要的补充，提出了相互需求原理；马歇尔第一次把几何数学方法引入国际贸易的理论分析中去，并对相互需求原理做了进一步的分析。约翰·穆勒是 19 世纪中期英国最著名的经济学家，通常被看作"最后一个古典主义者"，他也自称斯密、李嘉图的追随者。由于李嘉图没有阐明国际商品交换比率究竟如何确定以及贸易利益将怎样分配的问题，也未考虑需求因素对国际贸易的重要影响，于是约翰·穆勒提出了"相互需求学说"（Reciprocal Demand Doctrine）。

专栏 2-3　　　　　　　　　　　**约翰·穆勒**

约翰·斯图亚特·穆勒（John Stuart Mill，1806—1873）是自李嘉图后英国政治经济学界的另一位主要人物。他的父亲詹姆斯·穆勒是一位著名的经济学家，李嘉图的密友。老穆勒十分重视对儿子的早期教育，据约翰·穆勒自传称，他 3 岁起学希腊语，7 岁左右读柏拉图的对话，8 岁学拉丁文，11 岁读父亲写的《印度史》，13 岁学完经济学。他的经济学的学习是在与父亲的散步中完成的。每天清晨，老穆勒带着儿子一起散步，将李嘉图的经济理论说给儿子听，要求儿子回去后做好笔记，交给自己审阅，提出意见，再进行修改。后来，这本笔记成为有名的《经济学纲要》（1821 年）。

约翰·穆勒 17 岁到东印度公司工作，直到 1858 年。1830 年，他开始撰写政治经济学论文，1843 年出版了《逻辑学体系》（A System of Logic），这本书树立了他作为思想家的名望。1848 年，他的代表作《政治经济学原理》（Principles of Political Economy）出版。这本书辞藻华丽，体系严谨，没有古典经济学著作中那些晦涩难懂的词句和散乱的结构，由此受到学术界的推崇，在很长时间内成为西方国家主要的经济学教科书。这本书被西方经济学界称为"主流古典政治经济学最后一本伟大的教科书"，经过两次修订，1852年发行第三版。1859年，穆勒的《论自由》（On Liberty）问世，这本书同样受到学术界的推崇。1865—1868年，他担任威斯敏斯特议员，此后仍不知疲倦地著述，直到弥留之际，他才说："我的工作已经做完了。"

约翰·穆勒生活的年代正是英国工业革命蓬勃开展、完成，社会经济环境已经发生巨大变化的时期。英国不仅废除了《谷物法》，而且经济也从拿破仑战争后的衰退中恢复；工业革命带来的各种制度的改革，尤其是货币和银行制度的改革均已完成；《济贫法》也已修订到足以促进劳动力自由转移的地步；工业革命基本完成的英国正在积极地对外进行经济扩张。这一切都使穆勒在经济增长的预期上比李嘉图要乐观得多。但是，穆勒接受了马尔萨斯人口论中有关"劳动阶级"的实际工资增加额会被人口迅速增长额吞噬的看法，除了指望劳动阶级能自动地限制人口增长，国家制定公平分配经济增长成果的分配政策外，他还积极地推崇古典经济学家的自由贸易与比较优势论。为了解决国际分工的利益分配问题，他提出了相互需求论。

（资料来源：彭福永. 国际贸易. 上海：上海财经大学出版社，2002：55—56）

一、约翰·穆勒的相互需求原理内容

（一）强调需求对贸易的作用

同斯密和李嘉图强调供给对贸易的作用不同，穆勒从需求角度阐释了贸易问题。穆勒认为，进口商品的消费需求是决定消费者和从事对外贸易业务的商人能否获得贸易利益的关键。他指出："所谓商业贸易实际上只是使生产成本更为便宜的一种手段。不论在什么情况下，消费者都是最终的受益者。作为消费者的对立面的商人当然也会获得贸易利益，但这必须以消费者愿意花多少钱购买他们的商品为前提。"这充分反映了穆勒对需求的重视程度，因此，他的贸易思想被归纳为国际贸易理论研究上的"需求派"（Need to Send），区别于斯密和李嘉图的"供给派"（Supply to Send）。

（二）进口是贸易利益的来源

"对外贸易唯一的直接利益寓于进口之中"，这是穆勒区别于斯密和李嘉图的一个重要观点，也是穆勒阐述相互需求理论的基础。穆勒认为，一国可以从国际贸易中获得以下两大利益：

（1）提高一国消费水平和社会福利。国际贸易可以使一国获得它自己完全不能生产的或者能获得比自己生产还要多的那些商品，因此提高了该国的总体消费水平和社会福利。穆勒提出，各国生产的商品在满足国内市场消费需求的同时，还应该努力满足国际市场的消费需求，并以此作为从后者进口商品的支付手段。

（2）提高各国的生产力。国际贸易可以使各国的生产力都得到更为有效的利用，因为"如果开展贸易的两个国家都转而勉强地生产本应从对方进口的那些商品，两国的劳动和资本的生产力一定不如它们各自既为自己生产也为对方生产其劳动具有最大相对效益的商品时那么高"。

（三）贸易双方的需求是相互需求

穆勒认为，外国从本国进口商品的需求亦为本国对外国的出口供给，本国从外国进口商品的需求为外国对本国的出口供给，即一切贸易都是商品的交换，一方出口商品是进口对方商品的手段，一方的供给是对对方商品的需求，所以供给和需求也就是相互需求。

（四）国际贸易条件决定外国商品的价值

穆勒认为，价值规律在国际交换中的作用明显不同于国内，国际商品的价值取决于为了得到该商品所需支付给外国的本国商品的数量。换而言之，外国商品的价值由国际贸易条件所决定。

国际贸易条件是指用本国出口商品数量表示的进口商品的相对价格，其水平高低取决于两个方面的因素：一是外国对本国商品需求的数量及其增长同本国对外国商品需求的数量及其增长之间的相对关系；二是本国可以从服务于本国消费需求的国内商品生产中节省下来的资本数量。在比较成本确定的两国互惠贸易中，贸易条件是能够使贸易双方的总出口恰好等于其总进口的那种贸易条件，双方的需求都必须足以支付对方的供给。

（五）贸易利益的大小取决于两国需求强度的大小

在双边贸易中，对对方出口商品的需求，以及贸易双方共同遵守的国际贸易条件，随着由各国消费者的消费偏好等因素决定的对对方出口商品的需求强度的相对变动而发生变化。倘若外国对本国出口商品的需求大于本国对外国出口商品的需求，外国的相对需求强度较大，本国的相对需求较小，则外国在与本国的竞争中就不得不做出某些让步，本国就可以享有比较有利的贸易条件。

具体来说，对对方出口商品的相对需求强度较小的国家，在贸易双方的相互竞争中占有较为有利的位置，最终决定的国际贸易条件比较靠近外国的国内交换比率，因而本国可以获得相对较大的贸易利益。简而言之，贸易双方之间的相对需求强度决定着国际贸易条件的最终水平，进而决定了国际贸易总利益在交易双方间的交割。

二、国际需求方程式

比较成本只是确定了贸易条件的上下限，在这个交换比例的范围内，具体的、实际的交换比率由什么决定呢？穆勒认为，一国愿意提供的出口商品的数量正好等于其贸易伙伴国在同一贸易条件下所愿意购买的进口商品的数量时，两国的进口需求与出口供给两两相等，国际贸易处于均衡状态。这就是决定国际贸易条件的国际需求恒等式，又称为国际需求方程式（Equation of International Demand），即相互需求原理。

穆勒举了一个有名的例子来说明，假定英国每生产 10 码[①]毛呢所消耗的劳动和生产 15 码麻布相等，德国每生产 10 码毛呢所消耗的劳动则等于生产 20 码麻布的耗费劳动。这样 10 码毛呢在英国换到 15 码麻布，在德国则可换到 20 码麻布，即两种商品的国内交换比率分别是 10 码毛呢:15 码麻布和 10 码毛呢:20 码麻布。按比较优势理论，英国出口毛呢，德国出口麻布。如按 10:15 交换，全部利益都归德国，按 10:20 交换，利益全归英国。显然在这两种情况下必有一方对贸易失去兴趣。所以，只有当英国用 10 码毛呢换到 15 码以上的麻布和德国用少于 20 码的麻布换到 10 码毛呢，即两国都分享到贸易利益时，英德双方才可能进行交换。10 码毛呢交换到的麻布介于 15 码与 20 码之间，是双方贸易得以发生的限定范围（见表 2-9）。

---

① 1 码=0.914 米。

这表明，国际交换比率的上下限是由两国国内交换比率所决定的。那么，10码毛呢到底能换回多少码麻布呢？穆勒认为，双方消费者对对方商品的需求确定了这种实际的贸易条件。

表2-9 英、德两国国际交换价格比的确定

国别	商品/码		交换比		分工生产的商品	国际交换比	
	毛呢	麻布	国内	国际		下限	上限
英国	10	15	10:15	大于10:15	毛呢	10:15	10:20
德国	10	20	10:20	小于10:20	麻布		

由此可见，国际交换比越接近对方国家国内交换比，该国从贸易中获得的利益就越大于国际分工前的水平。在一个讨价还价的市场中，两国先以10码毛呢换17码麻布开始。按照这个交换比率，英国愿用1 000×10码毛呢换进1 000×17码麻布，德国愿用1 000×17码麻布换进1 000×10码毛呢。此时双方的需求正好吸收掉对方的供给，于是它们会按10:17的比例继续进行贸易。然而，英国认为10:17的比例太高，将麻布的需求量降低为800×17码，从而只出口800×10码毛呢。而德国对毛呢的需求量没有变化，只好通过提高毛呢的价格（即用多于17码的麻布换取10码毛呢）来吸收尚未获得的（1 000×10-800×10=200×10）码毛呢。于是，双方的需求再一次与对方的供给相等，双方将继续按新的贸易条件（10:18）把贸易进行下去。

再假定发生相反的情况，即英国觉得10:17的交换比率十分合算，想购买1 200×17码麻布。可是在这种价格水平下德国没有充分满足英国的需求。于是麻布的价格开始上涨，即10码毛呢的价格跌至17码麻布以下。同时，两者的交换比率将不断地自行调整，直至双方的需求又一次吸收掉对方的供给时为止。可见，两种商品的贸易条件是根据双方消费者需求情况的变动自行调整的，实际贸易条件就是使双方进出口都达到均衡时的那种交换比率。换而言之，实际贸易条件就是均衡贸易条件，它是由两国的相互需求决定的。

穆勒又进一步指明了相互需求对国际贸易利益的影响。国际贸易利益的大小取决于贸易交换比率的范围的大小。两国国内交换比率的差异越大，可能获得的贸易利益也越大。这种贸易利益在两国之间分配的多寡，则决定于具体的交换比率。如上所述，10:17的比例将使德国多获利益，10:16的比例对英国更为有利。同时这个具体交换比率（即均衡贸易条件）又决定于两国各自对对方商品需求的相对强度。外国对本国商品的需求强度越是大于本国对外国商品的需求强度，实际贸易条件就越接近外国的那种国内交换比率，这个比率会使贸易利益的分配对本国越有利。反之亦然。上述内容就是穆勒的相互需求学说，用他自己的提法，称为"国际需求方程式"或"价值法则"。

穆勒明确论证了国际贸易条件变动的范围和贸易利益分配各为多少，对完善和发展比较利益论不失为一个重要贡献。但是，力图从需求方面深化有关的认识和分析，本身也是不可取的。商品价格虽然受到供求关系的重要影响，但毕竟不能脱离劳动价值论的基础，因而穆勒所解释的比较利益和国际价值背离了劳动价值论的方向，并产生了重大的错误影响。而且，以贸易收支平衡为前提是很难满足的。以物物交换为例，在一次活动中可求得平衡，但所有活动国际收支平衡不可能。因此，该原理只能运用于经济规模相当、双方的需求都能对市场价格产生显著影响的国家。

为较为精确地描述和说明两个国家两种商品进行贸易时交换比率的确定及其变化趋

势,英国经济学家阿尔弗雷德·马歇尔在穆勒理论的基础上,提出了用提供曲线这种几何图解的方法来说明供给和需求如何决定均衡的贸易条件。他将供给和需求综合起来,将其创立的均衡价值理论用于对国际贸易问题的全面分析与系统研究,提出了国际供求关系决定商品的国际交换价值,即国际贸易条件,并据此决定贸易利益分配的理论,被称为"国际供需理论"(International Supply-demand Theory)。马歇尔建立了一套相对完整的"国际供需曲线分析方法"(Analysis Method of International Supply-demand Curves),这一方法经后世众多经济学家的补充、发展和完善,形成了现仍被广泛采用的提供曲线分析体系(Offer Curves)。

三、相互需求理论评价

穆勒的相互需求理论抛弃了劳动价值论,庸俗了李嘉图的理论,集中表现在他用交换价值代替价值,而且在逻辑上还犯了十分明显的循环论证的错误。他认为,本国商品的价值决定于它的生产成本,而外国商品的价值则决定于国际交换比率,而国际交换比率决定国际价值。

穆勒的国际需求方程式缺乏充分的说服力,因为它的假定前提是物物交换下供给等于需求,这是萨伊定律的搬用。实际上出口和进口不是以物易物同时进行的,而是彼此分离的,因此用相互需求强度决定贸易条件有很大的缺陷。而且,即使这一论点有一定的合理性,它也只能适用于经济规模相当,双方的需求对市场价格有显著影响的两个国家。如果两个国家经济规模相差悬殊,小国的相对需求强度远远小于大国的相对需求强度,在这种情况下大国的交换比例将是国家间的贸易条件。

第四节 比较优势的度量指标

自20世纪60年代,经济学家开始运用计量经济模型分析每个国家的以比较优势理论为基础的国际竞争力。在分析过程中,人们遇到的首要问题是如何准确度量一个国家的比较优势。美国经济学家贝拉·巴拉萨于1965年测算部分国际贸易比较优势时采用显示性比较优势指数的方法,可以反映一个国家(地区)某一产业贸易的比较优势。随后该方法被许多经济学家广泛应用于比较优势和国际贸易分工的研究中,本节对显示性比较优势指数、国际市场占有率和贸易竞争力指数3个指标进行介绍。

一、显示性比较优势指数

显示性比较优势指数(Revealed Comparative Advantage Index,RCA)。显性比较优势指数是指一国某种产品出口额占该国所有产品出口总值份额的比例相对于世界该种产品出口额占世界所有产品出口总额比例的大小。该指标反映了一国某种产品的出口相对于世界平均水平的高低,能较好地反映产品的相对国际竞争优势。其计算公式为:

$$RCA_{ij} = (X_{ij}/X_i) / (E_{wj}/E_w)$$

式中,RCA_{ij} 表示 i 国 j 产品的显示性比较优势指数,X_{ij} 表示世界 j 玩具产品的出口额,X_i 表示 i 国所有产品的出口额,E_{wj} 表示世界 j 产品的出口额,E_w 表示世界所有产品的出口额。

一般而言,RCA 值接近1表示中性的相对比较利益,无所谓相对优势或劣势可言;RCA 值大于1,表示该商品在国家中的出口比重大于在世界的出口比重,则该国的此产品在国际市场上具有比较优势，具有一定的国际竞争力；RCA 值小于 1，则表示在国际市场上不具有比较优势，国际竞争力相对较弱。

显示性比较优势指数可以反映一个国家服务在世界服务中的竞争地位。如果 $RCA>2.5$，则表明该国服务具有极强的竞争力；如果 $1.25 \leqslant RCA \leqslant 2.5$，则表明该国服务具有较强的国际竞争力；如果 $0.8 \leqslant RCA \leqslant 1.25$，则表明该国服务具有中度的国际竞争力，如果 $RCA<0.8$，则表明该国服务竞争力弱。

显示性比较优势指数的特点是不直接分析比较优势或贸易结构形式的决定因素，而是从商品的进出口贸易的结果来间接地测定比较优势。它在经验分析中可以摆脱苛刻的各种理论假设的制约，因而较适合于现实的国际贸易结构分析。

然而显示性比较优势指数也有它的局限性：当一个产业的产业内贸易盛行时，以显示性比较优势指数所衡量的该经济体和产业的比较优势不具有客观性，更不能用来预测一个贸易发展的模式。另外，RCA 指数忽视了进口的作用。

二、国际市场占有率

国际市场占有率（International Market Share，MS）。国际市场占有率指的是一国出口某种产品的总额占世界出口该种产品总额的比重，显示一国某产品在世界市场上所占的份额。该指标可以反映国际竞争力或国际竞争地位的变化，是衡量国际竞争力的一个直接指标。其计算公式为：

$$MS_{ij}=X_{ij}/E_{wj}$$

式中，MS_{ij} 表示 i 国 j 产品的国际市场占有率，X_{ij} 表示 i 国 j 产品的出口额，E_{wj} 表示世界 j 产品的出口额。

一般认为，MS_{ij} 值越高，说明 i 国 j 产品的国际市场占有率越高，表明 i 国 j 产品的国际竞争力越强。该指标缺陷在于当一个国家产业的转口贸易发达时，仅从占有国际市场份额大小的角度评价产业国际竞争力，就会被高估。

三、贸易竞争力指数

贸易竞争力指数（Trade Competitiveness，TC）。贸易竞争力指数也称为贸易专业化系数，是指一国某产品的进出口差额占该产品进出口贸易总额的比重，表示一国某类产品是净进口还是净出口，以及净进口或净出口的相对规模。该指数同时考虑了进口与出口，能够衡量一国某种产品生产率在国际市场上的高低程度。其计算公式为：

$$TC_{ij}=(X_{ij}-M_{ij})/(X_{ij}+M_{ij})$$

式中，TC_{ij} 表示 i 国 j 产品的贸易竞争力指数，X_{ij} 表示 i 国 j 产品的出口额，M_{ij} 表示 i 国 j 产品的进口额。

TC 指数在 $(-1,1)$ 波动。$TC>0$ 时，i 国 j 产品为净出口，表明一个国家该种产品生产率高于国际水平，国际竞争力较强；$TC<0$ 时，i 国 j 产品为净进口，表明一个国家该种产品生产率低于国际水平，国际竞争力较弱；$TC=0$ 时，i 国 j 产品的生产率与国际水平相当，其进出口只是为了国际产品品种交换。该指标缺陷在于从出口额和进口额的差额角度来反映一个国家产业的国际竞争力，可能低估进口和出口额均较大的国家的竞争力，或者高估一些小国的竞争力。

本章小结

1. 亚当·斯密的绝对优势理论认为，国际贸易的原因和基础是各国间存在的劳动生产率和生产成本的绝对差异。各国应集中生产并出口其在劳动生产率和生产成本上具有绝对优势的产品，进口其有绝对劣势的产品。斯密所强调的在一国拥有"绝对成本优势"或"绝对利益"时进行国际贸易活动的观点是非常特殊的情况，现实中这种情况非常少见。但"绝对成本说"为后来从事国际贸易理论研究奠定了基础。

2. 大卫·李嘉图的比较优势理论的核心内容是一国应专业化生产和出口其具有更大的优势或更小的劣势的商品。其所指的比较成本就是指更大的优势和更小的劣势。"两利相权取其重，两弊相权取其轻"是国际贸易中确定比较优势的基本原则。与绝对优势理论相比，比较优势理论更能解释现实中普遍存在的国际贸易现象。

3. 约翰·穆勒突破了李嘉图的贸易理论只依赖于供给分析的禁锢，把对需求的研究纳入了研究框架，并提出了著名的国际需求方程式。他认为：① 国际交换比率的上下限是由两国国内交换比率所决定的；② 实际的国际交换比率取决于两个贸易国家各自对对方商品的相互需求程度；③ 贸易利益在两国之间分配的多寡，则决定于具体的交换比率，这个具体的交换比率又决定于两国各自对对方商品需求的相对强度。外国对本国商品的需求强度越是大于本国对外国商品的需求强度，实际贸易条件就越接近外国的国内交换比率，贸易利益的分配对本国越是有利。

4. 穆勒的相互需求理论可以借助于马歇尔的提供曲线来分析，提供曲线说明了均衡贸易条件的决定因素，为西方传统国际贸易理论增添了新的表达方法和研究手段。

关键词

古典贸易模型　贸易顺差　贸易逆差　生产成本　贸易所得　专业化生产与分工所得　交换所得　配置所得　劳动生产率　绝对优势　比较优势

复习思考题

1. 如何理解比较成本？
2. 试述斯密绝对优势学说的主要内容并予以评价。
3. 试述李嘉图比较优势学说的基本内容并予以评价。
4. 绝对优势理论和比较优势理论的主要观点有何差别？为什么说后者比前者更具有指导意义？
5. 如何理解相互需求原理是对比较成本理论的发展？
6. 有 A、B 两国，分工前生产情况为：A 国生产 1 单位 X 产品用 1 天，1 单位 Y 产品用 2 天；B 国正好相反，生产 1 单位 X 产品用 2 天，1 单位 Y 产品用 1 天。如进行专业化分工，试按绝对利益分析其中的贸易和福利情况。
7. 假设中国与美国生产计算机和小麦都只用劳动，中国的总劳动力为 800 小时，美国的为 600 小时，现给出中国和美国生产 1 单位的计算机和 1 单位小麦所需的劳动时间（见表 2-10）：

表 2-10　中美各自的劳动时间

国别 \ 商品	计算机/小时	小麦/小时
中国	100	4
美国	60	3

请问：（1）两国分别在什么产品上具有比较优势？

（2）如果两国发生贸易，其分工模式和贸易模式是什么？

（3）两国发生贸易的世界价格范围是什么？

8. 表 2-11 是葡萄牙和美国生产葡萄酒和毛呢的情况。试用绝对成本理论分析两国如何进行国际分工并各自获取国际贸易利益。

表 2-11　葡萄牙和美国生产葡萄酒和毛呢的情况

项目\分工	国家	酒产量/吨	劳动投入/人年	毛呢产量/吨	劳动投入/人年
分工前	美国	1	120	1	100
	葡萄牙	1	80	1	90
	合计				
分工后	美国				
	葡萄牙				
	合计				
交换后	美国				
	葡萄牙				

第三章

新古典国际贸易理论

引导案例

农业发展与资源禀赋

以色列是一个既缺水又缺地的小国,国土面积 2.8 万平方公里[①],人均耕地仅有 0.07 公顷[②],人均水资源占有量 364 立方米,仅为我国的 1/5。但以色列的农业却取得了令人刮目相看的成就。在 34 亿美元的农业总产值中,农产品出口值为 14 亿美元,农业技术设备年出口值 12.5 亿美元。以色列人均生产的蔬菜、水果、肉类和奶类,分别为 258 千克、201 千克、61 千克和 202 千克,均远高于世界平均水平(123 千克、76 千克、39 千克和 96 千克)。它是世界上主要的园艺产品(花卉、蔬菜、水果)出口国之一,素有"欧洲庭园"之称。其畜牧业生产水平也是世界一流的(如奶牛平均年产奶量高达 12 公吨[③]/头,是中国目前水平的 4 倍)。多年来,该国的农业生产年增长率一直保持在 8% 左右。

(资料来源:陈霜华. 国际贸易. 上海:复旦大学出版社,2006:72)

教学目标

1. 掌握要素禀赋理论的主要内容。
2. 了解里昂惕夫对要素禀赋理论进行实证检验的思想。
3. 理解掌握里昂惕夫之谜的各种解释。
4. 赫克歇尔–俄林模型的拓展。

第一节 赫克歇尔–俄林的要素禀赋理论

无论是斯密的绝对优势理论还是李嘉图的比较优势理论,古典学派在解释国际贸易基础,

---

① 1 公里=1 千米。
② 1 公顷=10 000 平方米。
③ 1 公吨=1 吨。

揭示决定生产和贸易模式的因素，以及衡量国际贸易对本国经济的影响和贸易所得等方面都做出了极其重要的贡献。当今的许多重要理论与政策仍然得益于古典贸易理论的启示。但是，古典贸易理论的基础是古典经济学。作为整个古典经济学理论的一个重要组成部分，古典贸易理论也是建立在"劳动价值论"的基础之上的，即认为劳动是创造价值和造成生产成本差异的唯一要素。因此，在他们的分析中，只要生产技术不变，就只有一种要素（劳动）投入。而在有两种或两种以上要素投入的情况下，许多分析过程和结论不再有效。然而，随着资本主义生产关系的出现以及工业革命的发生，资本越来越成为一种重要的生产要素，产品生产不再由单一要素决定，研究投入产出关系的有关经济学理论也随之发展。

19 世纪末 20 世纪初，以瓦尔拉斯、马歇尔为代表的新古典经济学逐渐形成，在新古典经济学框架下对国际贸易进行分析的新古典贸易理论也随之产生。20 世纪 20 年代，瑞典经济学家赫克歇尔和俄林认为比较优势的来源是资源禀赋差异，从而提出了比较优势说的另一种解释，即要素禀赋理论（Factor Endowment Theory，通常被称为"赫–俄理论"或"H–O 理论"）。

一、要素禀赋理论的基本概念

正确理解和掌握要素禀赋理论的基本原理，首先必须理解相关的一些重要概念。

（一）生产要素和要素价格

生产要素（Factor of Production）是指生产活动必须具备的主要因素或在生产中必须投入或使用的主要手段。通常指土地、劳动和资本这 3 个要素。有人把技术知识、经济信息和企业家才能等也当作生产要素。

要素价格（Factor Price）是指生产要素的使用费用或要素的报酬。例如，土地的租金、劳动的工资、资本的利息、企业家管理才能的利润等。

（二）要素禀赋

要素禀赋（Factor Endowment）是指一国所拥有的可利用的经济资源的总量。它既包括自然存在的资源（如土地和矿产），也包括"获得性"资源（如技术和资本）。这是一个绝对量的概念。依据要素禀赋的多寡（如劳动与土地资源的总供给量），可将国家区分为资源丰富的国家和资源贫乏的国家。

（三）要素密集度

一般而言，产品的要素密集度是由生产该产品的属性决定的，它不会随国家的不同而发生差异。值得注意的是，要素密集度是一个相对的概念，与生产要素的绝对投入量无关。

要素密集度（Factor Intensities）是指生产一个单位某种产品所使用的生产要素的组合比例。在资本与劳动两种生产要素的情形下，要素的密集度就是指生产一单位该产品所使用的资本–劳动比率。

要素密集度是一个相对概念，即使生产两种产品时各投入的要素数量不同，但只要所投入的各种要素的相对比率相同，那么这两种产品的要素密集度就是相同的。

两种产品的要素比例和要素价格之间的关系是可以比较的，相应于某种价格水平上的相对要素密集度也就可以确定。

假设 X 和 Y 两种商品在生产过程中所需要的要素投入比例（资本/劳动）分别为 Kx/Lx

和 Ky/Ly。如果 $Ky/Ly > Kx/Lx$，则称 Y 为资本密集型产品，X 为劳动密集型产品。

根据产品生产所投入的生产要素中所占比例最大的生产要素种类的不同，可把产品划分为不同种类的要素密集型产品（Factor Intensive Commodity）。例如，生产小麦投入的土地占的比例最大，便称小麦为土地密集型产品；生产纺织品投入劳动所占的比例最大，则称为劳动密集型产品；生产电子计算机投入资本所占的比例最大，于是称为资本密集型产品。通常情况下，经济学家将商品划分为资源密集型、劳动密集型、资本密集型、技术密集型四种基本类型。

（四）要素丰裕度

相对要素丰裕度（Relative Factor Abundance）是指在一国的生产要素禀赋中，某要素供给所占比例大于别国同种要素的供给比例，而相对价格低于别国同种要素的相对价格。要素丰裕度不同不是指某种生产要素在两个国家的绝对量不同，而是指各种生产要素量的比率在两个国家不同，因此要素丰裕是关于一个国家或地区某种要素是否丰裕的概念。

衡量一个国家的要素丰裕度有两种计量方法。

1. 实物定义（Physical Definition）

在一个"2×2×2"贸易模型中，判断一国生产要素自然禀赋状况的实物标准，是指两个国家的两种生产要素存量的比率之间的相互对比关系。要素禀赋可以用物理量计量，就是每种要素用特定的计量单位计量。

如果 B 国的可用总资本和可用总劳动的比率（TK/TL）大于 A 国的这一比例，就说 B 国是资本丰裕的。注意，这种方法用的是总资本和总劳动的比率，而不是两者的绝对数量。如果 B 国的 TK/TL 大于 A 国的 TK/TL，即使 B 国的资本拥有量少于 A 国，B 国仍然是资本丰裕的。

2. 相对要素价格定义（Economic Definition）

在一个"2×2×2"贸易模型中，判断一国生产要素自然禀赋状况的经济标准，是指两国劳动要素的价格——工资（Wage Rate）和资本要素价格——利息率（Interest Rate）的相对比率之间的相互对比关系。要素禀赋可以用价格计量。如果 B 国资本价格和劳动时间价格的比率小于 A 国的这一比率，就说 B 国是资本丰裕的。同样要注意，决定一国是否是资本丰裕的，并不是看资本价格（如 r）的绝对水平，而是看它与劳动价格（如 w）的比率 r/w 的大小。例如，B 国的 r 可能比 A 国的要高，但如果 B 国的 r/w 小于 A 国的 r/w，则 B 国就是资本丰裕的。

用物理量计量要素禀赋状况的结果是一种相对的数量关系，用价格计量则要受到要素市场上供给和需求的影响。影响要素需求的因素有生产商品的技术和消费偏好。如果假定两国的生产技术和消费偏好相同，要素禀赋的两种计量方法间关系是确定的，即一个国家有一个相对大的 K/L 比率，就必定有一个相对比较小的 r/w 比率，意味着该国资本丰裕。

无论采用实物标准还是采取经济标准，一国生产要素相对丰裕或稀缺，只能就两国间生产要素存量的比率或要素价格比率的相互对比来做出判断。也就是说，一国国内生产要素的绝对存量或要素价格的绝对水平是不能解释该国生产要素丰裕或稀缺的性质的。

但是，要素禀赋的实际度量往往会遇到很多困难。一是各国大都没有关于资本存量的直接统计数据，计算某一时刻（一般是某年）资本存量，必须将以前各个时期的固定投资加总，并考虑不同年份的固定资产折旧，而且用不变价格进行调整，这项工作相当烦琐。二是各国的货币单位不同，比较之前需要统一货币单位。因此，人们运用要素禀赋理论分析实际问题时，往往根据实际观察，判断要素禀赋差异。因此，这样做有时可能会导致错误或不尽合理的结论。

（五）要素密集度与要素丰裕程度的关系

假设有 A、B 两国，X、Y 两种商品。其中 A 为劳动力丰富的国家，B 为资本丰富的国家，并且 X 为劳动密集型产品，Y 是资本密集型产品。那么 A 国生产 X 的产量与 Y 产量的比率大于 B 国生产 X 的产量与 Y 产量的比率。

二、基本假设

要素禀赋理论也是建立在一些简单假设的基础上，当然这些假设是为了在不影响结论的前提下，使分析更加严谨。这些假设主要有：

假设 1　2×2×2 模型。

假设世界上只有两个国家（A 和 B）、两种商品（X 和 Y）、两种生产要素（资本 K 和劳动 L），即是一个典型的 2×2×2 模型。各国拥有的生产要素的初始水平是给定的，各不相同。如果要放松这一假设，研究更为现实的多个国家、多种商品和多种要素，那么就不会对 H-O 理论所得出的结论产生根本的影响。

假设 2　生产技术相同。

假设两个国家在每种商品的生产上使用相同的技术，具有相同的技术水平，或者说同种商品的生产函数相同，各国的劳动生产率是一样的。这样，如果要素价格在两国是相同的，那么两国在生产同一产品时就会使用相同的劳动和资本的比例。

但由于要素价格通常是不相同的，所以各国的生产者都将使用更多价格便宜的要素以降低生产成本。假设的主要目的就是考察要素价格在两国商品相对价格决定中的作用。

假设 3　要素禀赋的非对称性。

假设一国为劳动相对丰裕的国家，另一国为资本相对丰裕的国家，两国的 K/L 不同，即单位劳动使用的资本不同。在 H-O 理论中，要素禀赋差异主要指的是相对禀赋差异而不是绝对差异。也就是说，若 X 为劳动密集型产品，Y 为资本密集型产品，则在两个国家中，生产商品 Y 相对于生产商品 X 来说，使用的资本-劳动比例较高。但这并不意味着两国生产商品 Y 的资本-劳动比例是相同的，而是在各国生产 X 的资本-劳动比例均低于该国生产 Y 的资本-劳动比例。资源禀赋的非对称性是要素禀赋理论最基本和最主要的假设。

假设 4　规模收益不变。

假设两国在两种商品的生产上不存在规模经济或规模不经济。这意味着：增加生产某一商品的资本和劳动投入将带来该商品的产量以同一比例增加。

例如，如果在生产商品 X 时增加 10% 的资本和劳动投入，X 的产量也会增加 10%；如果资本和劳动投入增加一倍，X 的产量也会增加一倍。Y 产品的生产也是这样。

假设 5　两国消费者需求偏好相同。

假设在给定的商品价格的前提下，消费者在各种收入水平上的消费数量是相同的。这意味着表现两国需求偏好的无差异曲线的形状和位置是完全相同的。当两国的商品相对价格相同时，两国以相同的比率消费两种产品，且不受收入水平的影响。

这一假设的目的是需求变动引致的商品价格变动。同时，也将收入水平变动引致的需求变动和价格变动排除，实际上排除了需求差异产生贸易的可能性。这样就将商品相对价格国际差异的原因归于供给方面，尤其是要素禀赋的差异方面。

假设6　完全竞争与自由贸易。

假设两国的商品市场和要素市场都是完全竞争市场。两国都有许多的生产者和消费者，没有任何单个的生产者和消费者能够左右商品的价格。也没有任何单个的厂商或要素的拥有者能够决定要素市场的价格。完全竞争也意味着商品价格等于其生产成本，没有经济利润。

生产要素在一国国内可以自由流动且在生产中可以完全替代，但在国与国之间完全不流动。每个国家的生产要素都是给定的，各国的资源禀赋和生产可能性曲线不变，但劳动和资本在国内可以自由地从低收益的地区和产业流向高收益的地区和产业，直到该国所有地区和所有产业的劳动收益相同，资本收益相同。因此，在每一个国家内部存在一个统一的要素价格。而在国际却缺乏这种流动性，因而若没有国际贸易，两国的两种要素之间将存在着收益上的差异。

同时，为了简化分析，假设两个国家之间可以自由地从事贸易，交易成本为零，无运输成本，无关税，或其他阻碍国际贸易自由的障碍，这意味着在贸易存在的条件下，只有两国的相对（或绝对）商品价格完全相等时，两国的生产分工才会停止。

假设7　要素密集度不会发生逆转。

假如产品 X 在 A 国是劳动密集型产品，产品 Y 是资本密集型产品，那么 X 在 B 国也是劳动密集型、产品 Y 为资本密集型产品，无论劳动和资本价格怎样变动，产品的要素投入结构怎样调整，产品 X 为劳动密集型产品、产品 Y 为资本密集型产品的性质不发生改变，即不存在"生产要素密集度逆转"（Factor Intensity Reversal）的情况。也就是说，虽然同样的产品在不同国家的要素密集度可能不同（假设3），但不会出现这种产品在一个国家是资本密集型产品，而在另一个国家它却是劳动密集型产品的情形，即一种产品在一个国家是资本密集型产品，那么它在另一个国家也是资本密集型产品，虽然密集度可能不同。

由以上假设可以看出，两国除了在要素禀赋上不相同以外，其他的一切条件都是完全相同的。

专栏3-1

赫 克 歇 尔

赫克歇尔（Eli F.Heckscher, 1879—1952）于1879年出生于瑞典斯德哥尔摩的一个犹太人家庭。1897年起，在乌普萨拉大学（Uppsala University）学习历史和经济，并于1907年获得博士学位。毕业后，他曾任斯德哥尔摩大学商学院的临时讲师；1909—1929年任经济学和统计学教授。此后，因他在科研方面的过人天赋，学校任命他为新成立的经济史研究所所长。他成功地使经济史成为瑞典各大学的一门研究生课程。

他对经济学的贡献主要是在经济理论上的创新和在经济史研究方面引入了新的方法论——一种定量研究方法。他在经济理论方法方面最重要的贡献是他最著名的两篇文章：《外贸对收入分配的影响》和《间歇性免费商品》。1919年发表的《外贸对收入分配的影响》是现代赫克歇尔-俄林要素禀赋国际贸易理论的起源。他集中探讨了各国资源要素禀赋构成与商品贸易模式之间的关系,并且,一开始就运用了总体均衡的分析方法。他认为,要素绝对价格的平均化是国际贸易的必然结果。他的论文具有开拓性的意义,其后,这个理论由他的学生俄林进一步加以发展。《间歇性免费商品》(1924)一文提出的不完全竞争理论,比琼·罗宾逊和爱德华·张伯伦的早了9年。文章中还探讨了不由市场决定价格的集体财富(即所谓的公共财物)的问题。在经济史方面,赫克歇尔更享有盛名,主要著作有:《大陆系统:一个经济学的解释》《重商主义》《古斯塔夫王朝以来的瑞典经济史》《历史的唯物主义解释及其他解释》《经济史研究》等。赫克歇尔通过对史料提出更广泛的问题或假定,进行深入的批判性研究,从而在经济史和经济理论两个方面架起了桥梁,并把两者有机地结合起来。他是瑞典学派的主要人物之一。

(资料来源:新帕尔格雷夫经济学大辞典(第2卷).北京:经济科学出版社,1996:666—667)

俄　　林

俄林(Bertil Gotthard Ohlin,1899—1979)于1899年4月出生于瑞典南方的一个小村子克利潘(Klippan)。1917年在隆德大学获得数学、统计学和经济学学位。1919年在赫克歇尔的指导下获得斯德哥尔摩大学(Stockholm University)工商管理学院经济学学士学位。1923年在陶西格(Taussig)和威廉斯(Williams)的指导下获得哈佛大学文科硕士学位。1924年在卡塞尔(Cassal)指导下获得斯德哥尔摩大学博士学位。1925年任丹麦哥本哈根大学经济学教授,5年后回瑞典斯德哥尔摩大学商学院任教,1937年在加利福尼亚大学(伯克利)任客座教授。由于俄林在国际贸易理论方面的特殊贡献,获得了1977年的诺贝尔经济学奖。1979年8月于书桌前逝世。他的研究成果主要表现在国际贸易理论方面,1924年出版《国际贸易理论》,1931年出版其名著,即美国哈佛大学出版的《地区间贸易和国际贸易》,1936年出版《国际经济的复兴》,1941年出版《资本市场和利率政策》等。俄林的理论受他的老师赫克歇尔关于生产要素比例的国际贸易理论的影响,并在美国哈佛大学教授威廉斯(Williams)的指导下,结合瓦尔拉斯和卡塞尔的总体均衡理论进行分析论证,在《区间贸易和国际贸易论》中最终形成。因此,俄林的国际贸易理论又被称为赫-俄理论。

(资料来源:新帕尔格雷夫经济学大辞典(第3卷).北京:经济科学出版社,1996:747—749)

三、要素禀赋理论的基本内容

赫克歇尔和俄林都是当代著名的瑞典经济学家,赫克歇尔是俄林的老师。1919年,赫克歇尔在纪念经济学家戴维的文集中发表了一篇题为《对外贸易对收入分配的影响》的著名论文,提出了要素禀赋差异是国际贸易比较优势形成的基本原因的观点。但这篇文章发表后并没有引起人们的注意。1929—1933年,由于资本主义世界经历了历史上最严重的经济危机,贸易保护主义抬头,各国都力图加强对外倾销商品,同时提高进口关税,限制商品进口。对此,瑞典人深感不安,因为瑞典国内市场狭小,一向对国际市场依赖很大。在此背景下,俄林继承了导师赫克歇尔的论点,于1931年出版了著名的《地区间贸易与国际贸易》(Interregional and International Trade)一书,对赫克歇尔的思想做了清晰而全面的解释,并做了进一步的研究,创立了要素禀赋理论。

要素禀赋理论无论是在理论分析上，还是在实际应用中，都取得了巨大成功，以至于在从 20 世纪前半期到 70 年代末这段时间内，要素禀赋理论成为国际贸易理论的典范，几乎成了国际贸易理论的代名词。

根据比较成本理论，一种商品在两个国家不同的价格，体现了比较优势的存在（相对价格的不同），这是两国互惠贸易的基础。也就是说，各国劳动生产率的差异使得比较优势产生，但这只是贸易产生的原因，却不是产生这种差异的原因。例如，加拿大向美国出口林木产品，并不是因为加拿大的林木业的相对劳动生产率比美国的高，而是因为在人口稀少的加拿大，人均森林面积的占有量高于美国。所以现实中的贸易理论不仅要看到劳动的重要性，也要看到其他生产要素的重要性，或者说还要看到各国之间的资源差异。

要素禀赋理论认为：一国的比较优势产品是以自己相对丰裕的生产要素生产的产品，所以各国应根据本国要素禀赋的状况，生产并出口以本国丰裕的生产要素生产的产品，进口以本国稀缺要素生产的产品。简单地说，劳动力丰裕的国家生产并出口劳动密集型商品，进口资本密集型商品；相反，资本丰裕的国家生产并出口资本密集型商品，进口劳动密集型商品。

例如，若 A 国是劳动丰裕的国家，B 国是资本丰裕的国家，而 X 产品是劳动密集型产品，Y 产品是资本密集型产品。那么，在自由贸易的条件下，A 国会生产并出口 X 产品，进口 Y 产品，而 B 国则生产并出口 Y 产品，进口 X 产品。

上述结论是基于这样一个推理（或者也可以说，俄林在分析、阐述要素禀赋理论时，在逻辑上是比较严谨的）：

（1）各国相同商品之间的价格差异是国际贸易产生的直接原因，商品价格的差异是由生产成本的差异决定的。在没有运输费用等的假设前提下，从价格较低的国家输出商品到价格较高的国家是有利的。

（2）生产成本的差异是由生产要素的价格差异决定的。在各国生产技术相同、生产函数相同的假设前提下，各国要素相对价格的差异决定了两国商品相对价格（生产成本）也存在差异。

（3）生产要素价格的差异是由要素的供求关系决定的，其中要素的供给是由各国的要素禀赋决定的。在要素的供求决定要素价格的关系中，要素供给是主要的，因为在各国要素需求一定的情况下，各国不同的要素禀赋会对要素相对价格产生不同的影响：相对供给较充裕的要素的相对价格较低，而相对供给较稀缺的要素的相对价格较高。因此，国家间要素相对价格差异是由要素相对供给或供给比例不同决定的。

从这个推导过程可以知道：一个国家只要拥有一种丰裕的生产要素，就会导致该国在密集使用这种生产要素生产的商品上拥有价格优势，从而直接导致产生国际贸易。

一个国家生产和出口那些大量使用本国供给丰裕的生产要素的产品，价格就低，因而有比较优势；相反，生产那些需大量使用本国稀缺的生产要素的产品，价格便高，出口就不利。各国应尽可能利用丰富、价格便宜的生产要素，生产廉价产品输出，以交换别国价廉物美的商品。

与比较成本理论相比，该理论实际上是说明了一国的比较优势是如何形成的。也就是说，一个国家在某种产品上占有优势，是由于该国拥有丰富的该种产品密集使用的要素，该种要素价格相对便宜，使得该种产品成本相对低廉。

四、对要素禀赋理论的评价

要素禀赋理论是建立在比较优势基础之上的,但它从3个方面深化和发展了比较优势理论:

(1)要素禀赋理论以两种生产要素的投入为分析前提,因此理论是建立在多种而不是一种生产要素投入的基础上。这一点与现实更加接近。因为在现实中,生产某种产品时,一般都是两种以上的生产要素组合。

(2)将比较优势的差异及这种差异的原因归结为各国生产要素禀赋的差异,从而重新解释了国际贸易的基础。

(3)深入分析了国际贸易对贸易双方要素投入及分配的影响(均等化趋势)。而比较优势理论并没有确切地讲这种贸易利益究竟会对贸易双方的收入分配产生什么影响。

但是,要素禀赋理论也有一些不完善的地方:

(1)与比较成本理论一样,理论都是建立在一系列基本假设的基础之上,如自由贸易、完全竞争、两国生产技术水平一致、生产要素同质等,这些与现实有一定差距。

(2)该理论对于需求因素并未予以充分的重视,这影响了对现实问题的分析。

(3)在理论分析的过程中引进了价格或货币因素,增加了问题的复杂性。

在前面的分析中,并没有涉及货币问题。要素禀赋理论为说明问题,引进了价格因素。但是在国际贸易中,因为产品价格的形成受多种因素的影响,所以可能会引起建立在比较成本基础上的比较优势和价格竞争优势之间的差异或脱节。

(4)要素禀赋理论比较强调静态结果,排除了技术进步的因素,也没有说明一国在特定的要素禀赋下,从动态的角度出发,如何从自给自足转向自由贸易。要素禀赋理论实际上是从现有的贸易结构反推比较利益形成的基础。

(5)没有考虑政府在国际贸易中的作用,也没有考虑国际生产关系、国际政治环境等对国际贸易的影响。

第二节 对赫克歇尔-俄林模型的验证

自从20世纪初赫克歇尔与俄林提出了要素禀赋理论后,在1933—1953年的这一段时间,要素禀赋理论由于其逻辑的严谨、模型的精巧,成为阐释工业革命后贸易产生原因的主要理论,成为国际贸易学中最具影响力的理论之一。人们普遍认为,各国资源禀赋和生产中的要素使用比例的不同是产生国际贸易的主要原因,但是,这一理论在实证检验中遇到了挑战。

"二战"以后,随着经济计量方法等经验检验手段的发展,西方学者纷纷从不同角度用经验资料来验证H-O模型。其中最为著名的是美国经济学家、投入产出经济学的创始人、1973年诺贝尔经济学奖获得者里昂惕夫运用他创造的投入产出分析法对要素禀赋理论所做的验证。

自从20世纪初赫克歇尔与俄林提出了资源禀赋贸易模型后,在很长一段时间,H-O模型成为解释工业革命后贸易产生原因的主要理论。人们普遍认为,各国资源禀赋和生产中的要素使用比例的不同是产生国际贸易的主要原因,但是,这一理论在实证检验中遇到了挑战。

对 H–O 理论的第一次实证检验是在 20 世纪 50 年代初。在 1953 年出版的一篇论文[①]中，经济学家瓦西里·里昂惕夫用美国 1947 年进出口行业所用的资本存量与工人人数数据来检验赫克歇尔–俄林理论，其结果引发了长久的富有成效的争论。

一、里昂惕夫之谜

（一）里昂惕夫的实证检验

里昂惕夫想要通过美国的数据来检验赫克歇尔–俄林林的理论：各个国家都应出口密集使用其充裕要素的产品，而进口密集使用其稀缺要素的产品。更确切地说，他想要同时验证两个命题：① 赫克歇尔–俄林的理论是正确的；② 正如大家所认为的那样，与它的贸易伙伴相比，美国是一个资本充裕的国家，美国应该出口资本密集型产品，进口劳动密集型产品。

里昂惕夫计算了 1947 年美国出口行业与进口竞争行业的资本存量与工人人数比率。他的计算不仅算出这两类行业（每个行业都有数十个产业）所使用的资本和劳动量，而且计算出各种产品所使用的购自其他产业的产品中所包含的资本和劳动量。作为投入–产出分析的主要先驱之一（他为此而在 1973 年获得诺贝尔经济学奖），里昂惕夫用资本和劳动投入、出口值和进口值的向量去乘以美国经济的投入–产出矩阵，进而得出所需的出口及与进口竞争行业的资本量和劳动量比率的估计值。里昂惕夫的逻辑是：如果赫克歇尔–俄林林的预测是正确的，而且美国是资本相对更充裕的，那么在弄清楚所有投入品行业的份额之后，作为总体的美国出口行业的资本劳动比率（Kx/Lx），应该高于美国进口竞争行业的资本劳动比率（Km/Lm）。

然而，里昂惕夫的计算结果向他和其他人提供了一个令人困惑的"谜"：在 1947 年，美国向世界其他国家出口的是劳动密集型产品，而换取的是相对资本密集的进口产品。关键比率（Kx/Lx）/（Km/Lm）只有 0.77，而根据赫克歇尔–俄林林的理论，它应该远大于 1。这就是著名的"里昂惕夫之谜"或"里昂惕夫悖论"。

（二）其他的资本劳动比率（K/L）研究

里昂惕夫的文章发表在国际经济学界引起了不小的争论，一些人试图对赫克歇尔–俄林林理论进行重新评价，另一些人则怀疑里昂惕夫方法和数据上的错误。他们收集新的数据进行新的验证。从理论上说，赫克歇尔–俄林模型的假设是合理的，逻辑是严谨的，是普遍的。H–O 模型本身并没有发现什么问题。里昂惕夫的研究方法被复查了好几次，他自己也反复核对了这一研究的结果，无论方法和数据都被证明是准确无误的。更有意思的是，里昂惕夫本人在 1956 年又对美国 1947—1951 年的数据进行了检验，结果与 1953 年的研究一样。其他经济学家对美国其他年份的净出口产品的资本劳动比率（K/L）也作了分析。表 3–1 列出了其中的一些检验结果。

从表 3–1 中看到，用 1899 年和 1972 年的数据检验时，美国出口产品中的资本劳动比（Kx/Lx）高于进口产品中的资本劳动比（Km/Lm），基本符合美国是一个资本充裕国家的假设和 H–O 模型的预测。但是，用"二战"后到 1971 年这段时间的数据来检验，美国出口产品

[①] Wassily Leontief, "Domestic Production and Foreign Trade: The American Capital Position Re-Examined," Proceedings of the American Philosophical Society 97（1953），pp.331-349.

与进口产品的 K/L 之比都小于1，"里昂惕夫之谜"仍然存在！

表3-1 赫克歇尔-俄林模型的实证检验：美国数据

学　者	数据年份	$(Kx/Lx)/(Km/Lm) =$（H-O 预测：>1）
威特尼（Whitney，1968）	1899	1.12
里昂惕夫（Leontief，1954）	1947	0.77
里昂惕夫（Leontief，1956）	1947/51	0.94（或不包括自然资源行业，1.14）
鲍德温（Baldwin，1971）	1958/62	0.79（或不包括自然资源行业，0.96）
斯特南德和马斯克斯（Sternand & Maskus，1981）	1972	1.05（或不包括自然资源行业，1.08）

更有意思的是，对20世纪50年代加拿大和日本的对外贸易数据分析发现，这两个国家出口的资本密集型产品要比进口的多，而这两个国家的主要贸易是跟美国进行的！换句话讲，与美国相比，加拿大和日本都不能算是资本充裕的国家，但他们却向美国出口资本密集型产品，进口劳动密集型产品。这一发现实际上进一步证明了"里昂惕夫之谜"的存在。

对同期印度贸易的研究结果也非常有意思。研究发现，在印度对世界所有其他国家的贸易中，出口的主要是劳动密集型产品，进口的则主要是资本密集型产品；但在与美国的双边贸易中，印度主要出口产品中的 K/L 高于其从美国进口的产品。对于印度的情况，它一方面支持赫克歇尔-俄林的理论（印度作为劳动充裕的国家主要出口劳动密集型产品），另一方面又使"里昂惕夫之谜"在更大的范围里得到证实。

二、对"里昂惕夫之谜"的解释

里昂惕夫之谜的出现，使得要素禀赋理论处于一种颇为尴尬的境地。问题究竟出在哪里？也吸引了许多经济学家试图从各个方面来解开这一令人困惑的现象，这种探索从某种程度上也推动了国际贸易理论的巨大发展。

对里昂惕夫之谜产生的原因，有各种各样的解释。归结起来，主要有两类：一类是对里昂惕夫的统计方法及统计资料的处理提出不同的意见；另一类是回过头来对要素禀赋理论本身进行重新的研究和探索。概括起来，对里昂惕夫之谜进行解释的论点主要有以下几种：

（一）劳动熟练说

劳动熟练说（Skilled Labor Theory），又称为人类技能说（Human Skill Theory）、劳动效率说、劳动技能说。最先是由里昂惕夫本人提出，对于矛盾现象的出现，他自己也觉得难以置信，也曾反思自己是不是没有认真评估美国的要素禀赋，想当然地认为美国是资本丰富的国家。在1956年，他发表了论文《生产要素比例和美国的贸易结构：进一步的理论和经济分析》，文中对于自己做出的"悖论"给予了说明。他从有效劳动的角度做出如下解释：由于劳动素质不同，美国工人具有比其他国家工人更熟练的技术和更高的劳动生产率。按照他的解释，美国工人的劳动生产率大约是其他国家的3倍，因此如果以其他国家作为衡量标准，那么美国的有效劳动数量应该是现存劳动量的3倍。那么从有效劳动数量来看，美国应该是劳动力（有效劳动）相对丰富的国家，而资本在美国则是相对稀缺的要素。所以它出口劳动密集型产品，进口资本密集型产品。

但是，有一些经济学家认为他的解释过于武断，一些研究表明实际情况并非如此。例如，美国经济学家克雷宁经过验证，认为美国工人的效率和欧洲工人相比，最多高出 1.2~1.5 倍。里昂惕夫自己后来也否定了这种解释。因为如果美国的生产效率高于其他国家，那么工人人数和资本量都应该同时乘以 3，这样美国的资本相对充裕程度并没有受到影响。

（二）人力资本说

受里昂惕夫有效劳动解释的启发，美国经济学家凯南等人在要素禀赋理论的框架下引入了人力资本这一因素，提出了人力资本说（Human Capital Theory）。

他们认为，劳动是不同质的，一般劳动可以区分为熟练劳动和非熟练劳动两类。其中熟练劳动是指具有一定技能的劳动，这种技能不是先天具备的，而是通过后天的教育、培训等手段积累起来的，使劳动力获得更高级的劳动能力，提高劳动生产率。这种后天的努力类似于物质资本的投资行为，所以称熟练劳动为人力资本。

如此，资本的含义就更广泛了，它既包括有形的物质资本（Physical Capital），又包括无形的人力资本（Human Capital）。人力资本主要是指一国用于职业教育、技术培训等方面投入的资本。人力资本的投入，可以提高劳动技能和专门知识水平，促进劳动生产率提高。美国在人力资本上的投入远远超过了其他国家，这就意味着美国劳动力含有更多的人力资本，这使得美国的劳动与其贸易伙伴国的劳动是不等价的，其出口商品的资本密集度要大于进口商品的资本密集度。

如果将人力资本部分加到有形资本当中，则可以很明显地得出美国出口的是资本密集型产品，而进口的是劳动密集型产品。可见，在加入人力资本后"谜"也就可以解开了。但这种解释由于难以具体衡量人力资本的真正价值，而且现实中还存在受教育程度和所得报酬之间的不协调现象，因此并不为学术界普遍接受。

（三）自然资源说

经济学家范尼克在 1950 年指出，里昂惕夫之谜的症结在于其计算时只考虑了劳动和资本两种生产要素，而忽略了自然资源这一要素在国际贸易中的作用。

在里昂惕夫的统计中，许多被视为资本密集型的进口产品实际上是自然资源密集型产品，而美国正好在这些自然资源的禀赋上是稀缺的。也就是说，从自然资源的角度来看，实际上美国进口的是其稀缺的自然资源，而不是资本。例如，美国就是大量矿产和木材的进口国，美国的进口产品中初级产品占到 60%~70%，并且这些初级产品大部分是木材和矿产品，而这些产品的自然资源密集程度都很高。如果美国严重依赖几种自然产品（如原油、纸浆、铜、铅以及其他金属矿产）的进口，而这些产品还是使用大量非人力资本的资本密集型产品，那么里昂惕夫之谜就能得到解释。还有人按照里昂惕夫的计算方法，发现里昂惕夫之谜并不存在于美国同日本、西欧之间的贸易，却存在于同加拿大等自然资源丰富国家的贸易中。

因此，如果将自然资源密集型产品从资本密集型产品的统计中分离出来，里昂惕夫之谜就可以获得解释。里昂惕夫后来在对美国的贸易结构进行检验时，在投入-产出表中去掉了 19 种自然资源密集型产品，取得了与要素禀赋理论相一致的结果。

(四）贸易壁垒说

美国经济学家罗伯特·鲍德温提出了用贸易壁垒解释里昂惕夫之谜的观点。要素禀赋理论是建立在完全自由竞争的基本假设之上的，而在现实的国际贸易中存在着大量的关税和非关税壁垒。国际商品流通因受贸易壁垒的限制而使要素禀赋理论揭示的规律不能实现。

美国政府为了解决国内就业，对雇佣大量非熟练劳动的劳动密集型产业采取保护贸易政策，这就势必造成外国的劳动密集型产品难以进入美国市场，而资本密集型产品却相对容易输入。而一些研究也确实表明，美国进口劳动密集型产品比进口资本密集型产品受到更严格的进口壁垒限制。如果实行自由贸易，贸易壁垒不存在，或者说美国政府不实行这种限制的话，美国进口品的劳动密集度必定会比实际的高。

(五）要素密集度逆转论

霍德和纳亚等经济学家指出，H-O原理存在着这样一个错误：无论在什么情况下，X与Y两种商品要素密集度的关系是固定不变的，也就是假设X总是劳动密集型产品，Y总是资本密集型产品。但在现实生活中，事实的情况可能不是这样。例如，小麦在美国由于资本相对丰裕，可以用资本密集（机械化）的方式生产，那么它在美国可能是资本密集型的；而小麦在中国由于劳动力相对丰裕，则可以用劳动密集（手工作业）的方式生产，那么它在中国就可能是劳动密集型的。这就是生产要素密集度逆转（Factor Intensity Reversal）的一种情况，所以，同一种商品的生产可以存在要素密集度的变换。

根据这种解释，美国进口的产品在国内可能是用资本密集型生产，而在国外却是以劳动密集型生产，站在美国的角度来看，就会造成进口以资本密集型产品为主的错觉。同时，美国的出口商品在国内可能是劳动密集型生产的，而在别国却是资本密集型产品，用美国的标准来衡量也会造成出口劳动密集型产品的假象。

不过需要注意的是，要素密集度逆转只存在于少数行业当中，不具有普遍性，因此并不能说明整个贸易结构。里昂惕夫之谜是西方国际贸易理论发展史上的一个重大转折点，它引发了经济学家对"二战"后国际贸易新现象和新问题的深入探索，推动了国际贸易理论的迅速发展。上述种种解释，可以说，里昂惕夫之谜已经解开，也可以说"谜"还继续保持着。因为每一种解释都有一定的说服力，但同时又存在着一定的不足或缺陷。因此，新的探索还在进行，新的理论还在不断形成。

第三节　赫克歇尔-俄林模型的拓展

自从要素禀赋理论提出以来，经济学家们就开始在其基础上进行了大量理论研究，先后提出了诸多与各国生产要素的自然禀赋及其相对差异相关的贸易理论观点。其中，最有意义同时也是影响较大的，是一系列基于要素禀赋理论的"定理"的提出与阐发。除了赫克歇尔-俄林的理论"定理化"之外，经济学家们还提出并归纳了一些重要的定理。与基本理论本身联系密切的定理主要有3个：两个是关于商品价格变动与要素价格变动之间关系的定理；一个是关于要素禀赋变化及其影响的定理，分别称为斯托尔帕-萨缪尔森定理、要素价格均等化定理与雷布津斯基定理。这些定理是在要素禀赋理论的基础上进一步分析国际贸易的影响和后果，是 H-O 学说的又一重要内容，有些人称为广义的要素禀赋理论。

一、斯托尔帕-萨缪尔森定理

按照 H-O 定理，国际贸易首先会促使两国同一种商品价格趋于一致：封闭经济下本国较为便宜的商品受到外国较高价格刺激而大量出口，价格随之上升；本国原来较为昂贵的商品受到较为便宜的进口货冲击而价格下降。因为不考虑交易成本，国际贸易将使两国同一种商品的价格均等化。由于商品价格是由要素相对价格决定的，因此就会产生一个问题：商品相对价格的上述变化对要素相对价格会产生怎样的影响呢？

现以商品 X（假定它是劳动密集型产品）相对价格上升为例，考察商品相对价格变动是如何影响要素价格的。在完全竞争条件下，生产要素在每一部门的报酬等于其边际产品价值，即等于其边际产出与商品价格的乘积。在均衡条件下，生产要素在所有部门的报酬应当是相同的。此时，如果商品 X 的相对价格上升，那么 X 部门的资本和劳动报酬与 Y（假定它是资本密集型产品）部门就不再保持一致，X 部门的资本和劳动可以获得比 Y 部门更多的报酬，于是资本和劳动就会从报酬低的 Y 部门流向报酬高的 X 部门。由于 X 部门是劳动密集型的，所以，X 部门生产扩张需要相对较多的劳动与较少的资本相匹配。但由于 Y 部门是资本密集型的，Y 部门只能释放出相对较少的劳动和更多的资本。于是在生产要素重新配置过程中，对劳动新增加的需求（X 部门生产所增加所需的劳动）超过了劳动新出现的供给（Y 部门所释放的劳动），而资本新出现的供给则超过了对资本新增加的需求，从而在要素市场上，劳动价格将会上涨，而资本价格将会下跌。

随着生产要素价格的重新调整，每个部门中的厂商在生产中所使用的资本-劳动比率也将发生变化。由于劳动变得相对越来越昂贵，资本变得相对越来越便宜，所以每个部门的厂商都会调整其要素使用比例，尽量多使用变得便宜了的资本，来替代一部分变得昂贵了的劳动。最后，每个部门所使用的资本-劳动比率都要高于 X 相对价格变化之前的资本-劳动比率。

由以上分析可知，X 相对价格上升导致它所密集使用的生产要素——劳动名义价格的上升，以及另一种生产要素——资本名义价格的下降。但要素名义价格的变化说明不了要素实际价格的变化，只有将要素名义价格的变化与商品价格的变化加以对比之后，才能确定要素实际价格的变化。

从以上分析可以得到一个重要结论：某一商品相对价格的上升，将导致该商品生产中密集使用的要素的实际价格或报酬上升，并使另一种生产要素的实际价格或报酬下降。这个思想最初是由美国经济学家斯托尔帕和萨缪尔森两人共同阐发并论证的，因此被归纳为斯托尔帕-萨缪尔森定理（The Stolper-Samuelson Theorem）。

由斯托尔帕-萨缪尔森定理可以引申出另一个重要结论：国际贸易会提高一国丰裕要素所有者的实际收入，降低稀缺要素所有者的实际收入，原因在于贸易后一国出口商品相对价格上升。根据 H-O 定理，一国出口商品实际上是在间接地出口其丰裕要素。按照斯托尔帕-萨缪尔森定理，出口商品价格的上升将导致该国丰裕要素实际报酬上升，稀缺要素实际报酬下降。这一结果的重要含义在于：国际贸易虽然可以提高一国整体的福利水平，但这种福利水平的分配在不同要素拥有者之间是有差别的，贸易会对一国要素收入分配格局产生实质性影响。

二、要素价格均等化定理

在研究国际贸易对本国要素收益影响的同时,经济学家也探讨了国际贸易对贸易双方收入差距的影响,论证了国际贸易使不同国家生产要素价格趋于一致的定理,即"生产要素价格均等化定理"(Factor Price Equalization Theorem)。由于这一定理是建立在赫克歇尔–俄林模型的基础上,并由萨缪尔森发展的,因此,生产要素价格均等化定理又被称为"赫克歇尔–俄林–萨缪尔森定理"(Hechscher-Ohlin-Samuelson Theorem,H–O–S 定理)。

H–O–S 定理指出,自由贸易不仅会使两国的商品价格相等,而且会使两国的生产要素价格相等,使两国的所有工人都能得到同样的工资率,所有的土地都能得到同样的土地报酬率,所有的资本都能得到同样的收益率,而不管两国生产要素的供给和需求模式如何。

H–O–S 定理的基本结论是基于这样一个推理过程。

贸易开始前,两国要素禀赋存在差异,所以两国的要素价格也不一致。但贸易开始后,原来 A 国相对价格较低的 X 商品,由于对方国家的需求,其相对价格趋于上升。因此,X 商品所密集使用的生产要素——资本的价格将上涨,而劳动的价格将下跌。于是,原来在 A 国比较廉价的资本现在变得不那么廉价了,而原来在 A 国比较昂贵的劳动,现在也因贸易变得不那么昂贵了。

在 B 国,贸易后 X 的相对价格趋于下降,于是 B 国资本的价格要下降,劳动的价格则上升。这意味着在 B 国,原来比较昂贵的资本现在变得不太昂贵了,原来比较廉价的劳动现在也变得不太廉价了。

随着贸易的开展,两国 X、Y 商品各自的相对价格差异会不断缩小,并最终达到均等。在这个过程中,两国丰裕要素的价格不断上升,稀缺要素的价格则不断下降。于是,两国要素价格朝着差异缩小的目标变化,趋向于一个共同的水平。随着商品价格的统一,两国要素价格水平也将达到均等。

表 3–2 为 H–O–S 定理在 A、B 两国的应用。

表 3–2 H–O–S 定理在 A、B 两国的应用

	A 国	B 国
生产要素禀赋状况	资本相对丰裕、劳动相对稀缺	劳动相对丰裕、资本相对稀缺
贸易前要素价格	资本相对便宜、劳动相对昂贵	劳动相对便宜、资本相对昂贵
两种产品 X 和 Y	X 是资本密集型产品	Y 是劳动密集型产品
贸易前两产品价格	X 产品在 A 国相对便宜	Y 产品在 B 国相对便宜
进行贸易后	出口 X 产品、进口 Y 产品	出口 Y 产品、进口 X 产品
贸易对商品价格的影响	X 产品的价格相对上升、Y 产品的价格相对下降	Y 产品的价格相对上升、X 产品的价格相对下降
	两国 X 产品及 Y 产品的价格达到一致	
贸易对两国生产结构的影响	X 产品的产量增加、Y 产品的产量减少	Y 产品的产量增加、X 产品的产量减少

续表

	A 国	B 国
贸易对两国生产要素需求的影响	X 产品的产量增加使 X 部门对资本和劳动的需求量都增加，但是因为 X 是资本密集型产品，所以资本需求增加得较多，而劳动需求增加得较少。 Y 产品的产量减少使 Y 部门对资本和劳动的需求量都减少，但是因为 Y 是劳动密集型产品，所以资本需求量减少得较少，而劳动需求量减少得较多。 所以总的来说，资本的需求量增加，劳动的需求量减少	Y 产品的产量增加使 Y 部门对资本和劳动的需求量都增加，但是因为 Y 是劳动密集型产品，所以劳动需求增加得较多，而资本需求增加得较少。 X 产品的产量减少使 X 部门对资本和劳动的需求量都减少，但是因为 X 是资本密集型产品，所以资本需求量减少得较多，而劳动需求量减少得较少。 所以总的来说，劳动的需求量增加，资本的需求量减少
贸易对两国生产要素价格的影响	资本的价格相对上升、劳动的价格相对下降	劳动的价格相对上升、资本的价格相对下降
在一定条件下	两国资本及劳动的价格达到一致	

要素价格均等化的思想在逻辑上是很清楚的，然而在现实世界中，尽管国际贸易增长比生产快得多，经济全球化使各国都越来越多地参与到国际贸易中来，却几乎看不到任何国家之间要素价格相同的情况。为什么这一逻辑上非常强有力的定理却不能在现实世界中观察到呢？这是因为这一定理的成立需要相当强的假设条件。最基本的有 3 个条件：① 两国都生产两种产品；② 两国两种产品的生产技术相同；③ 贸易使商品的价格在两国都相等。在现实生活中，这 3 个假设条件往往都不能成立。

三、雷布津斯基定理

赫–俄理论最初是以不变的要素禀赋为前提的，即假定一国要素禀赋固定不变。事实上，这一假定与现实多少是脱节的，因为在现实世界中，一国的要素禀赋是可以改变的。通常来说，一国人口和劳动力的数量会随时间的推移而增长。同样，通过资本积累，一国的资本存量也会增加。各类生产要素数量的变化可能导致生产要素比例的变化，而要素禀赋变化以及由此引起的要素比例变化究竟会对产出产生怎样的影响，则是后来的经济学家们探讨的另一个重要问题。1955 年，英籍波兰经济学家塔德乌什·雷布津斯基发表了一篇题为《要素禀赋与相对商品价格》的论文，就这一问题进行了深入探讨，引出了一个定理，这便是以其姓氏命名的雷布津斯基定理（Rybczynski Theorem）。定理要回答的问题是：假定其他条件都不变，一个国家的要素丰裕程度发生变化，那么这种变化会对这个国家的产业结构和进出口贸易格局产生什么样的影响？按照这一定理，在商品价格不变的前提下，如果一种生产要素增加，就会导致密集使用这种生产要素的产品的产量增加，同时导致另一种产品即非密集地使用该要素的产品的产量减少。

（一）雷布津斯基定理的基本内容

H–O 定理是建立在要素禀赋基础上的，所有的分析都假定每个国家拥有的要素数量是不变的。然而事实上，资本的积累、人口的增长、自然资源的开发等，都会使一个国家拥有的要素数量发生变化。雷布津斯基分析了一个国家拥有的要素数量变化对国际贸易的影响。在商品和要素的相对价格不变的条件下，生产要素不平衡的增长将导致商品的产量更大的不对称变化。一种要素量的增加将导致密集使用这种要素生产的商品的产量增加，而使另一种商品的产量减少。

下面简要阐释雷布津斯基定理的推理过程。在一个国家、两种商品、两种生产要素的模型中，假定要素禀赋发生变化，其他假设条件不变，为了使分析简化，再假定这个国家是个小国，生产和消费商品的相对价格和要素的相对价格不变。如果这个国家的劳动增加了10%，资本的数量不变，两种商品产量不可能都增加10%，因为这样需要额外的资本。但是，如果两种商品的产量增加不到10%，增加的劳动就不能被完全使用。在两种商品的相对价格不变和两种要素的相对价格不变时，生产两种商品使用的两种要素比例也不变。因此，只有一种商品的产量增加10%以上，而且必须是生产中密集使用劳动的那种商品的产量增加。劳动密集型商品产量增加10%以上，相应增加的资本必然来自生产资本密集型商品的产业，从而使资本密集型商品的产量减少。

（二）雷布津斯基定理的政治经济分析——荷兰病

虽然丰裕的自然资源禀赋是经济发展的一大笔财富，但有时候它会成为导致经济停滞的陷阱。20世纪70年代石油繁荣期间荷兰因在北海发现了丰富的天然气储量而导致了经济停滞，后来人们把这种现象称为"荷兰病"（Dutch Disease）。这种新资源的开发为荷兰的贸易平衡带来了很大的改善，但竟然因失业增加而导致了国内工业的下降。贸易剩余的增加造成本币的真实汇率的增值，损害了农业和工业的国际竞争力。

"荷兰病"的经典模型是由杜登和内亚里在1982年给出的。两位作者将一国的经济分为3个部门，即可贸易的制造业部门、可贸易的资源出口部门和不可贸易的部门（主要是一国内部的建筑业、零售贸易和服务业部门）。假设该国经济起初处于充分就业状态，如果突然发现了某种自然资源或者自然资源的价格意外上涨将导致两个方面的后果：

一是劳动和资本转向资源出口部门，则可贸易的制造业部门现在不得不花费更大的代价来吸引劳动力，制造业劳动力成本的上升首先会打击制造业的竞争力。同时，由于出口自然资源带来了外汇收入的增加，于是本币升值，这样便再次打击制造业的出口竞争力。这被称为资源转移效应。在资源转移效应的影响下，制造业和服务业同时衰落下去。

二是自然资源出口带来的收入增加会增加对制造业和不可贸易的部门的产品的需求。但这时对制造业产品的需求增加却是通过进口国外同类价格相对更便宜的制成品来满足的（这对本国的制造业来说又是一个灾难）。不过，对不可贸易的部门的产品的需求增加无法通过进口来满足。这被称为支出效应。尽管这种病症一般是与一种自然资源的发现联系在一起的，但它可能会因任何一种造成外汇大量流入的事件诱发，其中包括自然资源价格的急剧上升、外国援助和外国直接投资等。"荷兰病"可能是一种普遍的现象，适用于所有"享受"初级产品出口急剧增加的国家。

在尼日利亚可以观察到"荷兰病"的现象。作为一个主要的石油出口国，这个国家在两次石油危机之间的石油繁荣中获益颇丰。同其他发展中国家一样，官方汇率是固定的。然而，由于增加的石油收入绝大部分都用在不切实际的发展项目和政府消费上，由此造成的过量的有效需求导致了通货膨胀。由于国内价格水平增长得比国际价格水平快，真实的汇率明显高于官方的固定汇率。因而，生产非石油贸易品的部门，尤其是农业，遭到了严重的损害。在农村，农田荒芜了，城市贫民窟里挤满了想在服务业部门寻找就业机会的迁移者。政府建设现代大规模的资本密集型的产业使这个过程更加恶化。这些产业是以大量的石油收入和在石油价格继续高涨的预期下被尼日利亚的高偿还能力所吸引的外国投资为基础的。1981年第二次石油繁荣衰退之后，留给尼日利亚的是农村里荒芜的农田，城市里大量的失业者，呈现为一种类似于战略补偿性理论中的低均衡陷阱的情形。

许多其他石油出口国，如墨西哥，其情形同尼日利亚相似。然而，印度尼西亚是一个规避了"荷兰病"的例外。同尼日利亚一样，印度尼西亚的政府收入和出口收益以高度依赖石油为特征。然而，在两次石油繁荣期间，印度尼西亚政府通过向灌溉和农业研究投资以及对肥料和其他农业投入发放补贴，增加了对农业的扶持，使得国内农业的生产基础得到了加强。它们实现的水稻自给就显示了这一点。而且，有序的财政政策制止了恶性通货膨胀。本币的数次升值同国际贸易和外国直接投资自由化结合在一起，成功地支持了劳动密集型制造业的发展，而这正是印度尼西亚的比较优势所在。

尼日利亚和印度尼西亚之间的鲜明对照并不是唯一的，这种情形在撒哈拉以南的非洲和东亚之间是相当普遍的。它们的显著差异表明，自然资源禀赋丰富并不一定是支持经济发展的必要条件，而有可能反过来成为发展的障碍。它还清楚地显示，只有采用适宜的政策才能使资源丰富的国家避免落入这样的陷阱。

本章小结

1. 如果像李嘉图模型所假设的那样，劳动是唯一的生产要素，那么产生比较优势的唯一原因就是各国之间劳动生产率的不同。然而在现实世界中，各国劳动生产率的不同只能部分地解释贸易产生的原因。贸易还反映了各国之间资源的差异。在 H-O 定理中，生产要素不止一种。在每一个地区，应该进口那些昂贵生产要素占较大比重的商品而生产那些便宜生产要素占较大比重的商品。可见，生产要素禀赋的不同既决定了各国的相对优势和贸易格局，又是进行国际贸易的基本原因。

2. 在理想的模型中，国际贸易会导致两国要素价格相等。实际上，由于资源差异、贸易壁垒和技术之间的差异性，完全的要素价格相等化是不存在的。

3. "二战"后，用计量经济学的方法检验 H-O 定理，但不少经验性工作非但不能证明该学说的有关观点，反而得出完全相对立的结论，其中最著名的是里昂惕夫之谜。尽管实证研究的结果有反对 H-O 定理的，但也有支持的，大多数研究者并不相信只是资源差异就能解释世界贸易模式或世界要素价格。相反，似乎有必要充分看到国际上实际存在的技术差异。

关键词

新古典贸易理论　H-O 模型　贸易条件　消费者剩余　生产者剩余　资本充裕　劳动充裕　土地充裕　资本密集型　劳动密集型　土地密集型　里昂惕夫之谜（里昂惕夫悖论）　要素密集型逆转

复习思考题

1. 如何理解要素丰裕度？
2. 如何理解要素密集度？
3. 生产要素禀赋理论的主要内容是什么？它对比较成本理论做了哪些发展？
4. 什么是里昂惕夫之谜？它的主要解释包括哪些？
5. 如何理解"世界上一些最贫穷的国家找不到什么产品出口。它们没有什么资源是丰裕的。它们的资本和土地都不丰裕。在一些又小又穷的国家里，甚至连劳动也不丰裕"。
6. 电视机生产是劳动密集的，每台电视机的生产需要 200 单位劳动与 40 单位土地，它的单价为 600 元；水稻生产是土地密集的，每 5 千克大米的生产需要 10 单位劳动与 40 单位土地，其单价是 40 元。如果本国有 1 200 单位劳动和 2 000 单位土地，外国有 400 单位劳动和 500 单位土地，根据赫克歇尔–俄林理论，这两个国家将有什么样的贸易模式？
7. 甲、乙两国因生产要素丰裕度不同，生产要素价格也不同。甲国每单位土地价格为 4 元，每单位劳动力价格为 1 元；而乙国每单位土地价格为 1 元，每单位劳动力价格为 2 元。假设两国采用相同的生产技术和方法，即生产每单位小麦均需 10 单位土地和 1 单位劳动力；生产每单位棉布均需 1 单位土地和 10 单位劳动力，请分别计算两国生产两种产品的成本，并运用俄林要素比例学说的观点说明甲、乙两国是如何进行分工的。

第四章

当代新国际贸易理论

引导案例

贸易结构的变化

第一次世界大战前的一段时间是国际贸易发展的"黄金时代"。由于交通运输业的不断发展和进步,各国的贸易水平(由进口额、出口额均值与 GDP 比值衡量)达到了历史高点。在两次世界大战之间,世界贸易水平有所下降,之后慢慢回升,但各国都花费了几年时间才使其贸易水平恢复到第一次世界大战之前的水平。然而,如今的贸易类型与过去的贸易类型不同吗?

答案是肯定的,不单单是因为世界贸易总额上升了,而且贸易商品种类也发生了变化。根据商品在经济社会中的使用方式,将进出口货物分为五大类:一是食品、饲料、饮料;二是工业用品和材料;三是资本商品;四是消费品;五是汽车。通过这一分类,能够清楚地看到美国贸易类型所发生的转变。1925—2005 年,美国的贸易品已经从农业和原材料产品转向了制造业产品,食品、饲料、饮料类和工业用品与材料类商品占美国进出口的份额不断减少,这两类商品的进口份额之和从 1925 年和 1950 年的超过 90% 下降到了 2005 年的 3%,出口份额之和也从 80% 下降到了 35%。工业用品与材料类商品主要是一些原材料和基础加工品,如钢铁、新闻纸、纺织原料等。这些不是通过外包而有利可图的商品类型;相反,这些商品往往是在一国生产之后再出口到其他国家。

资本品和消费品的外包业务量有了大幅上升。资本品与消费品及汽车的份额之和分别从 1925 年占进口额的 10% 和出口额的 20% 上升到了 2005 年的 65%。资本品(包括所有电子零部件)、消费品(包括所有家居用品)和汽车这三类商品最有可能通过外包方式将其部分生产过程转移到海外。同时,从这三类商品不断上升的进出口份额这一事实中也可以发现,如今的贸易类型与过去相比已经发生了巨大的变化。

尤其是在最近几年,资本品的进口量大幅上升,在整个 20 世纪 80 年代进口份额增幅超过了 50%。这一趋势表明中间投入品与制成品贸易在美国贸易中扮演着越来越重要的角色。同时,制成品贸易份额的不断上升也是外包业务上升的一个标志。

（资料来源：罗伯特·C·芬斯特拉，艾伦·M·泰勒. 国际贸易. 北京：中国人民大学出版社，2011：220—221）

> **教学目标**
>
> 1. 掌握产业内贸易的概念、特点和主要内容。
> 2. 掌握不完全竞争、规模经济引起产业内贸易的原理。
> 3. 理解需求偏好差异、需求偏好相似引发国际贸易的机理。
> 4. 熟悉技术差距理论和生命周期理论的基本原理和启示。
> 5. 掌握国家竞争优势理论。

（1）现代国际贸易理论的产生背景。"二战"以后，跨国公司的兴起和经济全球化不断加强，多边贸易体制形成并不断完善和发展。传统国际贸易理论遇到挑战，国际贸易中的许多新现象无法用传统的贸易理论来解释，甚至与传统贸易理论相悖。

传统贸易理论之所以出现危机，是因为其理论依据的前提假设在现实中发生了很大变化。无论是古典比较优势理论，还是新古典的要素禀赋理论，都是以一系列严格的假设条件为前提的。但是，这些假设条件使这些理论对于当今国际贸易中的许多问题无法给予科学圆满的解释，而且如果改变其中的某一些假设条件，就可能导致完全不同的结论。

在上述前提下，新的国际贸易理论出现已成为必然。

（2）现代国际贸易理论的发展。从20世纪50年代里昂惕夫的质疑开始，60年代的林德和维农从动态角度提出了不同于比较优势的新的贸易理论。到70年代末，国际贸易理论出现重大突破。80年代初，以克鲁格曼为代表的经济学家提出了"新贸易理论"。新古典学派一般均衡分析为基础的比较优势贸易理论是"国际贸易的完全竞争理论模型"，新贸易理论则可称为"国际贸易的不完全竞争模型"。

新贸易理论的产生渊源主要有两个：一是随着世界经济和贸易的发展，传统贸易理论已不能令人信服地解释许多重要的国际贸易现象；二是产业组织理论的发展为新贸易理论的产生提供了坚实的理论基础。

（3）现代国际贸易理论与传统贸易理论的关系。现代国际贸易理论是在传统贸易理论的基础上产生和发展的，新贸易理论的出现并不意味着它取代了传统的比较优势贸易理论。

两者的区别是：首先，从解释对象上看，它们分别解释的是不同的贸易现象，前者主要解释发达国家之间的产业内贸易，而后者则着重解释发达国家与发展中国家之间的产业间贸易；其次，从理论基础上看，前者以规模经济和不完全竞争为前提，建立在不完全竞争理论基础之上，而后者以规模报酬不变和完全竞争为前提，建立在完全竞争理论基础之上。因此，两者不是替代关系，而是互补关系，它们共同丰富和发展了国际贸易理论体系。

第一节　需求偏好重叠理论

需求偏好相似理论（Theory of Demand Preference Similarity），又称为代表性需求理论（The Theory of Representative Demand），是由瑞典经济学家林德尔在1961年出版的《论贸易和转

变》(An Essay on Trade and Transformation)提出的。该理论从需求角度探讨了国际贸易产生的原因。

一、需求偏好的决定因素

在古典与新古典贸易理论的分析中,都是假定参与贸易的两个国家的需求偏好完全相同。事实上,各国对各种商品的需求偏好是不同的。亚洲人喜欢吃大米,欧美人主要吃面包;中国人过年要放鞭炮,美国人过圣诞则要点彩灯,装饰圣诞树;俄国人一年中有将近一半的时间戴皮帽、穿大衣,越南人却整年一件无领衫。因此,各国对大米、面包、鞭炮、圣诞树、皮帽和无领衫的需求肯定不会相同。即在同样的价格下,各国消费者愿意并且有能力购买的数量会很不同。而造成各国对同一商品的不同需求的主要因素包括以下几个方面:

(一)实际需求

这是由自然条件、地理气候等环境因素所决定的。越南人当然不会对皮衣皮帽有需求,因为他们一年四季不冷;蒙古人大概不会需要很多船,因为他们基本上没有江河湖海;而皮毛衣服对于位于寒冷地区的国家(如俄罗斯)来说,船对于沿海或有江河的国家(如中国香港、新加坡)来说,则是必不可少的商品。

(二)喜爱偏好

这是由不同的历史文化、宗教信仰和风俗习惯造成的。中东大部分国家信奉伊斯兰教,没有对猪肉的需求,而猪肉是中国人的主要肉食之一;日本人爱吃生鱼片,别的国家大概不会太习惯那个味道;东方人喜欢喝茶,西方人喜欢喝咖啡。各国消费者喜爱偏好的差异会造成对同一商品需求的不同。不过与实际需要不同,偏好改变的可能性比较大。随着各国经济文化的交流,喜爱偏好也会互相影响。现实中,美国人喜欢吃中餐的越来越多,中国人开始过圣诞节,日本、中国台湾的欧美化倾向则更加浓厚。随着喜爱偏好的转移,对商品的需求也会发生变动。

(三)收入水平

在现实中,各国对商品尤其是工业制成品的需求不同,很大程度上是因为收入水平不同。中国原来对汽车的需求量不如美国和日本,不是因为中国人不能开汽车,也不是中国人不爱开汽车,而是在现实的收入水平上许多人还买不起汽车。近年来,随着收入水平的提高,中国人对汽车的需求量也越来越大,同样的现象出现在对耐用消费品、医疗保健、旅游度假、高档住宅、娱乐电子等商品的需求上。这种需求上的差别是由收入水平不同造成的。

二、需求的收入弹性和恩格尔法则

在分析以需求不同为基础的贸易之前,将进一步说明收入水平对需求的影响。这一关系,在微观经济学中已有很多研究。一般来说,当消费者的收入增加或减少时,其对具体商品的需求量也会发生某些变动。经济学家将价格不变时人们对收入变动所做出的需求反应称为"需求的收入弹性",用需求变动的百分率与收入变动的百分率的比来衡量。例如,商品A的需求收入弹性可以表示为:

$$\eta = \frac{对商品 A 需求变动的百分率}{收入变动的百分率}$$

如果人们的收入增加 1%，而对商品 A 需求量的增加大于 1%，收入弹性即大于 1；如果两者变动的百分率相同，收入弹性就等于 1。收入弹性也可能小于 1，甚至小于 0。如果收入弹性小于 0 则表示收入增加时，消费者对商品 A 的需求量反而减少。

经济学家根据商品的需求收入弹性的值，即根据需求量对收入变动的反应程度将商品分为"奢侈品"（$\eta>1$）、"必需品"（$1>\eta>0$）和"劣等品"（$\eta<0$）。奢侈品主要包括大多数高级耐用消费品，如手机、彩电、汽车、旅游等。一般来说，奢侈品在生活中是可有可无的，所以对收入的反应比较敏感。必需品包括大部分日常生活用品，其中食品是主要的必需品。劣等品则是一些不断被淘汰的低质消费品，如简易房屋、杂粮、粗布等。随着经济的不断发展，"奢侈品""必需品"和"劣等品"的具体内容也是不断变化的。有些曾经是奢侈品的商品，如照相机、自行车，现在已经变成了必需品。有些曾是必需品的东西，如塑料凉鞋，现在变成了劣等品。

在对各种商品的需求收入弹性做出估值之后，人们便可根据收入的差别来说明需求的不同，根据收入的增加来预测需求的变动。

在说明和预测收入与需求变动的关系上，德国经济学家厄恩斯特·恩格尔（Ernst Engel）做出了重要贡献。恩格尔指出，随着人均收入的增长，人们花费在食品上的支出占收入的比重会越来越少。他的这一结论，已被许多事实证明，经济学则将他的这一论断称为"恩格尔法则"。

"恩格尔法则"在贸易理论中的意义不只局限于分析食品需求，也可用这一法则来说明整个初级产品尤其是农产品需求的变动，当经济不断增长，国民收入水平不断提高的时候，各国对商品的需求会逐渐从农副产品转移到工业消费品。这不仅说明了为什么发达国家与发展中国家有不同需求模式，也说明了整个世界的贸易为什么会有从初级产品为主发展到以工业产品为主的变动。

三、重叠需求理论

再来看收入变动引起需求变动下的贸易。说明这一贸易模式的主要是瑞典经济学家斯戴芬·伯伦斯坦·林德，他提出的重叠需求理论（Overlapping Demand Theory）从需求方面探讨了国际贸易发生的原因。该理论的核心思想是：两国之间贸易关系的密切程度是由两国的需求结构与收入水平决定的。

林德假设一国的需求由其"代表性消费者"的需求倾向决定。这一倾向会随着该国人均收入的提高逐渐转向奢侈品并造成社会需求的转移。当人们收入提高，对工业消费品特别是奢侈品的需求增加时，本国的工业品和奢侈品生产也会增加。为了满足市场需求，生产者不断地扩大生产，改进技术。结果是，产量增加的速度超过需求增长的速度，从而使该国有能力向别国出口。对于该国出口的工业产品，只有与之收入相近的国家才会有需求。因此，进口工业产品的主要国家也是收入较高的国家。根据林德的理论，工业制成品在发达国家之间的贸易会随着收入的不断提高占越来越重要的地位。

与克鲁格曼不同，林德实际上是从需求的角度来分析说明当代工业国家之间的贸易和同一工业行业的双向贸易。根据林德的理论，需求是引起生产变动和产生贸易的基础，收入变动又是引起的需求变动的主要因素。收入增加的结果使工业制成品的贸易在人均收入较高的国家之间得到大发展。

重叠需求理论具有下列基本假设：

(1) 一种产品的国内需求是其能够出口的前提。林德认为一种产品是否生产取决于国内市场的有效需求，而若要出口，还须有来自国外市场的有效需求。当厂商决定生产什么产品时，完全要看他所能获得利润的多少。要使生产有利可图，则先决条件是这种产品先在国内有市场。总之，厂商根据消费者的收入水平与需求结构来决定其生产方向与内容，而生产的必要条件是存在对其产品的有效需求。

(2) 一国的需求由其"代表性消费者"的需求倾向决定。影响一个国家需求结构最主要的因素是平均收入水平。不同收入阶层的消费者偏好不同，收入越高的消费者越偏好奢侈品，收入越低的消费者越偏好必需品。一国的"代表性消费者"的需求倾向会随着该国人均收入的提高逐渐转向奢侈品并造成社会需求的转移。当人们收入提高，对工业消费品特别是奢侈品的需求增加时，本国的工业品和奢侈品生产也会增加。

(3) 世界不同地方的消费者如果收入水平相同，其偏好也相同，那么其需求的重叠部分就很大。这样，一国生产很容易与另一国的需求相适应，两国之间开展贸易的可能性就越大，贸易量也越大。

根据上面的基本假设，可推断两国的消费结构与收入水平之间的关系是一致的。如果两国的平均收入水平相近，则两国的需求结构也必定相似；反之，如果两国的收入水平相差很大，则它们的需求结构也必存在显著的差异。例如，欧美的一些高收入国家收入水平比较接近，打高尔夫球是一项比较普及的运动。但在非洲的一些低收入国家里，虽有少数富人有能力从事这种运动，但打高尔夫球不是代表性需求，这些国家的人民大量需要的可能是食品等生活必需品。

两国之间的需求结构越接近，则两国之间进行贸易的基础就越雄厚。若两国的需求结构相同，则对任意一个国家的厂商来说，他会发现对其产品的需求，除了国内之外，还有国外。那么厂商不断扩大生产，改进技术，通过贸易（出口）来扩大其产品的有效需求，获取更多的利润，就成为一种自然的选择。结果是，产量增加的速度超过需求增长的速度，从而使该国有能力向别国出口。对于该国出口的工业产品，只有与之收入相近的国家才会有需求。因此，进口工业产品的主要国家也是收入较高的国家。

在图4-1中，横轴表示一国人均收入水平(Y)，纵轴表示消费者所需各种商品的品质等级(Q)。所需的商品越高档，则其品质等级就越高。人均收入水平越高，则消费者所需商品的品质等级也就越高，二者的关系由图中的OP线表示。设A国的人均收入水平为Y_A，则A国所需商品的品质等级处于以D为基点，上限点为F，下限点为C的范围内。假设B国的人均收入水平为Y_B，则其所需商品的品质等级处于以G为基点，上下限分别为H和E的范围内。

对于两国来说，落在各自范围之外的物品不是太高档就是太低劣，是不能或不愿购买的。当两国的人均收入水平越接近时，则重叠需求的范围就越大，两国重复需要的商品都有可能成为贸易品。所以，收入水平越相似的国家，相互间的贸易关系也就可能越密切；反之，如果收入水平相对悬殊，则两国之间重复需要的商品就可能很少，甚至不存在，因此贸易的密切程度也就很小。

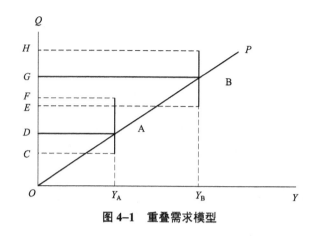

图 4-1 重叠需求模型

林德实际上是从需求的角度来分析说明当代工业国家之间的贸易和同一工业产业的双向贸易。根据林德的理论，需求是引起工业变动和产业贸易的基础，收入变动又是引起需求变动的主要因素。收入增加的结果是工业制成品的贸易在人均收入较高的国家之间得到更大发展。关于重叠需求理论的适用性，林德曾指出，其理论主要是针对工业产品或制成品。他认为，初级产品的贸易是由自然资源的禀赋不同引起的，所以初级产品的需求与收入水平无关。而且，就算生产国缺少对初级产品的国内需求，它也可能成为出口品。也就是说，初级产品的贸易可以在收入水平相差很大的国家之间进行，所以初级产品的贸易可以用要素禀赋理论来说明。而工业产品的品质差异较明显，其消费结构与一国的收入水平有很大的关系。从需求方面来看，发生在工业品之间的贸易与两国的发展水平或收入水平有密切关系。所以，重叠需求理论适用于解释工业品贸易。另外，发达国家的人均收入水平较高，它们之间对工业品的重复需要范围较大，因此工业品的贸易应主要发生在收入水平比较接近的发达国家之间。

重叠需求理论与要素禀赋理论各有其不同的适用范围。概括而言，要素禀赋理论主要解释发生在发达国家与发展中国家之间的产业间贸易，即工业品与初级产品或资本密集型产品与劳动密集型产品之间的贸易；而偏好相似理论则适合于解释发生在发达国家之间的产业内贸易，即制造业内部的一种水平式贸易。

综上所述，产业内贸易理论对发达国家之间大力发展工业制成品贸易做出比较符合实际的分析，指明它的产生原因和重要特点，弥补了赫-俄学说的缺陷和不足。应该说这是贸易理论的一大突破。偏好相似理论深入研究需求结构，对国际贸易形成和发展的影响，也提供了一种新的思路。把规模经济视作贸易利益的来源，对分析国际贸易格局也有现实作用。但是，产业内贸易理论只是补充而非取代比较利益学说。

第二节 产品生命周期理论

传统贸易理论遭受批评的一个主要原因在于它们的分析是一种静态分析，这使得它们对当今贸易现象的解释具有很大的局限性。产品生命周期理论被认为弥补了这一弱点，成为具有代表性的动态贸易理论之一。

要素禀赋理论在考察国际贸易的原因时，假定两个国家在生产中使用相同的技术，同种产品的生产函数相同。但在现实中各国使用的技术确实存在差距，而且这种差距还是动态变化的。为了解释在技术变化基础上的国际贸易的起因和贸易模式,1961 年,美国经济学家波斯纳(Posner)提出了技术差距原理率,并先给出了解释。该原理认为,大量发生在工业化国家之间的贸易是基于新产品和采用新工艺生产的基础上的。由于对专利和商标的保护,新产品和新工艺使得技术创新国在世界市场上暂时居于垄断地位,成为主要生产国和出口国。等于新产品技术成熟并且被进口国的生产者获取后,他们就会利用本国廉价的劳动力进行模仿生产并出口该产品,甚至出口到技术先进的发明国。与此同时,最早的技术发明国也许已经开发了更新的产品,采用了更新的工艺和技术。于是新一轮的技术差距又产生了。

对于行业内和工业国家之间的贸易,不完全竞争和规模经济的贸易理论已作了很好的解释,但怎样解释贸易模式的动态变动和在一些产品中领先地位的变化呢?美国经济学家雷蒙德·弗农分析了产品技术的变化及其对贸易格局的影响,提出了产品周期理论(Product Cycle Theory)。

一、产品生命周期的理论基础:技术差距论

技术差距论(Technological Gap Theory)是由美国经济学家波斯纳在 1961 年的《牛津经济论丛》上发表的一篇名为《国际贸易与技术进步》的文章中首次提出的。他在论文中指出,首先实行技术革新的国家在一定时期内拥有对新技术的垄断地位,这样世界上其他国家与技术创新国的技术差距会引起该种产品国际贸易的发生。随着时间的推移,技术会在国家间传播,国家间的技术差距逐渐缩小直至消失。因为技术差距而产生的贸易将缩小,并在其他国家能够生产出满足其全部需要的产品时停止。

波斯纳把从新技术产生到技术差距引起的国际贸易终止之间的时间间隔称为模仿滞后时期。模仿滞后时期又包括 3 个阶段:需求时滞、反应时滞和掌握时滞。需求时滞是指从新产品出口到其他国家尚未引起消费者的注意,直至消费者对新产品做出购买反应的时期;反应时滞是指一个国家在新产品进口后,随着需求增加,国内生产商对原有旧的生产方法进行调整来生产新产品所需要的时间间隔;掌握时滞是指仿制国从开始生产新产品到其技术水平达到先进国家水平,从而停止该产品进口的时间间隔。

在波斯纳看来,新产品的需求时滞一般要短于反应时滞,反应时滞的长度主要取决于厂商的决策意识、规模收益、关税、运输成本、国内市场容量以及收入水平高低等因素。需求时滞的长度取决于创新国和模仿国收入水平和市场容量的差距,差距越小长度越短。如果技术创新国在扩大新产品生产中获得的规模利益比较大,产品的运输成本比较低,进口国关税水平比较低,进口国市场容量比较大,收入水平比较高,则出口国就能够长时期地保持其出口优势,这样反应时滞就比较长;否则,出口国的优势就较易打破,反应时滞就会大大缩短。掌握时滞的长短主要取决于模仿国自身的技术基础和吸收消化新技术的能力的大小,技术水平高、吸收能力强的国家掌握时滞也就比较短。

二、产品生命周期理论的基本内容

(一)产品生命周期模型

1966 年,弗农在技术原理的基础上发展出生命周期理论。这一理论认为,一个新产品的技术发展大致有 3 个阶段:新产品阶段、成熟阶段及标准化阶段。

第一阶段，技术处于发明创新阶段，产品新颖，除发明国外，其他国家对这一技术知之不多。发明国垄断该产品的生产，满足国内外消费者的需求。新产品往往首先出现在少数发达国家。

第二阶段，技术逐渐成熟，生产过程已经比较标准化。由于成熟的生产技术会随着产品出口而转移，所以与此同时，国外的生产也会增加，发明国的出口开始下降，一些产品进口国能够通过迅速地模仿而掌握技术，进而在本国生产，随后出口到其他国家。

第三阶段，技术已不再新颖，许多技术已包含在生产该产品的机器中了。任何国家只要购买了这些机器也就购买了技术，技术本身的重要性已经逐渐消失。

动态的理解：随着产品生命周期的阶段性变化，影响比较优势的决定因素也在变化，即使各国仍然拥有原来生产资源的储备比例，其生产和出口的比较优势也会由于产品要素密集性的变动而转移，因此，不同类型的国家能够在不同的阶段上具有比较优势。具体情况可以用图4-2表示。

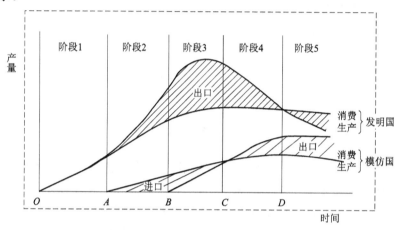

图4-2 不同阶段具有比较优势

（二）产品生命周期的动态变化

产品生产技术发展的不同阶段造成对生产要素的不同需求。即使各国仍然拥有原来生产资源的储备比例，其生产和出口该商品的比较优势，也会由于产品生产要素密集性的变动而转移。在一种新商品的产品周期中贸易平衡的演进方式如图4-3所示。

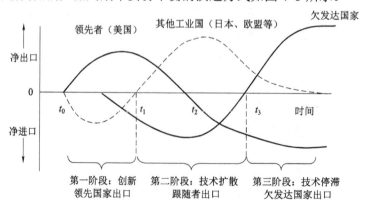

图4-3 在一种新商品的产品周期中贸易平衡的演进方式

在第一阶段，技术尚处于发明创新阶段，所需的主要资源是发达的科学知识和大量的研究经费，新产品实际上是一种科技知识密集型产品，而只有少数科学研究发达的国家才拥有这些资源，从而拥有新产品生产的比较优势。因此，新产品往往首先出现在少数发达工业国家。

当第二阶段技术成熟以后，大量生产成为主要目标。这时所需资源是机器设备和先进的劳动技能。产品从知识密集型变成技能密集型或资本密集型。资本和熟练工人充裕的国家开始拥有该产品生产的比较优势，并逐渐取代发明国而成为主要生产和出口国。

到了第三阶段，一方面，产品的技术已完成了其生命周期，生产技术已经被设计到机器或生产装配线中，生产过程已经标准化，操作也变得简单了。另一方面，生产该产品的机器本身也成为标准化的产品，因而变得比较便宜。因此，到了这一阶段，技术和资本也逐渐失去了重要性，而劳动力成本则成为决定产品是否有比较优势的主要因素。此时，原来的发明国既丧失了技术上的比较优势，又缺乏生产要素配置上的比较优势，不得不开始进口，而发展中国家丰富的劳动力资源呈现出不可比拟的比较优势。

（三）对产品生命周期理论的评价

产品生命周期理论实际上是从产品生命周期的角度，把管理、非熟练工人、科学家与工程技术人员、外部经济等因素引入了赫-俄模型，从而使赫-俄模型与产品生命周期连接起来，考察了当产品生命周期阶段发生改变时，比较利益是怎样从一类国家转移到另一类国家的。这一学说使赫-俄模型动态化，比传统的国际贸易理论研究方法更加现实。但是也有一些经济学家认为，由于经济中存在着许多不确定因素以及各国面临的影响工业发展方向的条件和环境各异，产品生命周期阶段的循环未必会发生，周期并不具有普遍性。

第三节　产业内贸易理论

产业内贸易理论（Intra-industry Trade Theory）又称为差异化产品理论（Differentiation Product Theory），是当前国际贸易理论最热门的课题之一，该理论博"二战"后国际贸易新理论的研究成果，着重产业内贸易的探讨，即一国同时出口和进口同一产业的产品，国际进行同产业的产品异样化竞争，并认为这是更符合现实情况的国际贸易。

一、产业内贸易理论的发展

产业内贸易理论的发展经历了20世纪70年代中期以前的经验性研究和70年代中期以后的理论性研究两个阶段。

20世纪70年代中期以前，西方经济学家佛丹恩、迈克利、巴拉萨和考基玛对产业内贸易作了大量的经验性研究。佛丹恩对"比荷卢经济同盟"的集团内贸易格局变化的统计分析表明：和集团内贸易相关的生产专业化形成于同种贸易类型之内，而不是在异种贸易类型之间，而且交易的产品具有较大的异质性。迈凯利对36个国家5大类商品的进出口差异指数的计算结果说明：高收入国家的进出口商品的结构呈明显的相似性，而大多数发展中国家则相反。巴拉萨对欧共体贸易商品结构的研究结果表明，欧共体制成品贸易的增长大部分是产业内贸易。考基玛对发达国家间的贸易格局的研究发现：高度发达的、类似的工业国之间横向制成品贸易增长迅速,因而认为,产业内贸易现象背后必然包含着一种新的原理,对这一新原理的揭示,可以在传统比较利益理论的基础上形成一种理论创新。

20世纪70年代中期,西方学者格鲁贝尔和劳尔德对产业内贸易现象作了开创性、系统性的研究,使产业内贸易理论发展步入第二阶段——理论性研究阶段。继格鲁贝尔和劳尔德之后,格雷、戴维斯、克鲁格曼和兰卡斯特等许多经济学家对产业内贸易进行了大量的理论性研究,使产业内贸易理论日趋丰富、成熟。格鲁贝尔和劳尔德合著了《产业内贸易》一书,书中认为,技术差距、研究与开发、产品的异质性和产品生命周期的结合以及人力资本密集度的差异与收入分配差异(或偏好的差异)相结合均可能导致产业内贸易。格雷和兰卡斯特主要从产品异质性的角度分析产业内贸易的形成,强调产品的差异性是产业内贸易的基础。戴维斯以进入市场的障碍解释产业内贸易,并从规模经济的角度揭示产业内贸易的成因,指出规模经济可以在产业内形成互有竞争力的价格,从而导致产业内贸易的发生。克鲁格曼也强调规模经济是产业内贸易的基本原因,并认为,各国的生产要素越相似,它们的产业结构的差异便越小,从而它们的贸易越具有产业内贸易的特征。

20世纪70年代中期以后,在对产业内贸易的理论性研究不断深化的同时,对产业内贸易的经验性研究也步步深入。这一阶段的经验性研究已从70年代中期以前主要研究地区经济集团形成而导致专业化格局变化转向主要致力于研究产业内贸易的程度和趋势,以及在不同类型国家、不同产业中的发展状况及原因。

二、产业内贸易的概念、特点和测定

(一)产业内贸易的概念和特点

产业内贸易(Intra-industry Trade)是指一国在出口的同时又进口某种或某些同类产品,它是相对于产业间贸易(Inter-industry Trade)而言的。产业间贸易是指一国进口与出口的产品属于不同的产业部门。美国和日本相互进口对方的电脑就属于产业内贸易,而美国进口日本的汽车,日本进口美国的钢铁则属于产业间贸易。当今世界,两种类型的国际贸易均有发生。

同类产品是那些消费上能够互相替代而生产上又投入相近或相似的生产要素的产品,它还有同质和异质的区分。同质产品是指性质完全一致因而能够完全相互替代的产品,如同样的水果、砖等。国际贸易中出现同质产品的买卖,往往来自如下原因:

(1)许多原材料(如黄沙、水泥等)单位价值低而运输成本相对很高,消费者应该尽可能靠近原料供应地来获得它们。所以一国可能同时进口和出口大宗原材料。

(2)一些国家和地区(如新加坡、中国香港)大量开展转口贸易和再出口贸易,其许多进出口商品的形式自然基本不变。

(3)由于一些产品(如水果、蔬菜)具有季节性特点,一个国家会有时进口而有时出口这类商品。

(4)某些商品的价格被人为地扭曲(如国家干预导致某些国家一些商品的国内价格明显低于世界市场价格),为了利润极大化,私人企业便同时进出口一些同样的商品。

(5)出于经济合作或特殊技术条件的需要,有些国家也进行某些同质产品的交易。这些同质产品贸易只要加入运输成本等一类因素的分析，都仍然能用赫-俄理论加以说明。因此，异质产品贸易分析是产业内贸易理论的主要内容。

通过与产业间贸易模式的比较，可以发现产业内贸易模式具有以下几个特点：

（1）根据传统贸易理论，产业间贸易是建立在国家之间要素禀赋差异或者生产技术差异基础上的；产业内贸易理论认为产品的异质性和规模经济是产生产业内贸易的基础。因此，国家间的要素禀赋或生产技术差异越大，产业间贸易的机会就越大；国家之间的要素禀赋和技术水平越相似，经济发展水平越接近，产业内贸易发生可能性就越大。产业间贸易反映的是自然形成的比较优势，而产业内贸易反映的是获得性的比较优势。

（2）产业间贸易的流向可以凭借贸易前同种商品的价格差来确定，而产业内贸易的模式则不可以简单地凭贸易前同种商品的价格差来确定。因为在产业内贸易发生之前，价格是由于规模不同造成的，一个大国可能由于国内市场容量大而生产成本较低。但发生产业内贸易之后，各国都以世界市场作为自己的市场，因而无论是大国还是小国，所有国家利用规模经济降低成本的机会是相同的，所以很难事先预测哪个国家将生产哪一种商品。

（3）按照要素禀赋理论，产业间贸易会提高本国丰裕要素的报酬而降低本国稀缺要素的报酬，而产业内贸易是以规模经济为基础的，所有的要素都可能从中受益。这可以用来解释为什么欧盟的形成和"二战"后制成品的贸易开放都没有遭到利益集团的阻挠，而发达国家向新兴发展中国家的开放却受到了来自劳工力量的强烈反对。其主要原因是后一种贸易模式是产业间贸易而不是产业内贸易，这会引起工业化国家某些产业的完全崩溃和大批劳动者的失业。

（4）产业间贸易是由各国要素禀赋之间存在的差异引起的，要素的流动在一定程度上是贸易的一种替代品。但是在一个以产业间贸易为生的世界里，要素流动带来了作为产业内贸易载体的跨国公司的兴起，从这点上看，产业内贸易与要素流动之间存在着一定的互补关系。产业内贸易与产业间贸易的主要区别如表 4-1 所示。

表 4-1　产业内贸易与产业间贸易的主要区别

	产业间贸易	产业内贸易
贸易商品来源国	不同经济发展水平的工业国家	同种或相近经济发展水平的工业国家
适用的基础理论	新古典贸易理论	现代贸易理论
生产函数特点	规模报酬不变	规模报酬递增
消费者偏好	同质商品	异质商品
贸易利益来源	生产要素比较优势的利用	产品的差异性和规模报酬递增

（二）产业内贸易程度的测定

产业内贸易的计量方法有多种，但经济学家最常使用的是格鲁贝尔与劳尔德的计量法。它是 1975 年由格鲁贝尔与劳尔德通过对产业内贸易进行探索后而提出的。通常使用产业内贸易指数（Index of Intra-industrial Trade，IIT）来测度产业内贸易程度，根据格鲁贝尔与劳尔德计量法这一指数的计算公式为：

$$IIT = 1 - \frac{|X - M|}{X + M}$$

式中，X 和 M 分别代表一个行业（或同类产品）的出口额和进口额。IIT 的值介于 0 到 1 之间，如果该国只出口或只进口该产品，那么，$IIT=0$，即不存在行业内贸易。如果 $IIT>0$，意味着该国同时出口和进口这一行业的产品，有行业内贸易。IIT 的值越大，表示行业内贸易的程度越高。当出口与进口的价值相等时，$X=M=0$，$IIT=1$。当然，IIT 值的大小在很大程度上取决于如何定义一个行业或产品，行业或产品定义得越宽泛，IIT 的值就会越大，否则就比较小。

应当指出的是，产业部门的划分不同，所计算出的产品内贸易程度也是不同的，一般来说产业部门划分越细致，产业内贸易指数一般会越小，而产业部门划分越粗略，所计算出的产业内贸易指数就越大。

三、产业内贸易的理论解释

产业内贸易形成的原因及主要制约因素涉及面比较广，经济学家主要是从以下几个方面进行说明：

（一）同类产品的异质性

产品的差异化程度与产业内贸易之间有着紧密的联系。在每一个产业部门内部，由于产品的外在特征、品牌、包装、质量、性能、规格、牌号、设计等的不同，每种产品在其中任何一个或几个方面的差异都会导致产品差异的形成。受财力、物力、人力、市场等要素的制约，任何一个国家都不可能在具有比较优势的部门生产所有的差别化产品，而必须有所取舍，着眼于某些差别化产品的专业化生产，以获取规模经济利益。因此，每一产业内部的系列产品常产自不同的国家。而消费者需求的多样化造成的市场需求多样化，使各国对同种产品的不同类型产生一定的需求，从而产生产业内贸易。例如，欧共体（现欧盟）建立以后，共同体内部贸易迅速扩大，各厂商得以专业化生产少数几种差异化产品，使单位成本大大下降，成员国之间的差异产品交换随之大量增加。与产业内差异产品贸易有关的是中间投入品贸易的增长。为了降低成本，一种产品的不同部分往往需要在成本最低的国家或地区进行生产，充分利用各国的比较优势，从而达到生产成本的最小化。

（二）规模经济

产业内贸易发生的另一个原因是为了获取规模经济，规模经济效应导致生产成本的降低，从而可以获得比较优势，规模生产形成的经济性也成为促进产业内贸易发展的重要因素。由于国际上企业之间的竞争非常激烈，为了降低成本，获得规模经济，工业化国家的企业设计会选择某些产业中的一种或几种产品，而不是全部产品。国家间的要素禀赋越相似，越可能生产更多相同类型的产品，因而它们之间的产业内贸易量将越大。

（三）经济发展水平

经济发展水平决定了一国的收入水平和最终消费水平，收入水平越高，消费者对差异化产品的需求越大，产业内贸易产生的基础也就越加牢固。经济发展水平还与产业结构密切相关。一般来说，经济发展水平越高的国家，工业制成品所占的比重也越大，所以工业制成品中产业内贸易的比重是很高的,这样国家产业内贸易也因而更加活跃。经济发展水平越高,产业内异质性产品的生产规模就越大,产业部门内部分工就越发达,从而形成异质性产品的供给市场。

四、对产业内贸易的理论的评价

产业内贸易理论在"二战"后发达资本主义国家间的贸易发展中得到经验证实,无论是欧盟内部、欧盟与美国、日本之间的贸易增长几乎都来源于产业内的贸易。应该说产业内贸易理论以差异产品、规模经济和需求偏好相似为基础对近年来广泛存在的产业内部的国际商品交换给予了较有说服力的解释,然而,产业内贸易虽然日益重要,但并不能因此否定产业间贸易的存在,对于大量存在的产业间贸易而言,传统的贸易理论仍有很强的解释力。

第四节 不完全竞争和规模经济理论

一、不完全竞争与国际贸易

(一)国际贸易中的不完全竞争

无论是古典还是新古典经济理论,他们在分析国际贸易时都假定产品市场是完全竞争的。他们关于贸易的解释和讨论都是建立在这一基础之上的。

根据微观经济学理论,完全竞争的商品市场有两个重要特征:一个是商品的同质性,即各个厂商生产的商品都是一样的,另一个是单个厂商在市场中的微弱地位。由于市场上有很多厂商都生产同样的产品,每个厂商的市场占有率都微乎其微。因此,单个厂商面对的都是一条水平的需求曲线,都只是市场价格的接受者。单个厂商生产量的多少和生产量的变化都不会对市场价格产生任何影响。

但是,纵观"二战"后的经济发展状况,不难发现,国际贸易的现实离完全竞争的假设已经越来越远了。

首先来看各行业的商品结构。一般来说,初级产业中的产品基本是同质的。例如,矿产品、农产品等,虽有差别,但对消费者来说其基本效用是差不多的。一个国家在出口小麦的时候一般不会进口小麦,本国与外国的小麦之间具有完全的替代性。所以,初级产品之间的贸易通常是行业间的贸易。

但是,从制造品来看,大多数产品则是同类不同质,经济学家称为差异产品。所谓差异产品,是指产品具有基本相同的功能,但有差异,如日本的丰田汽车、美国的通用汽车、德国的大众汽车、中国的红旗汽车等,虽然它们都属汽车这一类,但在性能、品牌、选型等方面相互之间不能完全替代,因而消费者把它们认为是不同的产品。差异产品之间的贸易就是行业内贸易。由于"二战"后经济不断增长,各国制造业不断发展,逐渐成为工业化国家经济的主要组成部分,存在大量差异的制造品的贸易也越来越成为国际贸易中的主要部分。

其次再来看各国制造品生产者的规模及其对市场的影响力。如果对各国经济略加考虑一下就可看到,现在生产和出口商品的都不是什么小企业,也不存在很多企业,尤其是在国际贸易中占重要地位的汽车、家电、钢铁等行业。在美国,几乎所有的汽车都是由通用、福特和克莱斯勒这三大公司生产的。在法国和意大利等国家，有近60%的汽车是由一两家大公司生产和销售的。

由此可见，古典和新古典贸易理论之所以无法解释当代国际贸易中许多现象的原因之一是有关完全竞争的假设。当代国际贸易理论则在不完全竞争（包括垄断竞争、寡头和垄断）的基础上研究国际贸易。

（二）不完全竞争、价格歧视与国际贸易

不完全竞争作为贸易的起因之一是，它是与垄断企业或垄断竞争企业的价格歧视行为紧密联系在一起的。价格歧视是指厂商虽然出售的是同样的产品，但在不同的市场上或对不同的消费者收取不同的价格。在国际贸易中，这种价格歧视行为就是通常所谓的"倾销"。在研究当代国际贸易现象时，经济学家也将倾销给企业所带来的收益看成是一种出口激励，解释在不完全竞争条件下企业的出口动力和贸易原因。

在微观经济分析中得知，价格歧视必须具备3个条件：一是必须是不完全竞争行业，也就是说企业有能力决定其销售价格；二是市场必须是分割的，即低价格市场的消费者不能把产品倒卖到高价格的市场上去；三是在不同的市场上，厂商所面临的需求曲线的弹性不同。现在来看看在国际贸易中，这些条件是否满足。

第一，在许多产品尤其是制造品市场上，第一个条件基本得到满足。正如在前面介绍的那样，国际贸易中的许多产品都是由为数不多的企业生产的。有些行业中企业虽然很多，但每个企业生产差异产品，各自都是一个垄断竞争企业，对其产品都有一定的定价能力。

第二，第二个条件也很容易得到满足，因为国际贸易必须经过各国海关，由于关税、非关税壁垒以及各种规章和限制，所以可以认为本国市场与外国市场是分割的。很少有人能够把从外国进口的商品再运回到这个国家去销售。

第三，对本国厂商来说，外国市场的需求一般比本国更有弹性。对大多数厂商来说，在国内和国外市场上的市场份额是不一样的，企业在国内市场的份额较大，而一般在国外市场的份额较小。在其他条件相同的情况下，市场份额越小，需求曲线的弹性就越大，对产品的价格变动就越敏感。也就是说，企业较小的价格下降幅度，会使对其产品的需求有较大幅度的增加，而轻微的涨价就会造成需求量的大幅下降。因此，可以假设在外国市场上需求的价格弹性大于本国市场。这样，在国际贸易中，厂商倾销的3个条件都可以得到满足。换句话说，即使生产成本一样，厂商也可以在本国和外国市场上用不同的价格出售。

根据假设，如果一个厂商在国内拥有较大的市场份额，在国内市场上就有更大的垄断力量。与国外市场相比，厂商能在国内出售较高的价格。那么，为什么厂商还要以低价出口到国外呢？厂商为什么不能将出口到国外的这部分产品在国内以较高的价格出售呢？这里的主要原因是，国内的这家厂商不是一个完全竞争企业。

与完全竞争企业不同，垄断企业或垄断竞争企业面对的不是一条水平的需求曲线（或者说，不是一个给定的价格），而是一条斜率为负、价格随数量增加而下降的需求曲线。在完全竞争的情况下，每个厂商规模之小以至于无论它生产多少都可以按照市场价格出售。因此，只有当外国市场上的价格超过本国市场价格时，企业才有出口的动机。垄断竞争市场的情况就不同了。企业并不能在国内无限制地生产和销售。垄断或垄断竞争企业每增加一个单位的产品销售，所有单位产品的价格就一起下跌。企业的边际收益则下降得更快。垄断或垄断竞争企业为了保证利润的最大化,就不得不将在国内市场出售的产品数量控制在一定的范围内。这时,这些企业就有在国外市场上增加产品销售的动力。只要在国外市场上的价格超过产品生产的平均成本,企业出口就有利可图,而不论其价格是否高于本国市场。

图 4-4 可以用来帮助理解企业为什么通过倾销向国外出口。假设这是一个垄断厂商面对的本国和外国市场的情况,为了分析方便,假设厂商的边际成本(MC)是个常数,且没有运输成本,所以无论在本国市场还是在外国市场上销售,产品的边际成本都是一样的。

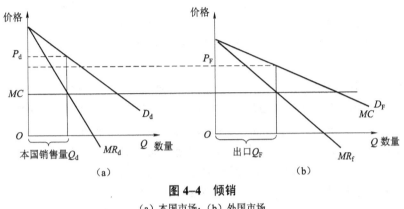

图 4-4 倾销
(a) 本国市场;(b) 外国市场

在本国市场上,该厂商拥有垄断地位。在利润最大化的目标下,企业只生产和销售 Q_d,即将产量控制在边际收益(MR_d)等于边际成本(MC)时的水平上。将这些产品销售到国内市场上,产品的价格可达到 P_d。为了保证利润不下降,企业不会再在国内市场上增加销售量。

另外,企业看到外国市场上亦有对这一产品的需求,并且存在着高于边际成本的一段边际收益($MR > MC$)。只要是边际收益大于产品生产的边际成本,企业就会生产并出口到外国市场。但由于企业在外国市场上的份额比较小,需求(D_F)的价格弹性较大,所以企业无法收取像本国市场那样高的价格。根据利润最大化原则,企业会向外国出口 Q_F,最高价格为 P_F(低于 P_d)。

因此,可以用不完全竞争下的倾销行为来解释行业内贸易:只要一个产品的国内外市场满足价格歧视的条件,即使外国市场价格低于本国市场价格,企业为了追求利润的最大化,仍有出口的动力,因为出口倾销的结果比将这些产品在国内市场销售要好。外国的同类企业如果也在其他产品上采取类似的行为,就会出现相互倾销,从而形成行业内贸易。

二、规模经济和国际贸易

瑞典经济学家赫克歇尔和俄林提出的"资源禀赋"贸易学说,解释了发达国家与发展中国家进行贸易活动的原因。但自 20 世纪 60 年代以来,国际贸易出现了许多新的倾向。一方面,发达国家的贸易量大大增加,贸易主体由发达国家与发展中国家逐渐转变为发达国家;另一方面,同类产品之间的贸易量大为增加,产业内贸易占全球贸易的比重已经提高 60% 以上。国际贸易中的这些新动向对传统的贸易理论提出了挑战。一些经济学家从不同侧面展开研究,提出了新理论,较好地解释了当代国际贸易的新格局。

"规模经济贸易学说"就是其中的代表之一,主要是由美国经济学家保罗·克鲁格曼提出的。这一理论以企业生产中的规模经济和世界市场的不完全竞争为基础,解释了第二次世界大战后增长迅速的工业国之间和相同产业之间的贸易。古典和新古典贸易理论以比较优势为基础，把国与国之间要素禀赋差异作为贸易产生的唯一原因。而规模经济理论则认为，规模经济也可能成为国际贸易的动因，在规模经济作用下，不完全竞争的市场结构普遍存在。

专栏4-1　　保罗·克鲁格曼

保罗·克鲁格曼（Paul R.Krugman，1953— ）于1953年出生于美国的一个中产阶级家庭，父亲是个保险公司的经理。他在纽约的郊区长大，童年时代喜爱看科幻小说，曾梦想成为一名心理或历史学家。当成为一名著名的经济学家后，他诙谐地说："有趣的思想与有趣的生活经验丰富关系甚微。"

克鲁格曼于1974年毕业于耶鲁大学。在大学期间主修经济，但他只上了经济学必修课，选的更多的是历史课。克鲁格曼在经济学领域第一次向传统作出挑战是在1973年春天。当时著名经济学家威廉·诺德豪斯（william D. Nordhaus）举行了一个关于能源和自然资源的讲座，克鲁格曼写了一篇论文，表明汽油的长期需求富有价格弹性，这一观点与当时流行的观点恰好相反。克鲁格曼对经济问题的深刻理解引起了诺德豪斯的关注。

大学毕业后，在诺德豪斯的推荐下，克鲁格曼进入麻省理工学院（MIT）攻读博士学位。在1977年取得经济学博士学位之后，他便直接去耶鲁大学任教，从此开始了其作为专业经济学家的研究生涯。

克鲁格曼的成名是在1978年。他当时写了一篇关于国际贸易的论文（即《规模报酬递增、垄断竞争和国际贸易》，于1979年发表于《国际经济学杂志》），并于当年7月在美国国民经济研究局（NBER）的研讨会上宣读。参加这个会议的都是当时国际上最有影响的经济学家。当他刚开始宣读论文时，人们没有加以注意。然而，随着克鲁格曼一步一步地展开他的分析，大厅渐渐地安静了下来，人们开始专心地倾听克鲁格曼的演讲。他的这篇论文奠定了国际贸易理论新的分析框架，从而也使克鲁格曼一夜成名了。克鲁格曼回忆道："那是我生命中最美好的90分钟。"

克鲁格曼是一个不安于现状、不断向自己及社会挑战的经济学家。1982年8月，他成为总统经济顾问委员会的主要成员，对一系列的传统毫不客气地提出挑战。由于他的这种坦率和自身与政界的不融合，一年后便重新回到学校做学者。此后，他与海尔普曼（Elhanan Helpman）合写了《市场结构与对外贸易》。他所撰写的一系列具有真知灼见的经济著作（包括已经翻译成中文的《流行的国际主义》《汇率的不稳定性》《地理和贸易》等）在经济学界和政界产生了强烈反响。

克鲁格曼对于国际经济学的贡献主要包括：第一，突破了传统的国际贸易理论，对"二战"后大量出现的工业国家之间和同行业之间的贸易做出了解释。通过引进微观经济学中的产品差异、垄断竞争、规模经济等原理，克鲁格曼不仅为国际贸易理论建立了一个新的分析框架，而且将经济学基本原理与国际贸易中的新思路有机地结合了起来，从而为当代国际贸易理论的发展做出了开创性的贡献。第二，克鲁格曼分析了国际贸易中的寡头竞争行为，为战略性贸易政策的研究奠定了基础。与传统的贸易政策不同，战略性贸易政策有时不仅可以保护国内市场，也可以促进出口。政府对某些产业的有限保护有助于该产业获得规模经济，降低成本，提高竞争力。但是，作为负责的经济学家，克鲁格曼还对战略性贸易政策做了许多实证研究，结果表明这种政策所获得的总体收益是很有限的。因此，克鲁格曼在分析了战略性贸易政策可能带来的益处后又指出了由此产生的问题。他认为，相比之下，自由贸易仍是最好的政策选择。第三，克鲁格曼还在汇率和发展中国家债务等问题上独有建树，其中最主要的贡献是关于汇率的"目标区域"理论，主张汇率的有限浮动等。

（资料来源：海闻，等. 国际贸易. 上海：上海人民出版社，2003：183—184）

（一）规模经济的含义

传统贸易理论（从斯密到赫克歇尔-俄林）都假设产品的规模报酬不变，即假设产出的增长与下降要素投入的增长或下降的幅度是一样的，所有的投入增加一倍，产出也增加一倍。在以初级产品生产为主的前工业化时代，这个假设基本是接近现实的。但是，在现代化社会尤其是工业生产中，许多产品的生产具有规模报酬递增的特点，即扩大生产规模，每单位生产要素的投入会有更多的产出。尤其是现代化的工业，大规模的生产反而会降低单位产品成本，即存在着"规模经济"。

规模经济是规模报酬的一种。规模报酬（Returns to Scale）是指所有投入要素同比例增加时，即生产规模扩大时，总产量的变化情况。根据产量的变化程度，规模报酬可以分为三种情形：① 规模报酬不变（Constant Returns to Scale），是指所有投入的增加导致了产出水平同比例的增加；② 规模报酬递减（Decreasing Returns to Scale），是指所有投入的增加导致了产出水平较小比例的增加；③ 规模报酬递增（Increasing Returns to Scale），是指所有投入的增加导致了产出水平更大比例的增加。

上述第三种情形也就是通常所说的规模经济（Economies of Scale）。如若存在规模经济，则随着生产规模的扩大，总产量增加的速度超过要素投入的增加速度，意味着平均成本下降，生产效率提高。用图形来表示的话，长期平均生产成本会随着产量（规模）的扩大而下降，不变，上升，从而形成U字形（见图4-5）。

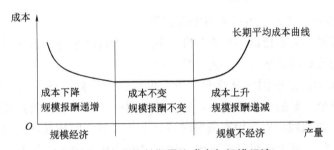

图4-5 企业的长期平均成本与规模经济

根据产品平均成本下降的原因，规模经济可分为内部的和外部的。内部规模经济（Internal Economies of Scale）指的是单位产品成本取决于单个厂商的规模而非行业规模。内部规模经济主要来源于企业本身生产规模的扩大。由于生产规模扩大和产量的增加，分摊到每个产品上的固定成本（管理成本、信息成本、设计成本、科研与发展成本等）会越来越少，从而使产品的平均成本下降。具有内部规模经济的一般都为大企业、大公司，多集中于设计、管理、销售成本较高的制造业和信息产业，如汽车、飞机、钢铁、计算机软件等。

外部规模经济（External Economies to Scale）则指的是单位产品成本取决于行业规模而非单个厂商的规模。外部规模经济主要来源于行业内企业数量的增加所引起的产业规模的扩大。由于同行业内企业的增加和相对集中，所以它们在信息收集、产品销售等方面的成本会降低。外部的规模经济一般出现在竞争性很强的同质产品行业中。例如，在美国的"硅谷"有成百上千家电脑公司，每家都不是很大，但集中在一起，形成了外部规模经济。北京的"中关村电脑城"，南京的"珠江路电脑一条街"，浙江的"纽扣城""领带城""电器城""义乌小商品市场"等，也都具有获取外部规模经济的性质。

举例来说明内部与外部规模经济。假设第一个在北京中关村开业的电脑销售公司只有一间铺面，每天出售 1 台电脑。设在北京郊区的电脑生产基地不得不专程开一辆车将这台电脑送到中关村，收取 100 元。也就是说，每台电脑的运输成本为 100 元。但如果该公司增加了铺面，扩大了规模，每天能够出售 10 台电脑，此时电脑生产基地仍然只需用一辆车子将这 10 台电脑运送到中关村，那么，每台电脑的运输成本就只有 10 元，由此产生的平均成本下降就是内部规模经济。另外，如果现在有 10 家电脑公司聚集在中关村，每家公司每天只出售 1 台电脑（也就是说企业的规模并没有变但行业的规模扩大了），这些公司可以共同雇用一辆车子运送电脑，每个公司为此只需支付 10 元就够了。由此产生的成本的下降就是外部规模经济。

内部的和外部的规模经济对市场结构具有不同的影响。一般情况下，内部规模经济的实现与一个产业或行业内的厂商数量呈反比，即厂商数量越少，专业化程度就越高，规模收益也就越高。内部规模经济依赖于厂商自身规模的扩大和产出的增加。在这种情形下，大厂商比小厂商更具有成本优势，这就能够迫使小厂商退出市场，从而获得市场实力，形成了不完全竞争的市场结构。

无论外部的还是内部的，企业都有可能通过规模经济降低成本，从而在国际贸易中获得价格上的优势。下面分别分析外部规模经济和内部规模经济与国际贸易的关系。

（二）外部规模经济与国际贸易

1. 具有外部规模经济的竞争行业与国际贸易

外部规模经济是如何导致国际贸易的呢？从另一个角度来讲，国际贸易如何使得企业获得外部规模经济的呢？可以通过一个例子来说明。

假设图 4-6 所示的是中国玩具行业的市场供求和一个典型玩具生产企业的成本收益曲线。生产玩具的每个厂商的规模都很小，生产的是同质产品，该行业是完全竞争的。在左图中，D_1 是本国的需求曲线，S_1 是没有贸易时或行业扩大前本国玩具行业的短期供给曲线，它们都具有通常的形状：需求曲线是向下倾斜的，供给曲线是向上倾斜的。但是，由于存在外部规模经济，该行业的长期平均成本曲线 $LRAC$ 是向下倾斜的。也就是说，随着行业规模的扩大，行业内各企业平均成本会下降。

在图 4-6 中，MC_1 和 AC_1 分别是一个玩具生产企业在没有贸易时或行业扩大前的边际成本和平均成本曲线。在均衡时，竞争企业没有经济利润，平均成本（AC_1）等于价格（P_1），企业最优生产量是 q_1。

现在先说明外部规模经济为什么会导致国际贸易。先假设在最初的市场均衡点（$S_1=D_1$）上，中国的玩具价格（P_1）在国际上没有竞争优势，没有玩具贸易。

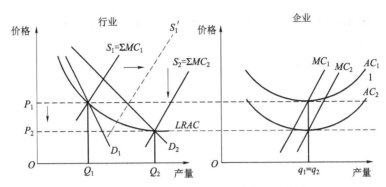

图 4-6 典型玩具生产企业的成本收益曲线

现在进一步假设该行业的规模扩大（先不管扩大的原因），有更多的企业进入这一行业生产玩具。行业的供给曲线移到 S_1'。但是，由于存在着行业的规模经济，供给曲线的移动并非到此为止。该行业企业的增加，不仅使得市场的供给增加，而且使得行业内每个企业的边际成本和平均成本下降（图中 MC_1 和 AC_1 分别移到 MC_2 和 AC_2），从而使得整个行业的供给曲线进一步往下移动，价格随之下跌。

如果在此之前中国玩具不具有成本优势的话，行业规模的扩大和产品平均成本的下跌使得中国玩具在国际市场上拥有竞争力，企业就有动力出口玩具，从而产生国际贸易。由于开放贸易，玩具市场上包括了来自国外的需求，需求曲线移至 D_2，玩具市场的最终价格为 P_2，在长期均衡点上（$AC_2=P_2$），每个企业的生产量 q_2 仍然等于 q_1。

对于外部规模经济与国际贸易的关系还可以从另一个角度来说。假设贸易前的市场均衡价格为 P_1，由于开放贸易，需求从 D_1 增加到 D_2，相应地，更多企业进入玩具行业，使供给从 S_1 增加到 S_1'。企业数增加后产生了外部规模效应，使每个企业的成本下降，供给曲线进一步下移，新的行业和企业的均衡价格下降到 P_2。

从贸易所得来看，各个企业在短期内可能会由于成本下降先于价格下降而出现利润，但长期又回到经济利润等于零的状况。对企业来说，短期可能有所得，长期则无所失。对于国内消费者来说，长期价格下降，消费量上升，消费者剩余增长。因此，整个社会由于贸易而获得净收益。

2. 坎姆模型：规模经济和同类国家之间的国际贸易

说明外部规模经济导致国际贸易从而解释"北北贸易"的一个模型是由经济学家默瑞·坎姆在 1964 年提出的。我们可以用坎姆模型来说明两个技术相同、资源禀赋相同，甚至需求相同的国家为什么会进行贸易。在这里，两国贸易的基础是由规模经济带来的成本差异。为了证明规模经济怎样引起国际贸易，假设有两个国家（美国和日本）生产两种产品：电脑和照相机，并假定生产这两种产品的行业都具有外部规模经济。随着行业规模的扩大和生产量的增加，单位产品的成本下降。

图 4-7 所示为电脑和照相机的生产可能性曲线，反映这种规模经济的生产可能性边界（PPF）是一条凸向原点的曲线。这意味着，对于任何一种产品来说，随着产量的增加，每个产品的相对成本逐渐下降。当该国专业化生产一种产品的时候（在 M 或 N 点上生产），该产品的生产成本达到最低。

为了集中说明规模经济与贸易的关系，假设美日两国的生产技术、资源禀赋和需求偏好都相同,因此,两国的生产可能性边界和社会无差异曲线(CIC)也完全相同,因此可以用一张图来代表两个国家。

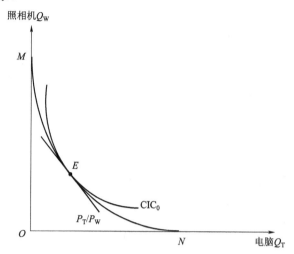

图4-7 电脑和照相机的生产可能性曲线

在没有贸易的情况下,任何一国都必须根据本国的生产能力和消费偏好来决定两种产品的产量,在图4-7中,假设这一点为 E。在这一点上,两个国家都生产和消费一定量的电脑和照相机,社会福利水平为 CIC_0。

由于两国产品的相对价格、生产量和消费量都一模一样,在比较优势的理论中,两国不会发生贸易。现在假设美国的电脑生产发展迅速,有更多的人从事生产,在图4-8中其生产点从 E 移到了"I",由于规模经济的影响,在 I 点上,电脑的相对成本下降而照相机生产的相对成本上升。另一方面,假设日本的照相机生产扩大,生产点从 E 移到了"C",日本照相机的相对成本也下降而电脑的相对成本上升。

这时,两国的生产成本发生了变化。美国电脑的相对成本低于日本,而日本照相机的生产成本低于美国。两国有了贸易的动力。美国会出口一部分电脑而进口一部分照相机,而日本则正好相反,出口照相机进口电脑。两国在介于封闭经济中的相对成本之间的电脑相对价格 P_T/P_W 下进行交换,其结果是两国都能在 F 点上消费,社会福利水平从 CIC_0 增加到 CIC_1。

图4-9则说明了一个更加极端的也是更优的一种状况。如果美日两国都集中生产一种产

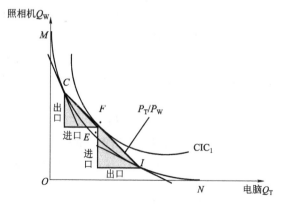

图4-8 规模经济与国际贸易

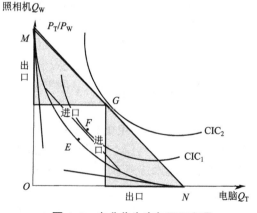

图4-9 专业化生产与国际贸易

品（在 M 或 N 点上生产），然后进行交换，两国都在 G 点上消费，其社会福利水平还会大大提高（在图中以 CIC_2 标识），从而达到最优状况。

（三）内部规模经济和国际贸易

1. 具有内部规模经济的垄断竞争企业

前面已经分析了具有外部规模经济的完全竞争行业。但是，拥有内部规模经济的，更多的是处于垄断竞争或寡头竞争地位的企业。在垄断竞争下，行业内虽然仍有许多企业，但企业的规模一般要大得多。每个企业并不生产完全相同的产品，而是相互之间有一定替代性的差异产品。由于每个企业生产的产品不一样，所以它们都对自己的产品有一定的垄断力量。企业面临的是一条向下倾斜的需求曲线。也就是说，消费者不会因一个产品稍微提高一点点价格而全部转向它，也不会因为一个产品稍微降价就全部转向该产品。

由于产品之间存在可替代性，所以企业之间也存在着相当的竞争性。如果垄断竞争企业在短期有经济利润，则会引起更多的企业进入这一行业，从而造成对原有产品的需求下降，价格下跌，利润减少，直至没有。这时新的企业就会停止进入。另外，如果垄断竞争企业在短期内亏损，一些企业就会逐渐退出，从而造成对剩下产品的需求增加，价格上升，亏损减少直至没有。这时就不再会有企业愿意退出。总之，垄断竞争企业的长期竞争会造成该行业企业的平均经济利润为零。[①]

图 4-10 显示的是一个具有规模经济的垄断竞争企业的长期均衡状况。企业的规模经济表现在其逐渐降低的长期平均成本曲线（AC），垄断竞争表现在企业面对的向下倾斜的需求曲线。在长期竞争下，企业的平均成本曲线与需求曲线相切，产品价格等于其平均成本，利润为零。在贸易参与国际贸易前，假设企业处于长期均衡状态。

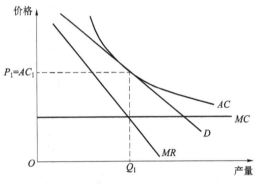

图 4-10 具有内部规模经济的垄断竞争企业的长期均衡状况

2. 参与国际贸易的垄断竞争企业

那么，垄断竞争企业是怎样参与国际贸易的呢？国际贸易带来什么影响？在图 4-11 和图 4-12 中将分别加以说明。图 4-11 说明的是开放贸易后的短期影响。在参与国际贸易以前，企业所面向的只是国内的需求曲线（D_1）。在利润最大化的目标下，垄断厂商会选择生产 Q_1，即边际成本（MC）等于边际收益（MR_1）时的产量。

参与国际贸易之后，外国需求增加，从而总需求增加，企业面对的市场需求由 D_1 增加到 D_2；边际收益也从 MR_1 移到了 MR_2。企业追求利润最大化，生产扩张（从 Q_1 增加到 Q_2），平均成本下降（由原来的 AC_1 下降到 AC_2）。在短期内，需求的突然扩张使得企业的平均成本比产品价格下降得更快，在图 4-11 中的阴影部分就是这一超额利润。

[①] 对垄断竞争企业的定价行为不熟悉的读者可以参阅有关的经济学原理的教材，如斯蒂格利茨所著的《经济学》（中译本），中国人民大学出版社，1997 年（第一版）和 2000 年（第二版）。

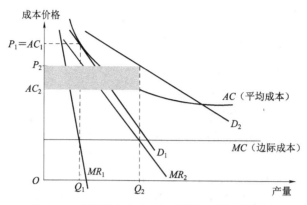

图 4–11　垄断竞争企业参与国际贸易的短期影响

垄断竞争企业的短期利润会引起更多国内企业的进入。新进入的企业虽然不会生产相同的产品，但会有很大的替代性。一部分消费者会转向购买新产品，原有企业的需求下降（向下平移），长期竞争的结果使得企业的利润消失，企业面对的需求由 D_1 变到 D_3。然而，由于参与国际贸易之后的需求 D_3 比不参与国际贸易的需求 D_1 更有弹性，企业的生产依然扩张（从 Q_1 增加到 Q_3），获得了更低的长期平均成本（由原来的 LAC_1 下降到 LAC_3）。同时产品的定价也由原来的 P_1 下降到 P_3（价格等于平均成本：$P_3 = LAC_3$）（见图 4–12）。

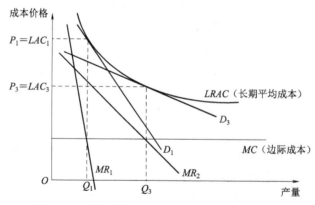

图 4–12　垄断竞争企业参与国际贸易的长期影响

所以，对于垄断竞争企业来说，开放贸易的短期结果是企业产量增加，平均成本下降，出现短期利润。产品价格可能下降，从而使得本国消费者受益，消费者剩余增加。但短期内价格也有可能上升，造成国内消费量下降，消费者受损。

开放贸易的长期影响是：企业产量增加，（比没有贸易时多但不一定比短期内的产量多），平均成本和产品价格都下降且二者相等，企业经济利润回到零。本国消费者消费量增加，消费者剩余增加。从社会福利角度考虑，无论短期长期，整个社会福利都比没有贸易时有所增加。

3. 内部规模经济，垄断竞争企业与行业内贸易

为了进一步用不完全竞争和规模经济学说来解释发达国家之间工业品的"双向贸易"，假设日本和美国都是资本充裕的国家，都生产资本密集性的工业品，如汽车，但汽车的种类很多，至少有卡车和轿车两种。由于两国的生产技术和资源配置都相同，生产汽车的成本曲线也一样。图 4–13 为"规模经济"与工业品的"双向贸易"。

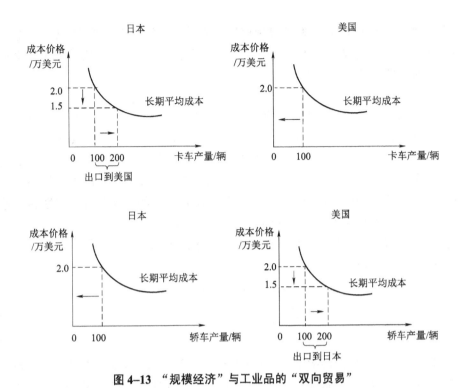

图 4-13 "规模经济"与工业品的"双向贸易"

在两国发生贸易之前,各国各自生产一部分卡车和一部分轿车:日本生产 100 辆卡车和 100 辆轿车,美国也生产 100 辆卡车和 100 辆轿车。由于各自市场狭小,产品的成本价格都很高,假设都等于 2 万美元。

如果两国允许贸易,市场就不再局限于本国。企业可以增加产量,从而产生规模经济,使成本下降。假设日本抢先将卡车生产扩大至 200 辆,并以每辆 1.5 万美元的价格向美国出口,就有可能占领美国市场,并使本国的卡车价格也下降。由于汽车的种类很多,在这种情况下,美国没有必要再继续生产卡车去与日本竞争,因为竞争的结果最多只是把日本卡车赶出美国市场,回到原来没有贸易时的状态。美国自己也不会因此获得利益。在这种情况下,美国可以将资源转移到轿车上,将轿车的生产扩大至 200 辆,并以较低的价格(每辆 1.5 万美元)向日本出口。这种分工和贸易的结果使两国生产成本和产品价格都降低,资源利用都更加有效,而各国的消费量都没有减少。事实上,由于产品价格的降低,各国的消费量都会增加。

由于工业产品的多样性,任何一国都不可能囊括一个行业的全部产品,这就使得工业制造品生产上的国际分工和贸易成为必然。但具体哪一国集中生产哪一种产品,则没有固定的模式,既可以自然(竞争)产生,也可以协议分工。但这种发达国家之间工业产品"双向贸易"(行业内贸易)的基础是规模经济,而不是技术不同或资源配置不同所产生的比较优势。

4. 克鲁格曼模型:规模经济和不完全竞争下的国际贸易

第一个同时用规模经济和不完全竞争来分析当代国际贸易并建立起理论模型的经济学家是保罗·克鲁格曼。在他以前虽然也有人认识到规模经济在国际贸易中的作用(如巴拉萨、克莱维斯等),但这种观点并没有在主流贸易理论中引起重视,原因之一是没有人能建立起一个标准的模型来说明规模经济、不完全竞争和国际贸易之间的关系。克鲁格曼成功地建立起了这样一个模型。在他 1978 年所写的《规模报酬递增、垄断竞争和国际贸易》（发表在 1979 年 11 月的《国际经济学杂志》上）一文中，克鲁格曼建立了一个非常简单但又能明确说明问题的规模经济和垄断竞争贸易模型。

基本假设

在他的模型里，克鲁格曼有两个与传统贸易理论不同的假设。第一是企业具有内部规模经济。为了简化分析，克鲁格曼也像古典贸易模型那样假设劳动是唯一投入。但与古典理论不同的是，这里的成本函数中包含一个固定投入成本。这样的话，产品的平均成本就不再是一个常数，而是随着产量增加而递减的函数。第二，克鲁格曼模型中的市场结构不再是完全竞争，而是垄断竞争。同行业各个企业之间的产品不是同质的而是具有替代性的差异产品。也就是说，各个厂商虽都同在一个行业中，但实际生产的却不是同一种产品。

在这两个基本假设下，克鲁格曼建立了一个独特的 PP-ZZ 模型。用下面一系列等式来简单说明这个模型。首先来看 3 个基本等式：

$$l_i = \alpha + \beta x_i, \quad \alpha > 0, \beta > 0 \tag{4-1}$$

$$L = \sum l_i = \sum (\alpha + \beta x_i) \tag{4-2}$$

$$Lc_i = x_i \tag{4-3}$$

式（4-1）表示的是企业 i 所需的要素（劳动）投入。其中 α 是固定投入，x_i 是企业 i 的产出。β 是反映投入产出关系的系数。式（4-1）表明企业具有规模经济。给定固定投入（α）和系数 β 不变，如果产出 x_i 增加 1 倍，那么企业的劳动投入 l_i 是不需要增加 1 倍的。

式（4-2）表达的是要素市场供给与需求的均衡。L 是社会总劳动力或总人口，等于各个企业劳动需求 l_i 的总和。

式（4-3）表示的是产品市场的均衡，其中 c_i 是每人对产品 i 的消费，Lc_i 代表的是产品 i 市场上的总需求，x_i 是产品 i 的总供给。

垄断竞争企业的利润最大化均衡

在给定规模经济和市场均衡的条件后，再来看企业的生产决策。

根据克鲁格曼的假设，这些企业都是垄断竞争企业。因此，每个企业面对的需求曲线不是一条水平直线，而是一条斜率为负向下倾斜的曲线。换句话说，企业的价格不是给定的，而是企业产量的函数：$P_i(x_i)$。

像所有其他类型的企业一样，垄断竞争企业的目标是利润最大化，其生产决策的原则也是在边际收益（MR）等于边际成本（MC）的地方生产 x_i。与完全竞争企业不同的是，垄断竞争企业的边际收益不等于价格，而是 $p_i(1 - 1/\varepsilon)$，其中 ε 是需求价格弹性的绝对值，$\varepsilon > 0$。ε 是需求量 c 的函数。在一般情况下，随着需求量的增加，价格弹性下降，即 $d\varepsilon/dc < 0$。由于劳动是企业的唯一投入，给定劳动工资率为 W，企业 i 的总成本为 $Wl_i = W(\alpha + \beta x_i)$，边际成本则是 βW，企业利润最大化的短期均衡条件则可表示为：

$$p_i \left(1 - \frac{1}{\varepsilon(c)} \right) = \beta W \tag{4-4}$$

整理后，得

$$\frac{P_i}{W} = \frac{\beta \varepsilon(c)}{\varepsilon(c) - 1} \tag{4-5}$$

垄断竞争企业的长期均衡

垄断竞争企业的另一个特点是长期利润为零,即总收益(TR)等于总支出(TC)。总收益等于价格乘以产量:$P_i x_i$。总支出等于工资率乘以劳动投入:Wl_i,而 $l_i = \alpha + \beta x_i$。根据这一长期均衡条件,可以得出:

$$P_i x_i = W(\alpha + \beta x_i) \tag{4-6}$$

将式(4-3)代入式(4-6),并经整理后得

$$\frac{P_i}{W} = \frac{\alpha}{Lc_i} + \beta \tag{4-7}$$

PP–ZZ 模型

至此,克鲁格曼根据垄断竞争企业的特征,分别推导出两个等式:在企业利润最大化原则下推导出来的式(4-5)和长期竞争下利润为零原则下推导出来的式(4-7)。在这两个等式中,用工资单位衡量的产品价格(P/W)都是产品需求量(c)的函数。

为了研究垄断竞争企业产品的均衡价格与个人需求量(消费量)的关系,克鲁格曼创立了一个 PP–ZZ 模型。这张 PP–ZZ 模型图(见图4–14)的纵轴为(P/W),横轴为 c。其中的 PP 曲线由式(4-5)导出,ZZ 曲线由式(4-7)导出。

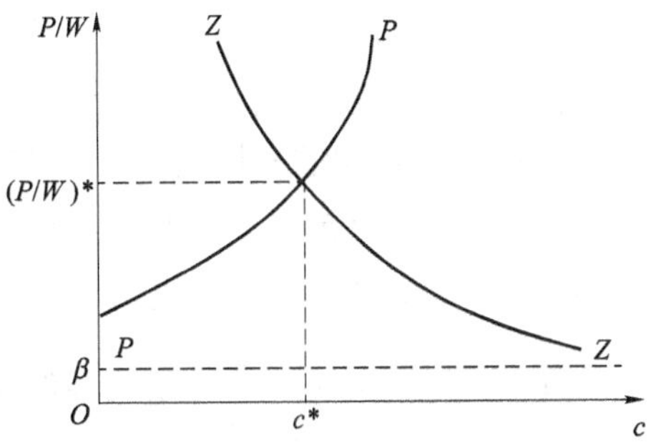

在式(4-5)中,$d\varepsilon/dc<0$,P/W 与 c 的关系是正相关的。也就是说,在企业利润最大化的均衡条件下,个人对产品的需求量越大,企业所能出售的产品价格就越高。因此,PP 曲线的斜率为正。

在式(4-7)中,P/W 与 c 的关系是负相关的,即个人对产品的需求量越大,企业的生产规模越大,产品的价格(在长期等于平均成本)亦越低。因此,ZZ 曲线的斜率为负。

图4–14 PP–ZZ 模型的基本图解

PP 曲线和 ZZ 曲线的交点是每种产品的均衡价格和每个个人对该产品的消费(需求)量。由于 $Lc_i = x_i$,所以又可由消费量求出每个企业的生产量 x_i。在充分就业的假设下,企业数或产品种类等于总劳动除以企业的劳动投入,即

$$n = \frac{L}{\alpha + \beta x} \tag{4-8}$$

或

$$n = \frac{1}{\frac{\alpha}{L} + \beta c} \tag{4-9}$$

国际贸易的影响

在建立起 PP–ZZ 模型的分析框架之后,克鲁格曼引入了国际贸易。

假设存在另一个同类的经济,有相同的偏好、资源储备和技术,并有人口 L^*。当双方开放自由贸易时,对本国的任何一种商品都意味着一个更大的市场和更多的消费人口。由于技术是给定的,反映投入产出关系的系数 β 不会因为贸易而变化,所以在 PP–ZZ 模型中,PP 曲线没有影响。但是,贸易使每个产品的消费人口增加了 L^*,导致 ZZ 曲线下移(或左移),如

图 4-15 所示。在新的均衡点上，相对于工资的产品价格（P/W）和每个人对任何一个产品的消费量（c）都下降了。

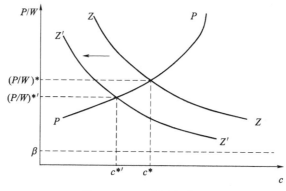

图 4-15　ZZ 曲线的移动

在长期均衡点上，产品价格的下降意味着产品平均成本的下降，也反映了每个企业扩大生产（x_i）[①]后产生的规模经济。虽然每个人对任何一个产品的消费量下降了，但每个产品的消费人口却大大增加了，从而使整个产量提高了。从式（4-9）又可以知道，消费人口 L 的增加（从 L 到 $L+L^*$）和每个商品消费量 c 的下降（从 c^* 到 $c^{*\prime}$）意味着产品种类的增加。新的商品种类 $n' = \dfrac{1}{\dfrac{\alpha}{L+L^*} + \beta c'}$ 比贸易前的 $n = \dfrac{1}{\dfrac{\alpha}{L} + \beta c}$ 多。

克鲁格曼从这一模型的分析中得出一些重要的结论。首先，垄断竞争企业可以通过国际贸易扩大市场增加消费人口来扩大生产获得规模经济，降低平均成本和产品价格；其次，每个消费者对某种产品的消费量会有所减少，但消费品的种类则大大增加。消费者通过产品种类的增加提高福利。

值得一提的是，在以往的模型中，人们主要用社会无差异曲线和消费者/生产者剩余衡量贸易所得和社会福利水平，而在克鲁格曼模型中，他强调了"产品多样性"所带来的消费者福利，为衡量贸易所得提供了更多的工具。

更重要的，克鲁格曼通过这一模型的分析指出了贸易的基础不一定是两国之间技术或要素禀赋上的差异而造成的成本价格差异，扩大市场获得规模经济也是企业愿意出口的重要原因之一。企业可以通过出口来降低成本获得短期利润。贸易前两国的市场规模不同造成了企业生产规模不同，进而使产品价格出现差异，这就成为双方进行贸易的原因。不过，造成这种价格差异的原因不是各国技术和资源上的不同，而仅仅是规模上的区别。克鲁格曼的这一理论令人信服地解释了发达工业国家之间的贸易和行业内贸易的重要原因，补充和发展了国际贸易的理论。

（四）规模经济的主要观点

通过以上分析，规模经济理论的主要观点可以总结为：

---

① 式（4-3）$Lc_i = x_i$ 说明了消费人口，人均消费量和生产量的关系。只要 PP 曲线的斜率≥0，L 的增加幅度一定会超过由此引起的均衡人均消费量 c 的下降幅度，从而使每个产品的总产量 x_i 增加。

(1) 规模经济存在的原因有两个：① 大规模的生产经营能够充分发挥各种生产要素的效能，更好地组织企业内部的劳动分工和生产专业化，提高固定资产的利用率，取得内部规模经济效应；② 大规模的生产经营能更好地利用交通运输、通信设施、金融机构、资源条件等良好的企业环境，获得外部规模经济。

(2) 规模经济是国际贸易存在的重要原因。当某个产品的生产出现规模报酬递增时，随着生产规模的扩大，单位产品的成本会发生递减，从而形成成本优势，这会导致该产品的专业化生产和出口。

(3) 在存在规模经济的条件下，以此为基础的分工和贸易会通过提高劳动生产率、降低成本，从而使产业达到更大国际规模并获利，参与分工和贸易的双方均能获益。

第五节　国家竞争优势理论

在管理学界，美国哈佛大学商学院教授迈克尔·波特被誉为一颗璀璨夺目的明星。在波特的众多著作中，竞争三部曲（1980年的《竞争策略》、1985年的《竞争优势》和1990年的《国家竞争优势》）奠定了他在策略领域的大师地位，尤其是《国家竞争优势》堪称划时代的巨著，分别从微观、中观和宏观的角度论述了竞争力问题。

他早期的研究，如1980年的《竞争战略》和1985年的《竞争优势》在分析产业结构的基础上，提出了竞争优势的概念。到了1986年的《全球产业竞争》，波特开始将其理论架构延伸到国际竞争的背景当中。而成为里根政府产业竞争力委员会成员的经历，使波特意识到国家环境对于企业竞争的成功所扮演的关键角色，因此他开始探寻一个国家创造并保持其产业竞争优势的因素。波特教授在历时3年、有200多人参与、分析数百个产业发展案例、比较数十个国家（美、德、瑞典、瑞士、丹麦、意大利、英、日、韩国、新加坡等）后，终于在1990年出版了《国家竞争优势》。可见，产业竞争力始终是波特研究的核心。当研究重心提升到国家层面和国际竞争后，波特将衡量一国某产业是否具有竞争优势的最佳指标确定为该产业是否具有向众多国家持续、大量出口的能力。

在其代表作《国家竞争优势》一书中，波特论述了一国如何确立和提高本国产业和产品的国家竞争优势，这就是国家竞争优势理论（The Competitive Advantage of Nations），又称为"国家竞争优势钻石理论"或"钻石理论"。国家竞争优势理论既是基于国家的理论，也是基于公司的理论。国家竞争优势理论试图解释如何才能造就并保持可持续的相对优势。

波特认为，一国兴衰的根本在于能否在国际竞争中赢得优势，而取得国际竞争优势的关键在于国家是否有合适的创新机制和充分的创新能力。一国的贸易优势并不像传统的国际贸易理论宣称的那样简单地决定于一国的自然资源、劳动力、利率、汇率，而是在很大程度上取决于一国的产业创新和升级的能力。由于当代的国际竞争更多地依赖于知识的创造和吸收，竞争优势的形成和发展已经日益超出单个企业或行业的范围，成为一个经济体内部各种因素综合作用的结果，一国的价值观、文化、经济结构和历史都成为竞争优势产生的来源。

一、钻石模型——影响产业国际竞争力的基本因素

国家是支撑每个企业和特定产业进行国际竞争的基础。其"国家竞争优势"理论的核心思想体现在："国家竞争优势四因素"模型即钻石模型中。波特的钻石模型包括四种本国的决

定因素和两种外部力量。4种本国的决定因素是指生产要素、需求条件、相关产业及支持产业、公司的战略结构和同业竞争。这4个关键因素之间的关系形状似钻石，如图4-16所示，因而该理论被称为"钻石理论"。一个国家的特定产业要取得国际竞争优势，关键在于以上4个基本要素以及机会和政府两个辅助要素的整合作用。

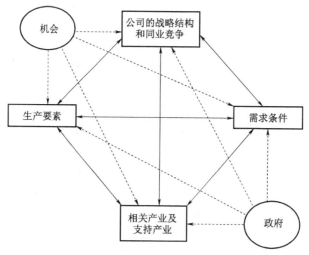

图4-16 波特的钻石模型

（一）生产要素

它包括：① 人力资源。人力资源的质量、数量、熟练程度、人力成本。② 自然资源。土地的肥沃程度、数量、可耕地、气候、区位和地理规模大小。③ 知识资源。科技的硬件和软件、政府和私人研究机构、图书馆、统计机构、各种科学协会。④ 资本资源。资本供应量和成本、资本收益、资本市场的全球化、各国资本之间的流量。⑤ 基础设施。邮电通信系统、支付手段、健康保健、社会福利、文化机构。生产因素又分为初级要素和高级要素两类。初级要素是指一个国家先天拥有的自然资源和地理位置等。高级要素则是指社会和个人通过投资和发展而创造的因素。一个国家若要取得竞争优势，高级要素远比初级要素重要。

（二）需求条件

国内需求条件是特定产业是否具有国际竞争力的另一个重要影响因素。普通企业的生产、营销以及投资安排总是从本国需求的角度来加以考虑的。有利于国际竞争的国内需求特征，有助于企业在国际市场竞争中赢得优势地位。企业必须面对本国市场最初的健康度和竞争力状况。如果能在高度竞争的环境下生存，并通过满足本国市场需求得到发展，那么企业可以获得竞争优势。

本国市场的需求状况对一个国家的竞争优势具有很大作用。国内需求对竞争优势的影响主要是通过3个方面进行的：一是本国市场上有关产业的产品需求若大于海外市场，则拥有规模经济，有利于该国建立该产业的国际竞争优势。二是若本国市场消费者需求层次高，则对相关产业取得国际竞争优势有利。因为老练、挑剔的消费者会对本国公司产生一种促进改进产品质量、性能和服务等方面的压力。三是如果本国需求具有超前性，那么为它服务的本国厂商也就相应地走在了世界其他厂商的前面。

(三) 相关产业及支持产业

相关产业及支持产业即与企业有关联的产业和供应商的竞争力。一个企业的经营要通过合作、适时生产和信息交流与众多的相关企业和行业保持联系，并从中获得和保持竞争力，如果这种接触是各方的主观愿望，那么产生的交互作用就是成功的。一个国家要想获得持久的竞争优势，就必须在国内获得在国际上有竞争力的供应商和相关产业的支持。日本机械工具业的优势离不开世界级的数控机床、电动机和其他零件供应商。瑞典在钢装配制品（如滚珠轴承、切削工具）行业中的竞争力源于它的特殊钢行业。除了供货商的竞争力，其他相关行业的竞争力也很重要，它们往往带来新的资源、新的技术、新的竞争方法，从而能促进产业的创新和升级。因此，各支持性和相关产业之间具有经常的紧密的协调与合作关系，就会构成一国的国际竞争优势。

(四) 公司的战略结构和同业竞争

公司的战略结构和同业竞争包括公司建立、组织和管理的环境以及国内竞争的性质。不同国家的公司在目标、战略和组织方式上都大不相同。国家优势来自于对它们的选择和搭配。

(1) 各个国家由于环境不同，需要采用的管理体系也就不同。适合国家环境，适合产业的竞争优势源泉的管理方式能提高国家竞争优势。例如，意大利在舞厅照明、家具、鞋、羊毛织品和打包机这些方面具有竞争优势。这些行业的规模经济不十分明显，或者可以通过松散的附属公司之间的合作克服，因此，意大利成功的公司的组织形式是以中、小企业为主，采取的战略是集中突破战略：避开标准化产品，集中力量生产有独特风格或按顾客要求定做的小批量产品。这种组织形式和战略使意大利企业在开发新产品、适应市场变化等方面特别具有灵活性。而在德国，许多公司的高层管理人员都具有技术背景，因此他们喜欢以有条不紊的方式来改进产品和生产工序，对于看不见摸不着的东西不感兴趣。这些特征使德国公司在工程和技术含量高的产业（如光学、化工等）十分成功，尤其是在要求高精度生产、细致的开发过程和严明的管理结构的高精尖产品方面。

(2) 不同国家的不同公司也都有不同的目标，对经理和雇员有不同的激励机制。在许多产业，获得竞争优势并保持这种优势的方法之一是持续的投资，或换而言之，一个国家只有拥有不同寻常的投入和非常努力的产业才能成功。而要做到这一点，需要公司有正确和恰当的目标，对经理、雇员有正确的激励机制。

公司的目标深受所有权结构、债权债务人的目标、公司管理的性质和对高级管理人员的激励机制的影响。不同国家的资本市场在股东的构成、税收体系、收益率标准等方面都大不相同，股东和债权人对公司管理的影响也不同。例如，德国和瑞士，大多数股票都是机构持有，很少交易，长期资本收益免税，股东持股时间长，管理阶层对股价的变动并不十分在意，一般都报告较低的利润率。而在另一个极端的美国，虽然大部分股东也是机构投资者，但这些机构的业绩按季度或年度的股价涨幅来评价，投资者强调的是季度收益增长，机构为使资本增值经常买卖股份。

(3) 国内竞争。国家竞争优势的获得还取决于国内的竞争程度。激烈的国内竞争是创造和保持竞争优势最有力的刺激因素。其作用机制在于：

① 减少外国竞争者的渗透。一群国内竞争者使用不同的竞争战略竞争，从而覆盖许多细分部门的产品和服务。很宽的产品线和服务系列使外国竞争者的渗透困难，从而使国家的产

业竞争优势更能持久。

② 模仿效应和人员交流效应。有许多竞争者存在，为相互模仿和人员互相交流创造了条件。在竞争状态下的互相模仿和人员交流能使整个国家产业的知识和技术存量增加，从而提高整个产业的创新速度。

③ 促使竞争升级。国内的竞争是在各公司都处于同等条件下进行的，如相同的要素成本、消费者的偏好、当地供应商的条件、进口成本等。因此，同在一国的公司竞争就不能只靠大家都能得到的优势，而必须寻找更高级、更能持久的竞争优势源泉，如专有技术、规模经济、国际销售网络等，这使产业的竞争优势向高层次发展。

④ 强化竞争程度。同本国竞争对手的竞争不像同外国竞争对手的竞争那么遥远，那么难以捉摸。地理的接近和文化的一致使竞争对手彼此十分了解，从而使竞争更加直接，更加具体。国内竞争有时超出了纯经济的范围，常常带上感情色彩和个人因素。自尊心使经理和工人对国内其他公司的发展十分敏感。国内的报纸和投资分析也常把一家公司同另一家公司比较。因此，国内竞争对手不仅要争夺市场份额、争夺人才和技术突破，还要争夺炫耀的权利。

⑤ 迫使企业走向海外。在存在规模经济的情况下，激烈的国内竞争往往迫使国内公司向海外发展，以此来获取更高的效率和更高的利润。而经过国内激烈竞争锻炼的公司往往更成熟，更有竞争力，从而更容易在国际市场上取胜。

（五）其他因素——机遇和政府

上述四种因素是国家竞争优势的决定因素，它们的情况如何直接影响着国家竞争地位的变化。但除了上述四种因素以外，还有两个重要变量对国家的竞争优势产生重要影响，这就是机遇和政府。

在国际上成功的产业大多从机遇中得到过好处。例如，微电子时代的到来使美国和德国失去了在众多的以机电为基础的产业的支配地位，为日本公司的崛起提供了机会；西方国家对来自中国香港和日本的服装进口施加限制，使新加坡的服装业发展起来。

机遇包括重要的新发明、重大技术变化、投入成本的剧变（如石油危机时）、外汇汇率的重要变化、突然出现的世界或地区需求、战争等。机遇的重要性在于它可能打断事物的发展进程，使原来处于领先地位的公司的竞争优势无效，落后国家的公司如果能顺应局势的变化，利用新机会便可能获得竞争优势。但机遇对竞争优势的影响不是决定性的。同样的机遇可能给不同的公司带来不同的结果。能否利用机遇以及如何利用，还是取决于四种决定因素。

政府对国家竞争优势的作用主要在于对四种决定因素的影响。政府可以通过补贴、对资本市场加以干预、制定教育政策等影响要素条件，通过确定地方产品标准、制定规则等影响买方需求（政府本身也是某些产品或服务的大买主）。政府也能以各种方式决定相关产业和支持产业的环境，影响企业的竞争战略、结构、竞争状况等，因此政府的作用十分重要。但由于政府的影响主要是通过对四种决定因素的影响实现的，所以它没有被归入决定因素。

二、产业群理论

波特在《国家竞争优势》引入"产业群"概念，产业群即指在某一特定区域下的一个特别领域，存在着一群相互关联的公司、供应商，关联产业和专门化的制度和协会。他认为一国的生产率和竞争优势要求专业化，而专业化的公司扎堆就形成产业群。虽然过去经济地理学和区域科学文献早就认识到产业群现象的存在，但对产业群的认知范围还比较狭窄，并没有把这种现象和国家竞争优势的成长联系起来。因为在现代全球经济下，投入因子可以从许多不同的地区获取，运输成本的降低也使许多公司再也没有必要把公司设立在原料来源地或者大的市场所在地。

他认为产业群与复杂的公司竞争战略存在着密切的联系。产业群不仅降低交易成本，提高效率，而且改进激励方式，创造出信息、专业化制度、名声等集体财富。更重要的是，产业群能够改善创新的条件，加速生产率的成长，也更有利于新企业的形成。地域在复杂竞争情况下所扮演的强有力的角色与全球化趋势是不一致的，因为全球化由于移去人为的贸易和投资壁垒，传统投入因子的产地变得不再重要，公司因此也没有必要设立在原料或者市场附近，而更应该选择有利于公司生产率提高的地域。波特的产业群理论在出版之后也得到了积极的响应，已经成为促进经济发展一种新思维方式。

三、经济发展四阶段

波特认为，国家经济发展可分为4个阶段，即生产要素导向阶段、投资导向阶段、创新导向阶段和富裕导向阶段，其中前3个阶段是国家竞争优势发展的主要力量，通常会带来经济上的繁荣，第4个阶段则是经济上的转折点，有可能因此而走下坡。

（一）生产要素导向阶段

在经济发展的最初阶段，几乎所有的成功产业都是依赖基本生产要素。这些基本生产要素可能是天然资源，或是适合农作物生长的自然环境，或是不匮乏且又廉价的一般劳工。这个阶段中的钻研体系，只有生产要素具有优势。在这种条件下，只有具备相关资源的企业才有资格进军国际市场。在此阶段的本地企业，完全是以价格条件进行竞争，能够提供的产品不多，应用的流程技术层次也不高，技术本身也是广泛流传、容易取得的一般技术。此外，企业本身尚无能力创造技术，必须依赖外国企业来提供，企业本身能表现的技术主要是来自模仿，或是在本地投资的外商所引进的。几乎所有的发展中国家在目前都处于这一阶段，某些自然资源丰富的发达国家，如加拿大、澳大利亚基本也处于这一阶段。

（二）投资导向阶段

在这一阶段中，国家竞争优势的确立以国家和企业的投资意愿和投资能力为基础，并且越来越多的产业开始拥有不同程度的国际竞争力。企业有能力对引进的技术实行消化、吸收和升级，是一国达到投资导向阶段的关键所在，也是区别要素导向阶段与投资导向阶段的标志。波特认为，"二战"后日本和韩国成功地进入了投资导向阶段。中国台湾、新加坡、中国香港和巴西也显示出接近这一阶段的迹象。

（三）创新导向阶段

在这一阶段，企业在应用并改进技术的基础上，开始具备独立的技术开发能力。技术创新成为提高国家竞争力的主要因素。处于创新导向阶段的产业，在生产技术、营销能力等方面居领先地位。有利的需求条件、供给基础及本国相关产业的发展，使企业有能力进行不断的技术创新。在重要的产业群中开始出现世界水平的辅助行业，相关产业的竞争力也不断提高。英国在 19 世纪上半期进入创新阶段，美国、德国、瑞典在 20 世纪上半期进入这一阶段，日本、意大利进入这一阶段的时间是 20 世纪 70 年代。

（四）富裕导向阶段

在这一阶段，国家竞争优势的基础是已有的财富。企业进行实业投资的动机逐渐减弱，金融投资的比重开始上升。部分企业试图通过影响和操纵国家政策来维持原有的地位。大量的企业兼并和收购现象是进入富裕导向阶段的重要迹象，反映了各行业希望减少内部竞争以增强稳定性的愿望。美国、德国等国在 20 世纪 80 年代开始接近这一阶段。

四、国家竞争优势理论的贡献

波特的国家竞争优势理论弥补了其他国际贸易理论的不足，较圆满地回答了理论界长期未能解答的一些问题，对国际经济理论的发展做出了贡献。波特的理论贡献可以归纳为以下几点：

（一）区分了"竞争优势"与"比较优势"

"比较优势"和"竞争优势"是两个不同的概念，尽管它们都可以成为各国参与国际竞争的基础。

波特认为，比较优势是一国利用要素禀赋比较利益作为国际竞争的基础，以获得的相对优势，它意味着企业的国际竞争力来源于利用各地生产因素的比较利益。而竞争优势是生产因素、需求因素、支持性产业和相关产业、企业战略、结构和竞争、机遇和政府等因素组成的价值系统协同作用的结果，它来源于产业或企业内部的效率。这种国际竞争优势才应该是国际贸易理论的核心。

二者并不相互排斥，而是一种互补关系。大部分国家、地区或企业在开始参与国际竞争时，多以"国际比较优势"为基础。但是，随着贸易的扩大，生产要素价格上升等变化，其"国际比较优势"会逐渐丧失而不能持久，因此转而以改进生产要素的素质作为参与国际竞争的基础。及早意识到这一点，并尽快进行国际竞争基础的转换，对一个国家、地区或企业在国际竞争中取得成功都具有重要意义。

（二）提出了一个重要的分析工具

波特提出的国家竞争优势理论，不仅对当今世界经济和贸易格局进行了理论上的归纳总结，而且对国家未来贸易地位的变化有一定的预测性，为分析各国竞争优势的基础及其发展潜力提供了一个非常有用的分析工具。由于四种决定因素（以及两种辅助因素）的范围、品质互相作用的方式决定企业生产的产品和服务的种类以及生产效率；而产品和服务的种类和生产效率又决定一国进入国际市场的产品和服务的价值，决定这些产品和服务相对于其主要竞争对手的产品和服务的增长率，因此它们最终决定一国竞争优势的实力、构成和持久性。分析这些因素的范围、品质和互相作用的方式，将它们同其他国家的决定因素系统相比较，就能发现一国的竞争优势在（或可能在）哪些领域，有多大，是否可能持久，就能比较容易地回答过去的理论长期不能回答的问题。

（三）强调动态的竞争优势

传统的比较优势论强调的是静态的比较利益，注重的是各国现有的要素禀赋，如丰富的自然资源、廉价的劳动力等初级要素，因此它不能解释为什么像日本、韩国这类资源稀缺的国家在众多领域获得竞争优势而许多资源丰富的国家却长期落后的原因。与古典理论对静态比较利益的强调相比，波特的理论则更加强调动态的竞争优势和各国在获得竞争优势方面的主观能动性，他认为国家的繁荣和竞争优势不是靠继承来的，也不是既定的，而是通过创造得来的。像日本、韩国这类国家的竞争优势就来自不断创造的要素优势。不断创造的要素比静态的要素更能持久，其优势会随着时间的推移、知识的积累而增加。随着科学技术的发展，新能源、新技术的大量问世，自动化程度日益提高，初级要素的相对重要性进一步降低，动态竞争优势的重要性将进一步增强。

（四）强调国内需求的重要性

国内需求对企业竞争优势的影响是被传统的贸易理论忽视了的。在传统的贸易理论中，国内需求对竞争优势的影响很小，富国有讲究的消费者，他们有对高质量产品的需求，但它也有生产高质量产品的竞争优势，因而也更可能生产高质量的产品。因此，消费和生产之间不存在因果关系，虽然在高质量产品的生产和消费之间存在正相关关系。波特的理论则毫不含糊地指出了国内需求同国家竞争优势之间的因果关系。国内买主的结构、买主的性质、需求的增长、需求结构的变化都对一国的竞争优势有决定性的影响。从历史上看，在大多数情况下，企业的投资、生产和营销方法都是针对本国需求做出的，国内需求状况、国内市场大小不但影响了规模，更重要的是影响了本国企业对产品或服务更新改造的速度及范围。因而，一个国家的消费需求特性，将影响该国企业在国际市场上的竞争优势。

（五）强调国家在决定竞争优势方面的能动作用

随着生产的全球化，许多学者认为企业可以摆脱国家的束缚，在全球范围组织经营，在成本最低的地方生产，在利润最高的地方销售，国家在决定竞争优势方面将失去作用。而波特认为国家在确定本国具有竞争潜力的行业和促进这些行业取得竞争优势上能够发挥积极作用。国家可通过正确地制定战略、把握机遇、实施政策，大大影响或提高一国的竞争能力。例如，通过教育、投资、工业的津贴、补助等影响生产因素状况；通过制定法令与条例来鼓励或抑制某些产品和行业的发展；通过政府本身购买等对需求状况和相关行业与支持行业施加影响；对企业战略、结构与竞争的影响则可通过税收政策、管制资本和市场的条例及反垄断、反托拉斯法等法令来达到。在全球化时代，国家的作用实际是加强而不是削弱了。波特的理论对于培育和发展国家竞争优势无疑是有积极意义的。

（六）划分了国际竞争的发展阶段划分

国际竞争的发展阶段，这在国际贸易理论的研究上是首创的。波特的研究，填补了这一空白，其国际竞争发展阶段论，为各国正确评价自己的国际竞争地位，确定自己所处的竞争阶段，实现竞争阶段的转换提供了思路和方法。即一个国家、地区或企业，无论它处于何种"竞争阶段"，具有什么样的竞争优势，都可以依照波特的理论，通过"钻石因素"的改进，进一步维持自己的"国际比较优势"或进一步创造"国际竞争优势"，实现国际竞争阶段的转换，这样，参与国际贸易的国家和地区就可以运用竞争发展阶段理论来确定自己的发展目标和前景。

本章小结

1. 第二次世界大战以后，特别是20世纪60年代以来，国际贸易出现了许多新的倾向，主要表现在：同类产品之间的贸易量大大增加，发达的工业国家之间的贸易量大大增加，以及产业领先地位不断转移。这些现象用传统的赫克歇尔-俄林模型都无法解释。

2. 当代贸易理论用"规模经济"和"不完全竞争"来解释资源储备相似国家之间和同类工业产品之间的双向贸易。这种双向贸易的基础是由企业生产规模不同而产生的成本差异。

3. 产品生产技术的周期变化可以用来解释各国比较优势的变化。产品生产技术发展的不同阶段对生产要素的需求不同，生产该产品的比较优势会逐渐从技术发达国家转移到劳动力充裕的国家。

4. 贸易的基础也可以是需求的不同。对同一产品的不同需求会造成价格的差别，从而产生贸易。林德从收入和需求的变化来解释发达国家之间工业制成品贸易的发展，他认为，需求是产生贸易的基础，需求结构越相似，两国间贸易量越大。人均收入水平是决定需求的重要因素，因此，经济发展水平越接近的国家，需求偏好就越相似，贸易的可能性就越大。

5. 波特认为，一国的竞争优势由要素条件、国内需求条件、相关产业及支持产业、公司的战略结构与同业竞争4个关键因素决定。这4个关键因素之间的关系形状似钻石，因而该理论被称为"钻石理论"。

关键词

产业间贸易　产业内贸易　不完全竞争　产业内贸易指数　倾销　规模经济　内部规模经济　外部规模经济　克鲁格曼模型　产品生命周期　需求偏好重叠需求

复习思考题

1. 分析下列四题，解释每题中是外部规模经济情形还是内部规模经济情形。
（1）美国印第安纳州艾克哈特的十几家工厂生产了美国大多数的管乐器。
（2）在美国销售的所有本田车要么是从日本进口的，要么是在俄亥俄州的玛丽斯维尔生产的。
（3）欧洲唯一的大型客机生产商——空中客车公司的所有飞机都在法国土鲁斯组装。
（4）康涅狄克州的哈特福特成为美国东北部的保险业中心。

2. 什么是产业内贸易？其产生和发展的基础是什么？

3. 产业内贸易如何量度？假设一国某产业领域当年出口额为1 200亿美元，进口额为800亿美元，请计算该国这一产业领域的产业内贸易指数。

4. 简述产业内贸易的特点，如何评价产业内贸易理论？

5. 试述产业内贸易理论的主要观点。

6. 试述产品生命周期理论的主要内容及其意义。

7. 按照波特的竞争优势论，一国的竞争优势由哪些因素决定？比较优势与竞争优势之间的关系如何？

第五章

保护贸易理论

引导案例

在当前国际金融危机余波未退、世界经济增长乏力的国际环境下，世界经济加速向低碳化深入发展，低碳经济成为实现全球减排目标、促进经济复苏和可持续发展的重要推动力量。发达国家出于全球气候变暖和对碳排放的担忧拟开征"碳关税"。美欧将应对气候变化与国际贸易联系起来，在加紧实施低碳经济发展战略的同时，试图通过"碳关税"给中国等发展中国家施加强大的减排压力来降低发展中国家出口商品的比较优势，构筑世界新一轮产业和技术竞争新壁垒。

（资料来源：郑春芳，赵亚平."碳关税"对我国出口贸易的影响及对策. 经济纵横, 2011. 有删减）

教学目标

1. 了解重商主义理论。
2. 熟悉汉密尔顿的关税保护说。
3. 掌握幼稚工业保护论、超保护贸易理论及战略性贸易理论。

第一节 重商主义贸易理论

一、重商主义的贸易观点

从15世纪初到18世纪中期，在国际贸易和国际收支理论方面占据主导地位的是重商主义。这一时期正是资本主义国家处于资本原始积累的时期。这些国家一方面在国内对农民进行剥削，另一方面通过国际贸易和海外掠夺进行资本原始积累。在15世纪，随着西欧各国生产力的发展，商品经济也得到极大的发展，交换的目的已从以互通有无为主变成了以积累货币财富为主。当时积累财富的主要手段是获取黄金，而当时西欧本身黄金的开采和储备已很有限，迫切需要通过国际贸易和对外掠夺来满足当时在西欧国家中出现的"黄金渴望"。这一时期的地理新发现则给了西欧人通过扩大国际贸易和掠夺海外殖民地来积累资本的机会。重商主义正是在这样一个时代背景下产生和发展的。

重商主义的发展分为两个阶段：从 15 世纪到 16 世纪中期为早期重商主义；16 世纪下半期到 18 世纪为晚期重商主义。无论早期还是晚期重商主义，都把货币看作财富的唯一形态，都把货币的多寡作为衡量一国财富的标准。建立在这种财富观念之上的贸易观是一种典型的"零和"理论，他们认为在国际贸易中，你之所得就是我之所失，因此各国在贸易中的利弊得失是完全相反的。国内贸易的结果只是社会财富在国内不同集团之间的再分配，整个社会财富的总量并没有增加，而对外贸易可以改变一国的货币总量。重商主义认为一国可以通过出口本国产品从国外获取货币从而使国家变富，但同时也会由于进口外国产品造成货币输出从而使国家丧失财富。因此，重商主义对贸易的研究主要集中在如何进行贸易，具体来说，怎样通过鼓励商品输出、限制商品进口以增加货币的流入从而增加社会财富。重商主义者的这些思想实际上只是反映了商人的目标，或者说只是从商人眼光来看待国际贸易的利益，因此，这种经济思想被称为"重商主义"。

早期重商主义也称为货币差额论，主要代表人物有英国的海尔斯和斯坦福德等；晚期重商主义也称贸易差额论，主要代表人物是英国的托马斯·孟。货币差额论与贸易差额论关于致富的具体措施和方法有所不同。

货币差额论把增加国内货币积累、防止货币外流视为对外贸易政策的指导原则，认为国家采取行政手段，直接控制货币流动，禁止金银输出，在对外贸易上遵循少买（或不买）多卖的原则，使每笔交易和对每个国家都保持顺差，就可以使金银流入国内。海尔斯和斯坦福德在《对我国同胞某些控诉的评述》一书中指出："我们必须时刻注意，从别人那里买进的不超过我们出售给他们的。否则，我们将陷入穷困。而他们则日趋富足。"

贸易差额论反对国家政府限制货币输出，认为那样做不但是徒劳的，而且是有害的。因为对方国家会采取对等措施进行报复，使本国贸易减少甚至消失，货币积累的目的将无法实现。托马斯·孟说："凡是我们将在本国加之于外人身上的，也会立即在他们国内制成法令而加之于我们身上……因此，首先我们就将丧失自己现在享有的可以将现金带回本国的自由和便利，并且因此我们还要失掉自己输往各地许多货物的销路，而我们的贸易与现金将一块儿消失。"

贸易差额论认为，对外贸易能使国家富足，但必须谨守进出口贸易总额保持顺差的原则。托马斯·孟说："对外贸易是增加我们的财富和现金的通常手段，在这一点上我们必须时时谨守这一原则，在价值上，每年卖给外国人的货物，必须比我们消费他们的多。"贸易差额论还认为，国内金银太多，会造成物价上涨，使消费下降，使出口减少，影响贸易差额，如果出现逆差，货币就会自然外流。因而认为，国家应准许适量货币输出国外，这非但不会使货币流失，而且会像猎鹰叼回"肥鸭"一样，吸收进更多的货币，使国家更加富裕。贸易差额论者信奉"货币产生贸易，贸易增加货币"。托马斯·孟曾非常透彻地分析了西班牙由富变穷是不能更充分地用金银从事对外贸易的结果。西班牙早期来自美洲的大量金银能够保持住，是因为它垄断了东印度的贸易，赚取了大量金银。这样"他们一方面可以得到自己的必需品，一方面又可以防止别人取走他们的金钱"。垄断丧失后，宫廷和战争的大量耗费，本土又不能供应，全靠输出金银购买，金银流失殆尽，使西班牙变穷。

专栏 5-1   **都铎王朝的重商主义及其影响**

都铎王朝（1485—1603）历时 118 年，共经历了五代君主。虽然历时不长，但是都铎王朝处于英国从封建社会向资本主义社会转型这样一个关键时代，因而其实施的各项政策也极具时代特色，特别是它实行的重商主义政策，对英国社会的各个方面都产生了极大的影响。

重商主义政策振兴了英国的民族工业，为英国资本主义工业腾飞提供了前提条件。首先，都铎王朝扶植、鼓励发展呢绒制造业，以出口呢绒换取货币；其次，大力发展海外商业，鼓励发展造船业。

重商主义政策揭开了英国农业资本主义革命的序幕，推动了英国封建农奴制度的瓦解。如果说圈地运动是英国农业资本主义革命的序幕，那么揭开这一序幕的便是都铎王朝的重商主义政策。因为：① 都铎王朝的重商主义政策是引发圈地运动的主要原动力；② 重商主义政策加速了寺院土地所有制的崩溃；③ 重商主义政策也瓦解了封建贵族的领地所有制，导致了土地所有权的再分配。

重商主义政策促使英国建立起外向型经济模式，推动英国经济走向世界。

二、重商主义贸易政策

基于上述理论观点，重商主义提出了一系列强制性的保护贸易政策主张，大致可归纳为以下几种：

（一）货币政策

重商主义的货币政策，可追溯到中世纪，但在 16 世纪才相当普遍。当时奉行重商主义的国家都颁布过各种法令，规定严厉的刑罚，禁止货币输出。例如，西班牙曾规定输出金银者处死，检举者有赏，并禁止外国人购买金条。英国也曾规定输出金银为大罪。在禁止货币输出的同时，各国都想方设法吸收国外货币，政府通过法令，规定外国人来本国进行贸易时，必须将出售货物所得到的全部款项用于购买本国的货物，以免货币外流。到了重商主义的晚期发展阶段，货币政策有所放宽，准许输出适量货币，以期获得更多的货币。

（二）奖出限入政策

重商主义者极力主张国家管制对外贸易，通过奖出限入政策促进出口，减少进口，实现贸易顺差，积累货币财富。在进口方面，实行重商主义的国家不仅禁止奢侈品输入，而且对一般制成品的进口也严加限制。因为奢侈品、工业制成品价格昂贵，进口这些商品要输出大批金银，影响货币积累。英、法等国就曾制定过禁止奢侈品进口的法令。在出口方面，由于原料价格低廉，加工后产品增值、价格变贵，所以重商主义者主张出口制成品代替出口原料。并且认为输出廉价原料，再用高价购买其制成品是一种愚蠢的行为。另外，国家还用现金奖励在外国市场上出售本国商品的商人。例如，当时英国曾禁止输出羊毛、皮革和锡等原料品，奖励那些不输出原料及在英国制造并出口工业品的生产者。

（三）保护关税政策

保护关税政策在重商主义的早期发展阶段便开始实行，晚期阶段已成为扩大出口、限制进口的重要手段之一。这种政策,对进口的制成品设置关税壁垒,课以重税,使进口的商品价格提高,售价昂贵,从而达到限制进口的目的;对进口的原料和出口的制成品,则减免关税或出口制成品时退还进口原料所征的关税,以支持和鼓励本国制成品的生产和出口。例如,法国1667年实行保护关税政策,把从英国、荷兰进口的呢绒税率提高1倍,花边等装饰品的进口税率也提高1倍,阻止了这些产品的进口,而对法国急需的工业品原料如羊毛、铁、锡、铅等的进口及工业制成品出口则加以鼓励。

(四)发展本国工业政策

重商主义者认为,保持贸易顺差的关键在于本国能够多出口竞争力强的工业制成品,因此,他们主张实施鼓励国内工业发展的政策。当时实行重商主义各国都围绕着发展本国工业制定并执行了种种政策措施。为了发展制造业和加工工业,有的国家高薪聘请外国工匠,禁止熟练技工外流和机器设备输出,鼓励原料和半成品输入,还向工场手工业者发放贷款和提供各种优惠条件;为工业发展提供充足的劳动力,鼓励增加人口;为了降低工业生产成本,实行低工资政策;为了提高产品质量,制订工业管理条例,加强质量管理。例如,英国政府通过职工法鼓励外国技工移民,通过行会法奖励国内工场手工业者。法国则采取免税、补贴、给予特权,乃至皇家基金自由投资等措施,促进制造业发展,并依靠国有企业,大力发展"皇家制造业",为扩大商品输出创造雄厚的经济基础。

三、重商主义贸易理论简评

重商主义理论是西方最早的国际贸易理论,也是最早从外贸学说史的角度分析对外贸易对一国经济的影响的理论。这种理论及其政策主张极大地促进了资本的原始积累,推动了资本主义生产方式的发展,因而在历史上曾起到一定的积极作用。重商主义理论的政策主张特别是贸易差额论的某些政策主张对于广大发展中国家根据本国国情制定相应的对外贸易政策有非常重要的理论和现实意义,如积极发展出口工业、提高产品质量、保持出口产品的竞争优势;禁止奢侈品进口和对一般制成品奖出限入;实行保护贸易政策,保护本国的民族工业等。

但是重商主义隐含着一个错误的假定前提,即认为世界的物质财富是固定的、有限的。一国之所摄必为他国之所失,误认为财富和利润都产生于流通过程,这会导致损人利己的贸易政策,因此在理论上还不成熟,还没有形成系统的理论。同时,重商主义的理论带有强烈的经济民族主义色彩,它认为对外贸易对增加一国财富有很大的作用,并把国际贸易看成是一种"零和博弈",即一国的获益就是另一国的损失,这种理论观点代表了资本原始积累时期处于上升阶段的商业资本的利益,但后期则变为生产力发展的障碍。

第二节 汉密尔顿的保护关税论

一、汉密尔顿保护关税论提出的背景

1776年,美国宣告独立,在建国初期,美国经济遭受了严重破坏,殖民地经济形态使国内产业结构仍然以农业为主,工业方面仅限于农副产品加工和手工业制造,处于十分落后的水平。欧洲凭借着制造业和商业的优势在国际贸易中占据主动地位，而且获得了较多的财富。当时摆在美国面前有两条路：一条是实行自由贸易政策，继续向英、法等国出口农产品，换回他们的工业品，这种贸易格局有利于美国南方种植园主，但不利于美国北方工业制造业的发展；另一条是实行保护关税政策，独立自主地发展自己的工业，减少对外国工业品的依赖，这是美国北方工业资本家的要求。结合当时的情况，美国是后起的资本主义国家，产业革命进行得比较晚，工业基础薄弱、技术落后、生产成本高，根本无法与英国、法国等国的廉价商品竞争。因此，新兴的工业资产阶级要求实行贸易保护政策。

汉密尔顿是美国的开国元勋，政治家和金融家，第一任财政部长。代表工业资产阶级利益的汉密尔顿于1791年向国会提交了《关于制造业的报告》，在报告中，他明确表达了他的贸易保护的理论观点，认为美国应该采取关税政策对国内产业进行保护。征收关税的目的不是获得财政收入，而是保护本国的工业，因为处在工业化成长期过程中的民族产业或企业难以与其他国家已经成熟的产业相竞争。

二、汉密尔顿保护关税论的主要内容

汉密尔顿认为，亚当·斯密的自由贸易理论不适用于美国。美国作为一个刚刚起步的国家，自由贸易的结果也可能使得其继续充当欧洲的原材料供应基地和工业品的销售市场，国内的制造业却难以得到发展。其经济情况不能同英国相提并论，工业基础薄弱，技术落后，生产成本高，无法在平等的基础上进行对外贸易。如果实行自由贸易政策，只会使美国的产业被限制在农业范畴，从而使制造业受到极大损失，使美国经济陷入困境。所以，他强调，在一国工业化的早期阶段，应当排除外来竞争，保护国内市场，以促使本国新的幼稚工业顺利发展。

为了保护和发展制造业，政府需加强干预，实行保护关税制度。具体采取了如下措施：① 向私营工业发放贷款，扶植私营工业发展；② 实行保护关税制度，保护国内新兴工业免遭外国企业的冲击；③ 限制重要原料出口，免税进口本国急需原料；④ 给各类工业发放奖励金，并为必需品工业发放津贴；⑤ 限制改良机器及其他先进生产设备输出；⑥ 建立联邦检查制度，保证和提高工业品质量；⑦ 吸收外国资金，以满足国内工业发展需要；⑧ 鼓励移民迁入，以增加国内劳动力供给。

同时，还要促进机器的使用和社会分工的发展，提高整个国家的机械化水平；增加社会就业，吸引外国移民，加速美国国土开发，提供更多开创各种事业的机会，使个人才能得到充分发挥；保证农产品销路和价格稳定，从而刺激农业发展。

在汉密尔顿理论的指导下，美国于1789年制定第一个关税税则，平均税率为8.5%，此后多次提高关税税率。1816年，美国国会通过关税法，正式将贸易保护政策作为关税法的基本原则加以确立，强调对进口商品征收高关税以保护国内市场，因此使当时美国许多新兴的制造业生存、发展和成长壮大起来。

三、汉密尔顿保护关税论的评价

汉密尔顿的保护关税论是从美国经济发展的实际情况出发所得出的结论，反映了美国建国初期急需发展本国工业、走工业化道路、追赶欧洲工业先进目的的强烈要求。汉密尔顿的主张虽然仅有一部分被美国国会所采纳，但其对美国政府的内外经济政策产生了重大和深远

的影响，促进了美国资本主义的发展，具有历史的进步意义。同时，汉密尔顿的保护关税理论为落后国家进行经济自卫和与先进国家相抗衡提供了理论依据，它标志着西方贸易保护理论和自由贸易理论两大流派基本形成。

第三节　李斯特的幼稚工业保护论

一、幼稚工业保护论的产生背景

德国著名经济学家弗里德里希·李斯特早年在德国倡导自由贸易，自 1825 年出使美国以后，受汉密尔顿保护贸易思想的影响并目睹了美国实施保护贸易政策的成效，转而提倡贸易保护。

19 世纪初，德国资本主义发展障碍重重，与英国、法国工业发展相比存在着较大的差距。一方面，英国、法国工业迅速发展，大量廉价商品冲击德国市场；另一方面，德国高额而复杂的关税严重阻碍了本国商品的流通和国内统一市场的形成。而对这两个方面的不利情况，新兴的资产阶级迫切要求摆脱外国自由贸易的威胁，扫清发展资本主义道路上的各种障碍。在此情况下，李斯特在德国积极宣传发展本国工业，建立关税同盟，反对自由贸易的主张，并逐步将其思想系统化理论化。

专栏 5-2　　　　　　　　　李　斯　特

弗里德里希·李斯特（Friedrich List，1789—1846），出生于德国一个皮革匠家庭。

1806 年开始在符腾堡王国政府中任职，后担任国会议员和经济学教授，曾因反封建活动和对当局的批评被判处 10 个月监禁。

1820 年因提倡在国内自由贸易发展资本主义，被推举为国会议员。

1825 年因主张大力改革被驱逐出境，流亡美国，受到美国独立后第一任财政部长亚历山大·汉密尔顿（Alexander Hamilton，1757—1804）幼稚产业保护思想的影响，并且亲眼见到美国实施保护贸易政策的成效，开始主张贸易保护。

1832 年被美国任命为驻德国莱比锡领事，回到德国，宣扬贸易保护和德国统一。

1841 年出版代表作《政治经济学的国民体系》，该书系统地阐述了他的保护幼稚产业理论（Infant Industry Theory，又译为幼稚产业保护理论）。幼稚产业保护论是早期贸易保护理论把经济同政策结合起来的一个亮点，对落后国发展为新兴工业国有积极的借鉴指导意义。

二、幼稚工业保护论的主要内容

（一）经济发展阶段论

李斯特将一国经济发展的历程分为 5 个阶段：原始未开化阶段、农牧阶段、农业阶段、农工业阶段、农工商业阶段。他认为，在不同的经济发展阶段应采用不同的贸易政策，自由贸易并不适用于每个经济发展阶段。在农工业阶段的国家应采用保护主义的贸易政策，原因是，此时本国工业虽有所发展，但发展程度低，国际竞争力差，不足以与来自处于农工商业阶段国家的产品竞争。若采用自由贸易政策，不但享受不到贸易利益，更会令经济遭受巨大冲击。

（二）生产力论

不管是亚当·斯密的绝对优势说还是大卫·李嘉图的比较成本说，都显示了明显的贸易利益。对此，李斯特认为，自由贸易固然有益，但这样的贸易利益不足以作为贸易自由化的依据。原因是，自由贸易理论是基于静态分析方法和世界主义的立场之上，这与现实世界不符，这样的贸易利益应被视为静态的贸易利益。按照比较优势进行贸易，尽管在短期内落后国家能够获得一些贸易利益，但从长远来看，该国生产财富的能力却不能得到应有的发展。任何时候，各民族的利益都高于一切。当自由贸易损害到一国实际或潜在利益的时候，该国有权考虑自己的经济利益。在经济发展的过程中，比较优势是动态且可培养的。落后的国家在面临发达国家强有力的竞争时，为了"促进生产力的成长"，有理由采取产业保护措施。针对当时的经济背景，李斯特指出，对于德国、美国这样的处于农工业阶段的国家如果与处于农工商业阶段的英国进行自由贸易，虽然表面上在短期内能够获得贸易利益，但在长期将损害其生产力，制约其创造财富的能力。一个国家要追求的是财富的生产力，而非仅仅是财富本身。"财富的生产力比之财富本身，不晓得要重要多少倍；它不但可以使已有和已经创造的财富获得保障，而且可以使已经消灭的财富获得补偿。"

（三）选择保护对象的原则

李斯特提出选择保护对象的原则是：第一，农业不需要保护；第二，一国工业即使幼稚，若没有强有力的竞争对手，也不需要保护；第三，只有刚刚开始发展且存在强有力的外国竞争的幼稚工业才需要保护。他提出，保护的时间以 30 年为最高期限。在此期限内，被保护的工业如果还扶植不起来，则不予以保护，任它自行灭亡。李斯特承认，实行保护关税政策会使国内工业品价格提高，本国在某些方面会有些损失。但他认为这种损失是暂时的，是发展本国工业所必须付出的代价，牺牲的只是眼前利益，而得到的则是生产力的提高。

（四）关税保护制度

李斯特认为，应采用关税制度来实现贸易保护主义。在该制度的设计上，以对幼稚工业的保护为出发点，对不同的产业征收不同的关税。例如，对与国内幼稚工业相竞争的进口产品征收高关税，同时以免税或低关税的方式来鼓励国内不能自行生产的机械设备的进口。

三、理论拓展

围绕着李斯特的幼稚工业保护理论，以后的经济学家从如何确定幼稚工业、为本国失去优势地位的产业寻求保护依据及论证保护贸易的合理性等角度出发，对其做出补充和发展。主要代表人物有约翰·穆勒、巴斯塔布尔、肯普和小岛清等。而对李斯特提出的保护贸易的基础——生产力及国家利益做出更进一步研究的主要有美国经济学家凯里、奥地利的旭雷等。

（一）关于幼稚工业的选择标准

1. 穆勒三标准

穆勒提出三标准论：① 正当的保护只限于对从外国引进的产业的学习掌握过程，过了这个期限就应取消保护；② 保护的产业只应限于在不久之后取消保护也能生存的产业；③ 最初为比较劣势的产业，经过一段时间保护后有可能变为比较优势的产业。

2. 巴斯塔布尔现值标准

巴斯塔布尔引进了经济分析的现值概念，认为保护、扶植幼稚工业所需的社会成本不能超过该产业未来利润的现值，因此增加了两个选择标准：① 受保护的产业在一定时期后，能够成长自立；② 受保护产业将来所能产生的利益，必须超过现有因为实行保护而必然受到的损失。

3. 肯普外部经济标准

肯普综合了穆勒和巴斯塔布尔的幼稚工业选择标准，又加进了产业在被保护期间所获得的学习成果应具有外部经济效应的标准。① 如果企业所学习的知识经验具有内部性，且未来在保护后所获利润现值可补偿保护代价，即使国家不采取保护措施，企业也会为追求未来利益而自主发展，因此政府没有给予扶植的必要。② 如果企业所学习的知识经验具有外部性，那么与该企业竞争的企业数量就会增加，而先行学习的企业生产率尽管提高了，却由于进入行业的企业增加、竞争力增强而无法增加利润。这样，该企业便无法以未来利润来补偿投资成本，这时国家便应采取保护政策对该产业予以保护。

4. 小岛清总体经济发展标准

日本经济学家小岛清在其《对外贸易论》一书中对此提出了自己的看法，认为应根据要素禀赋比率和比较成本的动态变化，选择一国经济发展中应予保护的幼稚产业。具体要考虑3个方面的客观条件：① 所保护的幼稚产业，要有利于对潜在资源的利用。如果保护政策能促使该国创造出利用潜在资源的国内外市场等条件，从而带动经济增长，那么保护政策就是正当的。② 对幼稚产业的保护要有利于国民经济动态变化。一国的要素禀赋比率是动态的、变化的，如果资本积累率超过劳动力增加率，资本与劳动的比率就会转变。如果资本密集型产业是幼稚产业，那对资本密集型产业的保护就有利于国民结构的动态转变。③ 保护幼稚产业要有利于要素利用率的提高。开发一种新的产业也就意味着引进一种新的生产函数。如果一种幼稚产业在保护下成长起来以后能对其密集使用的要素加以大规模的节约，从而能在既定的资源下维持其产量的增长，那么该产业就能实现自给甚至出口。

（二）关于国家利益和生产力

凯里在其经济学巨著《社会科学原理》中对贸易保护做了完整的阐述，主张每一个国家应致力于一切部门的经济活动，建立多种经济的国家，借以逐渐形成各自的特色。而建成多种经济国家会使各企业增加对劳动力需求的竞争，结果有利于提高工人工资。他不但要求对工业实施保护，还要求对农业实施保护政策。

旭雷则完全从国家利益出发，提出为了巩固国力，一国应选择暂时、相对和有条件的保护贸易政策。他认为农业国家应以征收进口税保护本国能够生产的农产品及其制成品，半农业与半工业国家应对粮食和本国能够生产的工业品进行保护，工业国家应对农产品和工业品进行自由贸易。

四、理论简评

（一）理论的积极意义

19世纪上半期的德国在发展资本主义经济时面临着强大的外部竞争压力，在这样的背景下，李斯特发展了重商主义和汉密尔顿的保护贸易理论，以国家经济学说和生产力理论为基础，充分论证了落后国家实行贸易保护的必要性、阶段性、动态性，并提出了具体的政策建议，从而建立了完整的贸易保护理论体系，也确立了贸易保护理论在国际贸易理论中的牢固地位。

1. 反映了经济发展水平落后的国家独立自主地发展民族工业的正当要求和愿望

李斯特的幼稚工业保护理论不是一般地主张实行自由贸易政策或保护贸易政策，而是要结合本国的实际情况进行选择，实行贸易保护政策的立足点在于保护和促进本国的经济增长和发展生产力，以增强本国经济的国际竞争力；不是主张采取一成不变的贸易保护政策，而是着眼于资源的动态优化配置，考虑经济成长的长远利益，根据经济发展的需要进行调整；不是主张对所有的部门都采取保护措施，而是为保证国内经济结构调整的平稳性，维护本国经济运行的稳定性，对不同部门实行不同的贸易政策；不是单纯地考虑直接的贸易利益，而是要将静态贸易利益与动态贸易利益（对国民经济和工业今后发展的影响）结合起来，考虑到贸易利益的分配以及贸易对各利益集团的收入分配的影响，从而制订相应的贸易政策。

2. 对经济和社会生活产生了深远的影响

李斯特保护贸易学说不是保护落后的手工劳动，而是通过关税保护用现代的生产代替传统的生产方式，在德国工业资本主义的发展过程中曾起过积极的作用。它促进了德国资本主义的发展，有利于资产阶级反对封建势力的斗争。汉密尔顿的保护贸易思想是美国对外贸易政策制订的依据，并对美国工业的发展、经济实力的增强起到了积极作用。

（二）理论的局限性

幼稚工业保护论也存在许多缺陷，对贸易保护对象的选择缺乏客观的标准，保护幼稚工业在短期内虽有代价，但长远看来是有利和必要的，这一论点在理论上是成立的，但在实际操作中却不一定实现；对生产力和生产力影响因素的理解和分析也比较混乱，片面强调了国家对经济发展的决定性作用。总体而言，李斯特的保护幼稚工业论具有十分重要的理论意义，很多观点是具有价值的，后来一直被广泛引用，成为落后国家保护其工业的主要论据。

第四节　凯恩斯主义的超保护贸易学说

一、理论背景

20世纪30年代是资本主义经济陷入危机和萧条的年代，自由放任经济的信条受到批判，国家干预经济的思潮风行起来。现代西方经济学最有影响的英国资产阶级经济学家约翰·梅纳德·凯恩斯在面对资本主义经济危机和各国严重的失业现象的问题上，也不得不承认资本主义自由经济并不能完美地自我调节、自由放任地带来经济复兴与繁荣，并于1936年出版了他的经济学名著《就业、利息和货币通论》，奠定了当代宏观经济学的理论基础。凯恩斯从新古典经济学的阵营中分离出来，他在批判传统自由贸易理论的同时，对重商主义给予肯定、合理的评价，因此，他的理论也被称为"新重商主义"。他将重商主义与传统贸易理论的分歧归结为以下几个方面：首先，重商主义的思想从未假定过有什么自行调节趋势，重商主义者关注整个经济体制的设计和管理以及这一体制如何保障经济体系全部资源的最佳利用；其次，重商主义的贸易差额学说具有科学成分。传统贸易理论忽略了国际贸易自动平衡过程对于一个国家的经济，尤其对于一国收入和就业水平可能引起的有利或不利的影响。重商主义主张追求贸易顺差。贸易顺差能带来贵金属，增加顺差国货币供应量，从而降低利率，刺激投资增长，促进国民收入增长。此外，对于国家来说，增加国外投资的唯一的和直接的办法就是保持对外贸易顺差。因此，围绕着整个国家宏观经济稳定、国内各种生产资料在总量上合理配合和充分利用、国家总体实力的增长这些论题，凯恩斯认为维持宏观经济的稳定和保持经济发展主要依靠政府的政策干预。主张政府干预对外贸易，奖出限入，实行超保护贸易政策。

二、凯恩斯经济学说的基本内容

凯恩斯学说的基本内容是分析资本主义社会长期存在失业和危机的原因与救治危机的方法。

凯恩斯认为危机和失业是由"社会有效需求不足"所引起的，消费需求不足主要是人们不愿把所得的钱全部花掉，而总有一部分被储蓄起来。凯恩斯把这种情况称为人们心理上的"消费倾向"规律。"消费倾向"是指消费在收入中所占的比例，增加的收入与增加的消费间的比例，称为"边际消费倾向"，即 $\Delta C/\Delta Y$，ΔC 是消费增加量，ΔY 为收入的增加量。

投资需求是因为从事商品生产的企业家总担心随着投资的增加，利润率越来越低，影响企业家的利润收入，他将这种情况称为企业家心理上的"资本边际效率"规律。"资本边际效率"是指资本家每增加一个单位的投资预期可以得到的利润率。随着投资的增加，借贷资本的数量日益减少，利息率日益高涨。凯恩斯用个人心理上的"灵活偏好"解释这种现象，认为货币具有灵活性，可随时投入有利的用途，而为人们所喜爱，故要它出借，必须给以报酬，利息就是人们放弃"灵活性"的报酬。这样，由于"资本边际效率""灵活偏好"这些心理因素的影响，所以随着投资的增加，预期的利润率降低了，而利息率高涨，使得企业家不愿意继续扩大生产，造成投资需求不足。

凯恩斯认为在西方社会中，由于上述心理因素的作用，所以产生了失业危机。针对这种情况，他提出解救危机、提高就业的办法是提高"资本边际效率"，使资本家对未来乐观；或降低利息率，使资本家愿意借款来扩大对资本的"有效需求"。他认为只要社会能提供足以保证"充分就业"水平的"有效需求量"，危机就可以避免，失业问题也可以解决。实现上述目的最好的办法是国家积极干预经济生活，制定一系列的政策来刺激"有效需求"。在考察国际贸易对"有效需求"的作用时，就形成了"超保护贸易"学说。

三、超保护贸易学说

超保护贸易主义在第一次世界大战与第二次世界大战之间盛行。在这个阶段，资本主义经济具有以下特点：一是垄断代替了自由竞争；二是国际经济制度发生了巨大变化；三是1929—1933年发生经济大危机。在1929—1933年西方大危机前，凯恩斯是一个"自由贸易论"者。但到了20世纪30年代，由于危机的爆发，西方国家的经济陷入长期萧条之中，国外市场争夺激烈。于是凯恩斯改变了立场，反过来批评自由放任说，转而认为保护贸易政策能够保证经济繁荣，扩大就业。他积极提倡"扩大出口、限制进口"的贸易政策。

凯恩斯认为，古典贸易理论已过时了。首先，古典贸易"理论"的前提条件"充分就业"实际上是不存在的，通常存在的是大量失业现象。所以古典贸易理论不适用于现代资本主义。

其次，传统贸易理论忽略了国际市场在调节国民经济过程中对一国国民收入和就业所产生的影响，认为应仔细分析贸易顺差、逆差对国民收入的作用和对就业的影响。

凯恩斯认为，总投资包括国内投资和国外投资，国内投资额由"资本边际收益"和利息率决定，国外投资量则由贸易顺差大小决定，贸易顺差可为一国带来黄金，也可扩大支付手段，压低利息率，刺激物价上涨，扩大投资，这有利于国内危机的缓和与扩大就业率。贸易逆差会造成黄金外流，使物价下降，招致国内经济趋于萧条和增加失业人数。

因此，凯恩斯积极主张追求贸易顺差，反对贸易逆差。极力提倡国家干预对外贸易活动，运用各种保护措施，扩大出口，减少进口，以争取贸易顺差。

四、理论的拓展

凯恩斯的《就业、利息与货币通论》中并没有系统的国际贸易理论，但其后的经济学家提出的贸易保护理论都是建立在他的就业理论与乘数理论基础上的。

（一）就业理论

一国的就业水平是由有效需求（社会商品的总需求价格和总供给价格相等的社会总需求）决定的。在现代经济生活中，不仅存在着摩擦失业、自愿失业，而且存在着非自愿失业，正是有效需求的不足导致了失业的出现，有效需求的不足使经济体系在低于充分就业的水平上就达到了稳定均衡的状态。有效需求由消费需求和投资需求组成，边际消费倾向、资本边际效率和灵活偏好三条基本心理规律造成消费需求的不足，投资需求则取决于利息率和贸易收支状况。由于消费倾向在短期内十分稳定，因此要实现充分就业就必须从增加投资需求这方面着手。为保护国内就业，国家应对对外贸易进行干预，增加公共投资和政府开支，保持贸易顺差，以促进就业和产出的增加。

（二）对外贸易乘数原理

在国内投资乘数原理的基础上，经凯恩斯主义者的补充和发展，形成了对外贸易乘数原理，代表人物是美国经济学家汉森、萨缪尔逊和英国的哈罗德，他们把凯恩斯"就业理论"基本原理应用到研究对外贸易与国内就业和国民收入的关系，得出的结论大体一致，他们认为：一国的出口和国内投资一样，有增加国民收入的作用；一国的进口，则与国内储蓄一样，有减少国民收入的作用。当商品劳务出口时，从国外得到的货币收入会使出口产业部门收入增加，消费也增加，这必然引起其他产业部门生产增加，就业增多，收入增加。如此反复下去，收入增加量将为出口增加量的若干倍。当商品劳务进口时，必须向国外支付货币，于是收入减少，消费跟着减少，跟储蓄一样，成为国民收入中的漏洞。他们得出的结论是：只有当贸易出超或国际收支为顺差时，对外贸易才能增加一国就业量，提高一国国民收入量。此时，国民收入增加量将大于贸易顺差的增加量，并为后者的若干倍，这就是对外贸易乘数理论的含义。可以用公式表达为：设 y 代表国民收入的增加额，K 代表乘数，C 代表边际消费倾向，I 代表国内投资，X 代表出口，M 代表进口，则计算对外贸易顺差对国民收入的影响倍数的公式为：

$$y=[I+(X-M)]\times K$$

即
$$y=[I+(X-M)]\times [1/(1-C)]$$

可见，贸易顺差越大，国民收入的增加额就越大，解决失业和危机问题的作用也就越大。

一个国家通过贸易顺差所得到的好处与贸易顺差量成正比。由此出发，凯恩斯主义者主张推行"奖出限入"的贸易政策，为超保护贸易政策提供了理论依据。

五、超保护贸易理论的特点

超保护贸易理论相对于幼稚工业保护论有以下不同的特点：

（一）保护的目的不同

以李斯特为代表的传统保护贸易政策的主要目的是发展本国的生产力，而超保护贸易政策的实施目的则是争取外贸顺差，解决工人失业问题。

（二）保护对象不同

以李斯特为代表的传统保护贸易政策的保护对象主要是经济落后国家的幼稚工业，而超保护贸易政策的保护对象则主要是经济发达国家的夕阳工业。

（三）保护手段不同

以李斯特为代表的传统保护贸易政策的保护手段主要是关税措施，而超保护贸易政策的保护手段不仅包括关税措施，还包括各式各样的非关税壁垒措施。

（四）保护的策略不同

以李斯特为代表的传统保护贸易政策以防御性地限制进口为主，而超保护贸易政策不仅采取防御措施，还经常以政府补贴和商品倾销等手段主动向别国市场进攻。

六、超保护贸易理论的评价

凯恩斯提出的国家干预经济生活的理论，对于"二战"后世界经济发展起了重要的促进作用。凯恩斯由此奠定了其作为西方经济学界一代名师的不可动摇之地位。此外，超保护贸易理论中的合理成分值得引起重视，如对外贸易乘数理论揭示了贸易量与一国宏观经济以及各主要变量（如投资、储蓄等）之间的相互依存关系，在某种程度上指出了对外贸易与国民经济发展之间的某些内在的规律性。

同其他理论相比，凯恩斯的超保护贸易理论更侧重政策方面，即理论的实用性。该理论是代表垄断资本主义利益的贸易理论，在政策取向上是不择手段地保护垄断资产阶级的利益。该理论没有考虑到国家之间贸易政策的连锁反应，当本国奖出限入政策遭到贸易伙伴国报复时，其经济与贸易的负面效应会更严重。超保护贸易政策实施的结果是国家财政赤字增加，导致通货膨胀，使外汇积累过多，于是本币就会相对减少，进而升值，不利于本国的商品出口，而同超保护贸易理论追求贸易顺差的初衷相悖。

专栏 5-3　　美国的"新重商主义"值得关注

事实上，时隔汉密尔顿"工业立国"219 年后的当代，美国在经历了以邻为壑、自由贸易、公平贸易之后，又重新开始了"新重商主义"。"新重商主义"是 20 世纪 80 年代以来伴随美国贸易逆差的产生和不断膨胀，在美国出现的一种在经济上鼓吹政府干预贸易以追求贸易逆差的削减，在政治上利用贸易逆差作借口和贸易政策作武器，打压贸易伙伴经济增长和国际地位的一种思潮。这种政策后果是不衡量对外贸易对整个国家带来的国民福利，只算计对外贸易对某些特殊利益集团造成的损失。这些特殊利益通过院外活动直接影响国会和政府的政治生态。

美国的"新重商主义"有两次高潮，均与美国贸易逆差的变动轨迹一致。

第一次是20世纪80年代中期，主要矛头指向当时美国贸易逆差的最大来源国日本。主要措施包括逼迫日元升值，制造贸易摩擦，施压日本对美国开放市场，要求日本增加政府支出刺激国内需求，而"广场协议"是其顶峰。但随着日本经济在20世纪90年代进入衰退而慢慢收敛。

第二次始于20世纪的最后两年，进入21世纪后逐步升级，主要矛头指向对美贸易顺差增长较快的中国。以施压人民币升值和滥用反倾销武器为突出表现。在对外交涉中，其典型的说辞有两种：

一种是贸易逆差提高了美国的失业率。"新重商主义"的代表布坎南的分析结论称美国的贸易逆差每增加100亿美元，美国就会有2万产业工人失业。通过对美国贸易逆差变动和失业率变动比较分析发现，从1994—2009年，美国贸易逆差持续扩大，与失业率并不具有统计学上的关系。而我们发现，在列入考察的30个年份里，无论从整体研究，还是从个案考察，30年间贸易逆差和失业率变动的相关系数仅有0.115，美国的贸易逆差增加与美国的就业状况变动没有必然的联系。

另一种是不公平贸易是造成美国贸易逆差的主要来源。在此思维的引导下，美国政府采取政治的、外交的和经济的手段对贸易伙伴国的政策和市场施压，打开美国商品的出口通道，特别是力图通过汇率手段解决其贸易逆差问题。但是，具有讽刺意义的是，欧盟的数据并不支持这种结论。欧盟对外实行统一的经济和贸易政策，且实行统一关税。美国与欧盟的双边贸易整体上是逆差，对法国、德国、意大利、比利时、卢森堡、丹麦、爱尔兰、英国、奥地利、芬兰、瑞典、匈牙利、捷克、斯洛文尼亚、斯洛伐克、爱沙尼亚、马耳他等国家也是逆差。但是，美国对与上述国家实行同一对外经贸政策的荷兰、希腊、葡萄牙、西班牙、波兰、拉脱维亚、立陶宛、塞浦路斯等国家却是保持顺差。

由此可见，美国的贸易逆差与贸易伙伴的贸易政策并不是一一对应的关系，主要取决于美国产业结构及其对应的竞争力结构。事实上美国的全球竞争力，近年来并没有实质性变化。全美第三产业占比高达78%，美国的竞争力结构已由制造业转向高新技术产品和服务贸易上，直接体现在美国的服务贸易从1976年开始一直呈现顺差状态。

反过来，倒是美国的许多歧视性贸易政策，限制了中国扩大从美国进口的努力，是产生美中逆差的主要原因之一。例如，2007年美国商务部发布了加强对出口中国的高科技产品管理的新规定，包括飞机及飞机零件、航空电子、惯性制度导航系统、激光、水底摄影机、推进器系统和个别电讯仪器等31类新增产品出口中国需向美国商务部申请许可。这些规定直接导致中国进口的高科技产品，从2001年美国占18.3%，到2006年已降低至9.1%，而到了2008年美国仅占到7%。出口管制是美国冷战时期出台的一项政策，在经济全球化的今天，美国继续实施政策既严重影响了美国产品的国际竞争力，也是美国出现贸易逆差的罪魁祸首。

更为值得关注的是，2009年第四季度，美国经济战略出现重大调整，出口导向型增长模式成了主流思想。奥巴马政府不断向外界发出信号，说美国不会继续当全球最后的消费国和进口国。最明确的表态来自白宫首席经济顾问拉里·萨默斯。2009年8月22日，他说美国必须从消费型经济转为出口导向型经济，必须从依赖金融活动转向发展实业。2010年1月28日，奥巴马在国会发表其任内首份国情咨文时承诺，要在 5 年内使美国的货物出口量增长 1 倍。

美国经济战略的这一重大转变，体现在以下 3 个方面：从货币政策上看，美元谨慎贬值提升美国制造业出口竞争力；从产业政策上看，通过"绿色新政"和"智慧地球"，打造新型制造业，形成出口新增长点；从贸易政策上看，贸易保护措施将被频繁动用。为此，萨默斯等甚至表示，中国将无法保持原有的经济发展模式，因为美国打算向中国靠拢。世界经济无法让两个最重要的经济体，或者说一个半同时采取中国的增长模式。对此国策之变，西方主流经济学家依然是选择性失语。

（资料来源：http://finance.sina.com.cn/review/20100205/17287377824.shtml）

第五节 战略性贸易政策理论

一、理论的提出

20 世纪 80 年代以来，一些西方经济学家在规模经济和不完全竞争的基础上提出了一种新的战略性贸易理论，引起理论界和发达国家政府的高度重视，战略性贸易理论的创始者是加拿大英属哥伦比亚大学的教授布朗德（James Brander）和斯潘塞（Ball Spencer）。他们认为，传统的自由贸易理论是建立在规模收益不变和完全竞争的理想假设上的，但现实生活中，不完全竞争和规模经济是普遍存在的现象。在这种情况下，市场本身的运行处于一种"次优"的状态，这种状态不能保证潜在的收益一定能够实现，适当的政府干预则有可能改变市场运行的结果。这里一个重要条件就是规模经济，由于规模经济存在于相当多的产业中，政府可以运用贸易政策对这些产业进行扶植，扩大本国企业的生产规模，使本国企业在国际贸易中处于优势地位。

所谓战略性贸易理论（Strategic Trade Theory），是指在不完全竞争和规模经济条件下，一国政府运用政策干预手段，把国外垄断企业的一部分垄断利润转移给本国企业或消费者的贸易政策理论。通常情况下，政府可以利用关税、配额等进口保护政策和生产补贴、出口补贴或研究开发补贴等鼓励出口政策，扶持本国战略性工业的成长，增强其在国际市场上的竞争能力，从而谋取规模经济之类的额外收益，并借机掠夺他人市场份额和工业利润。之所以称之为"战略性"，是因为这种政策能够改变国内外垄断企业之间的竞争关系，使本国垄断企业在国际市场的竞争中处于优势地位。

二、战略性贸易政策理论的政策主张及其影响

与传统的贸易理论主张自由贸易、实行"双赢"不同，战略性贸易政策理论提出了把垄断利润从外国转移到国内的主张。这可以通过用关税来抽取外国寡头厂商的垄断利润、用出口补贴为本国寡头厂商争夺市场份额、以进口保护作为出口促进的手段等办法来实现。

战略性贸易政策理论最重要的政策主张是实施战略贸易政策，即一国政府在不完全竞争和规模经济条件下，通过关税、出口补贴和进口保护等奖出限入措施，对现在的或潜在的战略性产业进行支持和资助，增强其竞争能力，谋求规模经济和外部经济之类的额外收益，并借机掠夺他国的市场份额和利润，最终实现增加本国福利的目的。

在寡头垄断的市场上，由于存在很强的规模收益递增现象，市场份额对各国厂商变得更

为重要。这时，市场竞争便成了少数几家企业之间的博弈，谁能占领市场，谁就能获得超额利润。在这场博弈中，政府可以通过提供补贴等手段，影响本国厂商及其外国竞争对手的决策行为，帮助本国厂商在国际竞争中获胜。

现在用一个例子来分析政府的战略性贸易政策对寡头垄断的影响。

假定在飞机制造业中有两家厂商，美国波音公司和欧洲空中客车公司，两家公司都打算生产一种新型客机，但由于该行业规模经济巨大，而作为一个整体的国际市场只能容纳一个获利的进入者。如果两个厂商都进入，他们都会遭受 5 万美元的损失，而不管哪一个厂商，如果设法只让自己在该行业中立足，就能获得 100 万美元的利润（见表 5-1）。

表 5-1　没有补贴的损益表

万美元

政府无补贴时损益		空中客车公司	
		生产	生产
波音公司	生产	(-5, -5)	(100, 0)
	不生产	(0, 100)	(0, 0)

在没有战略性贸易政策时，波音公司和空中客车公司都有两种选择：生产或不生产。假设波音公司由于历史原因抢先占领了这个市场，则波音公司获取 100 万美元的利润，空中客车公司不生产。如果空中客车公司硬要挤进这个市场，则两者都亏损 5 万美元，所以空中客车公司不会进入竞争。

在实行战略性贸易政策时，波音公司和空中客车公司只有一种选择：空中客车公司生产而波音公司不生产。假设欧洲政府采取战略性贸易政策，补贴空中客车公司 25 万美元进行生产，则以上损益将发生根本性变化。如果两公司都生产，空中客车获得的政府补贴减去亏损后仍有 20 万美元的利润；如果只有空中客车公司生产，其总利润将达到 125 万美元，而波音公司没有补贴，其损益状况未发生变化，如表 5-2 所示。

表 5-2　欧洲政府给予空中客车补贴时的损益图

万美元

政府补贴空客 25 万美元时损益		空中客车公司	
		生产	不生产
波音公司	生产	(-5, 20)	(100, 0)
	不生产	(0, 125)	(0, 0)

在这种情况下，不管波音公司是否生产，空中客车公司只要生产就有利润。因此，对空中客车公司来说，不生产的选择已被排除了，而波音公司则处在一种两难的境地：如果生产，将亏损 5 万美元；如果不生产，则市场将完全被空中客车公司夺走，所以波音公司只能退出竞争。这样，空中客车公司就能独占整个市场，获得 125 万美元的利润。欧洲政府用 25 万美元的补贴，就从国际竞争中获得了 100 万美元的利润。

由这个例子可以看出，从理论上讲，在不完全竞争的市场结构中，战略性贸易理论可以改进市场运行的效果，帮助本国企业在国际竞争中取得战略性优势，增加整个国家的经济福利。

三、对战略性贸易政策理论的评价

（一）战略性贸易政策理论的积极意义

战略性贸易政策理论是新贸易理论的一部分，其积极的方面有：

（1）它是以 20 世纪 80 年代发展起来的不完全竞争和规模经济理论为基础的，是国际贸易新理论在贸易领域的反映和体现。

（2）它是从现实经济生活中普遍存在的不完全竞争的市场状况中提炼出来的，试图设计出适宜产业内贸易的干预政策，以改善扭曲的竞争环境，使市场运作处于次优境地，因而具有一定的积极意义。

（3）该理论广泛借鉴和运用了产业组织理论与博弈论的分析方法和研究成果，是国际贸易理论研究方法上的突破。

（二）战略性贸易政策理论的局限性

（1）该理论的建立依赖于一系列严格、苛刻的限制条件。除了要求产业必须具备不完全竞争和规模经济这两个必要条件外，还要求政府必须有齐全准确的信息，对战略性贸易政策理论带来的预期收益心中有数；接受补贴的企业必须给予恰当的配合；产品市场需求旺盛，目标市场不会诱使新厂商加入，以保证企业的规模经济效益不断提高；其他国家不会采取针锋相对的报复措施等。一旦这些条件得不到满足，战略性贸易政策理论的政策主张就难以取得理想的效果。

（2）该理论背弃传统的自由贸易，主张采取进攻性的保护措施，劫掠他人的市场份额和经济利益，这容易成为贸易保护主义者加以曲解和滥用的借口，恶化全球贸易环境。因此，许多经济学家都指出，必须正确把握战略性贸易政策理论，不可片面夸大或曲解其功效。

本章小结

由于国际贸易对贸易参与国的福利影响是不均等的，一些受损国家为了避免福利损失，于是拿起了贸易保护的武器，而保护贸易理论则是贸易保护实践的需要，并为后者提供了理论基础。本章着重介绍了重商主义、幼稚工业保护论、超保护贸易理论、战略性贸易论等保护贸易理论。

关键词

幼稚工业　超保护贸易　战略性贸易

复习思考题

1. 试述重商主义保护贸易思想的主要内容，并加以评论。
2. 简述幼稚工业保护理论的主要内容。
3. 幼稚工业保护理论和超保护贸易理论有哪些不同点？
4. 简述战略性贸易政策理论的主要内容。

第六章

关税措施

引导案例

中国关税措施的历史演变

1950年1月,中国国务院通过了《关于关税政策和海关工作的决定》,宣布中国实行独立自主的保护关税政策。在改革开放初期,中国实行保护国内工业的进口替代贸易政策。据世界银行1988年研究报告,世界上实行进口替代战略的主要国家的制成品进口关税税率,印度为112%,孟加拉国为100.8%,中国为91.2%。其中,在耐用消费品的进口关税上,中国的进口税率为130.7%,印度为128.5%,孟加拉国为116.1%。因此,当时中国的商品进口关税税率是非常高的。20世纪90年代初,中国采用自行调整和谈判约定两种方式对高关税壁垒进行了削减。1992年中国海关税则从布鲁塞尔目录转化为协调制度的HS目录,简单算术平均进口关税率为42%。1992年至1999年,中国五次大幅度自行削减进口关税:① 1992年年底,对涉及371个税号关税进行削减,平均关税水平下降为39.9%;② 1993年再次削减关税,涉及2 898个税号关税,平均关税降到35.9%;③ 1996年4月1日起,对涉及4 900多个税号关税进行调整,使平均关税税率从35.9%降至23%;④ 1997年10月起,再次下调进口关税26%,涉及4 874个税号商品,占总税目73%,经削减后关税水平由23%降至17.05%;⑤ 1999年1月1日起,中国再次降低部分进口关税,共计1 014个税目,占总税目14.6%,平均关税税率则由1998年的17.05%降到16.78%。

2001年中国正式成为世贸组织成员,中国关税水平调整的幅度更大。中国承诺在2005年将工业品关税降到10%。经过逐年关税削减后,中国5 669个工业品关税税号中,约60%工业品关税税率下降到10%以下,约30%税目关税税率在10%~20%,仅有2.5%税目税率在25%左右或以上。2007年1月1日,中国将进口关税、综合税率降到了9.8%,其中,工业品是8.95%,农产品是15.2%。农产品还必须有一个比较充分的保护期,所以税率偏高。2009年1月1日起,中国降低"进口税则"中鲜草莓等5个税目的最惠国税率,其余税目的最惠国税率维持不变。

教学目标

1. 了解关税的基本概念、特点和作用。
2. 掌握关税的主要种类。
3. 理解关税的经济效应。
4. 熟悉通关手续。

第一节 关税概述

一、关税的含义

关税（Tariff）是进出口商品通过一国关境时，由该国政府设置的海关对进出口商品所征收的一种税。

专栏 6-1

海关、关境、国境、关徽

海关：设在关境上的国家行政管理机关，它的任务是根据本国有关的政策、法令和规章，对进出口商品、货币、金银、行李、邮件、运输工具等进行监督管理，征收关税，查禁走私物品和打击走私活动，临时保管通关货物及出口商品等。

关境：适用于同一海关法或同一关税制度的领域。

国境：一国主权行使的区域。若国境内设有保税区、保税仓库、自由港、自由贸易区等特定区域，则关境小于国境；若缔结关税同盟，则其共同关境大于各自国境。关境与国境均包括领水、领陆和领空。

中国的关徽：由商神手杖与金色钥匙交叉组成（见图 6-1）。商神手杖代表国际贸易，金色钥匙象征海关为祖国把关。关徽寓意着中国海关依法实施进出境监督管理，维护国家的主权和利益，促进对外经贸发展和科技文化的交流，保障社会主义现代化建设。

图 6-1 中国的关徽

二、关税的特点

关税是国家税收的一种，是国家财政收入的来源之一，因而它同其他税收一样具有强制性、无偿性和固定性。强制性是指海关凭借国家权力依法征收，纳税人必须无条件地履行纳税义务；无偿性是指征收关税后，其税额成为国家财政收入，不再直接归还纳税人也无须给予纳税人任何补偿；固定性是指国家通过有关法律事先规定征收对象和税率，海关和纳税人均不得随便变动。除此之外，关税还有 4 个主要特点：

（一）关税是一种间接税

关税不同于以纳税人的收入和财产作为征收对象的直接税。关税的纳税人虽然是进出口企业，但是他们可用增加货价的方法将关税负担转嫁到消费者身上，也就是说，关税最后由买方或消费者承担，因此它是一种间接税。

(二) 关税的税收主体和客体

关税与一些税收不同，其课税主体即纳税人是本国进出口商，课税客体即课税对象是进出口的商品。当商品进出国境或关境时，进出口商根据当地海关的规定向其交纳关税，海关根据关税法及有关法规对进出口商品征税。

(三) 关税的征收机构是海关

海关是设在关境上的国家行政管理机构，负责贯彻执行本国有关进出口的政策、法令和规章。其主要职能是：征收关税，查禁走私，对进出口货物实行监管以及进行海关统计等。

(四) 关税是对外贸易政策的重要手段

进出口商品不仅与国内的经济和生产有着直接关系，而且与世界其他国家或地区的政治、外交、经济生产和流通等方面有密切关系。关税措施体现一国对外贸易政策。关税税率高低影响着一国经济和对外贸易的发展。

专栏6-2　　成品油进口关税下调　获益者未必是消费者

从2012年1月1日起，我国进出口关税将进行部分调整，对730多种商品实施较低的进口暂定税率，平均税率为4.4%，比最惠国税率低50%以上。这其中，就包括了最为引人关注的成品油。然而人们更关心的是，这一旨在扩大进口、满足国内发展及消费需求的举措，究竟能否让广大消费者得益，能否缓解频频出现的"油荒"、延缓成品油涨价的节奏。

近年来，国内成品油供求矛盾反复出现，每到需求旺季就会出现成品油供应紧张局面。在国内产能尚不能完全满足的情况下，业界一直期待降低进口门槛以满足国内需求。此次成品油进口关税下调，成品油进口总量有望进一步提高，这或许能在一定程度上弥补成品油供应缺口，减少"油荒"的频繁出现。

然而，这一利好消息刚刚传出，就有不同的声音提醒：不要高兴得太早。关税下调后，如果没有相配套的系统性价格梳理机制，下游用油企业和成品油终端消费者可能无法分享到降税利好。

这样的忧虑不是没有道理。临近年末，正是物流运输的高峰时段，交通运输对成品油依赖性较大，偏偏此时，国内多地又再度传出"供油紧张"的信息。在油价上调预期抬头、而国际原油价格尚未到达成品油上调标准的微妙背景下，此时"赶巧"出现的"油荒"难免让人猜想，掌握着批发大权的中石油、中石化等大型油企是否有"倒逼"之意。有业内人士指出，由于批发大权掌握在石油巨头手中，为他们带来了控制下游油品资源的便利性。如果迟迟等不到涨价的时机，就会上演"油荒"。如果这一逻辑成立，那么所谓"油荒"就不是意义单纯的资源短缺，也就不是仅靠下调关税、扩大进口就能解决根本问题的。

应该注意到，少数油企巨头手中也同时掌握着"人无我有"的进口资质。如果这样的局面没有改变，成品油进口关税下调后，他们可以用比原先更低的成本进口成品油，然后以高价销往国内市场。曾有数据显示，目前国内93号、97号汽油的最高零售价分别为每吨9 400元、9 820元，而从新加坡进口一吨95号汽油，即使算上运费和其他费用，完税到岸价也只有每吨 8 746 元。不难想象，如果进口关税下降，而市场售价不变，"两桶油"的获利会进一步增加。而如果市场对进口关税下调后依然很高的零售价格有所不满，或者如果国内成品油售价因为关税下调的因素而下降或放慢上调步伐，就有可能遭遇"油荒待遇"。

事实上，如果垄断不能被打破，价格机制不能彻底理顺，进口关税下调的最大获益者，依然是大型油企，而不是消费者。

（资料来源：http://newspaper.jfdaily.com/jfrb/html/2011-12/29/content_723879.htm）

三、关税的作用

关税是一国实施对外贸易政策的重要手段，税率的高低直接影响一国的经济和对外贸易的发展。具体来看，可以起到以下作用：

（一）增加财政收入

海关代表国家征收关税，因此关税的收入就成了国家财政收入的主要来源。但是随着贸易自由化及经济全球化的推进，关税在财政收入中的比重和作用逐渐降低。目前，只有少数财政极为困难的发展中国家，仍把关税作为财政收入的重要来源。

（二）保护国内的产业和市场

对进口商品征收关税，增加了进口商品的成本，间接地提高了该种商品的价格，从而减少了进口商品在本国内的市场份额，削弱了其在进口国国内市场的竞争力，因而能保护本国同类产业或相关产业的生产和市场。同时对出口商品征收关税，可以抑制出口商品的输出，减少本国资源的流失，保证本国国内市场的供应。目前，关税措施是世贸组织允许各成员方使用的保护国内产业的重要政策工具。

（三）调节进出口贸易

长期以来，关税都是各国对外贸易政策的重要手段，其税率的高低和减免直接影响着一国的对外贸易规模与结构。进出口商品的种类和数量在关税的调解下可以有效地保持市场供求平衡，稳定国内市场价格，保持国际收支平衡。

第二节 关税的分类

一、按照征税的对象和商品流向分类

按照征税的对象和商品流向，可分为进口关税、出口关税、过境关税。

（一）进口关税

进口关税（Import Duty）是进口国家的海关在外国商品输入时，根据海关税则对本国进口商所征收的关税。进口关税在外国商品直接进入关境或国境时征收，或者在外国商品从自由港、自由贸易区或海关保税仓库提出，运往进口国国内市场销售时，由海关征收。

（二）出口关税

出口关税（Export Duty）是出口国家的海关对本国输往国外的商品所征收的关税。目前，

大多数国家对绝大多数商品不征收出口税，因为征收出口税必会提高本国商品在国外市场上的销售价格，降低出口商品的竞争能力，不利于出口的扩大。但有时为了一些特殊的目的，一些国家尤其是发展中国家也征收出口税。征收出口税的目的主要有：第一，对本国资源丰富、出口量大的商品征收出口税，以增加财政收入。第二，为了保证本国的生产，对出口的原料征税，以保障国内生产的需要和增加国外商品的生产成本，从而加强本国产品的竞争能力。例如，瑞典、挪威对木材出口征税，以保护其纸浆及造纸工业。第三，为保障本国市场的供应，除了对某些出口原料征税外，还对某些本国生产不足而又需求较大的生活必需品征税，以抑制价格上涨。第四，控制和调节某些商品的出口流量，防止盲目出口，以保持在国外市场上的有利价格。第五，为了防止跨国公司利用"转移定价"逃避或减少在所在国的纳税，向跨国公司出口产品征收高额出口税，维护本国的经济利益。

专栏 6-3　　出口关税增至 110%　我国在年关收紧化肥出口

经国务院批准，国务院关税税则委员会决定，自 2010 年 12 月 1 日起至 12 月 31 日止，我国对部分化肥产品按 35% 的暂定税率征收出口关税，并征收 75% 的特别出口关税。

此次调整涉及的化肥产品包括尿素、磷酸氢二铵、磷酸二氢铵及磷酸二氢铵与磷酸氢二铵的混合物。业内人士指出，此举意味着，在临近年关之际，我国化肥出口将由现行 7% 的淡季关税调整为 110% 的旺季关税，化肥出口之门基本关闭。

据了解，当前我国对化肥出口关税实施差价税制，12 月份之前我国化肥出口仍执行淡季税制，即每吨化肥价格如果低于 2 300 元的出口基准价，按 7% 的出口税率征收，如果高于基准价，则高出部分再实施全额纳税。但此次调整之后，化肥出口企业将在随后一个月执行 110% 的新出口税率。

财政部表示，当前是化肥使用淡季，此次大幅调整化肥出口关税，旨在抑制近期化肥出口，保障国内化肥市场供应，稳定化肥市场价格，为来年春耕化肥需求高峰做好储备工作，同时也有助于抑制当前农产品价格过快上涨势头。

（资料来源：http://news.xinhuanet.com/fortune/2010-11/30/c_12833287.htm）

（三）过境关税

过境关税（Transit Duty）又称为通过关税，它是一国对于通过其关境的外国货物所征收的关税。征收的目的是增加本国的财政收入，但目前很多国家取消了过境税，主要目的是发展本国的交通运输业或提高物流水平。

二、按照征税的目的分类

按照征税目的的不同，分为财政关税和保护关税。

（一）财政关税

财政关税（Revenue Tariff）是指以增加国家的财政收入为主要目的而征收的关税。为了达到增加国家财政收入的目的，对进口商品征收关税的税率要适中或较低。如果税率过高，将阻碍商品进口，达不到增加财政收入的目的。

（二）保护关税

保护关税（Protective Tariff）是指以保护国内产业为目的而对外国商品进口征收的关税。保护关税的税率越高，保护程度越强。保护关税的税率一般都比较高，因为税率高，才会使进口的外国商品成本上升，竞争力下降，以此来达到保护本国生产的目的。在18世纪重商主义时期，重商主义者把关税作为一种限制国际贸易的工具，使关税具有保护关税的性质。直到现在，绝大多数国家大量地使用关税作为削弱外来竞争的保护贸易措施，只有极少数发展中国家把关税作为财政收入的主要手段。

三、按照差别待遇和特定的实施情况分类

按照差别待遇和特定的实施情况分类，可分为普通关税、特定优惠关税、普遍优惠制关税、最惠国待遇关税、进口附加税、差价税。

（一）普通关税

普通关税（Common Duty）是对没有与本国签订任何关税互惠贸易协定的国家和地区的商品征收的关税。普通税率是进口税中税率最高的，一般比最惠国税高1~5倍，甚至更高，如美国对进口玩具征税的普通税率为70%，而最惠国税率仅为6.8%。因此，普通税率并不是被普遍实施的税率。我国自2002年1月1日起实行新的进口税则税率栏目。进口税则分设最惠国税率、协定税率、特惠税率和普通税率4个栏目。普通税率适用原产于除上述最惠国税率、协定税率和特惠税率国家或地区以外的国家和地区的进口货物。

（二）特定优惠关税

特定优惠关税（Preferential Duty）又称为特惠关税，是指对某个国家或地区进口的全部商品或部分商品，给予特别优惠的低关税或免税待遇。特惠关税有的是互惠的，有的是非互惠的，税率一般低于最惠国税率和协定税率。

特惠制最早开始于宗主国与殖民地及附属国之间的贸易，最有影响的是2000年6月23日欧盟15国与非洲、加勒比海及太平洋地区77国签订的科托努协定（前身为《洛美协定》）的特惠税，它是欧盟向参加协定的非洲、加勒比海和太平洋地区的发展中国家单方面提供的特惠关税。根据协定，在协定的8年过渡期中，非洲、加勒比海及太平洋地区96%的农产品和全部工业品可免税进入欧盟市场，而不要求受惠国给予反向优惠。

（三）普遍优惠制关税

普遍优惠制关税（Generalized System Preferences，GSP）简称普惠制，它是发达国家承诺对从发展中国家或地区输入的商品，特别是制成品和半成品，给予普遍的、非歧视的和非互惠的关税优惠制度。普遍性、非歧视性、非互惠性是普惠制的三项基本原则。普遍性是指发达国家对所有发展中国家出口的制成品和半制成品给予普遍的关税优惠待遇；非歧视性是指应使所有发展中国家都无歧视、无例外地享受普惠制待遇；非互惠性是指发达国家应单方面地给予发展中国家优惠待遇，而不要求发展中国家或地区给予发达国家对等待遇。

普惠制的目标是增加发展中国家或地区的出口收益，促进发展中国家或地区的工业化，加速发展中国家或地区的经济增长率。普惠制的作用是通过关税削减产生的价格影响来体现的。普惠制的给惠国，在提供普惠制待遇时，通过普惠制方案来执行。这些方案的内容有对

受惠国或地区的限制、对受惠商品范围的规定、对受惠商品减税幅度的规定、对给惠国的保护措施规定（免责条款、预定限额、竞争需要标准和毕业条款及对原产地的规定等）。中国没有获得美国给予的普惠税。根据美国的规定，要获得其普惠税须满足两个条件：第一，必须是世界贸易组织和国际货币基金组织的成员，中国已经满足；第二，该国家必须实现政治民主，不能由一党专政。

（四）最惠国待遇关税

最惠国待遇关税（The Most-favoured-nation Rate of Duty）适用于与该国签订有最惠国待遇条款的贸易协定的国家或地区所进口的商品。但是在缔结关税同盟、自由贸易区或有特殊关系的国家之间规定更优惠的关税时，最惠国待遇并不适用。由于世界上大多数国家和地区都参加了世贸组织或者签订了双边、多边的贸易协定，彼此间相互提供最惠国待遇，享受最惠国税率，因此，这种关税税率实际是一种最普遍使用的税率，又被称为正常关税（Normal Tariff）。

（五）进口附加税

进口附加税（Import Surtax）是对进口商品除征收一般进口税之外，还出于某种特定的目的而额外加征的关税。它通常是一种临时性的特定措施，又称为特别关税。其目的主要有：应付国际收支危机，维持进出口平衡；防止外国产品低价倾销；对某个国家实行歧视或报复等。进口附加税采取2种征收方式：

（1）对所有进口商品征收进口附加税。例如，1971年美国出现了巨额贸易逆差，国际收支恶化。美国前总统尼克松为了应付国际收支危机实行"新经济政策"，宣布对外国进口商品一律征收10%的进口附加税，以限制商品进口，缩减收支失衡。

（2）针对个别国家和个别商品征收进口附加税，以限制特定国家或商品的进口。这种进口附加税主要有以下5种：

① 反补贴税（Counter Vailing Duty）。反补贴税又称为抵消税或补偿税，是对在生产、加工及运输过程中直接或间接接受出口国政府、同业工会或垄断组织所提供的任何补贴或津贴的进口商品所征收的一种进口附加税。所谓直接补贴，是指直接付给出口商的现金补贴；间接补贴则是出口国的政府及其他机构通过一些特殊的优惠措施给予某些出口商品财政上的优惠，如减免出口税和某些国内税，降低运费，对于为加工出口而进口的原料、半成品实行免税或退税等，很显然间接补贴具有较大的隐蔽性。

征收反补贴税的目的在于增加进口商品的价格，抵消其所享受的补贴金额，削弱其竞争力，使其不能在进口国的国内市场上进行低价竞争，保护本国的生产和市场。

根据世贸组织的《补贴与反补贴协议》，征收反补贴税需要满足3个条件：补贴存在；补贴对进口国国内已建立的某项工业造成重大损害或产生严重威胁，或者对某一国内工业的新建产生严重阻碍；补贴与损害之间存在因果关系。

② 反倾销税（Anti-dumping Duty）。反倾销税是指对实行倾销的进口商品所征收的一种临时性的进口附加税。其目的在于抵制外国商品对本国的倾销，保护本国产业和市场，扶植本国新兴产业。

根据世界贸易组织的《反倾销协议》，所谓倾销，是指一国以低于正常价格向另一国销售的行为。确定正常价格有3种方法：a. 采用国内价格，即相同产品在出口国用于国内消费时在正常情况下的可比价格；b. 采用第三国价格，即相同产品在正常贸易情况下向第三国出口的最高可比价格；c. 采用构成价格，即该产品在原产国的生产成本加合理的推销费用和利润。这3种确定正常价格的方法是依次采用的，即若能确定国内价格就不使用第三国价格或构成价格，以此类推。另外，这3种正常价格的确定方法适用于来自市场经济国家的产品，对于来自非市场经济国家的产品，由于其价格并非由竞争状态下的供求关系所决定。因此，西方国家选用替代国价格，即以一个属于市场经济的第三国所生产的相似产品的成本或出售的价格作为基础来确定其正常价格。根据世贸组织规定，加入世贸的成员国15年后可自动获得完全市场国地位。按此规定，我国于2016年12月11日自动获得完全市场经济地位。

按《反倾销协议》规定，对进口商品征收反倾销税必须满足3个必要条件：a. 倾销存在；b. 倾销对进口国国内的同类产业造成实质性的损害或实质性的损害威胁；c. 倾销进口商品与所称损害之间存在因果关系：进口国只有经充分调查，确定某进口商品符合上述征收反倾销税的条件，方可征收反倾销税。

虽然WTO制定了《反倾销协议》，但反倾销法的执行主要依赖各签字国的国内立法规定，因而具有很大的随意性。随着关税壁垒作用的降低，各国越来越趋向于利用反倾销手段，对进口产品进行旷日持久的倾销调查及征收高额反倾销税来限制商品进口。

③ 报复关税。报复关税（Retaliatory Tariff）是指对特定国家的不公平贸易行为采取报复行动而临时加征的进口附加税。美国《1988年综合贸易和竞争力法案》的"超级301"条款，就是对"不公平"贸易伙伴实施报复的条款，其报复手段之一就是加征临时性报复关税。

报复关税运用的范围相当广泛，对商品、船舶、企业、投资或知识产权等方面的不公正待遇，进口国都可以运用报复关税。通常在对方取消不公正待遇时，报复关税也会相应取消。然而报复关税也可以引起他国的反报复，最终导致关税战。

④ 惩罚关税。惩罚关税（Penalty Tariff）是指出口国某商品违反了与进口国之间的协议，或者未按进口国海关规定办理进口手续时，由进口国海关向该进口商品征收的一种临时性的进口附加税。这种特别关税具有惩罚或罚款性质。例如，1988年日本半导体元件出口商因违反了与美国达成的自动出口限制协定，被美国征收了100%的惩罚关税。

⑤ 紧急关税。紧急关税（Emergency Tariff）是为消除外国商品在短期内大量进口，对国内同类产品生产造成重大损害或产生重大威胁而征收的一种进口附加税。当短期内外国商品大量涌入时，一般正常关税已难以起到有效保护作用，因此需借助税率较高的特别关税来限制进口，以保护国内生产。由于紧急关税是在紧急情况下征收的，是一种临时性关税，因此，当紧急情况缓解后，紧急关税必须撤除，否则会受到别国的关税报复。例如，1972年5月，澳大利亚受外国涤纶和棉纶进口的冲击，为保护国内生产，决定征收紧急关税，在每磅20澳分的正税外另加征每磅48澳分的进口附加税。

（六）差价税

差价税（Variable Levy）又称为差额税。某种产品在国内生产的价格高于同类进口产品的价格时，为削弱进口商品的竞争能力，保护国内生产和国内市场，按国内价格与进口价格之间的差额征收的关税。对于征收差价税的商品，有的规定按价格差额征收，有的规定在征收一般关税以外另行征收，这种差价税实际上属于进口附加税。欧盟对进口农畜产品普遍采用差价税方式征税。例如，欧盟对冻牛肉进口首先征收20%的一般进口税，然后根据每周进口价格与欧盟内部价格变动情况征收差价税。

四、按照征税标准进行分类

按照征税标准,关税可分为从量税、从价税、混合税、选择税和滑动关税。

(一)从量税

从量税(Specific Tariffs)是指按商品的数量、重量、体积、容积和面积等计量单位为标准征收的关税。从量税额的计算公式为:从量税额=货物数量×单位从量税。

征收从量税实际上是鼓励同类产品中质量高、价格高的商品进出口。如果对廉价商品征较重的从量税,或者在商品价格下跌或商业衰退时期加征从量税,会加重商品的关税税负。因此,假如对每双鞋进口征收 2 美元的从量税,实际上是鼓励每双价格是 25 美元的鞋进口,而不是鼓励每双价格是 10 美元的鞋进口。

(二)从价税

从价税(Advalorem Tariffs)是指按进口货物的价值征收一定百分比的关税,它以征税对象的价格或者金额为计税依据,按照一定比例计征的税收。从价税一般适用于工业制成品。目前中国以从价税为主,中国的平均税率是 9.8%左右,美国是 2%左右。

从价税额的计算公式为:从价税额=货物价值×从价税率。

从价税的特点是:

(1)从价税与商品价格的涨落成正比关系。如果产品价格上涨(如发生了通货膨胀),则从价税的保护程度和关税水平同步变动,特别是对高价格的制成品,其保护作用和从量税相比更有效。

(2)从价税的税率明确,便于比较不同国家的税率。

(3)从价税的税收负担较为公平,符合税收的公平原则。

(4)从价税的征收比较简单,对于同种商品可不必因其品质的不同再详细加以分类。

(三)混合税

在从量税和从价税的基础上,将从价税和从量税这两种方法混合使用便构成了复合税,又称为混合税(Compound Tariffs)。例如,对天然软木制品征收 10.5%的从价税,另外每千克加征 1 美元的从量税。

混合税的计算公式为:复合税额=从量税额+从价税额。

混合税在具体征收时还有两种情况:以从量税为主,另外加征从价税;或以从价税为主,另外加征从量税。

(四)选择税

选择税(Alternative Tariffs)是指对同一种进口商品同时定有从价、从量或混合税率。在需要限制进口时,海关可选择其中税率高的一种形式征收;在需要鼓励进口时,海关可选择低税率的一种形式征税。例如,日本对其胚布的进口征收协定关税 7.5%或每平方米加征 2.6 日元,具体征收关税时,按其中高者进行。

(五)滑动关税

滑动关税(Sliding Duty)亦称"滑准关税"或"伸缩关税",是根据进出口商品价格或数量的变动而升降税率的一种关税。

例如，2015年进口棉花滑准关税具体方式及变化：

（1）当进口棉花完税价格高于或等于15.000元/千克时，暂定从量税率为0.570元/千克。

（2）当进口棉花完税价格低于15.000元/千克时，暂定从价税率按下式计算：

$$R_i = 9.337/P_i + 2.77\% \times P_i - 1 (R_i \leq 40\%)$$

式中，R_i为暂定从价税率；P_i为关税完税价格，单位为元/千克。

五、按照关税保护程度和有效性分类

（一）名义保护率

一国对进口商品征收保护关税，可以保护国内市场和国内生产。关税保护作用的大小取决于进口税率高低。在其他条件相同的情况下，进口关税的税率越高，对于本国生产同类产品部门的保护程度也就越高，反之保护程度就低。

$$名义保护率（NRP）= \frac{P - P^*}{P^*} \times 100\%$$

式中，P^*为自由贸易价格；P是进口商品的国内价格，包括国内关税，即 $P = P^* + T$。由于实际生活中看不到自由贸易价格，大多数经验研究便将产品的国际价格作为P^*的值。

因此，名义保护率（Nominal Rate of Protection）是和自由贸易状况下相比，征收关税后使货物产品价格增长的比例。

（二）有效保护率

由于经济全球化和国际分工是由产业间向产业内发展，中间产品贸易量大大增加，因此国际贸易商品很少完全是产自一个国家。在许多情况下，产品生产需要引进投入和进口零部件。中间产品贸易的存在给关税经济分析及关税保护效应的估量造成了极大的差别。

有效保护率（Effective Rate of Protection）是相对于自由贸易的增值而言，是征收关税所导致的该产业每个单位产品附加值增加的百分比。有效保护率的值不仅取决于有关成品的名义关税，还受到所使用的投入原料或原材料的进口关税，以及这些投入在产品中所占的比重的影响。

有效保护率计算公式为：

$$有效保护率（ERP）= \frac{V - V^*}{V^*} \times 100\%$$

式中，V是指征收关税后单位成品的国内价值；V^*是自由贸易下产品的价值。

【例6-1】假定自由贸易条件下的某产品价值为100元，其中50元为进口投入，50元为国内附加值。

（1）如果对同类的进口产品征收20%的关税，但对进口原材料或半成品免税，这使产品在国内市场的价格上升到120元。保护关税就使国内附加值增加到70元（120-50=70）。那么，对这种产品的有效保护率为：

$$ERP = \frac{70 - 50}{50} \times 100\% = 40\%$$

（2）假如对这种产品的进口投入也同样征收20%的关税，则投入的价格上升到60元

（50+50×20%=60），国内附加值减少到 60 元（120–60=60）。那么，对这种产品的有效保护率下降为：

$$ERP = \frac{60-50}{50} \times 100\% = 20\%$$

（3）假如对该产品的进口投入征收 50%的关税，但对进口产品征收 20%的关税，则投入价格上升到 75 元（50+50×50%=75），国内附加值减少到 45 元（120–75=45）。那么，对这种产品的有效保护率变成了负数：

$$ERP = \frac{45-50}{50} \times 100\% = -10\%$$

通过该例子的分析，得出如下的结论：

（1）当最终产品的名义税率即关税税则中规定的税率大于其投入的名义税率时，对最终产品的有效保护率大于名义税率。

（2）当最终产品的名义税率等于其投入的名义税率时，对最终产品的有效保护率等于名义税率。

（3）当最终产品的名义税率小于其投入的名义税率时，对最终产品的有效保护率则小于名义税率。

（4）当对进口投入征收的税率过高时，则会出现负数的保护率。

在对生产该产品的原材料同时征收进口税的情况下，计算该产品的有效保护率时就复杂了一些。此时，可以通过下面的公式进行计算：

$$ERP = \frac{T - \sum a_i t_i}{T - \sum a_i}$$

式中，T 为该产品的名义进口关税率；a_i 为在未征税前原材料价值在该产品全部价值中所占的比重；t_i 为原材料的名义进口关税率。

上式反映出关税的有效保护率具有以下性质：

如果 $a_i=0$，$ERP=T$，即如果没有进口投入要素，则有效保护税率与名义税率相同。

如果 a_i、t_i 值不变，则名义税率 T 越高，有效保护率 ERP 越高。

如果 T、t_i 值不变，则 a_i 值越大，有效保护率越高。

如果 t_i 大于或等于或小于 T，则有效保护率 ERP 小于或等于或大于 T。

如果 $a_i t_i > T$，则 $ERP < 0$，即这种关税结构不利于保护，反而会削弱国内产品的国际竞争力。

上面对有效保护率的分析表明，利用关税对国内市场的保护不仅依赖于较高的税率，还要有合理的关税结构和生产结构。

专栏6-4 **"中国制造"将不再享受欧盟普惠制 出口企业面临挑战**

成本上升显然已经成了中国外贸"新常态"之一。来自深圳市检验检疫局的消息，据欧洲委员会公布的一项普惠制规例，2015 年 1 月 1 日起，中国将被排除出受惠国行列，届时，中国出口欧盟产品关税或将大幅增加。

普惠制是工业发达国家对发展中国家或地区出口的制成品和半制成品给予普遍的、非歧视的、非互惠的关税制度,当受惠国产品在国际市场上显示较强竞争力时,其优惠资格即取消。据悉,中国普惠制原产地证书和区域性优惠原产地证书的平均关税减免幅度在6%左右。

目前,约40个国家给予中国普惠制待遇,其中欧盟国家是主要成员。以深圳为例,2014年前11个月,深圳检验检疫局签发出口欧盟产品普惠制原产地证书约20万份,占该局签发普惠制原产地证书总量的60.6%,货值达61亿美元,企业因此获关税减免约3亿美元。

值得一提的是,欧盟取消中国出口产品普惠制的同时,继续对越南等东南亚国家,以及秘鲁、阿根廷等南美国家的一些产品实施普惠制待遇,如从2014年1月1日起,包括鞋帽类在内的越南多种商品就被欧盟赋予了这种普惠关税优惠。

欧盟、日本等国家和地区近年不断削减对中国的普惠制待遇产品,对处于严峻形势中的外贸企业是雪上加霜。因此,一些企业则利用差异化普惠制政策进行产业及投资转移。公开报道显示,国内纺织服装龙头企业宁波申洲针织有限公司将生产基地迁往东南亚,申洲柬埔寨分公司规模目前已达8 000多人;国内纺织行业巨头百隆东方公司也已在越南开设分公司,总投资达2.5亿美元。

广东比帆制衣有限公司总经理黄发安则较为乐观,他认为,订单"东南飞"集中在低端产品,但越南等国家尚不具备生产中高端产品的能力,出货速度、产品质量均赶不上"中国制造",企业可在产品结构上向中高端方向做出调整,拓展利润空间。

目前,中国在劳动力综合素质、产业集群和配套能力等方面仍具有一定优势。华南师范大学经济管理学院教授邓宇君表示,低端出口制造在中国面临越来越大的生存压力,这是产业梯度转移的必然趋势,中国吸引外资正从"低成本"优势转变为产业链齐备、人才集聚、市场巨大等要素的综合优势。

世界银行按人均国民总收入,已先后于2011年、2012年和2013年把中国、厄瓜多尔、马尔代夫和泰国归类为高收入或中高等收入国家。2013年12月31日,欧盟《官方公报》刊登欧洲委员会第1421/2013号规例,修订了欧盟的普惠制规例。在其生效一年后,中国内地、厄瓜多尔、马尔代夫和泰国将被剔出受惠国行列。由此,自2015年1月1日起,中国所有产品将不再享受普惠制优惠待遇。

(资料来源:http://www.cacs.gov.cn/cacs/newcommon/details.aspx?articleid=127198)

第三节 关税的经济效应

征收关税会引起商品价格和国内进口替代商品价格的变化,也影响着商品供需矛盾,对进出口双方国家的经济会产生不同程度的影响。也就是说关税的征收会带来一系列的经济效应。关税的经济效应是指一国征收关税对本国国内价格、贸易条件、生产、消费、贸易、税收、再分配以及国民福利等方面产生的综合影响。对关税的经济效应的分析主要从静态和动态两个方面来进行,前者分析关税的直接经济影响,后者分析关税对一国经济产生的进一步影响。因动态分析较为复杂,且不同的学者之间有很大争议,本节只通过静态经济效应分析来把握关税所产生的直接经济影响。

在分析关税的经济效应时,把参与贸易的国家分为两类:一类为贸易小国,这类国家在某种特定商品的国际贸易中占有的份额很小,不足以对世界市场产生实质性影响,它只是国际贸易过程中的价格接受者；另一类为贸易大国，这类国家在某种特定商品的国际贸易中具有举足轻重的影响力，其本身进出口数量的变化足以改变世界市场的供求关系，从而带动国际市场价格发生变化，同时它也是国际贸易中的价格制定者。

一、对贸易小国关税的经济效应分析

假设在某种商品的国际贸易中，A国为贸易小国，其在该商品上的国内市场的关税效应如图6-2所示。

在A国对该种进口商品不征收关税的情况下，若世界市场价格为R，A国的国内市场价格也为Pw，A国国内市场该商品生产量为Q_1，消费量为Q_4，进口量为Q_4-Q_1。当A国对每一个单位进口商品征收的进口关税为t时，因世界市场价格仍维持在Pw水平，A国国内市场价格将因关税的征收而上升至Pt(Pt=Pw+t)，国内生产量增加至Q_2，国内消费量减少至Q_3，进口量缩减到Q_3-Q_2。具体来讲，关税的征收给A国带来如下经济效应：

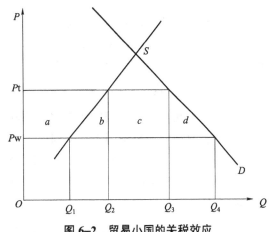

图6-2 贸易小国的关税效应

（一）价格效应

价格效应（Price Effect）是指征收关税对进口国国内市场价格的影响。对进口商品征收关税首先会使进口商品的价格上涨，从而引起国内进口替代部门生产的产品价格上涨，但整个国内市场价格上涨幅度的大小，要看征收关税对世界市场价格的影响力，由于贸易小国在世界市场中所占份额很小，因此在征收关税后对世界市场价格基本没有影响，因此，A国对进口品征税并不改变世界市场价格，但征收关税之后，进口商除需要按世界市场价格支付价款外，还需要向本国海关缴纳进口关税，进口成本提高，进口商品及国内替代品的市场价格也必然提高。

（二）生产效应

生产效应（Production Effect）是指征收关税对进口国进口替代品产生的影响。对于国内的竞争生产者来说，是可以从保护关税中获利的。在允许自由进口的情况下，国内生产的商品数量将被压缩到OQ_1，其余部分的需求就要通过进口来满足，此时的进口数量为Q_1Q_4。而当关税把国内市场的价格提高后，国内的生产数量也从OQ_1扩大到了OQ_2，图6-2中a即代表了生产者剩余的上升，即国内的生产者利润的增加。也就是说，由于关税所减少的那部分进口数量中，有一部分是由国内生产所代替。一般意义上，关税的税率越高，生产者受到的保护程度也就越大。事实上很多国家以关税限制进口，就是希望通过给国内生产厂商提供保护，推动国内生产的扩大和就业水平的提高。

（三）消费效应

消费效应（Consumption Effect）是指关税对进口商品消费的影响。对进口商品征收关税首先会使进口商品及国内替代品的市场价格提高，还会导致国内市场需求的下降，消费数量的减少，产生消费效应。价格的上升和消费数量的减少使消费者蒙受损失，损失的程度可由消费者剩余的变动来衡量。在图 6-2 中，价格上升后，消费者剩余减少了大梯形面积（$a+b+c+d$），这就是征收关税使国内消费者损失的福利。

（四）贸易效应

将关税的生产效应与消费效应结合起来即可得到关税的贸易效应（Trade Effect）：消费数量的减少和本国替代品生产数量的增加必然导致进口数量的萎缩。

（五）财政收入效应

财政收入效应（Fiscal Revenue Effect）是指对国家财政收入的影响。对进口关税的征收为政府直接带来了税收，从而增加了财政收入，这就是关税的税收效应。在图 6-2 中，关税收入为矩形面积 c，它代表政府从关税得到的收益，其大小等于进口数量乘以税率。

（六）福利效应

关税的征收使国内不同的经济主体的利益发生不同的变化：生产厂商获得利益，政府获得税收，但消费者会蒙受损失。从前面的分析可知，厂商获利 a 与政府税收 c 二者之和也不能弥补消费者损失（$a+b+c+d$），关税的征收使一国产生了（$b+d$）的净福利损失，这就是贸易小国的关税福利效应（Welfare Effect）。不难看出，在如上的分析模型中，贸易小国对进口品征收关税只会降低自身的福利水平。因此，对贸易小国而言，自由贸易是最佳选择。

二、对贸易大国关税的经济效应分析

贸易大国与贸易小国的显著差异在于其对世界市场价格的影响力，这使得贸易大国的征税行为不仅影响其国内价格，还影响到世界市场价格。

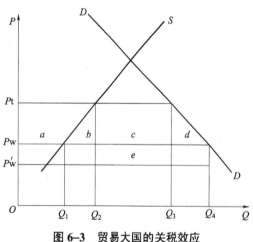

图 6-3 贸易大国的关税效应

假设在某种商品的国际贸易中，B 国为贸易大国，其在该商品上的国内市场供求情况如图 6-3 所示。与贸易小国 A 情况相同，在 B 国对该种进口商品不征收关税的情况下，若世界市场价格为 Pw，B 国的国内市场价格也为 Pw，那么这时 B 国国内市场该商品生产量为 Q_1，Q_4 是该商品的消费量，进口量为 Q_4-Q_1。当 B 国对每一个单位进口商品征收的进口关税为 t 时，与贸易小国 A 的情况不同，由于关税的征收致使该国对商品的进口数量的下降，减少对世界市场上该商品的需求，从而导致该商品世界市场价格降低。此时假定降低后的世界市场价格为 $P'w$，那么由于关税的征收 B 国国内市场价格将上升至 Pt（$Pt=P'w+t$），国内生产量增加至 Q_2，国内消费量减少至 Q_3，进口量缩减到 Q_3-Q_2。

贸易大国的关税经济效应与贸易小国相同，关税的征收同样给贸易大国带来了价格上涨的价格效应、生产扩大的生产效应、消费下降的消费效应、进口萎缩的贸易效应以及增加财政收入的税收效应等经济效应。尽管如此，贸易大国还是存在与贸易小国不同的关税效应特征：

（一）国内价格的上涨

与贸易小国不同的是贸易大国国内价格的上涨幅度小于贸易小国，这是因为关税的征收使世界市场价格被压低，进口国国内价格为新的世界市场价格与进口关税相加，那么与贸易小国价格上涨幅度等于关税水平的情况相比，此时贸易大国的价格上涨程度更低。一般来说，贸易大国关税价格效应的这一特征也使其在生产增长幅度、消费降低幅度和贸易减少程度方面均小于贸易小国。

（二）贸易条件效应

贸易大国征收关税，会引起对进口商品的需求减少，从而导致进口商品的价格下降，同时也降低了该商品的世界市场价格，从实际上讲是降低了该国的进口价格，在其他因素不变的情况下，意味着改善了本国的贸易条件。

（三）福利效应

从整个经济角度出发，贸易大国征收关税同样会使生产厂商获利，政府获得财政收入（关税收入），消费者蒙受损失，但不同的是贸易大国的净福利变动却不同于贸易小国。由图6-3可以看出，此时厂商获利为 a，消费者损失为 $(a+b+c+d)$，而政府的关税收入却应该是 $(c+e)$，净福利变动就是 $[e-(b+d)]$，这就使贸易大国的净福利变动出现3种可能：其一，净福利损失，e 小于 $(b+d)$；其二，净福利变动为零，e 等于 $(b+d)$；其三，净福利增加，e 大于 $(b+d)$。也就是说，贸易大国的征税有可能带来福利的增加，而贸易小国征收关税却只能带来福利的损失。这种可能性可以通过贸易条件效应进行解释，由于贸易大国具有强大的市场影响力，那么通过压低进口价格，改善自身贸易条件，从而使得一部分利益从国外出口商那里转移至本国，从而部分甚至全部补偿本国因征税导致价格上涨、贸易减少而蒙受的损失。因此，一般来说，贸易大国与贸易小国相比通常处于更为有利的地位。

第四节 海关税则与通关手续

一、海关税则的概念

海关税则又称为关税税则，是一国对进出口商品计征关税的规章和对进出口的应免税商品加以系统分类的一览表，海关凭此征收关税。海关税则是关税政策的具体体现，一般包括海关课征关税的规章条例与说明及关税税率表两部分。其中，关税税率表主要包括税号（Tariff No. 或 Heading No. 或 Tariff Item）、货物分类目录（Description of Goods）和税率（Rate of Duty）3部分。

二、海关税则的分类

（一）根据税目所对应的税率栏目个数分类

根据税目所对应的税率栏目个数，将税则分为单式税则和复式税则。

1. 单式税则

单式税则（Single Tariff）又称为一栏税则，一个税目只对应一个税率，适用于来自任何国家的商品，没有差别待遇。显然，它是一种无歧视性关税。目前，只有少数发展中国家如委内瑞拉、巴拿马、冈比亚等仍实行单式税则。

2. 复式税则

复式税则（Complex Tariff）又称为多栏税则，在一个税目下订有两个或两个以上的税率，其目的是对来自不同国家的进口商品适用不同的税率，实行差别待遇和贸易歧视政策。绝大多数国家都采用这种税则。

（二）按税则制定者的不同分类

按税则制定者的不同，税则可分为自主税则和协定税则。

1. 自主税则

自主税则（Autonomous Tariff）又称为国定税则，是指一国法定机构根据关税自主原则单独制定而不受对外签订的贸易条约或协定约束的一种税率。自主税则可分为自主单式税则和自主复式税则，前者为一国对一种商品自主地制定一个税率，这个税率适用于来自任何国家或地区的同一种商品；后者为一国对一种商品自主地制定两个或两个以上的税率，分别适用于来自不同国家或地区的同一种商品。

2. 协定税则

协定税则（Conventional Tariff）是指一国与其他国家或地区通过贸易与关税谈判，以贸易条约或协定的方式确定的关税税率。这种税则是在本国原有的国定税则以外，另行规定的一种税率。它是国家之间关税减让谈判的结果，要比国定税率低。协定税则又可分为以下两种：

（1）单边协定税则。例如，第二次世界大战前的弱小国家被迫订立不平等条约，向帝国主义国家单方面做出减让的税率。

（2）双边或多边协定税则，是指由两个或两个以上的国家通过谈判而达成减让的税率。例如，WTO历次谈判所达成的关税减让表，适用于各成员方，属于多边协定税则。

协定税则不仅适用于条约或协定的签字国，某些协定税率也适用于享有最惠国待遇的国家。对于没有达成关税减让的商品或不能享受最惠国待遇的国家的商品，仍采用自主税则。

（三）按进出口货物进行分类

按照进出口货物，海关税则可分为进口税则和出口税则。有的国家将进出口货物的税则合在一起，即在同一个税则中分列进口税率和出口税率。中国的税则就是这一种。

三、海关税则的商品分类

海关税则的商品分类目录是由各国政府、海关当局或经济同盟制定的关税税则表明商品的组别而采用的归类编码制度。它归类方式很多，有的按加工程度，有的按商品性质，有的按自然属性、功能和用途加以分类，其分类的目的不仅是方便通关纳税统计的需要，更主要的是利用海关税则更有针对性地限制有关商品的进口，将其作为实行贸易歧视的手段。

由于最初各国是根据自身需要和习惯进行商品的分类，因而分类方式、口径各异。为了减少各国海关在商品分类上的矛盾，一些国际组织开始制定国际通用的商品分类目录，现在普遍使用的主要有三种：

（一）《布鲁塞尔税则目录》

《布鲁塞尔税则目录》（Brussels Tariff Nomenclature，BTN）也就是《关税合作理事会税则目录》（Customs Cooperation Council Nomenclature，CCCN），是欧洲关税同盟于1952年制定的，因该目录是在布鲁塞尔制定的，所以也称为《布鲁塞尔税则目录》。该目录的分类原则是按商品生产的原材料组成为主，结合加工程度、制造阶段和商品的最终用途来划分的。它将全部商品分为21类（Section）、99章（Chapter）、1 011个税目号（Heading No.）。其中前4类（1~4章）为农畜产品，其他17类（5~99章）为工业制成品。《布鲁塞尔税则目录》已被140多个国家采用。

（二）《国际贸易标准分类》

出于便于贸易统计，联合国经社理事会于1950年制定并公布了《国际贸易标准分类》（Standard International Trade Classification，SITC），它主要是依照商品的加工程度将商品分为初级产品和工业制成品，然后再由低到高对商品进行分类排列，同时商品的自身属性也是商品分类的主要参考标准。该目录把全部商品分成10类、63章、233组、786分组、1 924个基本项目。其中0~4类为初级产品，5~8类为工业制成品。《国际贸易标准分类》已被100多个国家使用。

（三）《协调商品名称和编码制度》

为了协调和进一步统一这两种国际贸易分类体系，海关合作理事会协调制度委员会于1983年主持制定了《协调商品名称和编码制度》（The Harmonized Commodity Description and Coding System，HS），它以《布鲁塞尔税则目录》为基础，以协调《国际贸易标准分类》为目标，所以也称为《协调制度》（HS），并在1988年1月1日正式生效。《协调制度》目录将商品分成21类、97章、1 241个项目号和5 019个子目。其中1~4章为农副产品，25~97章为加工制成品，第77章金属材料为空缺，是为新材料的出现而留空。由于《协调制度》综合了两种分类标准，同时能满足关税统计和国际贸易其他方面的要求，所以被大多数国家和地区采用，中国是于1992年正式采用该分类体系的。

四、通关手续

通关手续又称为报关手续，是指进出口商向海关申报进口或出口，接受海关的监督和检查，履行海关规定的手续。进出口货物只有通过申报通关手续，缴纳相关税额和费用，经海关同意后才给予通关放行，其核心是海关监管。通关手续一般包括4个基本环节：申报、查验、征税、放行。

（一）申报

申报（Declaration）又称为报关，是指进出口商或其代理人在货物运抵进口国的港口、车站或机场时，在海关规定的时间内，向海关提交有关单证和填写有关的表格。在填制报关单时必须正确、全面，并要求其内容与实际货物及交验的其他单证相一致，做到报关单、货物及其他证件三者相符。

提交的单据和文件包括：进口报关单、提单、商品发票或海关发票、进口许可证、装箱单、原产地证书、商品检验证书及其他单证和合同等。

海关在收到报关人提交的上述单证后，进行审核：海关如发现缺少单证或没按规定内容填制，应立即通知申报人及时补充或更正。

（二）查验

查验（Inspection）又称为验关，是由进口货物的收货人、进口商或代理人随同海关人员在进口货物到岸卸货后，在海关指定的仓库内进行查验，核实货物与单证是否相符。

（三）征税

海关查验货物后，根据该国海关税则，对来自不同国家的货物依照不同的税率征收关税（Duties Collection）。如发现货物缺少，可扣除缺失部分的进口税。

在通关过程中，各国海关都规定报关的时限，报关人必须在货物到达后按规定办理报关手续。如果进口商对某些特定的商品，如易腐、易烂的商品，要求货到即刻从海关提出，可在货到之前先办理提货手续，并预付一笔进口税，日后再正式结算进口税。如果进口商想延期提货，在办理存栈报关手续后，可将货物存入保税仓库，暂时不缴纳进口关税。在存放仓库期间，货物可再行出口，不必缴纳进口税，但如要将货物提出保税仓库运往国内市场销售，则在提货前必须办理通关手续。

货物到达后，进口商如在海关规定的期限内未办理通关手续，海关有权将货物存入候领货物仓库，一切责任和费用都由进口商负责。如果在超过海关规定的时间仍未办理通关手续，海关有权处置该批货物。

（四）放行

海关在审核单证、货物并照章向进口商收取关税后，在单证上盖章放行。报关人即可到海关监管仓库或场所提货。

办理通关手续是货物进出口活动的正常环节，但有时它会成为限制进出口的重要手段。一国在实施贸易保护政策时，规定一些烦琐的、特意设计的通关手续，可以起到自我保护作用。进口国家可以设计多种货物进口的障碍，增加进口货物的额外开支，使进口商承担更多的风险，从而不愿进口。

本章小结

国际贸易政策是各国干预对外贸易的手段和措施。一国政府要对对外贸易进行干预，最为简便的方法就是对进出海关的货物征收关税。本章主要介绍了关税的含义及特点、关税的种类、关税的经济效应分析、海关税则、通关手续。

关键词

关税　关税的经济效应　海关税则　通关手续

复习思考题

1. 什么是关税？它有何特征和作用？
2. 征收关税的方法有哪些？各有何利弊？
3. "关税能为政府带来收入并且能为国内产业提供保护，因此，关税税率越高，政府的收入越多且对国内产业保护越好"。请对此观点进行分析。
4. 试用图形分析小国征收关税的各种效应。
5. 什么是海关税则？它包括哪两个部分？

第七章

非关税措施

引导案例

碳关税：披着漂亮外衣的新保护主义

近段时间，"碳关税"在国际上成为热门话题。个别国家热衷制定包含"碳关税"条款的法案，也有的国际组织提出，"碳关税"可适用于国际贸易规则。对此，中国商务部新闻发言人姚坚发表谈话指出，中方对此坚决反对。

"碳关税"是披着漂亮外衣的保护主义。近年来，随着经济一体化和贸易全球化进程的推进，全球自由贸易的程度不断提高，贸易保护主义越来越不得人心。然而，与此同时，一种打着"绿色"幌子的新保护主义兴起了。"碳关税"就是其中之一。

所谓"碳关税"，就是指对高耗能产品进口征收二氧化碳排放关税。美国众议院通过的一项征收进口产品"边界调节税"法案，实质就是从2020年起开始实施"碳关税"——对进口的排放密集型产品，如铝、钢铁、水泥和一些化工产品，征收特别的二氧化碳排放关税。

然而，诚如中国商务部新闻发言人姚坚指出的那样，"碳关税"不仅违反了WTO的基本规则，也违背了《京都议定书》确定的发达国家和发展中国家在气候变化领域"共同而有区别的责任"原则，是"以环境保护为名，行贸易保护之实"。

"碳关税"不仅不可能真正抑制碳排放，反而事实上会增加一个贸易壁垒，而这个贸易壁垒与WTO现行规则有直接冲突。WTO基本原则中有一条"最惠国待遇"原则，其含义是缔约一方，现在和将来给予任何第三方的一切特权、优惠和豁免，也同样给予其他成员。而征收"碳关税"，各国环境政策和环保措施都不同，对各国产品征收额度也必然差异甚大，这就会直接违反最惠国待遇原则，破坏国际贸易秩序。

法国前总统希拉克提出"碳关税"这个概念，本意是希望欧盟国家针对未遵守《京都议定书》的国家课征商品进口税，以避免在欧盟碳排放交易机制运行后，欧盟国家所生产的商品遭受不公平之竞争。但现实情况是，发达国家多数没有切实遵守《京都议定书》，发展中国家又暂时不承担减排份额，这使得"碳关税"征收缺少了现实的支撑。而美国这个温室气体的头号排放大国甚至拒绝签署《京都议定书》，不愿意承担减少排放额度的义务，现在却突然热衷于别国产品征收"碳关税"，这除了借气候保护之名行贸易保护之实外，实在找不出更合理的解释。

《京都议定书》实行的是"共同而有区别的责任"原则，发展中国家暂不承担排放额度。发达国家向发展中国家产品征收"碳关税"，结果只能是发达国家一箭双雕——在堂而皇之地将发展中国家的财富纳入自己国库的同时，让发展中国家背负污染环境的恶名。这就违背了"共同而有区别的责任"的原则。然而，美国按照自己的标准征收"碳关税"，别的国家难道不可以按自己的标准征收美国的"碳关税"？如此，全球合作减排机制必遭破坏，世界卷入贸易战也势不可免。

贸易保护主义从来不是单行线。历史经验表明，贸易保护主义是把双刃剑；全球经济的任何一环出现贸易壁垒，其后果都将是全球性的。一些西方国家打着"绿色"的旗号行保护主义之实，最终只能是损人也害己。

（资料来源：http://news.xinhuanet.com/world/2009-07/08/content_11672554.htm）

教学目标

1. 掌握非关税措施的概念、特点及作用。
2. 掌握直接限制进口的非关税措施。
3. 掌握间接限制进口的非关税措施。

第一节 非关税措施概述

一、非关税壁垒的含义及其发展历史

非关税壁垒（Non-tariff Barriers，NTBs）是指除关税措施以外的一切限制进口的措施。在 WTO 规则体系中，主要包括进口配额、自动出口限制、技术性贸易壁垒、反倾销、反补贴和保障措施等。

非关税壁垒早在资本主义发展初期就已出现，但普遍建立起来却是在 20 世纪 30 年代。由于世界性经济危机的爆发，各资本主义国家为了缓和国内市场的矛盾，对进口的限制变本加厉。一方面高筑关税壁垒，另一方面采用各种非关税壁垒措施阻止他国商品进口。第二次世界大战后，特别是 20 世纪 60 年代后期以来，在世界贸易组织的前身——关贸总协定的努力下，关税总体水平得到大幅下降，因而关税作为政府干预贸易的政策工具的作用已越来越弱。于是发达国家为了转嫁经济危机实现超额垄断利润，转而主要采用非关税壁垒措施来限制进口。到 20 世纪 70 年代中期，非关税壁垒已经成为贸易保护的主要手段，形成了新贸易保护主义。

非关税壁垒与关贸总协定和世界贸易组织促进贸易自由化的宗旨是相违背的。关贸总协定较早就意识到这个问题，并在第七轮谈判"东京回合"中第一次把谈判矛头指向了非关税壁垒，提出减少、消除非关税壁垒，减少、消除这类壁垒对贸易的限制及不良影响，以及将此类壁垒置于更有效的国际控制之下等条款。但这些条款和协议往往是有保留的，并且非关

税壁垒花样繁多、层出不穷。关贸总协定也不可能对每一种非关税壁垒都用具体条款做出明确规定。因此，非关税壁垒越来越趋向于采用处于总协定法律原则和规定的边缘或之外的歧视性贸易措施（如自动出口限制等），从而成为"灰色区域措施"（Gray Area Measures），以绕开关贸总协定的直接约束。目前，越来越多的西方发达国家使用"灰色区域措施"，这在一定程度上构成了对国际贸易体系的威胁。

二、非关税壁垒的特点

非关税措施与关税措施都有限制进口的作用，但是，与关税措施相比较，非关税措施具有以下特点：

（一）非关税措施具有更强的灵活性和针对性

各国关税税率的制定，必须经过立法程序，一旦获得通过，就要保持一定的持续性。若要更改或者调整这些税率，就必须经过严格的法律程序，而这种法律程序往往比较迟缓，在需要紧急限制进口时经常难以适应。同时，关税税率的调整还要受到世贸组织及其他贸易协议的制约。而非关税措施的制定和实施通常采用行政手段，调整、改变程序简便，能随时针对实际情况实施、变换限制进口的措施，达到限制进口的目的。

（二）非关税措施更具有效性、合理性

关税措施旨在通过征收高额关税，提高进口商品的成本，达到限制进口的目的。但当出口国采取出口补贴和商品倾销等方法降低出口商品的成本和价格时，关税就很难起到限制商品进口的目的。但一些非关税措施如进口配额、进口许可证等，预先规定进口的数量和金额，超过限额就直接禁止进口，这样在限制进口方面更直接、更有效、更合理。同时，除了一些传统的非关税措施得到世贸组织的规范和限制，一些新兴的非关税国际贸易理论与政策措施以保护环境、保护人民健康等为由限制一些国外的产品进入本国，这些措施通过国际条约合理合法化，往往容易被人接受。

（三）非关税措施更具隐蔽性和歧视性

关税是经过法律程序确定的，并以法律形式公布于众，依法执行的。与关税不同的是，非关税措施往往不公开，或者规定严格、烦琐和复杂的标准及手续，而且还会经常变化，让出口商难以对付和适应，往往使一些出口厂商因为某一点不符合规定，就使商品不能进入对方的市场，从而达到保护国内市场和生产的目的。此外，一些国家还针对某个国家采取相应限制性的非关税措施，大大加强了差别性和歧视性。

三、非关税壁垒的作用

发达国家的贸易政策越来越把非关税壁垒作为实现其政策目标的主要工具。对他们而言，非关税壁垒的作用主要体现在 3 个方面：一是作为防御性武器限制外国商品进口，用以保护国内陷入结构性危机的生产部门及农业部门，或保障国内垄断资产阶级获得高额利润；二是在国际贸易谈判中以此迫使对方让步，以争夺国际市场；三是用作对他国的贸易歧视手段，甚至作为实现其政治利益的手段。总之，发达国家设置非关税壁垒是为了保持其经济优势地位，维护不平等交换的国际格局，具有明显的剥削性。

必须承认，发展中国家同样也越来越广泛地使用非关税壁垒措施，但与发达国家相比，其目的有所不同：一是限制非必需品的进口，节省外汇；二是限制外国进口品的竞争力，保护民族工业和幼稚工业；三是发展民族经济，摆脱发达资本主义国家对本国经济的控制和剥削。由于发展中国家与发达国家经济发展水平的巨大差距，设置非关税壁垒有其合理性和正当性。为此，关贸总协定在"肯尼迪回合"中增加了"贸易与发展"部分，并陆续给予发展中国家更大的灵活性，允许其为维持基本需求和谋求优先发展而采取贸易保护措施。但总的看来，从关贸总协定到世界贸易组织，对发展中国家的要求注意得还不够，发展中国家还要继续为此奋斗。

第二节　直接限制进口的非关税措施

非关税措施名目繁多，归纳起来分成两大类：一类是直接限制，即进口国直接对进口数量或金额加以限制，如进口配额制、进口许可证制和"自动"出口配额制等；另一类是间接限制，是指对进口商品制定种种严格的标准和条例，间接地限制商品的进口，如进口押金制、最低进口限价、烦琐苛刻的技术卫生检疫标准等。

一、进口配额制

进口配额制（Import Quotas System）又称为进口限额制，是一国政府在一定时期（如一季度、半年或一年）以内，对某些进口商品的进口数量或金额加以直接限制。在规定的期限内，配额以内的货物可以进口，超过配额的不准进口，或者征收较高的关税或罚款后才准予进口。进口配额是许多国家实行进口数量限制的重要手段之一。

（一）进口配额的分类

1. 绝对配额

绝对配额（Absolute Quotas）是指在一定时期内，对某些商品的进口数量或金额规定一个最高限额，在这个数额之内允许进口，达到这个数额后，便不准进口。在贸易实践中，进口配额的实施通常又有以下两种方式：

（1）全球配额（Global Quotas）。全球配额属于世界范围的绝对配额，对来自任何国家或地区的商品一律适用。它强调的是进口数额，而不是这种商品的出处。全球配额的具体做法是一国或地区的主管当局在公布的总配额之内，按进口商的申请先后或过去某一时期的进口实际数额批给一定的额度，直至总配额发放完为止，超过总配额就不准进口。由于邻近国家或地区地理位置接近，到货较快、比较有利，而较远的国家或地区在这种情况下就处于不利的地位，因此，在配额的分配和利用上很难考虑国别政策。基于这种情况，一些国家为了避免和减少这些不足大多采用国别配额。

（2）国别配额（Country Quotas）。国别配额也称为选择配额，是指在总配额内按国别或地区分配给固定的配额，超过规定的配额便不准进口。由于在发放配额时，主管当局带有强烈的国别色彩，所以又称为歧视性配额。同时为了区分来自不同国家和地区的商品，在进口商品时进口商还必须提交原产地证书。实行国别配额可以使进口国家根据它与有关国家或地区的政治、经济关系分配给其不同的额度。

一般来说，国别配额可分为自主配额、协议配额和进口商配额。

① 自主配额（Autonomous Quotas）又称为单方面配额，是由进口国家完全自主地、单方面强制规定在一定时期内从某个国家或地区进口某种商品的配额。这种配额不需要征求输出国家的同意。自主配额一般参照某国过去某年的输入实际，按一定的比例确定新的进口数量或金额。但分配额度的差异容易引起某些出口国家或地区的不满和报复，因此，有些国家采用协议配额来缓和彼此之间的矛盾。

② 协议配额（Agreement Quotas）又称为双边配额（Bilateral Quotas），是由进出口国家政府或民间团体之间协商确定的配额。由于协议配额是由双方协商决定的，因而较易执行。协议配额应用很广泛，以欧盟的纺织服装业为例，为了保护其日益失去竞争力的纺织服装业，欧盟对80%以上的进口贸易实行双边配额管理。

③ 进口商配额（Importer Quotas）是对某些商品进口实行的配额。出于加强垄断资本在贸易中的垄断地位和进一步控制某些商品的进口的需要，进口国将某些商品的进口配额在少数进口厂商之间进行分配。例如，日本食用肉的进口配额就是在29家大商社之间分配的。

2. 关税配额

关税配额（Tariff Quotas）是指对进口商品的绝对数额不加以限制，而对一定时期内在规定数额以内的进口商品给予低税、减税或免税待遇，对超过配额的进口商品征收较高的关税或征收附加税甚至罚款。

按征收关税的目的和优惠程度还可分为优惠性关税配额和非优惠性关税配额。

（1）优惠性关税配额。优惠性关税配额是对关税配额内进口的商品给予较大幅度的关税减让甚至免税，而对超过配额进口的商品征收原来的最惠国税率，欧盟在普惠制实施中所采取的关税配额就属于此类。

（2）非优惠性关税配额。非优惠性关税配额是对关税配额内进口的商品征收原来的进口关税，一般按最惠国税率征收，对超过配额的进口商品则征收极高的进口附加税或罚款。例如，1974年，澳大利亚曾规定对除男衬衫、睡衣以外的服装凡是超过配额的部分加征175%的进口附加税，如此高的进口附加税实际上起到禁止超过配额的商品进口的作用。

关税配额与绝对配额的不同之处在于，绝对配额规定一个最高进口额度，超过就不准进口，而关税配额在超过配额限制数额之后仍可进口，只是对超过部分要征收较高的关税。可见，关税配额是将关税与配额结合起来使用，主要以经济手段调节进口水平，而不是像绝对配额那样以行政手段控制进口的绝对量。它们的相同之处在于都是以配额形式出现，通过提供、扩大、减少配额对贸易对方实施贸易歧视的。

（二）进口配额的分配

在实践中，配额通常与进口许可证结合使用，其分配方法主要有以下三种：

1. 竞争性拍卖

在竞争性拍卖下，政府将配额许可证售卖给出价最高的进口商。

2. 按固定比例优惠发放

政府根据实施配额以前各厂商在进口总额中所占的份额免费发放进口配额。

3. 按申请顺序发放

政府根据进口商申请的先后顺序分配进口配额。这种方式相对公平，但由于申请者众多，配额资源的稀缺，在配额申请中往往会出现一定程度的寻租行为，因此这种分配方式不利于资源的优化配置。

（三）进口配额的经济效应

假定实行进口配额的是个小国，则当该国采取这一措施时，不会改变国际价格。图 7-1 中 D_d、S_d 分别为该国某进口商品的国内需求及国内供给曲线，S_f 为出口国对该商品的供给曲线。在自由贸易状态下，该进口国国内产量为 OQ_1，消费量为 OQ_2，进口量为 Q_1Q_2。此时国内价格与国际价格是一致的，均为 P_1。

设某进口国规定某商品进口配额为 ED，则该国国内购买者面临的供给曲线将不再是 S_f 水平线（可无限供给），而是国内供给曲线 S_d 与配额量 ED 的叠加，即 S_{f+d}，是 S_d 向右平移 ED 距离后得到的。从图中可以看出，实行进口配额后的供求平衡点为 D，进口国国内价格开始与国际价格分离并上升为 P_2。把实行进口配额后的状况同自由贸易时相比，可以看出这一措施具有以下效应：

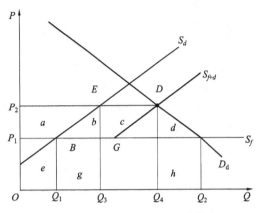

图 7-1　小国进口配额的经济效应

1. 保护（生产）效应

由于价格提高，国内供应量从 OQ_1 增至 OQ_3，生产者剩余从 e 增加至 $e+a$。

2. 消费效应

消费由 OQ_2 减至 OQ_4，消费者剩余减少 $a+b+c+d$。

3. 国际收支效应

由于进口减少，减少贸易支出 $g+h$，使国际收支得到改善。

4. 配额利润效应

获得配额的进口者，可以以 P_1 的价格进口，进口量为配额限量 Q_3Q_4，但国内却可以按较高的价格 P_2 售出，所以可以从中获得相当于 c 的配额利润。

5. 再分配效应

消费者剩余的减少中，a 和 c 实际上是转化为生产者剩余和进口商的配额利润了。

6. 进口配额的综合效应

进口配额的综合效应等于生产者剩余的增加量、进口商配额利润与消费者剩余减少量的差额，即 $a+c-(a+b+c+d)=-(b+d)$，净效应为负。它表明，生产者剩余减少中有一部分没有得到补偿，形成国民经济净损失。其中 b 为生产损失，产生于以高于 P_1 的成本提供产品；d 为消费损失，产生于价格提高后消费量的减少。

7. 贸易条件效应

一个国家在实行进口配额后，贸易条件趋于恶化还是趋于改善，主要取决于两个因素：一是需求；二是垄断。当本国对外国产品有着强烈的需求时，本国会以更多的产品换取配额进口的外国产品，本国的贸易条件就会趋于恶化；而当外国对本国产品有着强烈的需求时，情况就会逆转，本国的贸易条件就会趋于改善。如果本国出口商具有垄断性地位，他们会利用这种垄断性力量，减少数量，抬高价格，而本国贸易条件就会得以改善；而如果外国出口商具有垄断性地位，他们也会利用这种垄断性力量，采取自动限制出口，任由本国进口商进行竞争，抬高进口商品的价格，从而导致本国贸易条件的恶化。

（四）进口配额与关税的比较

进口配额与关税的经济效应有相似之处，但也存在很多差别。

1. 对政府收入的影响

在征收关税的情况下，关税收入为政府所得。实施进口配额条件下所产生的收入归谁所有则取决于配额的分配方式。其一，如果政府将具有配额的许可证进行拍卖，那么拍卖所得的收入归政府所有。其二，如果政府对进口配额实行按固定比例优惠发放政策，那么这一部分收入为一些进口商无偿地获得。其三，如果采取按申请顺序分配，那么企业就会为了获得这部分收入，花费时间和金钱对政府官员进行游说和疏通。

2. 对价格的影响

在征收关税的条件下，如果国内对该产品的需求上升，只要消费者愿意承担关税的负担，那么可以继续增加进口，供给也增加，国内价格不变，仍然是国际价格加关税。然而，在实施配额的条件下，国内需求上升，由于进口受到配额的限制不可能再增加，因此，国内价格会随之上升。

3. 对国内厂商的影响

在征收关税的条件下，国内厂商对商品的销售不可能实施垄断。如果国内厂商企图抬高价格进行销售，那么消费者就会转向购买进口产品，迫使国内厂商只能按照世界价格加上关税的价格销售商品。在实施配额的条件下，由于进口量始终保持不变，从而加强了国内厂商的垄断权利，即其可以将价格提高到世界价格加上关税的价格之上。

4. 实施进口配额比征收进口关税更加难于操作

征收进口关税，海关人员按照从价税或者从量税的税率征税，操作起来相对比较容易。然而，实施进口配额比较难以操作，表现在：其一，在实施进口配额的条件下，便宜的商品往往难于获得配额。由于配额一般是设置进口数量的限制，如布是按照长度，钢、铁是按照重量，鞋是按照数量发放配额。因此，进口商为了充分利用配额，获取最大限度的利润，必然进口附加值高的产品，那些比较便宜的商品也就难以进口。其二，实施进口配额，会由配额引起新的配额，配额的种类越演越多，难以控制。例如，某国对进口钢材实施进口配额，那么一些进口商就会转向进口钢材。如果政府进一步对进口钢材实施进口配额，那么进口商又会转向进口无缝钢管或者其他特殊钢材。又如，政府对进口制造纸张的木材实施进口配额，那么进口商会转向进口纸浆；政府对进口纸浆实施进口配额，那么进口商又会转向进口一般纸张；政府对进口一般纸张实施进口配额，进口商还会转向进口高级复印纸张或其他的纸张。总之，配额会导致新的配额的产生。正如经济学家布朗和霍根多伦在他们合著的《国际经济学》一书中所说：比较优势类似于洪水，而配额类似于沙袋。当洪水进入之时，政府企图用配额这一沙袋来堵住洪水，使用一些沙袋可能堵住了这一部分的缺口。然而，洪水还会冲开另一个缺口，再用沙袋堵塞，洪水照样还会冲出新的缺口。使用配额来对付进口，就如同使用沙袋对付洪水一样，堵不胜堵。

5. 实施进口配额会引发政治上的腐败

由于实施进口配额形成国内价格和世界价格的差额，每一张进口许可证无形中有了价值。谁获取了配额的进口许可证，谁就可以得到这一高额利润。为了获取进口许可证，一些厂商将会不惜用金钱对官员进行贿赂。这种现象不是存在于某一个或几个国家，而是一个较为普遍的现象。此外，如果政府按照固定比例优惠发放的方式分配配额，常常会使一些贸易公司获得大量的配额，但是随着其出口额日益缩小，于是又出现了一些新的出口企业，这些出口企业很强大，但无法获得配额，因此出现了配额转卖的现象。有的贸易公司仅仅靠出售配额就可以赚取"利润"，而一些新的出口企业需要购买配额，这使得出口成本大幅上升。

二、"自动"出口配额制

"自动"出口配额制（Voluntary Export Quotas），又称为"自动"限制出口（Voluntary Export Restraints），是指出口国家或地区在进口国的要求和压力下，"自动"规定某一时期内（一般为 3~5 年）某些商品对该国的出口限额，在限定的配额内自行控制出口，超过配额即禁止出口。

"自动"出口配额的实质和进口配额是相同的，所不同的是，在进行配额的分配时，它是由出口国政府分配给本国的出口公司，美其名曰"自动"，而实际上是在进口国的强大压力下，不得已而为之。因为，如果出口国不接受这种较为体面的"自动"限制，那么就会受到进口国更加强硬的制裁，如实施进口配额，或者征收 100%、200%的报复性关税等。

"自动"出口限制主要有两种形式：一种是非协定的"自动"出口配额，即出口国在进口国的压力下，在一定时期内自行单方面规定出口配额，限制商品出口；另一种是协定的"自动"出口配额，即出口国与进口国通过谈判签订"自限协定"或"有秩序销售协定"，在协定中规定有效期内某些商品的出口配额。出口国应据此实行出口证制或出口配额签证制，自行限制这些商品出口，进口国则根据海关统计进行检查。自动出口配额大多属于这一种。

三、进口许可证制

进口许可证制（Import License System）是指进口国家规定某些商品必须事先领取许可证才可进口，否则一律不准进口的制度。具体使用中，进口许可证有以下种类：

（一）按进口许可证与进口配额的关系分类

1. 有定额的进口许可证

进口国预先规定有关商品的进口配额，然后在配额限度内，根据进口商的申请对每一项进口货物发给进口商一定数量或金额的进口许可证，配额用完即停止发放。通常，进口许可证是由进口国有关当局向提出申请的进口商颁发的，但也有将这种权限交给出口国自行分配使用的。可见，这是一种将进口配额与进口许可证相结合的管理进口的方法，通过进口许可证分配进口配额；若为自动出口限制，则由出口国颁发出口许可证来实施。

2. 无定额的进口许可证

这种许可证不与进口配额相结合，即有关政府机构预先不公布进口配额，颁发有关商品的进口许可证，只是在个别考虑的基础上进行的。由于它是个别考虑的，没有公开的标准，因而就给正常贸易的进行造成更大的困难，起到更大的限制进口的作用。

（二）按进口商品有无限制分类

1. 公开一般许可证

公开一般许可证又称为公开进口许可证，或一般许可证和自动进口许可证。它对进口国别或地区没有限制，凡列明属于公开一般许可证的商品，进口商只要填写许可证即可获准进口。因此，属于这类许可证的商品实际上是"自由进口"的商品。填写许可证的目的不在于限制商品进口，而是在于管理进口。例如，海关凭许可证可直接对商品进行分类统计。

2. 特种进口许可证

特种进口许可证又称为非自动进口许可证。对于特种许可下的商品，如烟、酒、武器或某些禁止入境的商品，进口商必须向政府有关当局提出申请，经政府有关当局逐笔审查批准后才能进口。这种进口许可证，多数都指定进口国别或地区。为了区分这两种许可证所进口的商品，有关当局通常定期分别公布有关的商品项目并根据需要随时进行调整。

为了简化缔约国实施进口货物许可证的手续，关贸总协定从"肯尼迪回合"开始对这一问题进行了多边谈判，并在"东京回合"多边贸易谈判中，制定了《进口许可证手续协议》（Agreement on Import Licensing Procedure）。"乌拉圭回合"谈判在上述协议基础上，达成了《进口许可证程序协议》。这些协议对进口许可证的管理和发放手续、进口许可证管理的专门机构等方面都做出了规定，特别是对发展中国家提供了一些优惠待遇。

专栏 7-1　中国决定扩大自动进口许可证通关作业无纸化试点

2015年8月3日，中国商务部、海关总署发布公告称，决定在前期中国（上海）自由贸易试验区（以下简称"上海自贸区"）改革试点的基础上，扩大自动进口许可证通关作业无纸化试点。自2015年8月1日起，试点海关由上海自贸区相关海关扩展至包括天津、福建、广东3个新设自由贸易试验区和宁波、苏州2个国家级进口贸易促进创新示范区在内的10个海关，分别为天津、上海、南京、宁波、福州、厦门、广州、深圳、拱北、黄埔海关。试点范围为实施自动进口许可"一批一证"管理的货物（原油、燃料油除外），且每份进口货物报关单仅使用一份自动进口许可证。

对满足试点条件的，企业可依据《货物进出口许可证电子证书申请签发使用规范（试行）》（商办配函〔2015〕494号）申请电子许可证，根据海关相关规定采用无纸方式向海关申报，免于交验纸质自动进口许可证。海关将通过自动进口许可证联网核查方式验核电子许可证，不再进行纸面签注。

（资料来源：http://www.cacs.gov.cn/cacs/newcommon/details.aspx?navid=&articleId=132117）

第三节　间接限制进口的非关税措施

一、外汇管制

（一）外汇管制的含义

外汇管制（Foreign Exchange Control）也称为外汇管理，是指一国政府通过法令对国际结算和外汇买卖实行限制，以平衡国际收支和维持本国货币汇价的一种制度。在外汇管制下，出口商必须把他们出口所得到的外汇收入按官方汇率（Official Exchange Rate）卖给外汇管制机关；进口商也必须在外汇管制机关按官定的汇价申请购买外汇，携带本国货币出入国境也受到严格的限制。这样，国家的有关政府机构就可以通过确定官方汇率、控制外汇供应数量，来达到限制进口商品品种、数量和进口国别的目的。外汇管理和对外贸易密切相关，因为出口必然要收汇，进口必须付汇，因此，如果对外汇有效地进行干预，就可直接或间接地影响进出口。

（二）外汇管制的方式

外汇管制的方式较为复杂，一般可以分为以下几种：

1. 数量性外汇管制

数量性外汇管制是指国家外汇管理机构对外汇买卖的数量直接进行限制和分配。旨在集中外汇收入，控制外汇支出，实行外汇分配，以达到限制进口商品品种、数量和国别的目的。一些国家实行数量性外汇管制时，往往规定进口商必须获得进口许可证后，方可得到所需的外汇。

2. 成本性外汇管制

成本性外汇管制是指国家外汇管理机构对外汇买卖实行复汇率，利用外汇买卖成本的差异，间接影响不同商品的进出口，达到限制或鼓励某些商品进出口的目的。所谓复汇率，也称为多得汇率，是指一国货币的对外汇率不止一个，而是有两个或两个以上汇率，分别用于不同的进出口商品。其作用是利用汇率的差别来限制或鼓励某些商品进口或出口。各国实行复汇率制不尽相同，但主要原则大致相似：

（1）进口方面。对于国内需要而又供应不足或不能生产的重要原料、机器设备和生活必需品，适用较为优惠的汇率；对于国内可大量供应和非重要的原料和机器设备适用一般汇率；对于奢侈品和非必需品只适用最不利的汇率。

（2）出口方面。对于缺乏国际竞争力但又要扩大出口的某些出口商品，给予较为优惠的汇率；对于其他一般商品出口使用一般汇率。

3. 混合性外汇管制

混合性外汇管制是指同时采用数量性和成本性的外汇管制，对外汇实行更为严格的控制，以影响控制商品进出口。

二、歧视性政府采购政策

歧视性政府采购政策（Discriminatory Government Procurement Policy），是指国家通过制定法令，规定政府机构在购买商品时要优先购买本国产品，从而达到以限制进口商品销售为目的的一种歧视性政策。有的国家虽没有明文规定，但优先采购本国产品已成为惯例，它是政府参与对外贸易的最典型的形式，这种歧视使外国商品处于不公平的竞争地位，是一种非常有效的非关税措施。

美国是世界上最早立法实行政府采购政策的国家，从1933年开始实行，1954年和1962年两次修改的《购买美国货法案》是最为典型的政府采购政策。这一法案规定，美国政府所要采购的货物应该是美国制造的或是使用美国原料制造的。开始时，凡商品的构成中有50%

以上是在国外生产的就称外国货。接着又作了修改，即只有在美国自己生产的数量不够，或者国内价格太高，或者不买外国货就会伤害自身利益的情况下，才可以购买外国货。虽然优先购买本国商品的价格高于国际市场价格的 6%~12%，但是美国国防部和财政部还是常常采购比外国货贵 50%的美国货。《购买美国货法案》直到"东京回合"美国签订了政府采购协议后才废除。英国、日本都有类似的制度。例如，英国限定通信设备和电子计算机要向本国公司采购；日本也规定政府机构需用的办公设备、汽车、计算机、电缆、导线、机床等不得采购外国产品。

三、国内税

国内税（Internal Taxes）是指一国政府对本国境内生产、销售、使用或消费的商品所征收的税收。任何国家除了对进口商品征收进口关税以外，还要另行征收各种国内税。这是一种比关税更灵活、更易于伪装的贸易政策手段。国内税通常是不受贸易条约或多边协定限制的。国内税的制定和执行是属于本国政府机构的权限，有时甚至是地方政权机构的权限。一些国家利用征收国内税的办法来抵制国外商品。

在征收国内税时，对国内外产品实行不同的征税方法和税率，以增加进口商品的纳税负担，削弱其与国内产品竞争的能力，从而达到限制进口的目的。例如，美国、瑞士和日本对进口酒精饮料的消费税都高于本国制造。

四、进口押金制

进口押金制（Advanced Deposit）又称为进口存款制或进口担保金制，是指进口商在进口商品前，必须预先按进口金额的一定比率和在规定的时间，在指定的银行无息存入一笔现金，才能进口。这种制度增加了进口商的资金负担，影响了资金的流转，从而起到了限制进口的作用。进口押金制实质是通过控制或减少进口者手中的可用外汇达到限制进口的目的。但如果进口商以押款收据作担保抵押，在货币市场上获得优惠利率贷款，或者国外出口商为了保证销路而愿意为进口商分担押金金额时，这种制度对进口的限制作用就有很大的局限性了。

五、进出口的国家垄断

进出口的国家垄断（State Monopoly）也称为国营贸易（State Trade），是指对外贸易中，某些商品的进出口由国家直接经营，或者把这些商品的垄断权给予某些垄断组织。经营这些受国家专控或垄断的商品企业称为国有贸易企业（State Trading Enterprises）。国有贸易企业一般为政府所有，但也有政府委托私人企业代办。

发达国家的进口和出口国家垄断主要集中在四类商品上：第一类是烟酒。这些国家的政府机构从烟和酒的进出口垄断中可以取得巨大的财政收入。第二类是农产品。这些国家把对农产品的对外垄断销售作为国内农业政策措施的一部分。像美国的农产品信贷公司，就是资本主义世界最大的农产品贸易垄断企业。它高价收购国内的"剩余"农产品，然后以低价向国外倾销，或按照所谓"外援"计划向缺粮国家，主要是发展中国家大量出口。第三类是武器。它关系到国家安全与世界和平，自然要受到国家专控。第四类是石油。它是一国的经济命脉，因此，不仅进口国家，而且主要的石油出口国都设立国营石油公司，对石油贸易进行垄断经营。

六、海关程序

海关程序（Customs Procedures）是指进口货物通过海关的程序，一般包括申报、征税、检验及放行 4 个环节。进口的货物在进入关境前，依照各国海关法的规定要按一定的程序办理结关、商品分类、海关估价、征缴关税等手续，一国政府往往利用这一过程贯彻其贸易保护政策，其主要手段有：

（一）通过海关估价制度限制进口

1. 海关估价制度的含义

海关为了征收关税，确定进口商品价格的制度为海关估价制度（Customs Valuation System）。有些国家根据某些特殊规定，提高了某些进口货物的海关估价，以此来增加进口货物的关税负担，阻碍商品的进口，这就成为专断的海关估价。用专断的海关估价来限制商品的进口以美国最为典型。

2. 海关估价协议

长期以来，美国海关是按照进口商品的外国价格（进口货物在出口国国内销售市场的批发价）或出口价格（进口货物在来源国市场供出口用的售价）两者之中较高的一种进行征税。这实际上提高了缴纳关税的税额。

为了防止外国商品与美国同类产品的竞争，美国海关当局对煤焦油产品、胶底鞋类、蛤肉罐头、毛手套等商品，依"美国售价制"这种特殊估价标准进行征税。这 4 种商品都是国内售价很高的商品，按照这种标准征税，使这些商品的进口税大幅提高。例如，某种煤焦油产品的进口税率为 20%，它的进口价格为每磅 0.50 美元，应缴进口税每磅 0.10 美元。而这种商品的"美国售价"每磅为 1.00 美元，按同样税率，每磅应缴进口税为 0.20 美元，其实际的进口税率不是 20%，而是 40%，即增加了 1 倍。这就有效地限制了外国货的进口。"美国售价制"引起了其他国家的强烈反对，直到"东京回合"签订了《海关估价协议》后，美国才不得不废除这种制度。

《海关估价协议》包括 4 个部分，共 31 条。其中有大量注释和一个议定书。它规定了主要以商品的成交价格为海关完税价格的新估价制度。其目的在于为签字国的海关提供一个公正、统一、中性的货物估价制度，不使海关估价成为国际贸易发展的障碍。这个协议规定了下列 6 种不同的依次采用的新计价法。

（1）商品的成交价格。根据协议的第一条规定，成交价格（Transaction Value）是指"商品销售出口运往进口国的实际已付或应付的价格"，即进口商在正常情况下申报并在发票中所载明的价格。如果海关不能按上述规定的成交价格确定商品海关估价，那就采用第二种办法。

（2）相同商品成交价格。相同商品的成交价格（Transaction Value of Identical Goods）又称为同类商品的成交价格，是指与应估商品同时或几乎同时出口到同一进口国销售的相同商品的成交价格。所谓相同商品，根据《协议》第 15 条第 2 款，其定义为"它们在所有方面都相同，包括相同的性质、质量和信誉。表面上具有微小差别的其他货物，不妨碍被认为符合相同货物的定义"。当发现存在两个以上相同商品的成交价格时，应采用其中最低者来确定应估商品的关税价格。

（3）类似商品的成交价格。类似商品的成交价格（Transaction Value of Similar Goods）是指与应估商品同时或几乎同时出口到同一进口国销售的类似商品的成交价格。所谓类似商品，就是与应估商品比较，各方面虽不完全相同，但有相似的特征，使用同样的材料制造，具备同样的效用，在商业上可以互换的货物。在确定某一货物是否为类似货物时，应考虑的因素包括该货物的品质、信誉和现有的商标等。

（4）倒扣价格法。倒扣价格法是以进口商品、同类进口商品或类似进口商品在国内的销售价格为基础减去有关的税费后所得的价格。其倒扣的项目包括代销佣金、销售利润和一般费用，还包括进口国内的运费、保险金、进口关税和国内税等。倒扣价格法主要适用于寄售、代销性质的进口商品。

（5）计算价格法。计算价格（Computed Value）又称为估算价格，是以制造该种进口商品的原材料、部件、生产费用、运输和保险费用等成本费以及销售进口商品所发生的利润和一般费用为基础进行估算的完税价格。这种方法必须以进口商能提供有关资料和单据，并保存所有必要的账册等为条件，否则海关就不能采用这种办法确定其完税价格。这种估价方法一般适用于买卖双方有业务关系的进口商品。根据《协议》规定，第4种和第5种办法可以根据进口商的要求进行调换使用。

（6）合理法。合理法又称为"回顾"法（Reasonable Means）。如果上述各种办法都不能确定商品的海关估价，便使用第6种办法。

（二）通过商品归类提高税率

进口商品的税额取决于进口商品的价格大小与税率高低。在海关税率已定的情况下，税额大小除取决于海关估价外，还取决于征税产品的归类。海关将进口商品归在哪一类税号下征收关税，具有一定的灵活性。进口商品的具体税号必须在海关现场决定，在税率上一般就高不就低。这就增加了进口商品的税收负担和不确定性，从而起到限制进口的作用。例如，美国对一般打字机进口不征收关税，但如归为玩具打字机，则要征收35%的进口税。

（三）海关对申报表格和单证做出严格要求

例如，要求进口商出示商业发票、原产地证书、货运提单、保险单、进出口许可证或托运人报关清单等，缺少任何一种单证或者任何一种单证不规范都会使进口货物不能顺利通关。例如，法国强行规定所提交的单据必须是法文，有意给进口商制造麻烦，以此阻碍进口。

七、最低限价制

最低限价制（Minimum Price）是指一国政府规定某种进口商品的最低价格，凡进口商品低于规定的最低价格，则征收进口附加税或禁止进口，以达到限制低价商品进口的目的。这样，一国便可以有效地抵制低价商品进口或以此削弱进口商品的竞争力，保护本国市场。

1977年，美国为了抵制欧洲、日本等国的低价钢材和钢制品，制定并实施了启动价格制（Trigger Price Mechanism，TPM）。其实这也是一种最低限价制，它规定了进口到美国的所有钢材及部分钢制品的最低限价，即启动价格。当商品价格低于启动价格时必须加以调整，否则就要接受调查，并有可能被征收反倾销税。此后，欧共体也仿照美国，对钢材和钢制品实行启动价格制。

八、技术性贸易壁垒

（一）技术性贸易壁垒的含义

技术性贸易壁垒（Technical Barriers to Trade，TBT）是指进口国通过颁布法律、法令、条例、规定，对进口商品建立各种严格、繁杂、苛刻而且多变的技术标准、认证制度、检验制度，从而提高产品技术要求，增加进口难度，最终达到限制进口的目的。它实际上是一些发达工业国家利用其科技上的优势，通过商品法规、技术标准的制定与实施以及商品检验及认证工作，对商品进口实行限制的一种措施。它是一种无形的非关税壁垒，是国际贸易中最隐蔽、最难对付的非关税壁垒之一。

（二）技术性贸易壁垒的表现形式

1. 技术法规与技术标准

技术法规是指由进口国政府制定、颁布的有关技术方面的法律、法令、条例、规则和章程，它具有法律上的约束力。技术法规所涉及的范围包括环境保护、卫生与健康、劳动安全、节约能源、交通规则、计量、知识产权等方面，对商品的生产、质量、技术、检验、包装、标志及工艺流程进行严格的规定和控制，使本国商品具有与外国同类商品所不同的特性和适用性。对于出口国厂商来说，向国外出口商品时就必须考虑并严格遵守进口国制定的技术法规，否则，进口国有权对违反技术法规的商品限制进口，甚至扣留、销毁，直至提起申诉。

技术标准是指由公认的（规定产品或有关生产工艺和方法的）规则指南或机构所核准，供共同和反复使用的、不强制要求与其一致的一种文件。出口商品只有符合进口国规定的标准，才准于进口，从而达到其限制或阻止商品进口的目的。发达国家普遍对许多制成品规定了极为严格、复杂的技术标准，不符合标准的商品不得进口。其中有些规定往往是针对某些国家的。例如，美国对进口的儿童玩具规定了严格的标准；法国禁止含有红霉素染料的糖果进口，从而有效地阻止了英国糖果的进口，因为英国的糖果制造是普遍使用红霉素染料染色的；又如，法国还禁止含有葡萄糖果汁的食品进口，这些规定的意图就在于抵制美国货，因为在美国，食品类产品通常要加上这种附加物。

2. 卫生检疫规定

卫生检疫规定主要适用于农副产品及其制成品。随着贸易战的加剧，发达国家更加广泛地利用卫生检疫的规定限制商品的进口。它们在卫生检疫方面的规定越来越严，对于要求卫生检疫的商品越来越多。例如，日本、加拿大、英国等要求花生黄曲霉素含量不超过百万分之二十，美国、加拿大规定陶瓷制品含铅量不得超过百万分之七。

美国对其他国家或地区输往本国的食品、饮料、药品及化妆品有严格的规定：必须符合美国的《联邦食品、药品及化妆品法》（Federal Food，Drug and Cosmetic Act），必须经美国食品药物管理署（Food and Drug Administration）的检验，否则不准进口。

3. 商品包装和标签的规定

商品包装和标签的规定适用范围很广。许多国家对于在国内市场上销售的商品规定了许多包装和标签条例。这些规定内容复杂，手续烦琐。若进口商品不符合这些规定，则不准进口或禁止在其市场上销售。许多外国产品为了符合有关国家的这些规定，不得不重新包装和改换商品标签，因而费时费工，增加了商品成本，削弱了商品竞争能力，影响了商品销路。

例如，美国是世界上食品标签法规最为完备、严谨的国家，新法规的研究划定处于领先地位。美国食品和药物管理局要求大部分的食品必须标明至少 14 种营养成分的含量，仅仅是在这一领域处于领先地位的美国制造商就为此每年要多支出 10.5 亿美元，由此可以想象其他落后国家的出口商的成本压力。

4. 合格评定程序

合格评定程序又称为质量认证，是直接或者间接用于确定是否达到了技术性法规或者标准中相关要求的程序。

合格评定程序一般由认证、认可和相互承认组成，影响较大的是第三方认证。认证是指由授权机构出具的证明，一般由第三方对某一事物、行为或活动的本质或特征，就当事人提出的文件或实物审核后给予证明，这通常被称为第三方认证。

认证可分为产品认证和体系认证。产品认证是指由授权机构出具证明，认可和证明产品符合技术规定或标准的规定。发达国家和地区都没有各种各样的认证制度，对进口商品，尤其是对产品的安全性直接关系到消费者的生命健康的产品提出强制性的认证要求，否则不进入市场。例如，进入美国市场的机电产品必须获得 UL 认证，药品必须获得 FDA 认证；进入加拿大的大部分商品必须通过 CSA 认证；进入日本的很多商品必须获 G 标志、SG 标志或 ST 标志；进入欧盟的产品不仅要通过 ISO 9000 质量管理体系认证，而且要通过 CE、GS 等产品质量认证。

体系认证是指确认生产或管理体系符合相应规定。目前最为流行的国际体系认证有 ISO 9000 质量管理体系认证和 ISO 14000 环境管理体系认证；行业体系认证有：QS 9000 汽车行业质量管理体系认证和 TL 9000 电信产品质量管理体系认证等。

5. 信息技术壁垒

EDI 和电子商务是 21 世纪全球商务的主导模式，而电子商务的主导技术是信息技术。目前，一些发达国家在电子商务技术水平和应用程度上都明显超过发展中国家，并获得了战略性竞争优势。发展中国家尤其是不发达国家在出口时因信息基础设施落后、信息技术水平低、市场不完善和相关的政策法规不健全等而受到影响，在电子商务时代处于明显的劣势。这是当今世界贸易中发达国家与发展中国家、不发达国家之间的新的技术壁垒。

专栏 7-2 "一带一路"沿线国家技术性贸易措施新规频出

从广东省 WTO/TBT 通报咨询研究中心获悉，随着"一带一路"战略的深入推进，在我国与沿线国家的贸易合作日益紧密的同时，新兴的技术性贸易措施（以下简称 TBT）通报量也在不断攀升。

据统计，2015 年和 2016 年第一季度，在"一带一路"沿线的 65 个国家中，分别有 30 个和 22 个国家提交了 675、222 件 TBT 通报，分别占通报总数的 34%、38%。通报国家主要来自沙特阿拉伯、以色列、阿联酋等中东国家以及波兰、罗马尼亚等 11 个东欧国家。

据广东省 WTO/TBT 通报咨询研究中心研究透露，2015 年以来，部分"一带一路"沿线国家出台关于产品进出口及通关方面的新政策，以限制国外产品进入其市场。由于新兴的技术性贸易措施具有名义上的合理性、技术上的先进性、形式上的复杂性和手段上的隐蔽性，已经日益成为相关国家的贸易保护工具。这些 TBT 新规的频出，对我国出口企业带来了较大影响。

以埃及为例，该国要求自2015年1月1日起，进口商品必须符合埃及标准（ES标准）或埃及认可的6种国际标准，不符合埃及标准或其认可标准的商品将被退运。2016年1月，埃及再次针对中国商品进口出台第53号限制性法令并已于2016年3月17日正式生效。该法令要求所有对埃及出口的生产厂商、品牌所有者或前两者的法定委托人，均需在埃及进出口控制总局进行注册，否则不予放行。此新规要求注册的商品清单涵盖范围广，波及企业众多，涵盖广东省重点出口产品——家电、儿童玩具、家用照明设备等25大类产品，而且注册程序烦琐，耗时长。

目前，埃及实施的贸易保护给我国产品出口造成巨大困难。首先，实施时间紧、涉及产品标准众多、收集难度大、翻译难度大、产品标准收集准确性难以把握；其次，企业需对其产品是否符合埃及标准重新进行评估，产品抽样、送检、检测、出具检测结果需要一定时间，大幅增加了出口成本。此外，原有的市场采购贸易模式将受到冲击，因为新产品开发先于产品标准形成，新产品或将面临缺乏相应标准而无法出口至埃及的境况。同时，埃及的做法产生了"多米诺骨牌"效应。随后不久，紧跟埃及脚步，其邻国苏丹也要求从2015年7月1日起进口产品必须符合苏丹标准，不符合苏丹标准的产品将被退运。这一新政每年将影响我国出口苏丹的百亿元货值产品。

此外，来自波兰、罗马尼亚、斯洛伐克、匈牙利等11个国家的TBT新规也给我国企业出口带来严重影响。2016年第一季度，欧盟非食品快速预警系统（RAPEX）对产自中国的非食品类消费品发布召回信息共计220例，11国对我国产品召回63例，占比近30%。其中，斯洛伐克和匈牙利分别是对我国玩具和服装纺织产品召回的主要国家。纵观2013年至2016年的欧盟RAPEX召回情况，以匈牙利、保加利亚、捷克为主要召回国的11国，召回通报总数平均每年500余例，平均占比为39.8%，其中2014年匈牙利是对我国产品发布召回通报最多的国家，召回产品主要为服装纺织、照明产品和电器用品设备，预测未来几年内匈牙利依然会是最主要的召回国家之一。

（资料来源：http://www.cacs.gov.cn/cacs/newcommon/details.aspx?navid=&articleId=137171）

九、绿色贸易壁垒

（一）绿色贸易壁垒的含义

绿色贸易壁垒（Green Trade Barriers）是指一国以保护有限资源、生态环境和人类健康为名，通过制定苛刻的环境保护标准，直接或间接采取的限制甚至禁止贸易的措施，从而达到限制国外产品进口的目的。

（二）绿色贸易壁垒的表现形式

绿色贸易壁垒的表现形式非常广泛，从对环境产生影响的角度出发，其内容可以从商品的生产、加工方法、包装材料、销售方式、消费方式甚至商品废弃后的处理方式等诸多方面加以限制。总体来讲，绿色贸易壁垒的表现形式可分为下述几大类：

1. 苛刻的绿色标准

发达国家在保护环境的名义下，通过立法手段，制定严格的强制性技术标准，限制国外商品进口。这些标准都是根据发达国家生产和技术水平制定的，发展中国家是很难达到的。

这种貌似公正，实则不平等的环保技术标准，势必导致发展中国家产品被排斥在发达国家市场之外。

2. 复杂苛刻的动植物卫生检疫措施

根据 WTO《实施卫生与植物卫生措施协议》（以下简称《SPS 协议》）的有关规定，WTO 成员制定和实施 SPS 措施必须遵循科学性原则、等效性原则、与国际标准协调一致原则、透明度原则、SPS 措施的一致性原则、对贸易影响最小原则和动植物疫情区域化原则等。缺乏科学依据，不符合上述原则的 SPS 措施均构成贸易壁垒。

3. 绿色包装要求

绿色包装制度要求节约资源，减少废弃物，用后易于回收再用或者再生，易于自然分解。这些"绿色包装"规定，虽然有利于环境保护，却为发达国家制造"绿色壁垒"提供了可能，由此引起的贸易摩擦不断。例如，美国的环保法规中规定，对一些天然材料生产的包装物，要进行卫生和动植物检疫，以防止动植物病虫害的进入，而我国的出口产品包装往往不注重这方面的要求，加之包装材料较差，部分出口的包装中还在大量使用木材、稻草等材料，不仅外观粗陋，而且常常因为其中含有病虫害而一再受到美国的责难和限制，甚至经常因为通不过动植物检疫而影响有关产品的出口。

4. 绿色环境标志

绿色环境标志是一种在产品或其包装上的图形，表明该产品不但质量符合标准，而且在生产、使用、消费和处理过程中符合环保要求，对生态环境和人类健康均无损害。发展中国家要进入发达国家市场，必须取得这种"绿色通行证"，但是其中花费的时间和费用使许多中小型企业望而却步。

十、社会壁垒

社会壁垒（Social Barriers）是指以劳动者生产环境和生存权利为借口而采用的贸易保护措施。社会壁垒由社会条款演变而来，社会条款并不是一个单独的法律文件，而是对国际公约中有关社会保障、劳动者待遇、劳工权利、劳动标准等方面规定的总称，它与公民的人身权利和政治权利相辅相成。国际上相关的国际公约有 100 多个，包括《男女同工同酬公约》《经济、社会与文化权力国际公约》等，国际劳工组织（ILO）及其制定的相关国际公约也详尽地规定了劳动者权利和劳动标准问题。为削弱发展中国家企业因低廉劳动报酬、简陋的工作条件所带来的产品低成本竞争优势，1993 年，在新德里召开的第 13 届职业安全卫生大会上，欧盟国家代表德国外长金克尔明确提出把人权、环境保护和劳动条件纳入国际贸易范畴，对违反者予以贸易制裁，促使其改善工人的经济和社会权利，这就是当时颇为轰动的"社会条款"事件。此后，在北美和欧洲自由贸易区协议中也规定，只有采用统一劳动安全卫生标准的国家与地区才能参与贸易区的国际贸易活动。

虽然至今还没有一个真正的国际标准对企业的社会责任进行约束，目前只有一些非政府组织所制定的一些社会责任标准在推行中，但从中可以看到一些新贸易壁垒的端倪，这对于以劳动密集型产品出口为主的发展中国家来说，确实是面临的又一个挑战。

十一、动物福利壁垒

所谓动物福利壁垒（Animal Welfare Barrier）就是指在国际贸易活动中，一国将动物福利与国际贸易紧密挂钩，以保护动物或维护动物福利为由，制定一系列措施以限制甚至拒绝外国货物进口，从而达到保护本国产品和市场的目的。

"动物福利"（Animal Welfare）是1976年由休斯提出的，是指饲养农场中的动物与其环境协调一致的精神和生理完全健康的状态。动物福利不是强调人类不能利用动物，而是强调应该怎样合理、人道地利用动物，要尽量保证那些为人类做出贡献和牺牲的动物享有最基本的权利。

动物福利倡导者普遍认为动物应享有以下自由：一是不受饥渴的自由。要保证提供充足的清洁水和保持健康、精力所需的食物，满足动物的生命需要。二是生活舒适的自由。要为其提供适当的栖息场所，保障动物舒适的休息和睡眠。三是不受痛苦、伤害和疾病的自由。要保证动物不受额外的疼痛，预防疾病和对患病动物及时治疗。四是生活无恐惧和悲伤感的自由。要保证动物免遭各种精神痛苦。五是表达天性的自由。要为其提供足够的空间、适当的设施以及与同类伙伴在一起的环境和条件。通俗地讲就是在动物饲养、运输、屠宰过程中要尽可能地减少其痛苦，不得虐待动物。

十二、贸易救济措施

反倾销措施、反补贴措施和保障措施是世界贸易组织允许的、各国为维护公平贸易和正常的竞争秩序以保护本国产业而采取的三大贸易救济手段。

（一）反倾销措施

倾销（Dumping）是国际贸易中出口国采取的一种不公平贸易手段，为了避免外国商品倾销对本国市场和产业造成重大损害，进口国对实施倾销的进口商品采取征收反倾销税的措施，实行正当的贸易保护。所谓反倾销（Anti-dumping）是进口国的一种政府行为，指进口国有关行政当局或职能部门根据本国反倾销法就本国厂商针对外国倾销提出的起诉进行调查和裁决，如果认定倾销存在并因此对本国相关产业造成损害，就会做出肯定裁决，对倾销商品按倾销幅度征收进口附加税，即反倾销税。

WTO《1994年反倾销协议》规定，一成员要实施反倾销措施，必须遵守3个条件：第一，确定存在倾销的事实；第二，确定对国内产业造成了实质损害或实质损害威胁，或对正在建立的国内相关产业造成实质阻碍；第三，确定倾销和损害之间存在因果关系。反倾销措施是针对外国倾销进口产品对本国国内产业造成损害而采取的一种保护手段，一般包括出口经营者或其政府做出价格承诺、临时反倾销措施、征收最终反倾销税等形式。

（二）反补贴措施

WTO《关于补贴和反补贴措施的协议》从形式方面对补贴做了严格的界定。从形式上看，补贴有两种形式：一种是政府或任何公共机构提供的财政捐助（Financial Contribution）；另一种是任何形式的收入或价格支持（Income or Price Support）。在国际贸易中，出口国的补贴使外国生产同类产品的产业受到实质损害或实质损害威胁时，该国在合理限度内可采取反补贴措施。为了约束规范补贴和反补贴措施，"乌拉圭回合"达成了《补贴与反补贴协议》。该协议将补贴分为禁止使用的补贴、可申诉的补贴和不可申诉的补贴。

1. 禁止使用的补贴

禁止使用的补贴是指成员国不得给予或维持的补贴，也被称为"红灯补贴"。WTO《关于补贴和反补贴措施的协议》规定了两种禁止性补贴：出口补贴和进口替代补贴。出口补贴是指在法律上或事实上根据出口业绩给予的补贴。WTO《关于补贴和反补贴措施的协议》列举了 12 项出口补贴做法。进口替代补贴又称为"深红色补贴"，是指对本应使用进口产品时，如果使用者改用国产产品，政府给予使用者或该产品的生产者的补贴。

2. 不可申诉的补贴

不可申诉的补贴不论发达国家还是发展中国家均广泛采用一些实现合法政策目标的补贴，此类补贴不会影响国际贸易。对于此类没有跨境影响的补贴，《关于补贴和反补贴措施的协议》将其划定为不可申诉性补贴，也称为"绿灯补贴"或"绿色补贴"。对于此类补贴，任何 WTO 成员不得对其他成员采取反补贴措施。《关于补贴和反补贴措施的协议》根据补贴的"专向性"将此类补贴分为两类：一类是非专向性补贴（也称真正绿色补贴），另一类为具有专向性但仍构成不可申诉补贴的补贴（也称浅绿色补贴）。

根据反补贴协定第 31 条，除不具有专向性的补贴以外，不可诉补贴已于 2000 年 1 月 1 日起失效。该条文下的所有补贴项目，自那时起成为可诉补贴。

3. 可申诉的补贴

可申诉的补贴是指如果这种补贴对国际贸易造成一定程度的不利影响，可被诉诸协定规定的争端解决程序，或者通过征收反补贴税而予以抵消的补贴。可申诉的补贴实际上是介于禁止性补贴和不可申诉补贴之间的各种形式的补贴。一方面，协定并不完全禁止成员方实施补贴，同时其他成员方不得在任何情况下仅依据补贴的存在即采取反补贴的措施或行动；另一方面，此类补贴并不是完全合法的，其他成员国在一定条件下可以采取措施予以反对。因此，此类补贴既不是合法补贴，也不是完全违法的补贴，又被称为"黄灯补贴"或"黄色补贴"。

（三）保障措施和特别保障措施

保障措施是 WTO《保障措施协议》（Agreement on Safeguards）赋予成员国对某些产品进口的紧急救济措施。《保障措施协议》是世界贸易组织管辖的一项多边贸易协议，是关贸总协定第十九条及十二条的具体化。WTO《保障措施协议》规定："一成员只有在根据下列规定确定正在进口至其领土的一产品的数量与国内生产相比绝对或相对增加，且对生产同类或直接竞争产品的国内产业造成严重损害或严重损害威胁，方可对该产品实施保障措施。保障措施应针对某一种正在进口的产品实施，而不考虑其来源。"具体来说，这一条款主要规定了采取保障措施的必要条件，这包括：进口产品数量的绝对或相对激增；进口增加是由不可预见的情况造成的；进口增加是各边贸易谈判所带来的贸易自由化的结果；这种大量进口对国内生产者造成了严重损害或严重损害威胁。针对进口产品数量的大幅增加，可以采取以下措施：① 全部或部分停止在正常情况下所承诺的关税减让或其他优惠；② 采用数量限制；③ 如果情况紧急，世界贸易组织的成员还可以根据严重损害的初步裁定采取紧急保障措施。保障措施的实施期限不得超过 4 年，特殊情况下可以延期，但最长不得超过 8 年，发展中国家的实施期限则最长可为 10 年。

特别保障措施是世界贸易组织成员利用特定产品过渡性保障机制针对来自特定成员的进口产品采取的措施，即在 WTO 体制下，在特定的过渡期内，进口国政府为防止来源于特定成员国的进口产品对本国相关产业造成损害而实施的限制性保障措施。

针对中国的特别保障措施主要包含在《中华人民共和国加入议定书》第十六条和《中华人民共和国加入工作组报告书》第 242 段、245~250 段中。根据《中华人民共和国加入议定书》第十六条规定，在中国加入 WTO 之日起的 12 年内，如果原产于中国的产品在出口至任何 WTO 成员国时，其增长的数量或国内生产条件对生产同类产品或直接竞争产品的进口国国内生产者造成威胁或扰乱市场，该 WTO 成员可请求与中国进行磋商，包括该成员是否应根据《保障措施协议》采取措施。如果在中国收到磋商请求后 60 天内未能达成协议，该 WTO 成员有权在防止或补救此种市场扰乱所必需的限度内，对此类产品撤销减让或限制其进口。根据《中华人民共和国加入工作组报告书》第 242 段规定，在 2008 年 12 月 31 日前，WTO 成员可以对来自中国的纺织品采取特别保障措施；第 245~250 段中则规定了实施特别保障措施的基本程序。

本章小结

经过关贸总协定的多次减让税谈判，各缔约成员方的进口关税水平已经降到了较低水平。为此，许多国家纷纷将贸易政策的限制手段从关税壁垒转向非关税壁垒，并把其作为限制进口的主要措施。本章主要介绍了非关说措施的含义、特点、作用及进口配额制、"自动"出口限制、进口许可证制、外汇管制、歧视性政府采购政策、技术性贸易壁垒、绿色贸易壁垒等非关税措施。

关键词

非关税措施　进口配额制　"自动"出口限额制　进口许可证制　外汇管制　进口押金制　歧视性政府采购政策　技术性贸易壁垒　绿色贸易壁垒

复习思考题

1. 非关税措施有哪些特点？与关税相比，它有哪些优、缺点？
2. 试比较进口关税和进口配额经济效应的异同。
3. "自动"出口限额制是在什么情况下实施的？它与进口配额有何异同？
4. 什么是技术性贸易壁垒？表现形式主要有哪些？
5. 什么是保障措施？采用保障措施的必要条件主要有哪些？

第八章

出口鼓励与出口管制措施

引导案例

加拿大发布新的鼓励出口机制和措施

一、税收优惠

加拿大政府没有特定的"出口加工区"。全国各地实行统一的关税和税务制度。然而，在鼓励出口方面，还是有一定的税收鼓励措施。

1. 出口退税（消费税）：企业出口退税是各国促进出口的通行做法，加拿大也不例外。加拿大企业需要缴纳的消费税有两种：联邦销售税（GST）和省政府销售税（PST）。加国企业每年必须按注册时被分配的登记号向政府报税。出口企业可持海关报税单在年度报税时从联邦政府和省政府得到退税。

2. 再出口退税：由于加拿大与美国经济的高度融合，两国之间大量的货物贸易相当于制造业内部的"加工贸易"。对此类贸易加政府不征收税款。

3. 此外，加国企业从事部分应用技术研究的支出亦可享受免税优惠。这项政策目前针对加拿大所有的公司，而不单纯地指出口企业。可享受税收优惠的领域多达16个，涉及通信、计算机技术、石油和天然气、航空航天、生物工程、汽车制造等。

二、出口融资

为鼓励加国企业扩大出口，加政府通过"加拿大出口开发公司"向出口企业提供买方信贷、担保、保险及再保险、应收账款贴现、资信调查等各种不同的服务。与其他国家的类似机构相比，加拿大出口开发公司为国有企业，所提供的各种出口融资手段也更为全面。

三、信息、咨询等出口促进服务

加拿大政府一直十分重视对企业提供咨询服务，为企业提供商机和信息。加政府政策的透明度高，政府工作人员的重要工作之一就是接受企业的咨询，并针对企业的经营和出口市场的开拓等提供咨询、培训、政策指导等服务。与出口有关的信息服务主要包括市场分析报告及信息。加拿大工业部、农业部等政府部门，每年大量公布各个行业的国外市场报告及经贸机会。加拿大还通过驻外使领馆的贸易专员向加拿大提供各国市场信息，组织参加展会等服务。加拿大外交贸易部还对新出口企业到国外参展或进行市场调查提供总额不超过 7 500 加元的差旅费资助。

四、加拿大团队公司

加拿大团队公司的职能之一就是根据不同行业和产品的情况，不定期召开相应级别官员参加的出口政策协调会议。另一项职能是协调各政府部门的咨询工作。

由于信息服务已经成为各政府部门的日常工作，加拿大团队公司针对来源不同渠道的信息进行整理和归纳，分类别地向不同行业部门的出口企业提供。具体的信息服务则由各政府部门提供，如外交贸易部提供国外市场分析及配额产品管理情况、工业部提供产业政策和市场报告、农业部提供农产品市场分析、出口开发公司提供出口信贷信息等。

（资料来源：http://finance.sina.com.cn/j/20051222/18112221015.shtml）

教学目标

1. 了解出口鼓励的主要措施。
2. 掌握不同类型的经济特区的特征。
3. 了解出口管制的目的及主要措施。

第一节　鼓励出口措施

鼓励出口的政策一般也被视作保护贸易政策的一种表现，也是干预主义的一种，只是在干预形式上与进口限制有所不同，隐蔽性较强。在当今国际贸易中，各国鼓励出口的做法很多，涉及经济、政治、法律等许多方面。运用财政、金融、汇率等经济手段和政策工具较为普遍。

一、出口信贷

出口信贷（Export Credit）是一个国家为了鼓励商品出口，加强商品的国际竞争力，通过银行对本国出口厂商或进口厂商提供的贷款。它是一国出口厂商利用本国银行的贷款扩大商品出口（特别是金额较大、期限较长的商品，如成套设备、船舶等大型设备出口）的一种重要手段。

（一）出口信贷的特点

（1）出口信贷以出口项目为前提，以促进本国商品出口为目的。所以，贷款的全部或大部分必须用于购买提供贷款国家的出口商品。

（2）出口信贷以 1 年以上的中长期贷款为主，为配合周转期长、成交金额大的出口项目的实施，出口国常常向本国出口商或国外进口商提供期限在 3~5 年或 5 年以上的对外贸易中长期贷款，给予资金融通，促进出口。

（3）出口信贷的利率一般低于相同条件资金贷放的市场利率，利差由出口国补贴。

（4）出口信贷的贷款金额通常只占买卖合同的 80% 左右，其余由进口厂商支付现金。

（5）出口信贷的发放往往与出口信贷担保相结合，以避免或减少信贷风险。

（二）出口信贷的主要类型

出口信贷种类较多，按照不同的标准可以进行不同的分类。

1. 按照借贷关系划分

（1）卖方信贷（Supplier's Credit）。卖方信贷是指出口方银行向本国出口厂商（即卖方）提供的贷款，是银行为了促进商品出口，特别是金额大、期限长的项目出口，资助本国出口厂商向外国进口厂商提供延期付款方式出口的一种信贷。由于采取延期付款方式，出口厂商为加速资金周转而向银行贷款，因而其向银行支付的利息、费用一般通过加价转移给进口厂商负担，所以货价高于现汇支付的货价。

（2）买方信贷（Buyer's Credit）。买方信贷是指出口方银行直接向外国进口商（即买方）或进口方银行提供的贷款，这种贷款的前提条件是必须用于购买债权国的商品，这样起到促进商品出口的作用，也称为约束性贷款（Tied Load）。在具体操作中有以下两种形式：

第一，出口方贷款给进口厂商的买方信贷。在这种信贷方式中，进口商除自筹资金缴纳15%左右的定金外，其余货款将由银行提供的贷款以即期付款方式一次性地支付给进口厂商，然后按贷款协议所规定的条件向银行还本付息。

第二，出口方贷款给进口方银行的买方信贷。在具体业务中，进口厂商首先支付15%左右的定金，再由出口方银行贷款给进口方银行，然后由进口方银行以即期付款方式代进口厂商向出口厂商支付其余的货款，并按贷款协议规定的条件向出口方供款银行还贷付息。进口厂商则与该银行在国内按商定的方式结算清偿。买方信贷不仅使出口厂商能够较快地得到货款和减少风险，而且使进口厂商对货价以外的费用比较清楚，便于进行讨价还价，一次性付款使货价相对延期付款的货价低廉。此外对于出口方银行来说，贷款给国外的买方银行，使贷款给厂家的商业信用变成了银行信用，还款风险大大降低。因此，这种方式较为流行。

2. 按照时间长短进行划分

（1）短期信贷（Short Time Credit）。通常指180天以内的信贷，有的国家规定信贷期限为1年。原料、消费品以及小型机器设备的出口适用短期信贷。

（2）中期信贷（Medium-term Credit）。通常指1~5年的信贷。中型机器设备多利用中期信贷。

（3）长期信贷（Long-term Credit）。通常指5~10年的信贷，甚至更长时间的信贷。大型成套机器设备与船舶多利用长期信贷。

专栏8—1 郭大成建议延长政策性船舶出口买方信贷业务实施期

全国政协委员、中国船舶工业行业协会会长郭大成提交提案指出，政策性船舶出口买方信贷业务已于2015年12月31日到期。

2016年后国内骨干船企将缺乏必要的政策性金融支持，不利于其在国际市场争取高端船型订单，企业竞争力更加弱化，结构调整困难加剧，转型升级举步维艰。

未来10年将是船舶行业转型升级关键期，为进一步强化政策性船舶出口买方信贷支持力度，配合《中国制造2025》规划，建议将政策性船舶出口买方信贷政策延长10年，运用政策性金融手段支持船企"争订单，保订单"。

（资料来源：http://www.chinaoffshore.com.cn/a/jishu/zhuanjiaguandian/18343.html）

二、出口信贷国家担保制

(一) 出口信贷国家担保制的含义

出口信贷国家担保制（Export Credit Guarantee System）是指一国为了扩大出口，对于本国出口商或商业银行向国外进口商或银行提供信贷，由国家设立的专门机构出面担保，当外国债务人因政治原因（如进口国发生政变、革命、暴乱、战争以及政府实行禁运、冻结资产或限制外汇支付等），或由于经济原因（如进口商或借款银行因破产倒闭无力偿付、货币贬值、通货膨胀等）拒绝付款时，这个国家的机构即按照承保的数额给予补偿。出口信贷国家担保制是国家替代出口商承担商业保险公司所不能承担的出口风险，支持出口商争夺国外市场，扩大出口的措施之一。

(二) 担保对象

出口信贷国家担保制的担保对象主要有以下两种：

1. 对出口厂商的担保

出口厂商因出口商品所需要的短期或中长期信贷均可向国家担保机构申请担保。有些国家的担保机构本身不向出口厂商提供出口信贷，但它可以为出口厂商取得出口信贷提供有利条件。例如，有的国家采用保险金额的抵押方式，允许出口厂商所获得的承保权利，以"授权书"的方式转移给供款银行而取得出口信贷。这种方式使银行提供的贷款得到安全保障，一旦债务人不能按期还本付息，银行即可从担保机构得到补偿。

2. 对银行的直接担保

通常银行所提供的出口信贷均可得到国家担保机构的直接担保，而且可得到更为优厚的补偿待遇，如英国出口信贷担保署对商业银行向出口厂商提供的某些信贷，一旦出现过期未能清偿付款的情况，该署可以给予100%的偿付，而不问未清付的原因，但保留对出口厂商追索权。

(三) 担保的期限和费用

出口信贷国家担保的期限通常依据贷款期限的不同分为短期与中、长期。短期信贷担保为半年左右，承保出口厂商所有海外短期信贷交易，其手续简便；有的国家采用综合担保（Comprehensive Guarantee）的方式，出口厂商1年只需办理一次投保，就可承保在这1年中对海外的一切短期信贷交易。一旦外国债务人拒付时，出口厂商就可以从担保机构得到补偿。中长期担保时间通常为2~15年，由于金额大、时间长，一般采用逐笔审批的特殊担保方式（Specific Guarantee）。

出口信贷国家担保是各国鼓励出口的措施之一，所以收费低廉，保险费率依据出口担保的项目、金额、期限长短和输往国别或地区而有所不同。此外，各国保险费率不一样，英国为0.255%~0.75%，德国为1%~1.5%。

三、出口补贴

(一) 出口补贴的含义

出口补贴（Export Subsidy）又称为出口津贴，是一国政府为了降低出口商品的价格，加强其在国外市场上的竞争能力,在出口某种商品时给予出口厂商的现金补贴或财政上的优惠待遇。

(二)出口补贴的分类

按照出口补贴的方式可分为直接补贴和间接补贴。

1. 直接补贴

直接补贴(Direct Subsidy)是指出口某种商品时,直接付给出口商的现金补贴。直接补贴包括价格补贴和收入补贴。

(1)价格补贴。政府按照商品出口的数量或价值给予补贴是一种价格补贴。另外,政府设立保证价格,保证支付出口产品国际市场和国内市场的差价也是一种价格补贴。

(2)收入补贴。收入补贴则包括对企业的出口亏损进行补偿等。例如,中国的外贸企业在改革之前都是国有国营的,出口的亏损也都由政府承担。

2. 间接补贴

间接补贴(Indirect Subsidy)是政府对某些出口商品给予财政上的优惠,如采取退还或减免出口商品的国内税,对进口原料或半成品再加工出口给予暂免或退还已缴纳的进口关税,提供比在国内销售货物更优惠的运费等。

间接补贴的办法包括低息贷款、外销退税、免费或低费为本国出口产品提供服务等。政府通过银行系统给予用于出口商品生产和销售的贷款以优惠利率。例如,20 世纪 30 年代创办的美国进出口银行就是一个例子,由它向美国出口商和其外国买主提供条件优惠的贷款,而不是向美国进口商及其外国供应商提供,或在商品出口以后政府允许企业申请退回进口原材料时支付的关税,或对于出口商品免征国内同类商品所缴纳的各种国内税等。在外汇管制的国家里,则允许出口企业保留一定比例的外汇以作鼓励,并且使用不同的汇率,降低用外币衡量的出口商品的成本。一些政府还承担为出口企业推销商品的直接开支,包括免费或低费提供有关出口市场前景的信息,或组织各种推销商品的博览会等。这些政策措施的共同结果是降低出口商品的成本,提高出口商品的实际收益。

四、商品倾销

(一)商品倾销的含义

商品倾销(Products Dumping)是指商品以低于国内市场价格,甚至低于生产成本的价格,在国外市场上大量抛售,打击竞争对手,占领和垄断市场。

(二)商品倾销的分类

按商品倾销的目的不同可以分为以下三种:

1. 偶然性倾销

偶然性倾销(Sporadic Dumping)通常是指因为本国市场销售旺季已过,或因公司改营其他业务,在国内市场上很难售出的积压库存,以倾销方式在国外市场抛售。由于这种倾销时间短、数量小,对进口国同类产业影响不大,进口国通常较少采用反倾销措施。

2. 间歇性或掠夺性倾销

间歇性倾销(Intermittent or Predatory Dumping)是以低于国内价格甚至低于成本的价格

在国外市场销售,其目的是打击竞争对手,垄断市场,从而获得高额垄断利润。这种倾销严重地损害了进口国家的利益,违背公平竞争原则,因而许多国家都采取反倾销措施予以制裁。

3. 持续性倾销

持续性倾销(Persistent Dumping)是指长期地、持续地以低于国内市场价格在国外市场销售商品。这种倾销因具有长期性,所以采用"规模经济",扩大生产降低成本,或依靠本国政府的出口补贴来进行。

商品倾销成为当今世界各国争夺市场、扩大出口的重要措施之一,这也加剧了各国在世界市场上的矛盾。各种商品、各种程度的贸易战频频发生,反倾销也成为各国保护市场的有力武器。其中,发展中国家成为最大的受害者,发达国家并不遵循关贸总协定中对此的规定。事实上,反倾销已成为一些国家特别是发达国家实行贸易保护主义的一种工具。

五、外汇倾销

外汇倾销(Foreign Exchange Dumping)是出口企业利用本国货币对外贬值的机会,争夺国外市场的特殊手段。当一国货币贬值后,出口商品以外国货币表示的价格降低,提高了该商品的竞争能力,从而扩大了出口。与此同时,进口商品的价格由于本国货币贬值而上升,从而削弱了进口商品的竞争力,达到了限制进口作用。以美国、日本为例,假如美元对日元由1美元比200日元跌到1美元比100日元。那么一件1美元的商品出口到日本时折算成日元的价格就由200日元变成100日元,这对美出口商来讲是十分有利的,他可以按照原来的价格200日元继续出售商品,从而获得高额利润,也可以按新汇率折算价格100日元在日本市场上出售该产品,加强价格竞争力,增加更多的商品出口。与之相反,美元贬值对日出口商来讲十分不利,使原日本出口至美国市场的商品价格上涨了1倍,削弱了日本产品在美国市场的竞争力和利润率。

当然,外汇倾销不能无限制和无条件地进行,只有满足以下两个必备条件才能起到促进出口、限制进口的双重作用。其一,货币贬值的程度大于国内物价上涨的程度。货币贬值必然引起一国国内物价上涨。当国内物价上涨程度赶上或超过货币贬值的程度时,内外贬值差距消失,也就不存在外汇倾销了。但一般来讲,国内物价上涨滞后于货币贬值。因此,外汇倾销可以在一段时间内进行,促进货币贬值国的商品出口。其二,其他国家不同时实行同等程度的货币贬值和其他报复性措施。

六、经济特区措施

(一)经济特区的概念

经济特区(Economic Zone)是指一个国家或地区在其国境或管辖范围之内、关境之外划出一定区域,实施特殊的经济政策,改善基础设施和环境,吸引外国企业从事贸易与出口加工等活动的区域。设立经济特区的目的是促进对外贸易的发展,鼓励转口贸易和出口加工贸易,繁荣本地区和邻近地区的经济,增加财政收入和外汇收入。

(二)经济特区的类型

经济特区的发展已有很长的历史。早在16世纪在欧洲已出现了自由港。其中最早的一个是1547年在意大利设置的热那亚自由港,它是通行自由港的雏形。到了帝国主义时期,一些发达资本主义国家,不仅在殖民地附属国继续设置经济特区,而且在本国开辟经济特区,以便借助其优越的地理位置,发挥商品集散中心的作用,增加贸易利益。第二次世界大战后,许多国家为了加强本国的经济实力和扩大对外贸易,增设了更多的经济特区,以促进贸易的发展。

各国或地区设置的经济特区名目繁多,规模不一。概括起来主要有自由贸易区、出口加工区、保税区、综合型经济特区、自由边境区与过境区。

1. 自由港和自由贸易区

自由港（Free Port）又称为自由口岸。自由贸易区（Free Trade Zone）是自由港发展而来的,其范围包括了自由港的邻近地区。它们都是在国家关境之外,对国外全部或大部分商品可以免税自由进出港口,并且准许在港内或区内开展自由运输、储存、加工和制造等业务,以吸引外国商品转口,外国企业投资生产,增加财政和外汇收入,促进对外贸易和经济的发展。

世界各国设立的自由港与自由贸易区,一般具有以下这些方便之处:

（1）自由贸易区货物进口、存放、加工、展销及再出口均不缴纳关税,不受配额限制,不受外汇管制,可免除大多数的统计申报,不受保护消费者利益法的限制。

（2）自由贸易区一般都设在海港城市,以便给外商提供接近终点市场的货物储存和加工基地,然后转口销出。这样,可减少运费、关税及其他费用。当某种货物由于配额限制而不能进入终点市场时,可先运入区内储存,等有了配额再转口。某些货物可先运入区内,待价而沽。

（3）自由贸易区也是货物的展销窗口,如汉堡、纽约、旧金山的储存仓库都附设有外国货物展览推销部。现在有许多国际性的公司利用自由贸易区作为展示场所,以便进一步进入当地市场。

（4）厂商可在合适的免税区从事加工装配工作,既可省去税捐,又能降低成本、运费、厂房租金、工资及保险费等。出口商可把自由贸易区作为争取分散在各地的外国客户的一个场所。在这里,除免除关税以外,经常还附带减免所得税,此外尚有廉价的土地、劳动力与厂房,并可从邻近国家获取进口原料,加工后再予出口。加工的成品可到邻近的市场去销售。

2. 出口加工区

出口加工区（Export Processing Zone）是指一个国家或地区在其交通条件便利的地方如港口、机场等地划出一定范围,创造良好的基础设施和优惠政策,鼓励外国企业在区内投资,生产以出口为主的制成品的加工区域。出口加工区是从自由贸易区中分化出来的,其目的在于吸引外国投资,引进先进技术、设备与管理,扩大工业品出口,增加外汇收入,促进外向型经济发展。

出口加工区一般可以分为两种类型:一种是综合性出口加工区,即在区内可以经营多种出口加工工业;另一种是专业出口加工区,即在区内只准经营某些特定的出口加工产品。目前世界各地的出口加工区,大部分是综合性出口加工区。

3. 保税区

保税区（Bonded Area）又称为保税仓库区（Bonded Warehouse）,是一些没有设立自由港和自由贸易区的国家（如日本、荷兰等）所实行的制度。它是指由海关设置的或经过海关批准设置的特定地区和仓库。在保税区内,外国商品享有与自由港或自由贸易区相同的免税优惠，还包括自由储存、改装、分类、混合、加工和制造等。此外，有的保税区还允许在区内经营金融、保险、房地产、展销和旅游业务。

根据职能不同，保税区可以分为以下几种：

（1）指定保税区。指定保税区是为方便报关，向外国货物提供的装卸、搬运或暂时储存的场所。一般都设在港口或国际机场附近。货物进入区内存储的期限较短，一般不超过1个月。

（2）保税仓库。保税仓库是由海关监管供储存暂未缴纳关税的进口应税货物的专门仓库。未经海关许可，不得将货物运出仓库，必须在缴纳关税及其他费用后才准许运入国内。如果重新出口，则不需纳税。这便于货主把握交易时机出售货物，有利于对外贸易业务的顺利进行和转口贸易的发展。

（3）保税工厂。保税工厂是由海关监督供外国货物进行加工、分类以及检修保养业务活动的专门工厂。由于存储在保税工厂中的货物可作为原料进行加工和制造，可以适应市场需求，减少关税负担。

4. 综合型经济特区

综合型经济特区（Special Economic Zone，SEZ）是指一国或地区在其港口或港口附近等地划出一定的范围，新建或扩建基础设施和提供减免税收等优惠待遇，吸引外国或境外企业在区内从事外贸、加工工业、金融保险和旅游业等多种经营活动的区域。从1979年起，我国先后在深圳、珠海、汕头、厦门和海南设立了这种经济特区。

综合型经济特区的一般特点是：特区规模大，经营范围广，是一种多行业、多功能的特殊经济区域，在经营出口业和对外贸易的同时，也经营旅游业、金融服务业、交通电信以及其他一些行业。

5. 自由边境区与过境区

自由边境区（Free Perimeter），仅见于美洲少数国家，一般设在本国的一个省或几个省的边境地区，对于在区内使用的生产设备、原材料和消费品可以免税或减税进口。如从区内转运到本国其他地区出售，则需照章纳税。外国货物可在区内进行储存、展览、混合、包装、加工和制造等活动，其目的在于利用外国投资开发边区的经济。

与出口加工区不同，自由边境区的进口货物加工后大多数在区内使用，只有少数是用于再出口。设立自由边境区的目的是开发边区的经济。因此，有些国家对优惠待遇规定期限。当这些地区生产能力发展后，就逐渐取消某些货物的优惠待遇。

过境区（Transit Zone）是沿海国家为便利邻国的进出口货物、开辟某些海港、河港或边境作为货物过境区，过境区可简化海关手续，免征关税或只征小额的过境费用。过境货物一般可在过境区作短期储存和重新包装，但不得加工。

七、促进出口的组织措施

（一）成立专门组织

政府通过成立专门组织，研究制定出口商品发展战略和具体的贸易政策，并协调政策的制定与落实的情况和有关部门之间的关系。例如，美国贸易政策委员会和日本的"最高出口会议"等就是专门的协调机构。

（二）建立商业情报网

为加强商业情报的服务工作，许多国家都设立了官方的商业情报机构，在海外设立商情网，负责向出口厂商提供所需的情报。例如，英国设立情报服务处，装备有计算机情报收集与传递系统。情报由英国 220 个驻外商务机构提供，由计算机进行分析，包括近 5 000 种商品和 200 个地区或国别市场情况的资料，供有关出口厂商使用，以促进商品出口。

（三）组织贸易中心和贸易展览会

贸易中心是永久性设施。在贸易中心内提供陈列展览场所、办公地点和咨询服务等。贸易展览会是流动的展出，许多国家都十分重视这项工作。有些国家 1 年组织 15~20 次国外展出，费用由政府补贴。例如，意大利对外贸易协会对它发起的展出支付 80% 的费用，对参加其他国际贸易展览会的公司也给予其费用 30%~35% 的补贴。

（四）组织贸易代表团出访和接待来访

许多国家为了发展对外贸易，经常组织贸易代表团出访，其出国的费用大部分是政府的津贴。例如，加拿大政府组织的代表团出访，政府支付大部分费用。许多国家设立专门机构来接待来访团体，如英国海外贸易委员会设有接待处，专门接待官方代表团和协助公司、社会团体等来访工商界，从事贸易活动。中国经常借助对外贸易促进会联系进出口企业走访、考察外部市场，这对我国整体外贸环境的改善起到了积极的促进作用。

（五）组织出口厂商的评奖活动

许多国家对出口成绩显著的厂商给予奖励，包括授予奖章、奖状，并通过授奖活动推广他们扩大出口的经验。例如，英国从 1919 年起开始实行"女王陛下表彰出口有功企业的制度"，并规定受表彰的企业在 5 年之内可使用带有女王名字的奖状来对自己的产品进行宣传。又如，日本政府把每年 6 月 28 日定为贸易纪念日，每年在贸易纪念日，由通商产业大臣向出口贸易成绩显著的厂商颁发奖状。

第二节 出口管制措施

一、出口管制的含义

出口管制（Export Control）是指国家出于某些政治、军事和经济目的，通过法令和行政措施，对本国出口实行管理和控制，限制和禁止某些战略性商品和其他重要商品出口国外。

二、出口管制的目的

（一）出口管制的政治目的

出口国为了干涉和控制进口国的政治、经济局势，在外交活动中保持主动地位，遏制敌对国家或者臆想中敌对国的经济发展，维护本国或者国家集团的政治利益和安全等目标，通过出口管制手段，限制或禁止某些可能增加其他国家军事实力的物资，特别是战略物资和可用于军事的高技术产品的出口；或者通过出口管制手段对进口国施加经济制裁等手段，迫使其在政治上妥协就范。

（二）出口管制的经济目的

出口管制的经济目的是保护国内稀缺资源或者不可再生资源，维护国内市场正常供应，促进国内有关产业部门或者加工工业的发展，防止国内出现严重的通货膨胀，保持国际收支平衡，稳定国际市场上的商品价格，避免本国贸易条件的恶化等。

三、出口管制的对象

出口管制的商品主要可分为以下几类：

（1）战略物资及尖端技术。例如，军事装备、高技术产品等。这些产品对维护国家安全，保持科学技术的优势地位具有重要意义。

（2）国内紧缺物资。其包括国内市场紧缺的商品及国内生产所需的原材料、半成品等。这些商品直接影响国内市场的供应，是保持经济稳定发展的重要物资。

（3）珍贵文化、艺术品及黄金、白银等特殊商品。

（4）"自动"限制出口的商品。为了缓和、避免与进口国的贸易摩擦，或迫于进口国的压力，被迫管制具有竞争力的商品，如发展中国家的纺织品。

（5）对政治对立、关系紧张或国际组织实行制裁的国家出口的商品。

（6）出口国或组织垄断的商品。

四、出口管制的形式

（一）单边出口管制

单边出口管制是指一国根据本国的需要，制定出口管制方面的法案，设立专门的执行机构，对本国的某些商品出口进行审批和颁发出口许可证，实行出口管制。单边出口管制是由一国单方面自主决定，是实施歧视性贸易政策的手段。例如，早在1917年美国国会就通过了《1917年与敌对国家贸易法案》，禁止对"敌对国"进行财政金融和商业贸易。随着国际政治经济形势的变化，又相应地制定并多次修改了各种出口管制法规条例。总体上来讲，管制程度较以前有所松动，手续也日渐简便。

（二）多边出口管制

多边出口管制是指几个国家政府通过一定的方式建立国际性多边出口管制机构，商讨和编制多边出口管制货单和出口管制国别，规定出口管制的办法，以协调彼此的出口管制政策和措施，达到共同的政治和军事目的。

五、出口管制的措施

出口管制的目标在于限制本国商品的出口规模和出口市场。单边出口管制的国家通常采取以下措施来实现其控制目标：

（一）出口许可证

最普遍使用的手段是出口许可证制度。出口许可证是指出口必须得到政府有关部门的批准，获得许可才行。政府通过出口许可证制度，可以控制一些产品出口的数量和价格。出口许可证一般也只适用于本国需要进行深加工的原材料和初级产品,以及一些生活必需品或者高科技产品。出口许可证根据商品、管制程度的不同,可分为一般许可证和特种许可证。

1. 一般许可证

一般许可证又称为普遍许可证。这类许可证无须向有关机构申请,只要在出口报关单上填明管制货单上该商品的一般许可证编号,经海关核实,就可办妥出口手续。

2. 特种许可证

特种许可证是指需要由有关机构审批颁发的许可证。例如,对于那些属于敏感商品的出口,必须向有关机构申请特种许可证。出口商要在许可证上填写出口的内容和目的地以及用途等,再附上其他有关证件一起报批,获批准后方能出口。

（二）国家专营

国家专营又称为国家垄断,是指对某些商品的进出口,由政府指定的专门机构和组织直接控制和管理。通过国家专营贸易,政府可以鼓励发展一定类型的进出口方式,控制一些重要或者敏感产品的进出口,寻求最佳的进出口地理分布以及商品生产结构。对进出口商品的国家专营主要集中在 3 类商品上:第一类是烟和酒,这是由于烟酒的税很重,政府可以从烟酒的贸易中获得巨大的财政收入;第二类是农产品,一些国家常常把农产品的对外垄断销售作为国内农业政策的一部分;第三类是武器,武器的贸易一般都由国家垄断。

（三）征收出口税以及出口工业的产业税

政府对管制范围内的产品出口课征出口税,并使关税税率保持在一个合理的水平,以达到控制的目的。出口税的征收会影响商品的国内、国外价格并减少出口量。一些国家对一些特殊商品用出口税的方法限制其出口。

一些国家对某些生产资源密集型产品的产业征收产业税,这些工业往往是出口生产工业,征收产业税提高了成本,从而可以达到限制出口的作用。

（四）实行出口配额制

出口配额是由政府有关部门规定的某些商品的出口最大数额。出口配额与出口税最大的不同在于:它有一个明确的数量限制,即出口达到规定限额以后即完全禁止出口。它结合出口许可证有效地控制出口规模,如美国对糖、日本对稻谷和小麦都实施这种数量的控制措施。实施出口配额能否取得成功主要取决于国内外供求的具体情况。

（五）出口禁运

出口禁运可以看作出口配额的一种极端形式,即出口配额为零。这是一种最严厉的控制措施,一般将国内紧缺的原材料或者初级产品列入禁运之列。

一些国家为了达到制裁另一些国家的目的,可能对所有商品实行出口禁运。在有的情况下,几个国家的政府为了协调出口管制政策,达到共同的政治经济目的,联合进行多边出口禁运。1949 年 11 月成立的巴黎统筹委员会（即巴统）,其目的就是共同防止战略物资和先进技术输往社会主义国家。然而,随着国际形势的变化,巴统逐渐放宽了对社会主义国家的出口管制,其作用日渐减小,至 1994 年 4 月 1 日正式解散。《关于常规武器与两用产品和技术出口控制的瓦瑟纳尔协定》（以下简称《瓦瑟纳尔协定》）于 1996 年 7 月 12 日成立,11 月 1 日实施,这个机构有 33 个国家参加（包括苏联、东欧国家）,对武器等 110 种商品的进出口进行管制，主要出口管制对象是：伊朗、伊拉克、利比亚、朝鲜 4 个国家。

（六）跨国界联合的出口垄断

跨国界联合的出口垄断是指世界上某种商品的主要出口国组成国际垄断组织，以联合行动对出口量加以限制，从而控制国际市场价格以牟取最大利润。最典型的是石油输出国组织，即欧佩克（OPEC）。

专栏 8-2　美国出口管制制度概述

谈到美国的出口管制制度，首先需要明确一个概念，即美国的出口管制是对整个出口体系的管制，而并不存在专门针对高科技或针对中国的独立的出口管制制度。由于长期以来影响中国利益的主要是美国对高技术的出口限制，因此人们经常听到"对华高技术出口管制"的说法。

但事实上，所谓"对华高技术出口管制"只是美国出口管制法律制度涉及中国和高技术出口的一个组成部分。因此，要了解"对华高技术出口管制"，就必须了解美国出口管制制度的基本情况。

美国出口管制法律制度的主要目的是限制几类产品的出口：军用或防务产品；军民两用产品和技术；某些核材料和技术；可用于开发核武器、化学武器、生物武器或用于发射这些武器的导弹技术的产品。限制用于军事目的的产品或技术无可厚非。

与中国相关且饱受诟病的主要是对于上述第二类，即军民"两用"产品和技术的出口限制，其中涉及许多高科技产品和技术。

此外，美国的出口管制制度还用于执行美国对特定国家的经济制裁，如古巴、伊朗和叙利亚。

美国出口管制制度的法律基础主要有《出口管理法》（EAA）、《武器出口管制法》（AECA）和《国际突发事件经济权力法》（IEEPA）。这三部法律都是国会颁布并经总统签署的正式立法，是与出口管制制度有关的最高级别的法律基础。根据美国政治和法律制度的运行特点，每一项立法在执行的时候通常有一个负责主要执法任务的行政机关。在多数情况下，该行政机关会依据国会法律授权，颁布执行法律的行政法规，与制度执行有关的具体细节通常都规定在这些行政法规中。

因此，对于研究美国联邦政府层面的某项具体制度而言，该制度的国会立法基础、主要负责部门和相关行政法规是必不可少的研究对象，其中研究相关行政法规的详细规定尤为重要。

美国出口管制的内容大概可以分为两类：用于军事和防务目的的产品和技术；军民"两用"产品和技术。因此，美国的出口管制制度主要由两个联邦行政部门负责：美国国务院（相当于外交部）负责用于军事和防务目的的产品和技术的出口管制；美国商务部负责军民"两用"产品和技术的出口管制。

军用产品和技术出口管制的法律基础是《武器出口管制法》（AECA）。为执行该法，美国国务院颁布了《武器国际运输条例》（ITAR）。所有从事军用产品和服务的生产、出口、中介等行为的个人或企业都必须经美国政府注册。《武器国际运输条例》中规定了军用产品和服务出口所需许可证或授权的具体要求和审批程序；此外，《美国防务目录》（USML）中详细列明了受管制的军用产品和技术名单。

许多军用产品的出口仅美国国务院授权是不够的,而必须获得美国国会授权。美国国务院中具体负责出口管制事务的是政治军事事务局下属的国防贸易管制处。

军民"两用"产品和技术出口管制的法律基础是 1979 年颁布的《出口管理法》。但《出口管理法》其实早已因过期而失效,其建立的军民"两用"产品和技术出口管制制度却因《国际突发事件经济权力法》(IEEPA) 对于美国总统的特别授权而延续下来。

因此,尽管《出口管理法》本身已失效,但其中与军民"两用"产品和技术出口管制相关的规定事实上仍然有效。为执行该法,美国商务部颁布了《出口管理条例》(EAR),具体规定原产于美国的产品、软件和技术的出口和再出口管制制度。军民"两用"产品和技术出口的授权和审批主要由美国商务部负责,但在决定是否批准的过程中,美国采取了一种类似于联席会议协商决策的机制。也就是说,对于具体产品和技术,美国商务部可能在接到出口申请后将是否批准出口的决定权交给其他更加熟悉该产品和技术的相关部委,包括美国国务院、国防部、能源部,甚至美国国家航空航天局(NASA),连中央情报局(CIA)都可能参与其中,负责对交易一方的背景进行调查。美国商务部中具体负责出口管制事务的是产业和安全局(BIS)。

美国的出口管制主要由国务院和商务部负责。除此以外,能源部和财政部在个别产品和技术上也拥有出口管制的权力。若国务院或商务部做出不允许出口的决定,负责执法和保证决定实施的部门包括商务部、国土安全部下属的海关和边境保护局,以及司法部。商务部与海关和边境保护局负责出口环节的控制以及违反出口管制行为的调查。若有人违反出口管制,则可能受到行政或刑事处罚。对于达到刑事犯罪的违法行为,由于触犯的是联邦法律,则由美国司法部负责刑事调查并提起刑事诉讼。

(资料来源:http://intl.ce.cn/specials/zxgjzh/201411/20/t20141120_3949360.shtml)

本章小结

世界各国除了对进口商品实行各种限制措施外,对扩大本国商品出口大都采取种种鼓励的措施。同时,也对某些商品,特别是战略物资和先进技术的出口,实行管制措施,限制或禁止它们的出口。本章主要介绍了出口鼓励的主要措施、不同类型的经济特区的特征、出口管制的目的及主要措施。

关键词

出口信贷   出口补贴   商品倾销   外汇倾销   经济特区   出口管制

复习思考题

1. 为什么买方信贷要比卖方信贷使用普遍?
2. 什么是出口管制?实施出口管制的基本形式有哪些?
3. 什么是商品倾销?它可以分为哪些类型?
4. 试比较商品倾销与出口补贴。
5. 简述外汇倾销的概念及其条件。

第九章

世界贸易组织

引导案例

中国轮胎企业终于胜了

2008年12月9日,中国向世贸组织争端解决机制提起申诉,要求就美国商务部针对来自中国的非公路用轮胎、标准钢管、矩形钢管和复合编织袋4种产品采取的双反措施进行调查。2009年3月4日,世贸组织正式就此案设立专家组,展开调查。

直至2011年3月11日,在为期两年多的申诉以及调查组的压力之下,世界贸易组织上诉机构发布裁决报告,表示支持中方有关主张,认定美方对中国产非公路用轮胎、标准钢管、矩形钢管和复合编织袋采取的反倾销、反补贴措施,以及"双重救济"的做法,与世贸组织规则不符。

国内企业"疲了,累了,烦了"

2007年12月10日,美国商务部公布初步裁定,认定中国输美的非公路用轮胎生产商及出口商获得可诉补贴,并公布了各涉案企业反补贴税率,其中河北兴茂轮胎有限公司为2.38%,贵州轮胎有限公司为3.13%,天津联合轮胎和橡胶国际有限公司为6.59%,其他涉案中国企业为4.44%。

河北兴茂轮胎有限公司对此的斗争始于2008年下半年美国商务部发布的双反征税法令,根据该法令,河北兴茂轮胎有限公司反倾销税率从美国商务部2008年7月8日公布的19.15%提高至29.93%,反补贴税率也提高为14%,每年要缴纳43.93%的惩罚性税率。数据显示,受此影响,2009年1—9月,该公司仅出口37批、10 271条、货值113.8万美元的轮胎,批次、数量、货值同比分别减少89.9%、97%、96%。

补贴税率和倾销税率相加,河北兴茂轮胎有限公司每年要缴纳接近44%的惩罚性税率,是在所有涉案企业中最高的。仅仅1年,河北兴茂轮胎有限公司损失惨重。河北兴茂轮胎有限公司的相关人士表示"疲了,累了,烦了"。据悉,为了上诉,河北兴茂第1年的花费就近20多万美元。

业内人士表示:"反补贴一向是美方对华重要的贸易救济工具,主要针对中国政府,而反倾销主要针对企业。'双反'对中国产业最大的危害就在于双重救济,直接推高了税率。"

美方指责理由不攻自破

在裁决中，世贸组织上诉机构经过审理，认定美国商务部对华"双反"做法违规。一是其将中国商业化运作的国有企业认定为"公共机构"，并认为中国国有企业提供原材料构成政府"财政资助"。世贸组织上诉机构经过审理，认定美国商务部在这个问题上使用了错误的法律标准，缺乏相应的事实依据，违反了世贸规则。

其实，美国自1984年起就确定了不对所谓"非市场经济国家"适用反补贴法的做法，这一做法在美司法诉讼中已被确认为判例。但自2006年11月对中国铜版纸发起首宗反倾销、反补贴合并调查以来，美国打破对"非市场经济国家"不采取反补贴的惯例，对中国发起频繁的反补贴调查。这些调查不但全部为反倾销与反补贴的合并调查，且其立案的密集程度也甚为罕见。

业内人士认为，世贸组织的判定，推翻了2010年10月专家组有关"公共机构就是由政府控制的任何实体"的裁定，使得美国对中国国有企业的一系列相关行政裁定不攻自破。

"双反"风波或未平息

在2007年美国商务部公布对华输美非公路用轮胎的初步裁定时，中国商务部发言人就明确表示，美国商务部仅凭申请方缺乏根据的指控就要求中方提供大量信息，并任意扩大搜集信息的范围，违背世贸组织对反补贴调查的基本要求。尽管中方对美方的调查给予积极配合，但美商务部拒不采信中方提供的真实有效的数据，导致补贴幅度的错误计算。美方的不公正裁决不仅违反其本国法律和多边规则，也显示出其对中国企业的歧视和对中国经济发展模式的偏见，助长了美国国内贸易保护主义势力，损害了中国业界的利益，是中国政府和产业界所不能接受的。中方将保留采取进一步行动维护我国企业利益的权利。

商务部条约法律司负责人表示："2年多时间后终获胜诉，该裁决是中方在世贸争端中取得的重大胜利，中方对此表示欢迎。"

持续2年的"双反"风波会否就此告一段落呢？某业内人士指出，美方在2011年3月11日对世贸裁决做出回应，认为WTO的上诉机构可能管得太宽了。这也预示着，这方面的斗争或将持续。

（资料来源：盖世汽车网，2011-03-28）

教学目标

1. 了解世界贸易组织成立及发展历程。
2. 掌握世界贸易组织的宗旨、职能与地位。
3. 理解世界贸易组织的组织结构和发展趋势。
4. 了解中国"入世"历程。
5. 理解中国作为世界贸易组织的一员应享有的权利和应承担的义务。

第一节　从关税与贸易总协定到世界贸易组织

一、1947年关税与贸易总协定概述

关税与贸易总协定（General Agreement on Tariffs and Trade，GATT），简称关贸总协定或

总协定。它是协调、处理缔约方或成员方之间关税与对外贸易政策和国际货物贸易关系方面的相互权利、义务的国际货物贸易多边协定。它是一项"协定",但是随着形势的发展,在总协定的基础上逐渐发展成一个临时性国际经济组织。1995年1月1日被世界贸易组织替代。

(一) 关贸总协定的产生

20世纪40年代,世界贸易保护主义盛行。国际贸易的相互限制是造成世界经济萧条的一个重要原因。第二次世界大战结束后,成立一个全球性的国际贸易管理组织,解决复杂的国际经济问题,特别是制定开放的国际贸易政策,促进全球贸易稳定有序增长,成为战后各国所面临的重要任务。

1946年2月,联合国经社理事会举行第一次会议,会议呼吁召开联合国贸易与就业问题会议,起草国际贸易组织宪章,进行世界性削减关税的谈判。随后,经社理事会设立了一个筹备委员会。1946年10月,筹备委员会召开第一次会议,审查美国提交的国际贸易组织宪章草案。参加筹备委员会的与会各国同意在"国际贸易组织"成立之前,先就削减关税和其他贸易限制等问题进行谈判,并起草《国际贸易组织宪章》。1947年4月7日,筹备委员会在日内瓦召开第二次全体大会,就关税问题进行谈判,讨论并修改《国际贸易组织宪章》草案。经过多次谈判,美国等23个国家于1947年10月30日在日内瓦签订了关税及贸易总协定。按照原来的计划,关贸总协定只是在国际贸易组织成立前的一个过渡性步骤,它的大部分条款将在《国际贸易组织宪章》被各国通过后纳入其中。但是,鉴于各国对外经济政策方面的分歧以及多数国家政府在批准《国际贸易组织宪章》这样范围广泛、具有严密组织性和国际条约所遇到的法律困难,该宪章在短期内难以通过。因此,关贸总协定的23个发起国于1947年年底签订了临时议定书,承诺在今后的国际贸易中遵循关贸总协定的规定。该议定书于1948年1月1日生效。此后,关贸总协定的有效期一再延长,并为适应情况的不断变化多次加以修订。于是,关贸总协定便成为确立各国共同遵守的贸易准则,协调国际贸易与各国经济政策的唯一的多边国际协定。

(二) 关贸总协定的宗旨

关贸总协定的宗旨是:缔约国各国政府认为在处理它们的贸易和经济事务的关系方面,应以提高生活水平,保证充分就业,保证实际收入和有效需求的巨大持续增长,扩大世界资源的充分利用以及发展商品生产与交换为目的。通过达成互惠互利协议,可以削减关税和其他贸易障碍,取消国际贸易中的歧视待遇,从而对达到上述目的做出贡献。

(三) 关贸总协定的主要内容

关贸总协定的原文分为序言和四大部分,共计38条,另附若干附件和一份暂时适用议定书。关贸总协定的第一部分为第1条和第2条,主要规定缔约国之间在关税与贸易方面相互提供无条件最惠国待遇和关税减让事项;第二部分从第3条到第23条,主要规定国内税和国内规章的国民待遇。当取消进出口数量限制和在某种商品大量进口使某缔约国的同类产品遭受重大损害相威胁时,该缔约国可以采取的紧急措施;第三部分从第24条到第35条,主要规定关贸总协定的适用范围,参加和退出总协定的手续和程序等方面的问题;第四部分包括第36条到第38条,这一部分是1965年增加的,主要规定对发展中国家的贸易与发展方面尽量给予关税和其他方面的特殊优待等;关贸总协定的附件主要是对条款作了一些注释、说明和补充规定。

（四）关贸总协定的组织机构

从名称上看,关贸总协定只是一项"协定",但它实际上等于是一个"组织"。这个在总协定基础上形成的国际组织,其最高决策机构是缔约国大会(通常每年举行一次),其常设机构是由缔约国常任代表组成的理事会(通常每两个月开例会一次),其常设秘书处设在日内瓦。此外,关贸总协定组织设有20个机构,如贸易与发展委员会、国际收支限制委员会、关税减让委员会、反倾销委员会、纺织品委员会等,分别负责各种专门问题事务。

关贸总协定组织的主要活动是举行削减关税和其他贸易壁垒的谈判。这种谈判有一个专门术语称为"回合"。除组织多边关税及贸易谈判外,关贸总协定还组织有关国家对商业政策方面出现的问题进行磋商,解决争端;协助个别国家解决其本国贸易中的问题;帮助有关国家加强地区性贸易合作,执行培训国际贸易专业人员的计划等。

二、关贸总协定下的多边贸易谈判

关贸总协定实施以后,即开始进行全球多边贸易谈判。40多年来,经过多次关税减让谈判,缔约国关税率有大幅削减,发达国家的平均关税率从1948年的36%降到20世纪90年代中期的3.8%,发展中国家和地区同期降至12.7%。经过谈判达成的大量贸易协议和国家制定的各种法律规范对国际贸易进行着全面的协调和管理。

（一）关贸总协定前七轮多边贸易谈判成果

从1947年至1979年,在关贸总协定的主持下各国共进行了7次多边贸易谈判。历次谈判主要由以美国为代表的发达国家来倡议和主导,谈判内容从早期的关税减让逐步拓展到反倾销措施的实施、非关税措施的减少、对发展中国家的贸易优惠等多方面内容,谈判参与国数量也越来越多,达成一致性贸易协议的难度逐步增大,谈判时间跨度也从耗时几个月变为历时数年（见表9-1）。

表9-1 关贸总协定的谈判过程

届次	谈判时间	谈判地点	参与方	主要议题
1	1947年4月至同年10月	瑞士日内瓦	23	关税减让
2	1949年4月至同年10月	法国安纳西	33	关税减让
3	1950年10月至1951年4月	英国托奎	39	关税减让
4	1956年1月至5月	瑞士日内瓦	28	关税减让
5	1960年9月至1961年7月	瑞士日内瓦（狄龙回合）	45	关税减让
6	1964年5月至1967年6月	瑞士日内瓦（肯尼迪回合）	54	关税减让、反倾销措施
7	1973年9月至1979年4月	瑞士日内瓦（东京回合）	99	关税减让,减少非关税措施,给予发展中缔约国贸易优惠

1. 第一轮多边贸易谈判

1947 年 4 月至 10 月，关贸总协定第一轮多边贸易谈判在瑞士日内瓦举行。关税下调的承诺是第一轮多边贸易谈判的主要成果。23 个缔约方在 7 个月的谈判中，就 123 项双边关税减让达成协议，关税水平平均降低 35%。在双边基础上达成的关税减让，无条件地、自动地适用于全体缔约方。

2. 第二轮多边贸易谈判

1949 年 4 月至 10 月，关贸总协定第二轮多边贸易谈判在法国安纳西举行。这轮谈判的目的是，给处于创始阶段的欧洲经济合作组织成员提供进入多边贸易体制的机会，促使这些国家为承担各成员之间的关税减让做出努力。这轮谈判有 33 个国家参加，除原 23 个缔约方之间进行外，又有丹麦、多米尼加、芬兰、希腊、海地、意大利、利比里亚、尼加拉瓜、瑞典和乌拉圭 10 个国家加入谈判。这轮谈判总计达成 147 项关税减让协议，关税水平平均降低 35%。

3. 第三轮多边贸易谈判

1950 年 9 月至 1951 年 4 月，关贸总协定第三轮多边贸易谈判在英国托奎举行。这轮谈判的一个重要议题是，讨论奥地利、联邦德国、韩国、秘鲁、菲律宾和土耳其的加入问题。这轮谈判共达成 150 项关税减让协议，关税水平平均降低 26%。

4. 第四轮多边贸易谈判

1956 年 1 月至 5 月，关贸总协定第四轮多边贸易谈判在瑞士日内瓦举行。由于美国国会对美国政府代表团的谈判权限进行了限制，影响了这一轮谈判的规模，只有 28 个国家参加。这轮谈判后各成员国关税水平平均降低 15%。

5. 第五轮多边贸易谈判

1960 年 9 月至 1961 年 7 月，关贸总协定第五轮多边贸易谈判在瑞士日内瓦举行，共有 45 个参加方。这轮谈判由美国副国务卿道格拉斯·狄龙倡议，后称为"狄龙回合"。这轮谈判使关税水平平均降低 20%。

6. 第六轮多边贸易谈判

1964 年 5 月至 1967 年 6 月，关贸总协定第六轮多边贸易谈判在瑞士日内瓦举行，共有 54 个缔约方参加，又称为"肯尼迪回合"。这轮谈判使关税水平平均降低 35%。

在这轮谈判中，美国、英国、日本等 21 个缔约方签署了第一个实施关贸总协定第六条有关反倾销的协议。该协议于 1968 年 7 月 1 日生效。在这轮谈判期间，《关贸总协定》中新增"贸易与发展"条款。规定了对发展中缔约方的特殊优惠待遇，明确发达缔约方不应期望发展中缔约方做出对等的减让承诺。

7. 第七轮多边贸易谈判

1973 年 9 月至 1979 年 4 月，关贸总协定第七轮多边贸易谈判在瑞士日内瓦举行。因发动这轮谈判的部长级会议是在日本东京召开的，故称为"东京回合"，"东京回合"共有 73 个缔约方和 29 个非缔约方参加了谈判。

这轮谈判取得的主要成果有以下几项：

第一，关税进一步下降。从 1980 年 1 月 1 日起 8 年内，全部商品的关税平均削减 33%，减税范围除工业品外，还包括部分农产品。其中，美国的关税平均下降 30%～35%，欧洲共同体关税平均下降 25%，日本关税平均下降 50%。

第二，达成了只对签字方生效的一系列非关税措施协议，包括补贴与反补贴措施协议、技术性贸易壁垒协议、进口许可程序协议、政府采购协议、海关估价协议、倾销与反倾销协议、牛肉协议、国际奶制品协议、民用航空器贸易协议等。

第三，通过了对发展中缔约方的授权条款，允许发达缔约方给予发展中缔约方普遍优惠制待遇，发展中缔约方可以在实施非关税措施协议方向享有差别和优惠待遇，发展中缔约方之间可以签订区域性或全球性贸易协议，相互减免关税，减少或取消非关税措施，而不必给予非协议参加方这种待遇。

（二）乌拉圭回合多边贸易谈判

1986年9月15日在乌拉圭埃斯特角城举行关贸总协定缔约方部长级会议，决定发动第八轮多边贸易谈判，这次谈判称为乌拉圭回合（Uruguay Round）。参加这轮谈判的国家，最初为103个，到1993年12月谈判结束时有123个。

乌拉圭回合多边贸易谈判分为两个部分共15个议题。

1. 第一部分：货物贸易

这部分共14个议题，分别为：① 关税；② 非关税措施；③ 热带产品；④ 自然资源产品；⑤ 纺织品与服装；⑥ 农产品；⑦ 关贸总协定条款；⑧ 保障条款；⑨ 多边贸易谈判协议和安排；⑩ 补贴与反补贴措施；⑪ 争端解决；⑫ 与贸易有关的知识产权的问题，包括冒牌货贸易问题；⑬ 与贸易有关的投资措施；⑭ 关贸总协定体制的作用。

2. 第二部分：服务贸易

这部分为1个议题：通过服务贸易谈判制定处理服务贸易的多边原则和规则的框架，包括对各个部门制定可能的规则。以便在透明和逐步自由化的条件下扩大服务贸易，并以此作为促进所有贸易伙伴和发展中国家经济发展的一种手段。

乌拉圭回合多边贸易谈判达成的《乌拉圭回合多边贸易谈判成果的最后文件》，简称《最后文件》。这是一个一揽子文件，即必须全部接受或全部拒绝，不能接受一部分，拒绝另一部分。该文件包括28个协议和协定，涉及的主要议题有：关税、非关税措施、热带产品、自然资源产品、原产地规则、装船前检验、反倾销、补贴和反补贴、技术性贸易壁垒、进口许可证程序、海关估价、政府采购、农产品贸易、纺织品和服装、保障条款、统一的争端解决制度、总协定体制的运行、与贸易有关的投资措施、与贸易有关的知识产权、服务贸易、国营贸易、动植物检疫、贸易政策审议机制、民用航空器贸易、国际收支、奶制品贸易、牛肉贸易和世界贸易组织等。参加世界贸易组织各成员方除遵守所有这些协议和协定的规则外，还必须具备3个减让表：即农产品减让表、非农产品减让表和服务贸易减让表。这个《最后文件》于1994年4月15日正式签署，于1995年1月1日正式生效。

乌拉圭回合多边贸易谈判达成的28个协议与协定可分为三类：

第一类是修订原有的关贸总协定和货物贸易规则，以有效处理长期存在的一些老问题，如反倾销、反补贴、数量限制、保障条款中的问题，将农产品贸易和纺织品贸易重新回归关贸总协定规则的问题。

第二类涉及制定新规则、规范和贸易有关的新问题，如知识产权保护、服务贸易和投资措施。

第三类属于体制建设问题，其中最重要的是建立世界贸易组织取代原关贸总协定组织。

乌拉圭回合多边贸易谈判，取得了一系列重大成果：

（1）在货物贸易方面，包括关税减让谈判和规则制定谈判。在关税减让方面，发达成员承诺总体关税削减幅度为 37% 左右，工业品的关税削减幅度达 40%，加权平均税率从 6.3% 降至 3.8%。发达成员承诺关税减让的税号占其全部税号的 93%，涉及约占其 84% 的贸易额。发展中成员承诺总体关税削减幅度在 24% 左右。业品的关税削减水平低于发达成员，加权平均税率由 20.5% 降至 14.4%；约束关税税号比例由 21% 上升为 73%，涉及的贸易额由 13% 提高至 61%。关于削减关税的实施期，工业品从 1995 年 1 月 1 日起 5 年内结束，减让表中另有规定的除外。农产品关税削减从 1995 年 1 月 1 日开始，发达成员的实施期为 6 年，发展中成员的实施期一般为 10 年，也有部分发展中成员承诺 6 年的实施期。

在规则制定方面：乌拉圭回合制定的规则体现在以下四组协议中。

第一组是《1994 年关税与贸易总协定》。它包括《1947 年关税与贸易总协定》的各项实体条款，1995 年 1 月 1 日以前根据《1947 年关税与贸易总协定》做出的有关豁免、加入等决定；乌拉圭回合中就有关条款达成的 6 个谅解以及《1994 年关税与贸易总协定马拉喀什议定书》。

第二组是两项具体部门协议，即《农业协议》和《纺织品与服装协议》。

第三组包括《技术性贸易壁垒协议》《海关估价协议》《装运前检验协议》《原产地规则协议》《进口许可程序协议》《实施卫生与植物卫生措施协议》《与贸易有关的投资措施协议》7 项协议。

第四组包括《保障措施协议》《反倾销协议》《补贴与反补贴措施协议》3 项贸易救济措施协议。

（2）在服务贸易方面。在乌拉圭回合中，经过 8 年的讨价还价最后达成了《服务贸易总协定》，并于 1995 年 1 月 1 日正式生效。

（3）在与贸易有关的知识产权方面。乌拉圭回合达成了《与贸易有关的知识产权协定》。该协定明确了知识产权国际法律保护的目标，扩大了知识产权保护范围，强化了对仿冒和盗版的防止与处罚；强调限制垄断和防止不正当竞争行为，减少对国际贸易的扭曲和阻碍；做出了对发展中国家提供特殊待遇的过渡期安排；规定了与贸易有关的知识产权机构的职责以及与其他国际知识产权组织之间的合作事宜。该协定是乌拉圭回合一揽子协议的重要组成部分，所有世界贸易组织成员都受其规则的约束。

（4）完善和加强多边贸易体制。建立世界贸易组织，取代 1947 年关贸总协定，为执行乌拉圭回合谈判成果奠定了良好基础。这是乌拉圭回合取得的最大成就。

三、世界贸易组织的成立

世界贸易组织（World Trade Organization，WTO），简称世贸组织。它是根据乌拉圭回合多边贸易谈判达成的《建立世界贸易组织协议》（Agreement Establishing the World Trade Organization）于 1995 年 1 月 1 日建立的，取代 1947 年的关税与贸易总协定，并按照乌拉圭回合多边谈判所达成的一整套协定和协议的条款作为国际法律规则，对各成员之间在经济贸易关系方面的权利和义务进行监督、管理和履行的正式国际经济贸易组织。

（一）世界贸易组织的产生背景

早在 20 世纪 50 年代后期，联合国经社理事会曾提出了在联合国主持下建立国际贸易组织的构想。20世纪60年代前期，联合国第一届贸发会议审查了建立国际贸易组织的可能性；20世纪70年代和80年代期间，联合国有关机构和国际贸易学术界都一直非常关心成立国际贸易组织问题，并提出一系列构想：一个构思是从关贸总协定的规章制度出发，修改和制定一些对关贸总协定成员更具有约束性义务的补充条款，以便建立一个更完善的国际经济组织；另一种构想是按照《国际贸易组织宪章》，尽可能涵盖所有国际经济问题，建立一个更具有综合性的国际经济组织。

在1986年9月乌拉圭回合发动时，15项谈判议题并没有涉及关于建立世贸组织的问题，只是设立了一个关于修改和完善总协定体制职能的谈判小组。但是由于乌拉圭回合谈判不仅包括了传统的货物贸易问题，还涉及知识产权保护和服务贸易以及环境等新议题。这样《1947年关贸总协定》如何有效地贯彻执行乌拉圭回合形成的各项协议就自然而然地提到了多边贸易谈判的议事日程上。无论从组织结构还是从协调职能来看，关贸总协定面对庞杂纷繁的乌拉圭回合多边谈判协议均显示出其"先天不足性"，有必要在其基础上创立一个正式的国际贸易组织来协调、监督和执行新一轮多边贸易谈判的成果。

（二）世界贸易组织的成立过程

1990年年初，意大利首先提出建立世界贸易组织的倡议，1990年7月欧共体把这一倡议以12个国家的名义向乌拉圭回合体制职能小组正式提出来，同年，加拿大、瑞士和美国也先后提出方案。1990年12月乌拉圭回合布鲁塞尔部长级会议正式做出决定，责成体制职能小组负责《多边贸易组织协议》的谈判。该小组经过1年的谈判于1991年12月形成一份《关于建立多边贸易组织协定》草案，并成为同年年底《邓克尔最后案文》的一部分。后经过两年的修改、完善和磋商，最终于1993年11月中旬最终形成《建立多边贸易组织协定》，同年12月根据美国的动议，把"多边贸易组织"改名为"世界贸易组织"。《建立世界贸易组织协定》于1994年4月15日摩洛哥马拉喀什部长级会议上获得通过，被104个乌拉圭回合参加方政府代表签署。1995年1月1日，世界贸易组织正式成立。

专栏9-1　世界贸易组织和关税与贸易总协定的区别

1. 组织机构的正式性

根据《维也纳条约法公约》，任何国际性组织，尤其是政府间的组织都应具有设立它的国际公约或条约作为法律基础。世界贸易组织是根据该公约正式批准生效成立的国际组织。《建立世界贸易组织协定》作为乌拉圭回合一揽子协议的统领文件，为该组织的建立确立了重要基础，使其具有独立的国际法人资格，与其他国际性组织处于同等地位，其官员享有外交特权和豁免权。而关税与贸易总协定则不是法律意义上的国际组织，它没有作为建立一个国际组织的国际公约，而只是作为一个"临时适用"的协定，因此，它不具有国际法人资格。

2. 管辖范围的广泛性

原关税与贸易总协定的管辖范围仅涉及货物贸易，且农产品和纺织品贸易均作为例外不受总协定规则的约束。而世界贸易组织新体制不仅把长期游离在总协定规则之外的农产品和纺织品纳入其轨道，它还将其管辖范围扩大到服务贸易、与贸易有关的知识产权和与贸易有关的投资措施等新领域。如今，由世界贸易组织所代表的多边贸易体制，其管辖范围已扩大到与贸易有关的各个方面。

3. 法律体系的统一性

原关税与贸易总协定的法律体系由三部分构成：一是关税与贸易总协定文本（合38个条款）和前7轮多边贸易谈判达成的关税减让表；二是东京回合达成的9项附属性协议；三是多种纤维贸易安排。多种纤维贸易安排是作为关税与贸易总协定的一项例外，采取背离关税与贸易总协定的管理办法。东京回合达成的各项协定采取自愿选择参加的办法，仅对签字方有效。原关税与贸易总协定法律体系是被分割的。世界贸易组织新体制所管辖的协议，除东京回合达成的政府采购、牛肉、奶制品和民用航空器等4项诸边贸易协议外，其他所有的协议必须一揽子接受和遵守，不能选择性地参加或提出保留，从而使世界贸易组织在法律体系上基本达到了统一。

4. 争端解决机制的有效性

在关税与贸易总协定的争端解决机制中，其决策方式是"完全协商一致"，只要有一个缔约方（最有可能是"被申诉人"）提出反对通过裁决报告，就认为没有"完全协商一致"，关税与贸易总协定则不能做出裁决，这自然大大降低了争端解决效率。因此，有人戏称"关税与贸易总协定争端解决机制是一只没有牙齿的老虎"。世界贸易组织争端解决机制采用"反向协商一致"的决策原则，在争端解决机构审议专家组报告或上诉机构报告时，只要不是所有的参加方都反对，则视为通过，从而排除了败诉方单方面阻挠报告通过的可能，增强了机构解决争端的效力。

此外，针对原关税与贸易总协定争端解决时间拖得过长的缺陷，世界贸易组织的争端解决机制对争端解决程序的各个环节规定了严格、明确的时间表。

（资料来源：李滋植，姜文学. 国际贸易（第4版）. 大连：东北财经大学出版社，2006）

第二节　世界贸易组织的运行机制

一、世界贸易组织的宗旨和原则

世界贸易组织是全球多边贸易体系的法律基础和组织基础。它规定了成员方的协定义务。以决定各成员方政府如何制定和执行国内贸易法律制度和规章。同时，它还是各成员方，通过贸易谈判制定规则、开放市场、解决贸易争端、审议贸易政策、发展其贸易关系的场所。

（一）世界贸易组织的宗旨

世界贸易组织基本上承袭了关税与贸易总协定的宗旨，但又随着时代的发展，对原总协定的宗旨作了适当的补充和修正。在《建立世界贸易组织协定》的序言部分，规定了世界贸易组织的宗旨：第一，提高生活水平，保证充分就业，保证实际收入和有效需求的大幅稳定增长；第二，扩大货物和服务的生产和贸易；第三，依照可持续发展的目标。考虑对世界资源的最佳利用，寻求既保护和维护环境，又以与各成员各自在不同经济发展水平的需要和关注相一致的方式，加强为此采取的措施；第四，积极努力以保证发展中国家，尤其是最不发达国家，在国际贸易增长中获得与其经济发展需要相当的份额。

世界贸易组织的目标是：产生一个完整的、更具有活力的和永久性的多边贸易体系来巩固原来关税与贸易总协定为贸易自由化所做的努力和乌拉圭回合多边贸易谈判的所有成果。

在《建立世界贸易组织协定》的前言中,明确指出实现其宗旨与目标的途径是——通过互惠互利的安排。这就使得关税和其他贸易壁垒的大量减少和国际贸易关系中歧视性待遇的取消。

(二)世界贸易组织的原则

世界贸易组织取代关贸总协定后,不仅继承了关贸总协定的基本原则,并在其所管辖的国际货物贸易领域以及与贸易有关的服务贸易、与贸易有关的知识产权和与贸易有关的投资措施等新的领域中予以适用和加以扩展,现简述如下:

1. 非歧视原则

非歧视原则是世贸组织最为重要的原则,是世贸组织的基石。它是针对歧视待遇的一项缔约原则,它要求缔约双方在实施某种优惠和限制措施时,不要对缔约对方实施歧视待遇。在世界贸易组织中,非歧视原则是通过最惠国待遇条款和国民待遇条款来体现的。

(1)最惠国待遇条款。最惠国待遇条款的基本含义是:缔约国一方现在和将来所给予任何第三国的一切特权、优惠和豁免,也同样给予缔约对方。在国际贸易中,最惠国待遇是指签订双边或多边贸易条约的缔约一方在贸易、关税、航运、公民法律地位等方面,如给予任何第三国的减让、特权、优惠或豁免时,缔约另一方或其他缔约方也可以得到相同的待遇。最惠国待遇分为无条件和有条件两种。有条件的最惠国待遇是指缔约方一方给予第三方的待遇,不能自动地、无偿地给予有条件的;最惠国待遇是指缔约方一方给予第三方的待遇,不能自动地、无偿地给予缔约的另一方,而只有在另一方给予它同样的补偿的情况下,才能给予。而无条件的最惠国待遇不要求补偿,缔约的一方给任何第三方的待遇,都无偿地、自动地给予其他缔约的另一方。关贸总协定所倡导的是无条件的最惠国待遇,并且与双边最惠国待遇不同,它是多边的无条件的最惠国待遇。值得注意的是,这项条款存在若干例外。例如,最惠国待遇条款不适用于给予发展中国家成员的差别待遇和特殊优惠;以自由贸易区、关税同盟等形式出现的区域经济一体化安排以及在边境贸易中给予邻国更多的贸易便利;涉及成员国国家安全;涉及知识产权保护;其他如反补贴和反倾销、国际收支平衡、诸边协议等敏感问题。

(2)国民待遇原则。缔约国一方保证缔约国另一方的公民、企业和船舶在本国境内享受与本国公民、企业和船舶同等的待遇。国民待遇是专指民事方面的待遇,而非政治方面的待遇,那些关系到国家重大利益或主权的待遇,如沿海航行权、领海捕鱼权、购买土地权及零售贸易权等,通常只给予本国国民,而不给予外国侨民。

值得注意的是,国民待遇中用的是"不低于"一词而不是"相等",主要是防止对国外产品和外国企业的歧视。如果反过来政府给国外产品更多的优惠,则不违反国民待遇的原则。换句话说,国民待遇原则是保护外国企业不受歧视,但并不管本国企业是否被"歧视"。许多发展中国家由于投资环境较差,基础设施落后,为吸引外资而不得不给予外商减免税收等比本国企业更优惠的政策。这种做法并不违反 WTO 中的国民待遇规定。

2. 贸易自由化原则

贸易自由化原则是指限制和取消一切妨碍和阻止国际贸易开展与进行的障碍,包括法律、法规、政策和措施等。而世界贸易组织是通过削减关税、弱化关税壁垒以及取消和限制各种非关税壁垒措施来实现的。因此，这一原则又是通过关税减让规则和一般取消数量限制规则等来实现的。

（1）关税减让规则。关税减让规则是各缔约方彼此做出互惠与平等的让步，达成关税减让表协议。关税减让表达成的"固定"的税率，任何缔约方无权单方面予以改变，至少在一定时期内不得改变。

（2）一般取消数量限制规则。世贸组织在一般取消数量限制方面的规定主要有：采取"逐步回退"办法逐步减少配额和许可证；从取消数量限制向取消其他非关税壁垒延伸，并对实施非关税壁垒的标准和手段予以更加严格、明确和详尽的规定，提高透明度；把一般取消数量限制规则扩大到其他有关协定。

3. 透明度原则

透明度原则是指成员应公布所制定的和实施的贸易措施及其变化情况，不公布的不得实施，同时还应将这些贸易措施及其变化情况通知世界贸易组织。成员参加的影响国际贸易政策的国际协议也在公布和通知之列。

4. 公平竞争原则

公平竞争原则是指成员应避免采取扭曲市场竞争的措施，纠正不公平贸易行为，在货物贸易、服务贸易和与贸易有关的知识产权领域，创造和维护公开、公平、公正的市场环境。

5. 市场准入原则

所谓市场准入原则，是一国允许外国的货物、劳务与资本参与国内市场的程度。它要求各缔约方通过提高贸易制度的透明度、削减关税、逐步拆除非关税壁垒等措施，形成开放国内特定市场的时间表和具体承诺，从而改进各个缔约方进入东道国市场的条件。

6. 对发展中国家和最不发达国家优惠待遇原则

国际贸易组织认识到发展中国家，尤其是最不发达国家履行义务的灵活性和特殊需要。世贸组织沿袭了关贸总协定关于发展中国家和最不发达国家优惠待遇的相关协议和条款，并在世贸组织的相关协定、协议或条款中加以完善。

二、世界贸易组织的职能和地位

（一）世界贸易组织的职能

世界贸易组织的主要职能包括：

第一，负责多边贸易协议的实施、管理和运作，促进世界贸易组织目标的实现，同时为多边贸易协议的实施、管理和运作提供框架。

第二，为成员间就多边贸易关系进行的谈判提供场所，并提供实施谈判结果的体制。

第三，通过争端解决机制，解决成员间可能产生的贸易争端。

第四，运用贸易政策审议机制，定期审议成员的贸易政策及其对多边贸易体制运行所产生的影响。

第五，通过与其他国际经济组织、国际货币基金组织和世界银行及其附属机构的合作和政策协调，实现全球经济决策的更大一致性。

（二）世界贸易组织的地位

根据《建立世界贸易组织协定》的规定，世贸组织及其有关人员具有以下的法律地位：

第一,世界贸易组织具有法人资格。

第二,世界贸易组织每个成员方向世界贸易组织提供其履行职责时所必需的特权和豁免权。

第三,世界贸易组织官员和各成员方代表在其独立执行与世界贸易组织相关的职能时,享有每个成员方提供的所必需的特权与豁免权。

第四,每个成员方给予世界贸易组织的官员、成员方代表的特权和豁免权等同于联合国大会于1947年11月21日通过的特殊机构的特权与豁免权公约所规定的特权与豁免权。

三、世界贸易组织的组织结构和加入、退出机制

(一)世界贸易的组织结构

世界贸易组织的组织结构是依据《建立世界贸易组织协定》组建的4层组织架构,其最高决策机构是至少2年一次的部长级会议,由各成员国部长级代表组成。部长级会议的职责是履行世界贸易组织的职能,并为此采取必要的行动。部长级会议应一个成员方的要求,有权按照《建立世界贸易组织协议》和相关的多边贸易协议列出的特殊要求,就任何多边贸易协议的全部事务做出决定。

世贸组织的第二层组织结构是部长级会议之下的总理事会,它是该组织的行政机构,负责处理日常事务。理事会由所有成员国的常驻代表组成,其主要功能是:仲裁解决成员国之间的贸易纠纷,监督审查各成员国的贸易政策,向部长级会议报告工作并执行部长级会议决议。

世贸组织的第三层机构是分理事会,其中由各成员国代表组成的货物贸易理事会、服务贸易理事会和知识产权理事会为最重要的理事会,3个专门理事会在总理事会的指导下进行工作,每一理事会每年至少举行8次会议。此外,总理事会下还建立若干负责处理相关事宜的专门委员会,如贸易和环境委员会、贸易与发展委员会、国际收支委员会等相对独立的机构。

世贸组织的最后一层机构是由3个专门理事会根据需要建立起来的委员会和工作小组。目前,在货物贸易理事会下设有市场准入、农业、动植物检疫措施、贸易的技术壁垒、补贴和反补贴措施、反倾销行为、海关估价、原产地规则、进口许可程序、与贸易有关的投资措施和安全保障措施11个委员会,纺织品贸易监督机构和关于国有贸易的工作组。在服务贸易理事会下设有金融服务贸易和处理特别承诺事务的两个委员会以及有关国内管制和服务贸易规则的两个工作小组。

另外,世贸组织还设有由总干事领导的秘书处。总干事由部长级会议任命,并确定其权利和义务、任期等。

(二)世贸组织的加入、退出机制

1. 世贸组织的加入机制

世界贸易组织的成员根据加入的方式不同分为两类:创始会员国和非创始会员国。

根据协议规定,凡具备以下条件,即可成为该组织的创始会员国:① 世界贸易组织协议生效时,已是关贸总协定的缔约国;② 签署参加一揽子接受乌拉圭回合的协议;③ 在乌拉圭回合中做出关税和非关税减让以及服务贸易的减让。截至1997年3月,所有符合创始会员条件的缔约方都成了世贸组织的创始会员国,在此之后的成员都是以加入的方式进入世贸组

织的。

非创始会员国加入世贸组织的程序可分为 4 个阶段：

第一阶段，申请与受理。申请加入的国家或地区向世贸组织总干事递交正式信函以表明其加入世贸组织的愿望。世界贸易组织秘书处负责将申请函发送给全体成员，并把审议加入申请列入总理事会会议议程。总理事会审议加入申请并设立相应的工作组。

第二阶段，审议和双边谈判。主要工作是审议申请加入方的外贸制度和进行与成员国之间的双边市场准入谈判，这是加入程序中的重点阶段。在此阶段申请加入国要向工作组提交外贸制度备忘录、现行关税税则及相关的法律和法规，接受工作组的审议，并且要对工作组要求其进一步说明和澄清的关于其外贸制度运作情况的问题做出书面答复。在审议工作的后期，申请加入方要同提出双边市场准入谈判要求的所有成员国进行双边货物贸易和服务贸易的市场准入谈判。一般情况下，谈判双方需要在申请加入方加入前达成双边市场准入协议。

第三阶段，多边谈判和起草入世文件。在双边谈判的后期，多边谈判开始，工作组着手起草入世协议书。在工作组举行的最后一次正式会议上，工作组成员协商一致通过上述文件，达成关于同意申请加入方加入世贸组织的决定并提交部长级会议审议。

第四阶段，表决和生效。世贸组织部长级会议对入世协议书、工作组报告书和决定草案进行表决，经三分之二的多数同意即被通过。表决通过后，申请加入方要以签署或其他方式向世贸组织表示接受入世协议书。在世贸组织接到申请加入方表示接受文件之日起第 30 天，有关文件开始生效，申请加入方正式成为世贸组织的成员。

值得注意的是，世界贸易组织允许单独关税地区与国家一样，独立自行申请加入，这在国际法上是个先例。在关贸总协定中，单独关税地区本身无权自行其是，必须经有关主权国家同意和推荐才可成为成员方。

2. 世贸组织的退出机制

任何成员都有权退出世贸组织。在世贸组织干事收到书面通知之后的 6 个月期满后退出开始生效。退出同时适用于《建立世界贸易组织协定》和其他多边贸易协定。

四、世界贸易组织的发展

（一）世贸组织召开的部长级会议

WTO 的最高决策权力机构是部长级会议，至少每两年召开一次会议。WTO 成立，共召开了十次部长级会议，以发挥其作为多边贸易谈判场所的功能。

1. WTO 第一次部长级会议

WTO 第一次部长级会议于 1996 年 12 月 9 日至 13 日在新加坡举行。尽管会期较为短暂，但在首次部长级会议上，WTO 当时的 123 个成员就范围广泛的问题达成了普遍的共识，通过了《新加坡部长级会议宣言》（简称《新加坡宣言》）和《关于信息技术产品贸易的部长宣言》。新加坡部长级会议之后，在 WTO 的推动下，有关成员分别于 1997 年 4 月 30 日和 1997 年 12 月 31 日达成了《基础电信协议》和《金融服务协议》，成为 WTO 成立以来在服务贸易具体领域取得的最新成果。

2. WTO 第二次部长级会议

WTO 第二次部长级会议于 1998 年 5 月 18 日至 20 日在瑞士日内瓦举行。通过了《日内瓦部长级会议宣言》和《全球电子商务的决定》，并决定在 1999 年召开第三次部长级会议，以期发动 WTO 成立以来的第一轮全球多边贸易谈判，即"新千年回合"的谈判。

3. WTO 第三次部长级会议

WTO 第三次部长级会议于 1999 年 11 月 30 日至 12 月 3 日在美国西雅图举行。会议期间，来自不同国家和地区的数百个非政府组织和五万多名抗议者举行了声势浩大的游行抗议活动，加之不同集团之间争执不休，于是西雅图会议既没有发表部长宣言，也未实现启动"新千年回合"的梦想，最终不欢而散。这是 WTO 成立以来多边贸易体制遭受的首次重大挫折。

4. WTO 第四次部长级会议

WTO 第四次部长级会议于 2001 年 11 月 9 日至 14 日在多哈举行。多哈部长级会议形成了三项重要的成果，成为继新加坡部长级会议后又一次卓有成效的盛会：① 正式批准中国和中国台北加入 WTO，也使多边贸易体制更具有完整性和代表性；② 通过《多哈部长级会议宣言》（简称《多哈宣言》），全面启动新一轮全球多边贸易谈判（即"多哈回合谈判"），为新一轮谈判拟订了议题、制订了工作计划并确定了谈判的组织与管理机制；③ 通过了《与执行有关的问题与若干考虑》《关于知识产权协定与公共健康宣言》等 4 个具体事项的决定和宣言，使各成员在一些共同关心的重大问题上进一步达成共识。这个回合也首次把发展问题单独列为谈判的首要议题，并命名为"多哈发展议程"，意在帮助发展中国家从多边贸易体系中受惠。

5. WTO 第五次部长级会议

WTO 第五次部长级会议于 2003 年 9 月 10 日至 14 日在墨西哥坎昆举行。此次会议批准了《关于实施知识产权协定与公共健康宣言第六条的决定》（以下简称《决定》）。第一，根据这一《决定》，发展中成员和最不发达成员在国内因艾滋病等流行疾病而发生公共健康危机时，可以基于公共健康目的，在未经专利权人许可的情况下，在其国内通过实施专利强制许可制度以生产、使用、销售有关治疗产生公共健康危机疾病的专利药品。第二，坎昆部长级会议批准柬埔寨和尼泊尔这两个最不发达国家加入 WTO。第三，坎昆部长级会议对业已开始的一系列谈判进行总结和推进。原本坎昆峰会的最重要任务是要对陷入严重迟延的多哈回合上半程进行总结和梳理，并对后 15 个月的谈判进行部署。然而，由于在农产品议题和是否启动"新加坡议题"的问题上发展中成员表现出令发达成员始料未及的坚定立场，经过 6 天的激烈争吵，坎昆会议既没有发表任何部长宣言，也未取得任何实质性进展，重蹈了西雅图会议的覆辙。

新加坡议题是坎昆会议各国争论的主要焦点。该议题主要包括 4 个部分：贸易便利化、采购、投资和竞争。虽然新加坡议题看上去是"导火索"，但是实际深层次的原因是关于农业贸易的议题，这个众多发展中国家关心的议题被忽略了，草案没有解决大家关心的问题。而以欧盟和美国为主的发达国家急于想跨入新加坡议题中包括他们最关心利益的议题谈判。但以巴西和印度为首的其他 32 个发展中国家集团在当时成为同盟，要求保证自己的均衡权利。

6. WTO 第六次部长级会议

WTO 第六次部长级会议于 2006 年 12 月 13 日至 18 日在中国香港举行。会议通过《香港宣言》。根据《香港宣言》，WTO 各成员同意：发达国家在 2013 年年底前取消所有农产品出口补贴，于 2006 年取消对棉花的出口补贴。发达成员和部分发展中成员在 2008 年前向最不发达国家提供免关税、免配额的市场准入待遇，落实措施遇到困难的成员至少为最不发达国家生产的 97% 货品提供该待遇。各成员就开放服务业提出的最后提议最迟在 2006 年 10 月底前提交。

在农业谈判方面,部长们同意制定详细的发展模式,以确保 2013 年年底以前平行取消各种形式的农业补贴以及与出口补贴具有同等效果的支持出口措施。各成员需在 2006 年 4 月 30 日前就农业及非农产品市场准入的具体谈判细节和规范达成共识,并在 7 月 31 日前就这两个议题提交具体减让承诺建议。

中国香港会议也为非农产品市场准入的谈判定下了具体方向。例如,部长们同意采用较为激进的"瑞士公式",以达到较高关税需面对较大减幅的原则;同意农业和非农产品市场准入的开放市场幅度应该大体相等。

7. WTO 第七次部长级会议

WTO 第七次部长级会议于 2009 年 11 月 30 日至 12 月 2 日在瑞士日内瓦举行。与往届部长级会议不同的是,这不是一次贸易谈判。在金融危机和不利经济形势的大背景下,这次会议的主题被定为"世界贸易组织、多边贸易体系和当前全球经济形势"。除全体会议外,本次会议期间还将举行两场工作会议,议题分别是"审议世贸组织工作"和"世贸组织对经济复苏、增长和发展的贡献"。

8. WTO 第八次部长级会议

WTO 第八次部长级会议于 2011 年 12 月 15 至 17 日在瑞士日内瓦举行。会议正式批准俄罗斯、萨摩亚、黑山加入世贸组织。此次工作会议探讨的议题有 3 个,分别为:多边贸易体制与 WTO 的重要性、贸易与发展以及多哈发展议程。

9. WTO 第九次部长级会议

WTO 第九次部长级会议于 2013 年 12 月 3 日至 7 日在印度尼西亚巴厘岛举行。会议通过了《巴厘部长声明》,就多哈回合谈判"早期收获"一揽子协议达成了一致,达成了世贸组织成立 18 年以来的首份全球贸易协定,这是多哈回合谈判启动 12 年以来首次取得具体谈判成果。"早期收获"一揽子协议包括贸易便利化、部分农业议题以及发展议题。其中农业议题是早期收获的核心和焦点,包括关税配额管理、粮食安全和出口竞争 3 个议题。

10. WTO 第十次部长级会议

WTO 第十次部长级会议于 2015 年 12 月 15 日至 19 日在肯尼亚内罗毕举行。会议通过了《内罗毕部长宣言》及 9 项部长决定,肯定了世贸组织成立 20 年来取得的成就,就多哈回合农业出口竞争、最不发达国家议题达成共识,承诺全面取消农产品出口补贴,并就出口融资支持、棉花、国际粮食援助等议题达成了新的多边协议,有利于创建更加公平的国际贸易环境,同时在优惠原产地规则、服务豁免机制、棉花等方面给予最不发达国家优惠待遇,切实解决最不发达国家面临的实际困难,使最不发达国家更好地从多边贸易体制受益。会议还达成了近 18 年来世贸组织首个关税减让协议——《信息技术协定》扩围协议,涉及 1.3 万亿美元的国际贸易。此外,会议正式批准阿富汗和利比里亚加入世贸组织,进一步扩大了多边贸易体制的代表性。

(二)世贸组织的成就和困难

1. 世贸组织取得的成就

自成立之日起,世界贸易组织一直在努力扮演着世界贸易的促进者角色,为推动世界各国贸易政策的自由化、维护世界贸易和经济的正常发展做出了重要贡献,取得了举世瞩目的巨大成就，概括起来主要有以下几点：

第一，成功实施了多边贸易规则，大大推进了世界贸易的自由化。世界贸易组织成立以后，积极监督和协助各成员落实已达成的多边贸易规则，使得世界贸易自由化的程度不断提高。

第二，主持多个领域的贸易谈判，出台了许多新的贸易自由化协议。其最突出的标志是《自然人流动协议》《基础电信服务协议》《信息技术产品协议》和《金融服务协议》相继达成和实施。

第三，连续定期审议了成员的贸易政策，实现了对各成员贸易政策监督的经常化和制度化。这些连续性的定期审议确保了多边贸易规则的实施，提高了世界贸易政策的透明度。

第四，公平合理地解决了成员之间的贸易争端，避免了贸易争端中的单边主义和以强凌弱的现象。

2. 世贸组织面临的困难

尽管世界贸易组织取得了巨大的成就，但这些成就的取得充满了困难和曲折。其中，最明显的例子便是西雅图会议和坎昆会议的相继失败和多哈回合谈判的一波三折。

世界贸易组织成立以来之所以历经曲折，其原因是多方面的，具体而言有以下几点：

首先，从外部环境来说，世界贸易组织成立后的现实国际环境都充满了困难和问题。1997年7月，世界贸易组织刚刚成立两年半，就发生了亚洲金融危机。2001年9月，世界经济刚刚从亚洲金融危机的阴影中走出来，又遭遇了"9·11"恐怖袭击事件。2008年美国金融危机和欧洲债务危机更是给全球经济和贸易以重创，各国贸易保护主义倾向抬头，对世贸组织所倡导的全球经济一体化进程产生重大冲击。

其次，世界贸易组织的规则涉及面太宽。原来关贸总协定的管理范围仅限于货物贸易，当然过于狭窄，但目前世界贸易组织涉及的领域太广。本来在货物贸易、服务贸易、投资和知识产权等领域规则还很不完善，后来又要增加环境保护、竞争政策等新议题，各成员国利益很难协调，在新一轮多边贸易谈判达成一致意见的难度增大。

再次，世界贸易组织一些现有规则的贸易自由化程度明显不够，最典型的是农业和服务业。

最后，世界贸易组织现有的一些规则内容模糊，导致规则的滥用。以反倾销规则为例，由于对倾销的界定、倾销与损害的因果关系界定等方面的规定都很模糊，许多国家都在滥用反倾销。

此外，世界贸易组织的发展还面临其他一些因素的制约。例如，反全球化的非政府组织的干扰、区域贸易集团的掣肘等，但制约世界贸易组织发展的最根本的原因还是各成员及其内部利益的难以调和性。由于世界贸易组织涉及的范围很广，各个成员的情况差别很大，利益肯定有冲突，协调起来也非常困难，世界贸易组织的运行历经曲折也就不难理解了。

专栏 9-2　　　　WTO：全球贸易保护主义抬头

世界贸易组织（WTO）警告称，在世界各地反贸易论调高涨的同时，世界主要经济体也在出台更多保护主义措施。

WTO 在周二发布的一份报告中表示，从 2015 年 10 月中旬到 2016 年 5 月中旬，20 国集团（G20）经济体出台保护主义贸易措施的速度是自2008年金融危机以来最快的，相当于每周出台5项举措。

这一趋势和全球贸易的放缓同步发生，而全球贸易放缓现已持续5年。此外，WTO表示，这种趋势还是导致全球经济持续增长缓慢的因素之一。而且，在出现这一趋势的同时，世界各地保护主义政治论调增加，这一事实值得令人担忧。

"在这样一个时间点，猛地对贸易关上大门是我们不需要的。恰恰相反，我们需要让贸易进行下去，"WTO总干事罗伯托·阿泽维多接受英国《金融时报》采访时表示。

2008年金融危机发生后，G20领导人曾承诺不会重蹈20世纪30年代的覆辙、建立起现被广泛认为令大萧条恶化的那种贸易壁垒。

大体上，这一承诺得到了遵守。但近年来，WTO和其他机构开始更加大力地警告保护主义的悄然蔓延。一些经济学家相信，现在保护主义的程度虽然还远远没有20世纪30年代那么严重，但也是导致世界经济一直处于低迷之中的因素。

在周一发布的一篇博客文章中，国际货币基金组织（IMF）的经济学家主张，各国需要降低贸易壁垒，以解决生产率停滞不前的问题。IMF经济学家说，研究表明取消现有关税会使生产率得到不同程度的增长，从日本的0.3%到韩国的7%不等。

根据WTO的说法，自2008年以来，G20经济体采取了1 583项新的贸易限制举措，仅取消了387项此类措施。在2015年10月中旬到2016年5月中旬，这些经济体采取了145项新保护主义措施——月均将近21项，达到2009年WTO开始监测G20经济体以来最严重的水平。

阿泽维多表示，世界距离发生一波类似于20世纪30年代的保护主义浪潮还很远。然而，贸易壁垒是导致全球贸易减少了一半以上的原因之一。自2008年危机以来WTO记录下来的举措影响了5%的全球进口。

WTO所记录的最新的贸易限制措施包括一些隐蔽的举措，如在俄罗斯与哈萨克斯坦边境设立检查站，确保穿越边境的卡车使用的是俄罗斯自己的卫星导航系统，而非全球定位系统（GPS）。被记录下来的还有对各种产品的出口限制，以及引入新的配额和关税，如阿根廷在2015年11月恢复对一切南方共同市场贸易区以外生产的资本货物征收2%的进口关税。

但这些举措中的大部分——145项举措中的89项是针对被指存在不公平行为的贸易伙伴提起反倾销和其他案件。其中，有40多项是针对钢铁和其他金属的贸易提起的。

钢价暴跌搅乱了全球钢铁业，这种暴跌被归咎于中国以及中国生产了超过其自身所需的钢铁。这导致美国和欧盟提起的反倾销案增多，以及中国争取在WTO内被认可为市场经济的努力遭到强烈反对。

（资料来源：《金融时报》，2016-06-22）

第三节 中国与世界贸易组织

一、中国从复关到入世

（一）中国"复关"谈判

中国是1947年关贸总协定的23个缔约国之一。1948年4月21日，中国政府签署关贸总协定《临时适用议定书》，并从1948年5月21日正式成为关贸总协定缔约方。但在新中国建立之后，我国与总协定的正式关系长期中断。直到 1986 年 7 月 10 日我国才正式向总协定提出恢复我国缔约国地位的申请，并于 1987 年 2 月 13 日向总协定提交《中国对外贸易制度备忘录》。在这份备忘录中，全面介绍了我国经济体制改革、对外开放政策、对外贸易政策和体制及组织机构等，供总协定所设立的工作组进行审议，以便总协定理事会把这个问题尽早列入议程，进行谈判解决。1987 年 3 月成立中国缔约方地位问题工作组，进行了恢复中国总协定缔约国地位的谈判，简称"复关"谈判。

在恢复我国总协定缔约国地位的谈判中，我国坚持以下三项原则：第一，以恢复我国在总协定地位为条件，而不存在"加入"或"重新加入"的问题；第二，在关税减让的基础上承担义务和进行谈判；第三，我国是发展中国家，应取得发展中国家在总协定中的同等地位与待遇。

1991 年 2 月，我国向总协定提交了《中国对外贸易制度补充备忘录》，就中国经济治理整顿以来的外贸体制改革进行了全面的解释和澄清。1992 年 2 月，中国谈判代表团出席了在日内瓦召开的关贸总协定中国工作组第十次会议，会议基本结束了对中国贸易制度的审议，开始进入有关中国议定书内容的实质性谈判阶段。1993 年 5 月，我国提交了《中国对外贸易制度备忘录》（1993 年 5 月修订本），对中国现行的进出口制度、海关制度、外汇分配制度及特区政策、价格政策等做了简明、准确、全面的介绍。受到广大缔约方的欢迎。工作组到 1994 年年底已举行 19 次正式会议。但是，由于美国等发达国家对"复关"谈判缺乏诚意，层层加码要价、蓄意阻挠，所以谈判一再拖延，未能达成"复关"议定书，最终于 1994 年 12 月终止谈判。随着关贸总协定演变为世界贸易组织，中国工作组的职责也改为谈判中国加入世界贸易组织的条件。

（二）中国"入世"谈判

世贸组织成立后，中国恢复关贸总协定地位的谈判转为加入世贸组织的谈判，这种谈判简称"入世"谈判。1995 年 11 月，中国政府照会世贸组织总干事把中国"复关"工作组更名为中国"入世"工作组，中方根据要求，与世贸组织的 37 个成员继续进行拉锯式的双边谈判。1997 年 5 月，中国与匈牙利最先达成协议；1999 年 11 月 15 日，中国完成了最艰难的也是最重要的中美"入世"谈判，从而为结束长达 13 年的"复关/入世"谈判铺平了道路。2001 年 5 月 19 日，中欧谈判几经周折也正式达成双边协议；2001 年 9 月 13 日，中国与最后一个谈判对手墨西哥达成协议，从而完成了"入世"的双边谈判。

2001 年 9 月 17 日世贸组织中国工作组第 18 次会议在世贸组织总部举行正式会议，通过了中国加入世贸组织的所有法律文件。包括：中国工作组报告书、中国入世议定书、货物贸易减让表和服务贸易诚让表。中国长达 15 年的入世谈判宣告完成。

按照入世申请程序，中国入世的法律文件提交至世贸组织第四次部长级会议审议通过。在完成必要的法律程序后，中国正式成为世贸组织的成员。

2001 年 11 月 10 日，世界贸易组织第四届部长级会议在卡塔尔首都多哈以全体协商一致的方式，审议并通过了中国加入世贸组织的决定。2001 年 11 月 11 日中国政府代表签署中国加入世贸组织协定书，并向世贸组织秘书处递交中国加入世贸组织批准书。30 天后，即 2001 年 12 月 11 日，中国正式成为世贸组织成员。

二、入世后中国的权利和义务

（一）权利

1. 全面参与多边贸易体制

入世之前中国在 WTO 中以观察员的身份参加，只有表态权，没有表决权。入世后，中国参与各个议题的谈判和贸易规则的制定既有发言权，又有决策权。有利于维护中国在世界多边贸易体系中的合法权益。其中包括：全面参与世界贸易组织各理事会和委员会的所有正式和非正式会议，提出中国自己的经济和贸易主张；全面参与贸易政策审议，对美国、欧盟、日本、加拿大等重要贸易伙伴的贸易政策进行质询和监督，敦促其他世界贸易组织成员履行多边义务；在其他世界贸易组织成员对中国采取反倾销、反补贴和保障措施时，可以在多边框架体制下进行双边磋商，增加解决问题的渠道；全面参与新一轮多边贸易谈判，参与制定多边贸易规则，维护中国的经济利益。

2. 享受多边的、无条件的和稳定的最惠国待遇和国民待遇

中国加入世界贸易组织后，可充分享受多边无条件的最惠国待遇和国民待遇，即非歧视待遇。现行双边贸易中受到的一些不公正待遇将会逐步取消。根据《中国加入世界贸易组织议定书》附件 7 的规定，欧盟、阿根廷、匈牙利、墨西哥、波兰、斯洛伐克、土耳其等成员对中国出口产品实施的与世界贸易组织规则不符的数量限制、反倾销措施、保障措施等将在中国加入世界贸易组织后 5~6 年内取消。根据《世界贸易组织纺织品与服装协议》的规定，发达国家的纺织品配额在 2015 年 1 月 1 日取消，中国可以充分享受世界贸易组织纺织品贸易一体化的成果。

3. 享受发展中国家特殊和差别待遇的权利

除一般世界贸易组织成员所能享受的权利外，我国作为发展中国家还将享受世界贸易组织各项协定规定的特殊和差别待遇。这种特殊和差别待遇主要体现在：

第一，允许发展中成员继续享受普遍优惠制，即发展中成员方享受发达成员方根据联合国贸易与发展会议决议，给予发展中国家以"普遍、非歧视和非互惠"为特点的关税优惠。

第二，允许发展中成员方的关税总水平高于发达成员方。

第三，在对世贸组织负责实施管理的贸易协议与协定的履行过程中，世贸组织中的发展中成员方的过渡期长于发达成员方。

第四，允许发展中成员方在履行义务时有较大的灵活性。例如，在涉及补贴与反补贴措施、保障措施等问题时享有协定规定的发展中国家待遇。在保障措施方面享受 10 年保障措施使用权，在补贴方面享受发展中国家的微量允许标准（即在该标准下其他成员不得对我国采取反补贴措施）等。

4. 获得市场开放和法规修改的过渡期

中国加入世界贸易组织后，中国在市场开放和遵守规则方面获得了过渡期。在放开贸易权的问题上，享有 3 年的过渡期；关税减让的实施期限最长可到 2008 年；逐步取消 400 多项产品的数量限制，最迟可到 2005 年 1 月 1 日取消。

5. 享有利用争端解决机制解决贸易争端的权利

中国入世后，在与世贸组织其他成员方发生贸易摩擦与贸易纠纷时，有权按世贸组织争端解决机制邀请它们与我国共同解决贸易摩擦，如双边解决不成，可上诉到世贸组织争端解决机构，由其出面解决，避免某些双边贸易争端对中国的不利影响。

（二）义务

1. 减让进口关税及其他税费

根据 1994 年关贸总协定第 28 条附加第 1 款规定：各成员方"在互惠互利基础上进行谈判，以大幅降低关税和进出口其他费用的一般水平，特别是降低那些较少量进口都受阻碍的高关税"。因此，我国逐步将关税加权平均水平降到总协定要求的发展中国家的水平，并将最高关税约束在 30% 以下。根据中国加入世贸组织的承诺，中国于 2002 年 1 月 1 日大幅下调了 5 000 多种商品的进口关税，关税总水平由 15.3% 降至 12%，2005 年我国平均关税水平从加入世贸组织前的 15.3% 逐步降低到 9.9%。其中，工业品平均关税由入世前的 14.8% 降到 9.3%，农产品平均关税由入世前的 23.2% 降到 15.3%。从 2007 年 1 月 1 日起，中国关税总水平由 99% 降低至 98%，其中，工业品平均税率为 8.95%，农产品平均税率为 15.2%。

2. 逐步取消非关税措施

我国承诺按照世界贸易组织的规定，将现在对 400 多项产品实施的非关税措施，包括进口配额、进口许可证、进口招标等，涉及产品包括汽车、机电产品、天然橡胶、彩色感光材料等，在 2005 年 1 月 1 日之前取消，并承诺今后除符合世界贸易组织规定外，不再增加或实施任何新的非关税措施。

3. 遵守非歧视原则

中国承诺在进口货物、关税、国内税等方面给予外国产品的待遇不低于给予国产同类产品的待遇，并对目前仍在实施的与国民待遇原则不符的做法和政策进行必要的修改和调整。

4. 开放服务业市场

加入世贸组织以来我国在包括银行、保险、证券、电信、建筑、分销、法律、旅游、交通等在内的众多服务部门，修改和新制定了一系列进一步加快对外开放的法规和规章，为服务贸易领域市场准入机会的扩大提供了法律依据和保障。这些法规和规章不仅体现了我国在服务贸易领域所做出的市场开放的承诺，而且包括了我国一些自主开放举措。

5. 逐步放开外贸经营权

我国承诺在加入世界贸易组织后 3 年内取消外贸经营审批权。全资中资企业获得对外贸易经营权的最低注册资本降至 100 万元人民币。我国已于 2003 年 8 月 1 日提前兑现承诺，并对西部地区给予优惠，降至 50 万元人民币。外资占多数股份的合资企业获得完全的对外贸易经营权。

6. 接受贸易政策审议

2005 年 4 月 19 日至 21 日世界贸易组织首次审议中国贸易政策，世贸组织秘书处发表《中国贸易政策审议报告》，肯定中国改革开放的显著成就，赞扬中国努力履行入世承诺并积极参与多边贸易体制建设，强调中国的平均关税已从入世的 15% 降到了 2005 年的 9.9%，非关税贸易限制措施也迅速减少。

7. 承诺实施《与贸易有关的投资措施协议》

我国承诺加入世界贸易组织后，实施《与贸易有关的投资措施协议》取消贸易和外汇平衡要求、当地含量要求、出口实绩要求、技术转让要求等与贸易有关的投资措施。

8. 承诺实施《与贸易有关的知识产权制度》

我国在加入世贸组织谈判中，承诺在加入时起，全面实施世贸组织《TRIPs 协定》，并就协定中规定的版权和相关权利、商标、地理标识、工业设计、专利、集成电路布图设计、未披露信息 7 知识产权做出了说明和承诺。

9. 接受争端解决机构裁决义务

中国在享有与世贸组织成员方磋商解决贸易摩擦，通过争端解决机制解决贸易纠纷的权利的同时，也有接受和履行世贸组织其他成员方磋商解决贸易摩擦相接受世贸组织争端解决机构裁决的义务。

三、中国入世的业绩和作用

加入世贸组织以来，我国充分行使成员权利，认真履行各项义务和承诺，全面融入世界经济体系，经济社会发展取得了巨大成就。

（一）推动我国经济贸易持续增长

从 2001 年到 2017 年，中国加入世贸组织已历时 16 年，我国已从入世初的全球第九大经济体跃升为第二大经济体，国内生产总值从 2011 年的 11 万亿美元增长至 2015 年的 67 万亿美元，贸易规模已从 2001 年的 5 000 亿美元跃升至当下的 3.96 万亿美元，中国成为世界工厂，"Made in China" 行销全球。与此同时，我国外汇储备余额也从 2001 年 2 122 亿美元增至 2015 年的 3 万亿美元。

（二）全方位、多层次、宽领域开放的格局已经形成

加入 WTO 以后，形成了以货物贸易和服务贸易，与贸易有关的投资和知识产权等领域开放为主要内容的开放型经济体系。入世以来，中国经济对外开放获得了全面发展。形成了从过去主要以东南沿海较发达地区的对外开放，转向以发达地区为主，东、中、西部并举的全方位对外开放的新格局。同时，对外开放的领域从过去主要以制造业为主的开放转变为以农业、制造业、服务业协调进行的对外开放，农业和服务业的对外开放程度不断扩大。我国进一步放宽了对外资的各种限制，除极少数关系国计民生的重要战略及军事工业外，全面放松了对外资的准入限制，扩大了对外面投资开放的领域。

（三）全面参与多边贸易体制，维护本国经济利益

加入世贸组织后，通过全面参与世贸组织各项活动，中国在多边贸易体制和全球经济治理中的地位及作用发生了重大变化。从一个学习规则、熟悉规则的新成员，成长为逐步掌握规则、运用规则并参与制定规则的"成熟的成员"。中国全面参与多哈回合各议题的谈判，圆满完成 WTO 对华贸易政策审议，主动运用 WTO 争端解决机制，作为当事方应对和处理了贸易争端，成功地捍卫了自身权利。

（四）与国际市场接轨，倒逼国内经济体制改革

中国加入 WTO 后，在"以开放促改革"方针的指引下，在市场经济的原则下与 WTO 成员进行合作与竞争的过程中，客观形成了外在压力，迫使中国按照现代市场经济的要求和标准，加快实现和完善社会主义市场经济体制的改革。加入 WTO 后，中国清理了 2 300 多部法律法规和部门规章及 19 万件地方性法规规章，对不符合 WTO 规则和中国加入 WTO 承诺的，分别予以废止或修订。目前,中国特色社会主义市场经济体制得到 WTO 成员的广泛认可,近 90 个 WTO 成员已承认中国是市场经济国家。

专栏 9-3　经济学人:中国入世 10 年经济发生巨大变化

中国加入世界贸易组织(WTO)已经 10 年,其经济发生了巨大变化。

世界贸易组织像很多俱乐部一样,拒绝自动重新接纳身份已被中止的成员。1949 年中华人民共和国成立,但从 1949 年到 1986 年,中国在关贸总协定中没有任何作为,在经历长达 10 多年的等待之后,中国于 1986 年 7 月正式提出复关申请。2001 年 12 月 11 日,世界贸易组织最终向中国敞开了大门。中国放宽或取消了 7 000 多种关税、配额和贸易壁垒。有人担心国外的竞争会使中国农民背井离乡,并使中国大量国有企业破产,在一定程度上确实如此。但总体而言,中国已享受到了全球经济历史上最好的 10 年,其国内生产总值翻了两番,其出口几乎增长了 4 倍。

美国加州大学经济学家表示,别的国家也会因中国的蓬勃发展而受惠,与全球 9.7% 的回报率相比,美国在中国的直接投资获得了 13.5% 的回报。中国的关税水平比对巴西和印度要低。根据世贸规则,中国可征税关税和已征收关税之间的差距异乎寻常得小。所以和其他贸易伙伴相比,中国按照规则已不能过多提高关税。

然而,中国最大的单一贸易伙伴国——美国,对中国的感情已经变成了赤裸裸的负面。在最近的民意调查中,61% 的美国人表示中国近年来的经济增长已经对美国有不好的影响;仅有 15% 的人认为对美国有好的影响。这在一定程度上反映了中国有争议的货币制度。中国的评论家声称,通过保持汇率下跌,中国已经获得了曾经在加入 WTO 时放弃的重商主义措施的替代品。

在一定程度上说,外国公司受挫也是中国成功的标志。随着中国经济不断增长和走向成熟,外国公司正感叹自己正失去贸易战,面临着以前从未有过的与中国本土企业的竞争。

电子支付便是一个例子。中国的第一张支付卡是万事达在 1986 年推出的信用卡。在中国加入 WTO 之初,国外品牌仍然占主导地位,但不久之后,中国组建了中国银联与国外品牌竞争,并且在当地商家和银行间人民币支付方面获得绝对优势。

中国经济发展速度如此之快,但其经济哲学却并没有发展得这么快。为了使其经济现代化,中国仍坚持产业政策、国有企业和"技术国家主义"。许多外国公司认为,他们必须与中国政府而不是中国企业进行竞争。在二者之间,中国的中央和地方政府拥有 10 万多家公司。幸亏有世贸组织,外国公司不再需要交出技术以换取进入中国市场的门槛。但许多人仍觉得在交出技术方面面临着非官方压力。中国还积极推动自身的技术标准来增强本国公司的实力,如 3G 手机。

新加坡管理大学的教授高树超(Henry Gao)表示,在成为 WTO 的一员的初期,中国羞于争端,可现在中国已对 WTO 机制感觉越来越舒适。

(资料来源:《经济学人》,2011-12-12)

本章小结

本章首先讲解关贸总协定的基本内容，列举关贸总协定主导的多边贸易谈判，着重阐述世界贸易组织成立历程、宗旨、原则、职能、地位等内容，分析世贸组织发展的成就和现存的问题，并介绍了中国入世历程、中国所享有的权利和应承担的义务、中国入世的业绩和作用等内容。

关键词

关贸总协定　乌拉圭回合谈判　世界贸易组织　非歧视原则

复习思考题

1. 关贸总协定的宗旨是什么？
2. 乌拉圭回合谈判的主要成果是什么？
3. 世界贸易组织的基本原则是什么？
4. 世界贸易组织取得的成就和面临的困难是什么？
5. 入世后，中国可享受世贸组织其他成员方给予的哪些权利？对它们应承担哪些义务？

第十章

区域经济一体化

引导案例

习近平：加快实施自由贸易区战略 加快构建开放型经济新体制

新华网北京12月6日电 中共中央政治局12月5日下午就加快自由贸易区建设进行第十九次集体学习。中共中央总书记习近平在主持学习时强调，站在新的历史起点上，实现"两个一百年"奋斗目标、实现中华民族伟大复兴的中国梦，必须适应经济全球化新趋势、准确判断国际形势新变化、深刻把握国内改革发展新要求，以更加积极有为的行动，推进更高水平的对外开放；加快实施自由贸易区战略，加快构建开放型经济新体制，以对外开放的主动赢得经济发展的主动、赢得国际竞争的主动。

商务部国际贸易经济合作研究院李光辉研究员就这个问题进行讲解，并谈了意见和建议。中共中央政治局各位同志认真听取了他的讲解，并就有关问题进行了讨论。

习近平在主持学习时发表了讲话。他指出，加快实施自由贸易区战略，是我国新一轮对外开放的重要内容。党的十七大把自由贸易区建设上升为国家战略，党的十八大提出要加快实施自由贸易区战略。党的十八届三中全会提出要以周边为基础加快实施自由贸易区战略，形成面向全球的高标准自由贸易区网络。这次中央政治局集体学习安排这个内容，目的是分析我们加快实施自由贸易区战略面临的国内外环境，探讨我国加快实施这个战略的思路。

习近平强调，要准确把握经济全球化新趋势和我国对外开放新要求。改革开放是我国经济社会发展的动力。不断扩大对外开放、提高对外开放水平，以开放促改革、促发展，是我国发展不断取得新成就的重要法宝。开放带来进步，封闭导致落后，这已为世界和我国发展实践所证明。党的十八大以来，我们乘势而上，加快构建开放型经济新体制，更高水平的开放格局正在形成。

习近平指出，多边贸易体制和区域贸易安排一直是驱动经济全球化向前发展的两个轮子。现在，全球贸易体系正经历自1994年乌拉圭回合谈判以来最大的一轮重构。我国是经济全球化的积极参与者和坚定支持者，也是重要建设者和主要受益者。我国经济发展进入新常态，妥善应对我国经济社会发展中面临的困难和挑战，更加需要扩大对外开放。"机者如神，难遇易失。"我们必须审时度势，努力在经济全球化中抢占先机、赢得主动。

习近平强调，加快实施自由贸易区战略，是适应经济全球化新趋势的客观要求，是全面深化改革、构建开放型经济新体制的必然选择，也是我国积极运筹对外关系、实现对外战略目标的重要手段。我们要加快实施自由贸易区战略，发挥自由贸易区对贸易投资的促进作用，更好地帮助我国企业开拓国际市场，为我国经济发展注入新动力、增添新活力、拓展新空间。加快实施自由贸易区战略，是我国积极参与国际经贸规则制定、争取全球经济治理制度性权力的重要平台，我们不能当旁观者、跟随者，而是要做参与者、引领者，善于通过自由贸易区建设增强我国国际竞争力，在国际规则制定中发出更多中国声音、注入更多中国元素，维护和拓展我国发展利益。

习近平指出，加快实施自由贸易区战略是一项复杂的系统工程。要加强顶层设计、谋划大棋局，既要谋子更要谋势，逐步构筑起立足周边、辐射"一带一路"、面向全球的自由贸易区网络，积极同"一带一路"沿线国家和地区商建自由贸易区，使我国与沿线国家合作更加紧密、往来更加便利、利益更加融合。要努力扩大数量，更要讲质量，大胆探索、与时俱进，积极扩大服务业开放，加快新议题谈判。要坚持底线思维，注重防风险，做好风险评估，努力排除风险因素，加强先行先试、科学求证，加快建立健全综合监管体系，提高监管能力，筑牢安全网。要继续练好内功，办好自己事，加快市场化改革，营造法治化营商环境，加快经济结构调整，推动产业优化升级，支持企业做大做强，提高国际竞争力和抗风险能力。

习近平强调，要建立公平开放透明的市场规则，提高我国服务业国际竞争力。要坚持引进来和走出去相结合，完善对外投资体制和政策，激发企业对外投资潜力，勇于并善于在全球范围内配置资源、开拓市场。要加快从贸易大国走向贸易强国，巩固外贸传统优势，培育竞争新优势，拓展外贸发展空间，积极扩大进口。要树立战略思维和全球视野，站在国内国际两个大局相互联系的高度，审视我国和世界的发展，把我国对外开放事业不断推向前进。

（资料来源：新华网，2014-12-08）

> **学习目标**
>
> 1. 了解区域经济一体化的概念和形式。
> 2. 掌握关税同盟理论。
> 3. 理解区域经济一体化的其他理论。
> 4. 了解区域经济一体化的具体成果。

第一节 区域经济一体化概述

一、区域经济一体化的概念

区域经济一体化是指区域内两个或两个以上的国家或地区，组成的并具有超国家性质的共同机构，通过制定统一的对内、对外经济贸易政策、财政与金融政策等，消除区域内的各成员国之间阻碍经济贸易发展的障碍，实现区域内互利互惠、协调发展和资源优化配置，最终形成一个政治经济高度协调统一的有机体，其表现形式是各种区域性的经贸集团。

国家或地区之间经济政策和措施的统一，可以分为两个方面的内容：一个方面是内部经济政策和措施的统一，即有关成员国之间实施统一的经济贸易政策；另一个方面是外部经济政策和措施的统一，即有关成员国之间实施统一的对非成员国的经济贸易政策。在区域经济一体化的实践中，并不是一开始就在这两个方面同时实现统一的。参与一体化的国家往往先在成员国之间取消贸易和其他经济活动中的人为限制，逐步实施统一的内部经济政策，然后实现外部经济政策的统一。

二、区域经济一体化的形式

区域经济一体化联合体以一体化组织形式存在着。各参加国根据各自的具体情况和条件，以及各自的目标和要求而组成了不同形式的区域经济一体化组织。不同的组织形式反映了经济一体化的不同发展程度，反映了成员国之间经济干预和联合的深度与广度。区域经济一体化组织可分为以下几种形式：

（一）优惠贸易安排

优惠贸易安排（Preferential Trade Arrangements）是区域经济一体化最松散、最初级的一种形式。成员国之间通过贸易条约或协议，规定了相互贸易中对全部商品或部分商品的关税优惠，对来自非成员国的进口商品，各成员国按自己的关税政策实行进口限制。1932年英国与其他英联邦国家建立的英帝国特惠制，1975年欧盟与非洲、加勒比及太平洋地区的发展中国家缔结的《洛美协定》等就属于这种形式的经济一体化。

在优惠贸易安排这种形式中，各成员国的贸易政策是不一致的，即各成员国给予来自其他成员国进口商品的关税等政策待遇是不相同的。优惠贸易安排形成后，对成员国之间开展商品贸易的政策制定有一定程度的约束，以后任何成员国都不能独立自主地进行增加商品进口税的政策调整，成员国间双边贸易的自由程度有所提高，这也是一种经济政策和措施的统一。

（二）自由贸易区

自由贸易区（Free Trade Area）通常是指签订有自由贸易协定的国家所组成的经济贸易集团，在成员国的商品贸易之间彼此取消关税和非关税的贸易限制，但对非成员仍维持各自的贸易政策。例如，1960年成立的欧洲自由贸易联盟和1992年成立的北美自由贸易区就属于此种形式的区域经济一体化组织。

在世界上众多的自由贸易区中，享受免除关税和数量限制待遇的商品范围是有所不同的。有的自由贸易区只对部分商品实行自由贸易，如在"欧洲自由贸易联盟"内，自由贸易的商品仅限于工业品，而不包括农产品。这种自由贸易区也被称为"工业自由贸易区"。有的自由贸易区对全部商品实行自由贸易，如"拉丁美洲自由贸易协会"和"北美自由贸易区"对区内所有的工农业产品的贸易往来都免除关税和数量限制。

（三）关税同盟

关税同盟（Customs Union）是指成员国之间彻底取消了在商品贸易中的关税和数量限制，使商品在各成员国之间可以自由流动。另外，成员国之间还规定对来自非成员国的进口商品采取统一的限制政策，关税同盟外的商品不论进入哪个同盟内的成员国都将被征收相同的关税。例如，早期的"欧洲经济共同体"和"东非共同体"。

关税同盟意味着撤除了成员国各自原有的关境，组成了共同的对外关境。这样使成员国的商品在区域内部自由流动的同时，排除了来自非成员国商品的竞争。关税同盟使成员国在商品贸易方面彻底形成了一体化。关税同盟开始具有超国家性质，是实现全面经济一体化的基础。

（四）共同市场

共同市场（Common Market）是指成员国之间不仅在商品贸易方面废除了关税和数量限制，而且在生产要素（资本、劳动力等）方面也取消了限制。例如，"欧洲共同体"在 1992 年年底建成的统一大市场，其中主要内容就是实现商品、人员、劳务、资本在成员国之间的自由流动。

（五）经济联盟

经济联盟（Economic Union）是指成员国之间除了商品与生产要素可以进行自由流动及建立共同对外关税之外，还要求成员国实施更多的统一的经济政策和社会政策，如财政政策、货币政策、产业政策、区域发展政策等。例如，"欧洲联盟"属于此类经济一体化组织。

在理论上，应在多大的经济政策范围内实现统一才能称得上经济联盟，尚没有明确界定。但是，货币政策的统一作为一个重要标志是具有共识的，即成员国之间有统一的中央银行、单一的货币和共同的外汇储备。到目前为止，世界上也只有欧洲联盟达到这一阶段。

（六）完全经济一体化

完全经济一体化（Complete Economic Intergration）是经济一体化的最高级组织形式。区域内各成员国在经济联盟的基础上，全面实行统一的经济和社会政策，使各成员国在经济上形成单一的经济实体。而该经济实体的超国家机构拥有全部的经济政策制定和管理权。目前，世界上尚无此类经济一体化组织，只有欧盟在为实行这一目标而努力。

上述六种形式的区域经济一体化组织是由低级到高级排列的。各种形式的一体化组织之所以可以分级排列是因为上一级形式的一体化组织包含下一级形式一体化组织的特点。但是，必须要指出的是，区域经济一体化组织形式的分级排列并不意味着一个区域性组织在向一体化深度发展时一定是由低级向高级逐级发展的。从区域经济一体化的实践来看，一体化的起点并非一定是优惠贸易安排；某个区域经济一体化组织也可能兼容两种组织形式的某些特点。区域经济一体化的组织在实践中也许会产生出更多的形式。

三、地域经济一体化出现和发展原因

（一）寻求经济贸易利益

无论是哪种形式的区域贸易协议，也无论是其成员的构成如何，追求共同的经贸利益始终是贸易伙伴间启动谈判并缔结区域贸易协议的首要原因。这是由于参加经济一体化可以为其成员带来许多好处。首先，可以取得自由竞争和规模经济的利益。区域合作为国内生产效率的提高及竞争优势的形成创造了条件。狭小的国内市场通常生产成本较高，很难使企业具有较强的竞争能力，规模的扩大可以降低生产成本。区域贸易协议有利于形成良好的竞争秩序和实现规模利益。另外，依靠一国本身的自然资源、要素禀赋和狭小的国内市场是很难足

以支付企业巨额的成本和保障经济的可持续发展的,而区域合作为克服这一障碍提供了重要途径。其次,有利于进口商降低进口价格。市场的扩大、竞争的加剧不仅使区域贸易协议内的公司要削价以应对竞争的压力,而且区域外的公司也要采取降价出口策略以应对竞争,这样可以有利于进口商从国外低价进口商品。最后,在区域贸易协议内部形成良好的投资态势。一方面,有利于区域内成员从区域外吸引外资,区域贸易一体化形成后,由于域外国家不能与域内国家一样地享受优惠待遇,所以其只能通过扩大向域内的投资来获得市场;另一方面,有利于增加区域内部成员对域内的投资,因为区域贸易协议的签署,意味着区域贸易协议成员国产业发展环境的改善,内部成员公司间交易妨碍的取消或减少,而这必然会使其交易成本降低,有利于增强本地企业的竞争力。

(二)应对国际市场激烈竞争

当代世界市场竞争日趋激烈,一些经济实力薄弱的小国和发展中国家难以承受国际市场剧烈变动的影响,因而有必要与实力雄厚的经济大国结成经济集团。而那些实力雄厚的经济大国为了进一步增强自身的经济实力,保持其在某一领域的垄断优势,以便与其他经济大国或经济集团争夺世界市场的控制权,也需要联合中小国家的力量协调行动。早在20世纪50年代欧洲共同体的成立,其重要目的之一也是增强与美国抗衡的实力。历史证明,欧共体的建立确实加快了成员国经济发展的步伐,壮大了欧共体的竞争能力,摆脱了美国的控制,成为当今世界三大经济中心集团之一。

西欧、日本的兴起,以及它们在世界商品与资本市场上咄咄逼人的态势和强大的竞争力,使美国也需要和相邻国家建立自由贸易联盟。于是,美国联合加拿大、墨西哥组成北美自由贸易区,以增强其抗衡能力。日本面对西欧、北美日益强大的发展趋势也不得不积极寻求在亚太地区分大经济合作的途径。东南亚国家联盟虽由一些中小国家组成,没有大国参与,但联合起来,经济实力相当可观,比区内单个国家更有力量与大国和大国集团相抗衡。

(三)解决国际收支困难等特殊经济问题

"二战"后初期,随着布雷顿森林体系的建立,美国确立了"金元帝国"的霸主地位,美元成为国际上最重要的支付和储备币种。欧洲很多国家出现了美元荒和国际收支失衡等问题。为此,一些经济学家提出通过建立关税同盟,以共同统一的关税对付竞争力极强的美国,进而解决各国普遍存在的国际收支失衡的问题。这些是促成欧洲共同体形成的原因之一。发展中国家在发展经济贸易中往往遭遇到初级产品出口困难、工业制成品竞争力较弱、发达国家贸易壁垒限制等一系列问题,可能出现国际收支严重失衡或债务危机,这些压力也迫使发展中国家通过一体化形式解决共同存在的问题,摆脱不利的困境。

(四)增强谈判力量

关贸总协定、世贸组织多边贸易体制的演变和发展的历程表明,有共同利益的谈判集团或区域贸易集团更有利于维护各成员的利益。例如,在东京回合谈判期间,石油输出国组织作为以产品为基础组织起来的联盟出现;又如,加勒比共同体和共同市场,这些由加勒比海岛组成的小国,本身的利益不在于区域内的一体化,而是在于采取共同的行动。因为每一个海岛国家在谈判中均受有限资源的限制,所以其支付的谈判成本高而谈判实力小,正是基于这种认识,它们与非洲、加勒比海和太平洋国家组成了一个集团,与欧盟国家谈判,签订了

《洛美协定》，使其获得欧盟国家在经贸政策方面的诸多优惠。

（五）为实现区域政治一体化的需要

无论是发达国家的经济一体化，还是发展中国家的经济一体化，其根本原因都在于维护自身的经济、贸易利益，为本国经济的发展和综合国力的提高创造更加良好外部环境。"二战"后，世界经济与政治都呈现出多元化的发展趋势，而经济是政治的基础，政治又是经济的集中表现。一般来说，一体化的经济联合可以成为政治联合的基础，有的一体化联盟不仅可以成为一个经济集团，而且可以成为一个政治集团。因此，一些在国际经济、政治斗争中处于相近地位的国家就会在共同利益的基础上结成一体化的集团来维护他们自身的经济和政治利益。最典型的例子就是欧盟，从欧洲经济共同体发展而来的欧盟不仅实现了区域内产品和生产要素的自由流动，还在此基础上统一了货币政策，在欧元区内发行单一货币，欧盟代表成员国集体发声，在国际政治和外交领域发挥着十分重要的作用。

专栏 10-1　　中国与瑞士接近签署自由贸易协定

瑞士经济部长约翰·施耐德·阿曼证实，中国已与瑞士商定了一份自由贸易协定的技术细节，协定很可能将在未来数月内签署。

中国上月已与冰岛签署协定，这是中国与欧洲国家签署的首份自由贸易协定。

中瑞自由贸易协定的谈判耗时逾三年。协定内容将包括削减制造业、化学品和农业等领域的关税。施耐德·阿曼周三表示，协定的全部细节尚未出炉，但很可能会在今年夏天公布。

多数欧洲国家无法与中国签署自由贸易协定，因为它们是欧盟（EU）成员国，而欧盟拒绝承认中国是市场经济国家——而中国坚持欧盟承认这一点是签署自由贸易协定的前提条件。

作为非欧盟国家，瑞士不受此类限制。然而，协定却在瑞士引起了其他方面的争议，有报纸质疑协定是否在人权方面对中国提出了足够严格的要求。

中国新任总理李克强将于下周出访瑞士，届时他将与包括施耐德·阿曼在内的瑞士政治人物商谈该协定。

中国是瑞士的第六大出口市场。2月份中国从瑞士进口了价值5.273亿瑞士法郎的商品。同期瑞士从中国进口了价值8.247亿瑞士法郎的商品。

中国新兴中产阶级的购买力与日俱增，尤其令瑞士的奢侈制表品牌受益，其中许多品牌隶属于历峰（Richemont）和斯沃琪（Swatch）。

尽管进口关税较高，但中国对瑞士手表的进口仍在过去10年里大幅增长。中国现在是瑞士手表制造商的第三大市场，仅次于中国香港和美国。

但在今年头3个月，瑞士手表在亚洲的销售额同比下降四分之一，很大程度上是因为中国当时即将上任的国家主席习近平发起了打击腐败和炫耀性消费的行动。

分析师称，自由贸易协定或有助于缓和这股颓势。开普勒资本市场（Kepler Capital Markets）分析师乔恩·考克斯称："总体而言，（该协定）对瑞士公司是利好消息。协定或将帮助它们从其他欧洲奢侈品公司手中夺取奢侈品市场份额，并有助于缓和中国打击送礼行动对高端手表需求造成的伤害。"

（资料来源：《金融时报》，2013-05-16）

第二节 关税同盟理论

一、关税同盟的静态效应

系统提出关税同盟理论的是美国经济学家维纳和李普西。理论认为，多个国家组成关税同盟后，可产生静态和动态的经济效应。所谓静态效应，是指假定经济总量不变、技术条件没有改进的情况下，经济一体化对集团内国家贸易、经济发展及物质福利的影响。关税同盟静态的、局部的均衡效应是根据贸易创造和贸易转移来衡量的。

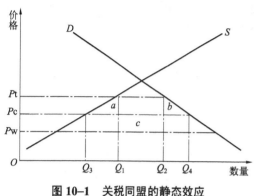

图 10-1 关税同盟的静态效应

如图 10-1 所示，假定一国在与别的国家组成关税同盟前，对一商品的进口征收 t 量的关税，该商品的世界价格为 Pw。征收进口关税后，国内市场价格就是 Pt。相应地，进口量就是 Q_1Q_2。假如这个时期未来的关税同盟伙伴国该商品的生产成本高于世界价格，如在 Pc 的水平上，那么这个潜在的伙伴国就无法向它出口，因为 Pc 加上 t 量的关税，其在国内市场上的价格将高于 Pt，产品不会有市场。现在假定两国结成了关税同盟，那么由于同盟内商品可以自由进出口，不用缴纳关税，因而该商品的进口将全部来自伙伴国。伙伴国的商品价格 Pc 尽管高于世界价格，但是由于现在它不用缴纳进口关税，而其他国家的进口商品仍需缴纳 t 量的关税，它的商品在该国的国内市场上的价格就低于其他进口商品，该国市场就会完全由伙伴国的商品占领。

从图 10-1 可以看到，组成关税同盟以后，贸易和福利发生了两种相互矛盾的影响。第一，组成关税同盟以后，进口量从 Q_1Q_2 增加至 Q_3Q_4，这产生了所谓的贸易创造（Trade Creation）效应，即在关税同盟内部实行自由贸易后，国内成本高的产品为伙伴国成本低的产品所代替，原来由本国生产的，现在从伙伴国进口，新的贸易得到"创造"。与这一贸易创造相应的福利得益就是图中两块三角形 a 和 b 的面积。第二，组成关税同盟后，原来 Q_1Q_2 的进口就从低成本的其他国家转移到了高成本的伙伴国，产生了所谓的贸易转移（Trade Diversion）效应。贸易转移是指由于关税同盟内部实行自由贸易，对外实行统一关税率，所以先前的贸易伙伴关系发生了改变，即一国把与同盟外低成本的某个国家的相互贸易转变为与同盟内高成本成员国间的相互贸易。它产生的损失为长方形 c 这一块面积。这不仅对进口国来说，由于不能征收关税而失去了财政收入，而且对整个世界来说，一部分产品的生产从资源利用效率高（成本低）的国家转移到了效率低（成本高）的国家，造成了效率损失。

显然，本国的供求弹性越大（即图中的供求曲线越平坦）、本国与伙伴国之间的成本差别越大，同时伙伴国与世界的成本差别越小、结成关税同盟后贸易开辟的利益就越大。反之，本国的供求弹性越小，本国与伙伴国之间的成本差异越小，伙伴国与世界的成本差异越大，组成关税同盟后的贸易转移损失也就越大。

除了贸易创造和贸易转移以外，建立关税同盟还可以带来其他静态福利效应，如由于减少海关人员和边境巡逻人员而引起行政费用的节约、由于减少对同盟外国家的进口需求和出口供给而带来贸易条件的改善、由于集团力量的增强而具有在国际贸易谈判中更强大的讨价还价的能力等。

二、关税同盟的动态效应

关税同盟除了可以带来静态福利效应外，还可获得动态效应。这是因竞争的加强、经济的规模化、投资的增大以及经济资源的有效利用而产生的。

（一）竞争效应

在没有结成关税同盟时，贸易壁垒的保护使国内市场缺乏竞争，导致生产的低效率。建立关税同盟后，本国生产者必须面对来自其他成员国高效率生产者的竞争。为了避免被淘汰出局，本国生产者不得不设法提高生产效率，这将降低生产成本，从而有利于增加消费者的福利。

（二）规模经济效应

对于中小国家来说，它们国内市场狭小，难以达到规模经济的产量。关税同盟成立后，成员国国内市场向统一的大市场转移，随着市场规模的扩大，国内市场狭小的缺陷便得到了克服，从而获得了规模经济利益。

（三）对投资的刺激效应

关税同盟的建立，市场的扩大，投资环境的大大改善，会吸引成员国厂商扩大投资，也会吸引非成员国的资本向同盟成员国转移。对同盟成员国而言，为提高货物竞争能力、改进货物品质、降低生产成本，需要增加投资。为了获得消除关税的好处、突破同盟成员国的歧视性贸易措施，非成员国会以扩大投资的方式来提高自己厂商的竞争能力。

（四）资源配置效应

就一个关税同盟内部来说，由于商品和劳动力、资本等生产要素可以自由流动，所以这使得经济资源在关税同盟范围内可以更好地利用。关税同盟的建立使成员国的市场竞争加剧，专业化分工向广度和深度发展，使生产要素和资源配置更加优化。

专栏 10-2

雅各布·维纳（Jacob Viner，1892年5月3日—1970年9月12日）是一位经济学家，并作为现今的芝加哥经济学派的早期成员之一。1892年维纳出生于加拿大魁北克省蒙特利尔市，父母均为罗马尼亚裔移民。维纳于1914年在麦吉尔大学获得学士学位。他的博士学位是在哈佛大学获得的，是当时著名经济理论和国际经济学权威陶西格（Frank W.Taussig，1859—1940）的学生与朋友。

维纳在1916年成为芝加哥大学的一名讲师，并在1925年被提升为教授。在不同时候维纳还任教于斯坦福大学和耶鲁大学。1946年，在芝加哥大学任教三十年的维纳接受校长多兹的邀请前往普林斯顿大学工作，并在该校任教，直到1960年退休。

维纳曾担任芝加哥大学教授，并担任著名的《政治经济学杂志》主编18年之久。他对成本曲线、垄断竞争和寡头市场上的拗折的需求曲线的研究都是开创性的，在经济思想史的研究中也造诣颇深。他影响最大的是关于成本理论的研究和成本曲线的图形表述。这些仍然是当下微观经济学中成本理论的重要内容。

1950年，维纳在其代表性著作《关税同盟理论》中系统地阐述了关税同盟理论。传统理论认为，关税同盟一定可以增加成员国的福利。维纳指出这并不总是正确的，他将定量分析用于对关税同盟的经济效应的研究，提出了贸易创造和贸易转移或贸易转向概念，奠定了关税同盟理论的坚实基础。维纳以后，很多经济学家对关税同盟理论进行了补充完善，使之成为一种较为成熟的经济理论。

（资料来源：MBA智库百科）

第三节 区域经济一体化的其他理论

一、大市场理论

共同市场与关税同盟相比较，其一体化范围又更进了一步。共同市场的目标是消除保护主义的障碍，把被保护主义分割的每一个国家的国内市场统一成为一个大市场，通过大市场内的激烈竞争，实现专业化、批量化生产等方面的利益。共同市场的理论基础是超越静态的关税同盟理论的动态的大市场理论。其代表人物是西托夫斯基和德纽。

大市场理论的提出者认为，以前各国之间推行狭隘的只顾本国利益的贸易保护政策，把市场分割得狭小而又缺乏适度的弹性，这样只能为本国生产厂商提供狭窄的市场，无法实现规模经济和大批量生产的利益。大市场理论的核心是：通过国内市场向统一的大市场延伸，扩大市场范围，获取规模经济利益，从而实现技术利益；通过市场扩大，创造激烈的竞争环境，进而达到实现规模经济和技术利益的目的。

二、协议性国际分工理论

日本教授小岛清在考察经济共同体内部分工的理论基础以后，提出了国际分工的新的理论依据。他认为，以前的国际经济学所讲的只是在成本递增下通过竞争原理达成国际分工和平衡。但完全放任这一原理，会导致各国企业的集中和垄断，导致各国相互间同质化竞争的严重发展。区域经济一体化的目的就是要通过共同体内部协议分工，各国互相实现规模经济，和谐地扩大一体化内的贸易规模。

（一）协议性分工理论的原理

假设在一体化内只有两个国家A国和B国，两国仅生产X和Y两种产品。两国通过协议，将X商品全由A国生产，并把B国的X商品市场提供给A国；商品Y全由B国生产，并把A国Y商品的市场提供给B国，两国这样集中生产，实行专业化分工，随着产量和需求的增加，A国在X商品生产和B国在Y商品生产都实现了规模经济，成本和价格全部下降了。重要的是，A国要把Y商品的市场、B国要把X商品的市场，分别提供给对方，即必须达成互相提供市场的协议，因此把它称为协议性的国际分工。

（二）实行协议性分工的条件

第一，必须是两个（或多数）国家的资本、劳动禀赋比率没有多大差别，工业化水平和经济发展阶段大致相等，协议性分工的对象商品在哪个国家都能进行生产。在这种状态之下，在互相竞争的各国之间扩大分工和贸易，既是关税同盟理论所说的贸易创造效果的目标，也是协议性国际分工理论的目标。而在要素禀赋比率和发展阶段差距较大的国家之间，由于某个国家可能陷入单方面的完全专业化或比较成本差距很大，还是遵循价格竞争原理（比较优势原理）为宜，并不需要建立协议性的国际分工。

第二，作为协议分工对象的商品，必须是能够获得规模经济的商品。

第三，无论哪一个国家，生产哪一种协议分工的商品的利益都没有太大的差别，也就是说，一国实行专业化分工的产业和让给其他合作国家生产的产业没有优劣之分，否则就不容易达成协议，这种利益或产业优劣主要决定于规模扩大后的成本降低幅度和随着分工而增加的需求量及其增长率。可见，协议性分工是同一范畴商品内更细的分工。

三、综合发展战略理论

一些经济学家认为，根据发展中国家与发达国家在国内外的经济与政治环境存在较大差异，不能把发达国家经济一体化的理论简单照搬到发展中国家的事实，提出了与发展理论紧密相连的综合发展理论。该理论由鲍里斯·塞泽尔基在《南南合作的挑战》一书中系统地提出。它主要涉及发展中国家进行经济一体化时应该考虑的政治、经济、机构等因素。

（一）发展中国家经济一体化的原则

（1）经济一体化是发展中国家的一种发展战略，它不限于市场的统一，也不必在一切情况下都寻求尽可能高的其他一体化形式。

（2）两极分化是伴随一体化出现的一种特征，只能通过强有力的共同机构和政治意志制定系统的政策来避免它。

（3）鉴于在发展中国家一体化进程中私营部门是导致其失败的重要原因之一，故有效的政府干预对经济一体化的成功至关重要。

（4）发展中国家的经济一体化是集体自力更生的手段和按新秩序逐渐改变世界经济的要素。

（5）在制定经济一体化政策时，要进行综合考虑，一方面考虑经济因素，另一方面注意政治和机构因素，密切结合本国和本地区的实际情况。

（二）影响发展中国家经济一体化的要素

（1）经济因素。该区域经济发展的总体水平和各成员国之间经济发展水平的差别，各成员国之间现存的经济及其他方面的相互依存状况；一体化组织内的最佳利用状况，特别是有关资源和生产要素的互补性及其整体发展的潜力；外国经济实体尤其是跨国公司在一体化组织各成员国经济中的地位；根据实际条件选择的一体化政策模式和类型的实用性。

（2）政治和机构因素。各成员国的社会政治制度的差异；在所有成员国中有利于实现一体化的"政治意识"状况及其稳定性；该集团对外政治关系模式，尤其是同超级大国和前宗主国关系的模式；共同机构的行政效率以及它们进行有利于集团共同利益的创造性活动的可能性。

第四节 区域经济一体化的实践

一、欧洲联盟

(一) 欧洲联盟的建立

欧洲联盟(European Union, EU)的前身是欧洲共同体(European Community, EC)。1951年4月,西欧6国(法国、德国、意大利、荷兰、比利时、卢森堡)在法国巴黎签订了《欧洲煤钢联营条约》(也称为《巴黎条约》),建立了欧洲煤钢共同体。欧洲煤钢共同体建立后,西欧6国认为可以把《巴黎条约》的原则扩大到其他领域。1957年3月25日,西欧6国政府在意大利罗马签订了《建立欧洲原子能共同体条约》和《欧洲经济共同体条约》。这两个条约合在一起统称为《罗马条约》。《罗马条约》于1958年1月1日生效,同时,欧洲原子能共同体和欧洲经济共同体正式成立。《罗马条约》的主要内容有:建立全面的关税同盟,对外采用统一关税,实行共同的贸易政策;内部取消成员国之间各种商品贸易的关税,实施共同农业政策;逐步协调经济和社会政策,实现商品、人员、劳务和资本的自由流通。

按照罗马条约的规定,关税同盟应在1958—1969年年底的12年内完成。这12年的过渡期分3个阶段,每个阶段为4年。每个阶段逐步削减成员国之间的关税以实现自由贸易;调整成员国的对外关税以实现共同的对外关税。但实际上关税同盟过渡阶段只耗费了10年的时间。至1968年,西欧六国就提前达到了《罗马条约》的预定目标,完成了关税同盟的建设。在这10年里,各成员国之间的贸易和对其他国家的贸易得到了飞速发展。各成员国之间的贸易额翻了两番,成员国之间贸易的增长速度是对其他国家贸易增长速度的两倍;同一时期,共同体国家的国内总产值的年平均增长率达到5%,高于同期英国、美国等国家的经济增长速度。在关税同盟建设差不多完成的同时,欧洲煤钢共同体、欧洲原子能共同体、欧洲经济共同体3个机构合并为一个机构,统称为欧洲共同体(EC),简称欧共体。

进入20世纪70年代后,因消除关税壁垒而建立起来的欧共体统一市场被日益盛行的非关税壁垒所分割,商品流通受到阻碍。欧共体内部市场分割使企业难以获取规模经济效益,欧共体内部的产业结构和出口商品结构调整迟缓,尖端科技发展迟滞,对外竞争能力削弱,经济发展速度下降。欧共体成员国领导人经过长期磋商,决定建立"欧洲统一大市场",以振兴经济。1985年12月,欧共体首脑会议通过"欧洲一体化文件"(亦称"单一文件"),决定于1992年12月31日以前建成一个没有国界的"内部统一大市场",实现商品、劳务、人员和资金的自由流通。1993年年初,统一大市场已开始运行。

欧共体成员国于1992年2月7日签署了《马斯特里赫特条约》(又称为《欧洲联盟条约》,以下简称《马约》)。这一条约大幅度修订了《建立欧洲经济共同体条约》等三项条约的内容,规定了欧洲经济与货币联盟的具体目标和实施步骤,将欧共体原有的政治合作升格为共同外交和安全政策,并建立起在内政和司法方面的合作机制,从而使欧共体的活动范围突破了经济活动的界限,而经济活动又以共同市场为中心的格局,将欧共体的经济一体化推进到政治联盟的阶段。《马约》于1993年11月1日正式开始生效,并自该日起欧洲共同体改称为欧洲联盟,标志着欧共体从经济实体向政治实体过渡,欧洲联盟正式成立。

（二）欧洲联盟的发展

1995年1月1日，奥地利、瑞典和芬兰加入欧盟，欧盟成员国扩大到15个。3月26日，申根协议生效。协议规定，在申根协议国家边境上取消对人员往来的控制，加强司法和警务机构间的合作。同年12月16日，欧盟马德里首脑会议最终把未来欧洲统一货币的名称确定为"欧元"。

欧盟成立后，经济快速发展。1995年至2000年经济增速达3%，人均国内生产总值由1997年的1.9万美元上升到1999年的2.06万美元。欧盟的经济总量从1993年的约6.7万亿美元增长到2002年的近10万亿美元。

1996年12月14日，欧盟都柏林首脑会议通过了《稳定和增长公约》《欧元的法律地位》和《新的货币汇率机制》的欧元运行机制文件。

1997年6月17日，欧盟首脑会议补充了《阿姆斯特丹条约》，同年10月2日，欧盟外长签署了该条约。

1999年1月1日，欧盟正式启动欧元。5月1日，《阿姆斯特丹条约》正式生效。12月11日，欧盟赫尔辛基首脑会议通过了《千年宣言》，决定正式接受土耳其为入盟候选人。

2002年1月1日，欧元正式流通。2002年11月18日，欧盟15国外长在布鲁塞尔举行会议，决定邀请塞浦路斯、匈牙利、捷克、爱沙尼亚、拉脱维亚、立陶宛、马耳他、波兰、斯洛伐克和斯洛文尼亚10个中东欧国家入盟。

2003年4月16日，在希腊首都雅典，欧盟与这10个完成入盟谈判的候选国签署入盟协议。2004年5月1日，中东欧10国家正式加入欧盟。这是欧盟规模最大的一次扩充。此次扩大后的欧盟成员国从原来的15个增加到25个，总体面积扩大近74万平方公里，人口从约3.8亿增至约4.5亿，整体国内生产总值将增加约5%，从原来的9万多亿美元增加到10万多亿美元，经济总量已与美国不相上下。

2004年10月，欧盟25国首脑在意大利首都罗马签署了《欧盟宪法条约》。这是欧盟的首部宪法条约，旨在保证欧盟的有效运作以及欧洲一体化近程的顺利发展。

2007年1月，罗马尼亚和保加利亚两国加入欧盟，欧盟经历了6次扩大，成为一个涵盖27个国家，总人口接近5亿，国民生产总值高达12万亿美元的经济实体。2007年10月19日，欧盟各国领导人在里斯本就"简化版欧盟宪法条约"文本达成一致，并将之定名为《里斯本条约》，该条约陆续获得欧盟全部27个成员国的批准。

2009年12月1日，《里斯本条约》正式生效，比利时人范龙佩当选欧洲理事会常任主席。欧盟正式取代并继承欧共体，具备法律人格。

2009年10月20日，希腊政府宣布当年财政赤字占国内生产总值的比例将超过12%，远高于欧盟允许的3%，欧洲主权债务危机爆发。

2013年7月1日，克罗地亚正式加入欧盟，欧盟成员国增加至28个。

（三）欧盟的经济一体化措施

1. 有关农业的一体化措施

欧盟实施共同农业政策，首先，实行统一的农产品价格管理制度，农产品价格通过收购或投放方法，保证其在"目标价格"和"干预价格"之间波动；其次，对部分农产品进口征收差价税，实行农产品出口补贴制度；最后，设立农业指导和保证基金，促进农业的机械化和现代化。

2. 有关货币的一体化措施

建立欧洲货币体系。欧洲货币体系于1973年3月正式创立，它是为促进同盟内贸易、保证各成员国货币的相对稳定而建立的国家间货币联合。其主要内容有：建立欧洲货币单位，成员国间实行固定汇率，对外实行联合浮动制，从而形成一个相对稳定的汇率制度。建立欧洲货币基金，向成员国提供中短期贷款，借以干预市场、稳定汇率、调节国际收支。

2003年11月1日生效的《马约》为建立欧洲货币联盟规定了时间表和步骤。按照《马约》的规定，货币联盟将分3个阶段实施，经过欧盟各国的艰苦努力，货币联盟计划得以顺利实行。1999年1月1日欧元正式发行，法国、德国、意大利、比利时、荷兰、卢森堡、爱尔兰、奥地利、芬兰、葡萄牙、西班牙11国成为欧元创始国。1999年1月1日至2001年12月31日是欧元的转换期，从2002年1月1日起，欧元开始流通。2002年7月1日欧元取代货币联盟成员国原货币，实现了在货币联盟内部的单一货币。

3. 贸易及财政政策的一体化

（1）1957年建立关税同盟，先取消了成员国间的关税，然后实行对外的统一关税。

（2）1975年2月28日欧共体与非洲、加勒比海和太平洋地区46个发展中国家签订了对这些地区实行特别贸易优惠政策的《洛美协定》，1991年10月22日与欧洲自由贸易联盟国家达成建立欧洲经济区协议。

（3）实行统一的贸易政策、法规。

（4）成员国采取统一的增值税制。

专栏10-3　韩国以自贸区启动为契机开拓欧洲市场

近日，韩国外交通商部通商交涉本部长金宗埙表示，随着韩国与欧盟自由贸易协定的生效，今后3年，韩国商品占欧盟市场的份额将由目前的2.6%提升到3%。此间分析人士指出，此番讲话反映了韩国对韩欧自由贸易协定的巨大期待。

韩国与欧盟有关自由贸易协定的正式谈判始于2007年，在时隔4年零2个月后，双方自由贸易协定于2011年7月1日0时进入"临时生效"阶段。这意味着双方的努力有了实实在在的结果。之所以采取"临时生效"的措施，是因为自由贸易协定中有关知识产权等问题的个别条款还需要欧盟成员国全体审议通过。整个协定最终正式生效可能还需要两年多的时间。但是，由于"临时生效"涵盖了双方交易中99%的商品种类，即绝大部分商品从7月1日起开始进入免税或减税阶段，所以此次"临时生效"措施的意义近似于正式生效。

据韩方统计，韩国与欧盟在2010年的贸易总额为922亿美元，欧盟是继中国之后的韩国第二大贸易伙伴。韩国则是欧盟的第九大贸易伙伴。此次自由贸易协定的生效意味着韩国成为欧盟在亚洲地区的首个自由贸易伙伴，这对于高度依赖出口贸易的韩国经济无疑有着极其重大的意义。

首先，韩欧自由贸易协定的临时生效为韩国抢占欧盟市场提供了先机。根据双方协议，在协定生效后，欧盟将在5年内废除所有针对韩国工业产品的关税，其中99%将在3年内废除。欧盟对于进口商品的平均关税是6.5%。去年韩对欧出口总额为535亿美元，随着韩国与欧盟自由贸易协定的生效，其中相当于410亿美元的商品将享受免关税待遇，这对于韩国的商品出口非常有利。随着自由贸易协定的生效，韩国出口欧盟的商品平均每年得到的免税优惠将超过 3 万亿韩元（约合 30 亿美元），这将大幅提升韩国商品的价格比较优势。

其次，韩欧自由贸易协定的生效还将为韩国经济增长带来新的动力。据韩国对外经济政策研究院等机构的研究表明，韩欧自由贸易协定在今后 10 年内将使韩国国内生产总值增长 5.6%，这意味着平均每年将给韩国带来 0.56 个百分点的经济增长。另据预测，今后 10 年内，随着韩国与欧盟贸易的增加，韩国将新增就业岗位 25.3 万个，其中服务业新增 22 万个，制造业新增 3.3 万个。韩国政府预测，韩国的汽车、汽车零件以及彩色电视等主力商品对欧盟出口将大幅增加，由此带来的就业效果也会非常明显。

当然，韩欧自由贸易协定的生效也将给韩国企业带来一定影响。根据该协定，韩欧双方对于排气量在 1.5 升[①]以上和 1.5 升以下的汽车将分别在今后 3 年和 5 年内互免关税，这意味着欧洲汽车在韩国市场的价格竞争力将明显提高，从而对韩国国内汽车市场带来冲击。对此，金宗埙称，从新车市场的规模来看，韩国为 120 万辆，欧盟为 1 400 万辆，韩国即使让出一部分市场，以小换大，也是一笔合算的买卖。由于韩欧自由贸易协定对于商品的原产地事项做了更严格的规定，如果韩国产品使用的进口零部件或原材料超过一定比例就难以享受关税优惠。据统计，目前在韩国有对欧出口业务的 4 333 家企业中，只有 1 381 家能够满足原产地资格条件，这意味着更多企业将面临如何取得原产地资格的难题。

此间分析人士指出，韩欧自由贸易协定的生效给韩国带来的既有机遇也有挑战，但机遇要远远大于挑战。

（资料来源：《经济日报》，2011-07-12）

二、北美自由贸易区

（一）北美自由贸易区的建立与发展

北美自由贸易区（North American Free Trade Area，NAFTA）是在美加自由贸易区（United States-Canada Free Trade Area）的基础上建立的。由于美国、加拿大两国的特殊关系，两国之间一个涉及广泛经济领域的自由贸易协议，已经讨论了一个多世纪。直到 1988 年，受到欧洲经济一体化的冲击，《美加自由贸易协定》才得以完成。1989 年 1 月协议生效后，美加自由贸易区成立。加拿大的经济增长速度加快了 5%，美国加快了 1%，两国在边境附近还创造了大量的就业机会。

20 世纪 80 年代以后墨西哥实行的对外开放政策为北美自由贸易区的建立创造了可能性。正如同当时大量的发展中国家开始推行对外开放的贸易政策一样，发达国家和发展中国家的贸易往来改变了"二战"后长期维持的传统贸易模式。加上便利的交通和通信技术的迅猛发展，加拿大的原材料、墨西哥的劳动力与美国的技术管理相结合，为一种新型自由贸易区模式——北美自由贸易区的建立和发展展现了光明前景。

在《美加自由贸易协定》生效一年以后，美国决定将自由贸易区扩大到墨西哥。这主要是因为墨西哥通过长期发展已具备一定的经济基础，而且劳动力丰裕，生产成本低，又是美国的近邻，是美国理想的投资场所和产品市场。经过两年多的谈判，美国、加拿大、墨西哥于 1992 年 12 月 17 日签署了《北美自由贸易协定》（North American Free Trade Agreement，

---

① 1 升=0.001 立方米。

NAFTA)。《北美自由贸易协定》于 1994 年 1 月 1 日起正式生效,一个拥有 3.6 亿多人口、国民生产总值和贸易总额均高于欧盟的全球最大贸易集团终于建成。该集团是一个典型的南北区域经济合作模式,不仅对美国、加拿大、墨西哥之间的经济发展有巨大的推动作用,也对世界经济和贸易产生了很大影响。

(二)北美自由贸易协定的主要内容

北美自由贸易区的运行规则主要由北美自由贸易协定和劳工(NAALC)、环境(NAAEC)两个附属协议构成。

北美自由贸易协定的总目标是经过 15 年的努力,到 2008 年在成员国间取消各种关税壁垒和非关税壁垒,实行零关税,实现商品和生产要素的完全自由流动,又具体规定了在成员国间逐步消除关税和投资限制等的步骤和时间表。概括起来,《北美自由贸易协定》主要有如下一些内容:

(1)降低与取消关税。协定生效后,三国间约 65% 的制成品关税立即取消,另外 15% 的制成品关税在 5 年内取消,余下的大部分关税在 10 年内取消,少数产品的关税在 15 年内取消。另外,半数以上的农产品关税将立即或在 5 年内取消。从 1994 年起的 15 年内、三国的商品将自由流通。

(2)开放金融市场。为了与美国、加拿大保持同步,墨西哥将在 7 年内取消对美国、加拿大银行及保险公司的限制,在 10 年内取消对证券公司的限制。成员国一致同意给予所有北美金融公司以"国民待遇",对它们的法律限制与本国公司相同。

(3)放宽对外资的限制。墨西哥将改变对外国投资的许多限制,在大多数领域平等对待美国、加拿大公司。到 1996 年允许外资建立独资企业,拥有 100% 的所有权。同时,美国、加拿大也进一步放宽对墨西哥资本的限制,允许它在大多数领域进行投资,并给予适当的优惠条件。

(4)公平招标。在产品及服务的供应方面,要实行公开公平的招标,特别是对墨西哥来说,应允许美国及加拿大公司与墨西哥公司享受同等待遇。这一市场每年实现的价值可达 110 亿美元。

(5)保护知识产权。三国均同意严格遵守国际知识产权保护法的有关规定,对成员国登记的药品及其他专利产品至少保护 20 年。

根据北美自由贸易协定,三国间建立的是自由贸易区。但除关税内容外,协定还包括了投资、金融、服务等广泛的内容,有一些共同市场的因素,因此北美自由贸易区不是严格意义上的自由贸易区。

(三)北美自由贸易区的影响

北美自由贸易区的建立对区域内国家经济贸易发展有着重大影响。

对美国而言,积极地影响是:第一,不仅工业制造业企业受益,高科技的各工业部门也将增加对加拿大、墨西哥的出口。美国同墨西哥的贸易顺差因此而增加。第二,美国西部投资的扩大。第三,生产和贸易结构的调整,将会使大量劳动力流入那些关键工业部门。第四,协定对墨西哥向美国的移民问题将起到制约作用。消极的影响主要有:技术性不强的消费品工业对美国不利;为改善墨西哥与美国边境环境条件,美国要付出 60 亿~100 亿美元的经济和社会费用;因关税削减,减少大笔收入,加重美国的财政负担。

协定对加拿大、墨西哥两国同样有很大的影响。其积极的影响主要有：第一，两国获得了大量美国的直接投资，大量美国企业在两国设立分公司和生产基地，促进当地经济增长和增进就业；第二，原材料产品和劳动密集型产品使美国出口贸易额得到迅速增长，比较优势得到充分发挥；第三，两国能以较低的价格进口美国的高新科技产品和服务，提升了本国居民的福利水平。消极影响主要体现在：两国经济发展越来越依赖于美国，生产结构逐步偏向于原材料和劳动密集型产品生产部门，本国高科技产业和服务业发展受到限制。

北美自由贸易区的建立对那些以美国为主要出口市场、以提供劳动密集型产品为主的国家，特别是对中国和东南亚等发展中国家的负面影响最大，因为这类产品的出口有很大部分已经或将要被墨西哥的取代。亚洲各新兴发展中国家在北美市场上，面临越来越多的来自墨西哥的产品和服务的竞争和挑战。

三、亚太经合组织

（一）亚太经合组织的建立

亚太经合组织（Asia-Pacific Economic Cooperation，APEC）是亚太地区的一个主要经济合作组织。亚太经合组织的雏形可追溯到1980年9月成立的太平洋经济合作会议，此会议是由来自中国、日本、韩国、东盟六国、中国台湾、美国、加拿大、新西兰和澳大利亚等国家和地区的产业界、学术界和政府官员以个人身份参加的民间探讨和协调经贸合作的一个重要论坛。这一非官方组织虽然起着在亚太各国和地区间交流资料、沟通信息、协调看法及通过民间渠道反映政府观点的作用，但因为只是一个民间论坛，作用极为有限。

1989年1月，澳大利亚建议召开亚太地区部长级会议，讨论加强区内经济合作的问题。该会议于1989年11月在澳大利亚举行，亚太经济合作组织宣告成立。澳大利亚、美国、加拿大、日本、韩国、新西兰和东盟6国共12个国家的外交、经济部长参加了这次会议。1991年11月在韩国首尔举行的APEC第三届部长级会议通过了《首尔宣言》，正式确立APEC的宗旨和目标为"相互依存，共同利益，坚持开放性多边贸易体制和减少区域贸易壁垒"。中国以主权国家身份、中国台湾和香港（1997年7月1日起改为"中国香港"）以地区经济体名义正式加入了亚太经济合作组织。1992年9月第四届曼谷部长级会议决定成立常设性秘书处，拉开了亚太地区经贸合作的序幕。1993年11月20日至21日，亚太经济合作组织第一次领导人非正式会议在美国西雅图举行。从1993年起，APEC开始举行领导人非正式会议。

亚太经合组织领导人非正式会议是亚太经合组织最高级别的会议。会议就有关经济问题发表见解，交换看法。会议形成的领导人宣言是指导亚太经合组织各项工作的重要纲领性文件。亚太经合组织会议每年召开一次，在各成员间轮流举行，由各成员领导人出席，中国台湾只能派出主管经济事务的代表出席。

截至2015年，亚太经济合作组织包括21个国家和地区，分别是中国、澳大利亚、文莱、加拿大、智利、中国香港、印度尼西亚、日本、韩国、墨西哥、马来西亚、新西兰、巴布亚新几内亚、秘鲁、菲律宾、俄罗斯、新加坡、中国台湾、泰国、美国和越南。据统计，其国民生产总值占世界国民生产总值的58%，进出口总额占世界贸易总额的47%，人口占世界人口总数的40%以上，国土面积总和为6 000多万平方公里，是当今世界最大的区域国际经济合作组织。

(三) 亚太经合组织的作用

亚太经合组织成立之初是一个区域性经济论坛和磋商机构，经过二十余年的发展，已逐步演变为亚太地区重要的经济合作论坛，在推动区域贸易投资自由化，加强成员间经济技术合作等方面发挥了不可替代的作用。

1. 促进全球经贸发展

亚太经合组织成员中多数是世界贸易组织成员，其中美国和日本是"重量级"发达国家，中国是最大的发展中国家，在全球多边贸易谈判中具有较大的影响力。当多边谈判进程遇到阻力时，亚太经合组织领导人会议通常会发挥推动作用。亚太经合组织在推动世贸组织多哈回合谈判达成框架协议方面做出了积极贡献。

2. 解决实质经贸问题

在贸易投资自由化和便利化以及经济技术合作等领域，许多实质问题是通过亚太经合组织会议与成员间的合作得到解决和落实的。尽管亚太经合组织的宣言和协议不具有约束力，但许多"软性规定"实际上已成为经贸界人士在实践中参考的规则。

3. 推动多边及双边外交

领导人定期会晤有助于成员就国际和地区问题进行交流和磋商。2001年美国发生"9·11"事件，随后的上海会议为成员提供了加强政治和安全合作的平台，各方就反恐合作问题交换了看法，达成了共识。另外，领导人在年会期间的双边会晤也是成员增进理解、深化共识、加强双边关系、促进交往的重要机会。

4. 促进政府与企业间沟通

亚太经合组织是政府间论坛，但每年有关经济和贸易的部长级会议以及工商领导人会议已成为政府与企业间沟通的桥梁，有关的合作项目也推动了公共与民营部门间的合作。

中国是亚太经合组织中经济发展速度最快、市场潜力最大的成员之一，中国经济的持续增长为整个亚太地区的发展注入了活力。近年来，每年中国与亚太经合组织成员的贸易额均占到中国当年贸易总额的70%以上，中国的贸易伙伴排在前五位的均为亚太经合组织成员。对华投资排在前六位的也均为亚太经合组织成员。

四、东南亚国家联盟

(一) 东南亚国家联盟的建立

东南亚国家联盟（Association of Southeast Asian Nations，ASEAN），简称东盟，前身是马来亚（现马来西亚）、菲律宾和泰国于1961年7月31日在曼谷成立的东南亚联盟。1967年8月7日至8日，印度尼西亚、泰国、新加坡、菲律宾四国外长和马来西亚副总理在曼谷举行会议，发表了《曼谷宣言》，正式宣告东南亚国家联盟成立。文莱在1984年独立后即加入东盟，越南于1995年加入东盟，1997年缅甸和老挝加入东盟，1999年4月，柬埔寨成为东南亚地区最后一个加入东盟的国家。

东盟的宗旨和目标是：以平等与协作精神，共同努力促进本地区的经济增长、社会进步和文化发展；遵循正义、国家关系准则和《联合国宪章》，促进本地区的和平与稳定；促进经济、社会、文化、技术和科学等问题的合作与相互支援；在教育、职业和技术及行政训练和研究设施方面互相支援；在充分利用农业和工业、扩大贸易、改善交通运输、提高人民生活水平方面进行更有效的合作；促进对东南亚问题的研究；同具有相似宗旨和目标的国际和地区组织保持密切和互利的合作，探寻与其更紧密的合作途径。

（二）东盟自由贸易区

东南亚国家联盟在其成立之初主要是出于政治与本地区安全的目的，后来推出优惠贸易安排计划，但各国考虑自身利益较多，并未带来预期的效果。1992年1月，在新加坡举行的第四次东盟首脑会议上，与会代表对泰国1991年9月提出的建立东盟自由贸易区的构想做出积极的响应，决定1993—2008年的15年内建成东盟自由贸易区。

东盟自由贸易区的主要目标是：促进东盟成为一个具有竞争力的经济实体，以吸引外资；消除成员国之间关税与非关税壁垒，促进本地区贸易自由化；扩大成员国之间互惠贸易的范围，促进区域内贸易；建立一个内部市场。1992年10月，东盟经济部长会议通过了《有效普惠关税协定》，并决定从1993年开始实施。协定的核心内容是各成员国逐渐削减关税，到2008年将关税降至5%以下，并完全取消成员国之间非关税壁垒。为此，东盟还专门成立了自由贸易区理事会负责监督、协调协定的实施。

1995年召开的东盟首脑会议决定加速东盟自由贸易区成立的时间表，即将原定的15年时间计划缩短为10年，即在2003年前成立东盟自由贸易区。1997年亚洲金融危机使不少东盟成员经济衰退，东盟各国加强经济合作的愿望更加迫切。1998年12月，东盟首脑会议决定将这一期限再提前1年。随后，东盟又决定成员国在2002年把关税降低到5%以下，但因为情况有别，新成员国可在2006年实现这一目标。

东盟自由贸易区于2002年1月1日正式启动，目标是实现区域内贸易的零关税。

（三）中国-东盟自由贸易区

在经济全球化浪潮的推动下，东盟国家逐步认识到启动新的合作层次、构筑全方位合作关系的重要性，并决定开展"外向型"经济合作。2001年11月，在文莱举行的第5次东盟与中国领导人会议上，双方领导人达成共识，一致同意在10年内建立中国-东盟自由贸易区，并授权经济部长和高官尽早启动自由贸易协定谈判。

2002年11月4日，中国国家领导人与东盟10国领导人共同签署了《中国东盟全面经济合作框架协议》，中国-东盟自由贸易区将包括货物贸易、服务贸易、投资和经济合作等内容，其中货物贸易是自由贸易区的核心内容，《中国东盟全面经济合作框架协议》规定中国和东盟双方从2005年开始正常产品的降税，2010年中国与东盟老成员，即印度尼西亚、新加坡、泰国、菲律宾、马来西亚和文莱建成自由贸易区，2015年与东盟新成员，即越南、老挝、柬埔寨和缅甸建成自由贸易区，大多数产品将实行零关税，取消非关税措施，实现双方贸易自由化。

2004年11月在老挝首都万象举行的中国-东盟领导人会议期间，双方签署中国-东盟自由贸易区《货物贸易协议》及《争端解决机制协议》。双方决定自2005年开始，全面启动中国-东盟自由贸易区降税进程。中国和东南亚国家联盟（东盟）10个成员之间将从2005年7月起至2010年5年间逐步取消大部分双边贸易关税，只留下大约500个贸易项目处于关税保护之下。

2005年1月1日，中国与东盟全面启动自由贸易区建设，双方的货物贸易、服务贸易和投资进一步增长。中国与东盟之间业已密切的经贸合作关系得到进一步加强。根据协议，双方大部分产品的关税于 2010 年降为零。中国-东盟自由贸易区在贸易和投资等方面确定了比世贸组织有关规定更加优惠的贸易安排。

2007 年 1 月签署并于 7 月实施的《服务贸易协议》,是规范中国与东盟各国服务贸易市场开放和处理与服务贸易相关问题的法律文件。

中国-东盟自由贸易区于 2010 年建成。中国-东盟自由贸易区是中国与其他国家或地区启动的第一个自由贸易区,覆盖约 17 亿人口,国民生产总值达 2 万亿美元,贸易总量达 1.23 万亿美元,成为仅次于欧盟和北美自由贸易区的全球第三大市场。

本章小结

本章首先阐述区域经济一体化的概念和形式,分析区域经济一体化产生和发展的原因;着重讲解区域经济一体化有关理论,如关税同盟理论、大市场理论、协议性国际分工理论和综合发展理论;最后分别对欧洲联盟、北美自由贸易区、亚太经合组织和东南亚国家联盟等区域经济一体化组织进行介绍和分析。

关键词

区域经济一体化 关税同盟 自由贸易区 欧洲联盟 北美自由贸易区 亚太经合组织 东南亚国家联盟

复习思考题

1. 区域经济一体化组织有哪些主要形式?
2. 简述地区经济一体化产生和发展的主要原因。
3. 简述关税同盟理论。
4. 试分析区域经济一体化的内部影响和外部影响。
5. 简述欧洲联盟的建立和发展历程。

第十一章

国际资本流动、跨国公司与国际贸易

引导案例

三星的品牌全球化

20世纪90年代,三星开始了品牌化全球化之路。当年三星虽然在韩国是曾首屈一指的品牌,但在全球还没有建立自己的品牌地位。在中国大陆给消费者的印象更是廉价品,中央电视台3·15晚会甚至曝光过三星恶劣的售后服务,给中国的消费者留下了深刻的印象。就是在这种四面楚歌的情况下,三星从危机中发现了商机:三星还未在全球建立起自己统一一致的品牌形象,这给三星提供了在全球品牌升位的机会,三星做了一个大胆的战略决定:定位高端,超越全球电子品牌的老大索尼。

2011年,全球最大的综合性品牌咨询机构Interbrand发布全球品牌价值100强榜单,韩国三星排在第17位,日本老牌电子品牌索尼则排在第35位,价值较去年大跌13%。产值达到韩国GDP 20%的三星,已成为韩国经济的强力支柱,以至于三星的李健熙会长被《财富》杂志称为"韩国的经济皇帝"。短短的20余年,三星就从"二流企业"跃升为世界顶尖的集团,这样的崛起速度让人感到吃惊。同样是从OEM起家的三星,其品牌升位之路对于中国众多的制造型企业有着重要的经验借鉴价值。

精工品质　极致创新

通过OEM为索尼作代工,三星积累了经济实力,拓展了规模,成为韩国最成功的制造型企业。但是与日本品牌相比,当时的三星只能说是分得了亚太经济奇迹的一点残羹冷炙。初期的低端产品定位,让三星产品撬开了世界市场的大门。但是到了20世纪90年代,该战略的负面效应开始暴露。

1993年,为彻底改变"数量经营"旧理念,树立三星"精工品质"新形象,三星正式提出"新经营运动"。核心包括:企业在世界处于无限竞争的时代必须占据所在行业的领导者位置,否则就会面临生存威胁,只有在追求产品质量的基础上才能确保企业的核心竞争力。

为了让三星每位员工认识到"新经营运动"意义,李健熙下令把三星生产出的一些认为有质量问题的产品,包括电视机、冰箱、微波炉、手机都堆到一个操场上,点火焚烧。三星的职员目睹了这一屈辱而惨痛的场面。这种极端的活动，使得追求第一品质的理念在三星公司深入人心。

同时三星认识到，如果产品没有独特的功能或者外观表现，也不会得到消费者的青睐；所以除了施行精工品质战略外，三星还致力于为产品注入丰富的品牌内涵。三星在研发和技术创新上做足功夫，研发经费占总营收比重不断攀升。2007年首度登上全美专利排行榜第二名，排名仅次于雄踞榜首18年的IBM，竖起高端品牌大旗

"新经营运动"给三星带来了质量上的飞跃，但也带来不能忽视的遗憾，那就是过于关注产品品质而忽视了对自身品牌及形象的塑造。三星必须走品牌升位之路，打造商场品牌形象。三星高层领导意识到：必须打造出世界一流的产品，即品牌卓越、不断创新、能够引领新潮流的产品，使品牌形象产生质的飞跃。

当时受众碎片化趋势愈发明显，传播成本日趋增加，企业的品牌宣传渠道已经受到诸多限制。同时，随着企业在售后服务、品牌建设上的完善，消费者需要更具差异性、强势性的宣传引导。而纵观世界，有能力影响全球人群并有效提升品牌形象的非奥运赛事莫属。

从1988年汉城（今首尔）奥运会开始，三星以奥运会无线通信合作伙伴的身份连续赞助了6届奥运会，公司的品牌价值已经由此前的32亿美元飙升至234.3亿美元。2008年北京奥运会中，三星赞助国家体操队，和中国移动联手打造奥运工程，为奥运会工作人员配备手机；开展奥运火炬分享计划，邀请韩国明星作为品牌形象大使，在长野冬季奥运会和悉尼奥运会上，三星向运动员提供最新的三星手机，并提供免费通话服务；悉尼奥运会上更是发起运动员家庭观奥计划，邀请上千个运动员家庭从世界各地来到悉尼。这一系列活动提升了该品牌在世界消费者心目中的形象。

奥运品牌营销战略让三星"与顶尖企业站在一起"。通过对赛事持续不断地投入，并从公益、文化等各个角度运用广告、促销、公关手段进行市场推广，构成了三星体育营销的完整体系，最终成功地塑造了三星高端品牌形象，实现了品牌升位的华丽转身。

（资料来源：中国质量新闻网，2012-03-10）

学习目标

1. 理解国际资本流动的概念、形式和主要特点。
2. 掌握国际直接投资理论。
3. 理解国际直接投资的贸易效应。
4. 了解跨国公司形成和发展。
5. 理解跨国公司对国际贸易的影响

第一节　国际资本流动概述

一、国际资本流动的概念与分类

（一）国际资本流动的概念

国际资本流动是指资本从一国或地区跨越国界向别的国家或地区移动和转移，进行生产

和金融方面的投资活动。它是资本主义发展到垄断阶段后的重要经济现象，在当代世界经济中居于重要的地位。由于国际资本流动主要体现资本作为生产要素在国际的直接或间接流动，一国国际收支平衡表中的资本项目，集中反映了该国在一定时期内资本流动（包括资本输出和资本输入）的概况。国际资本流动可以弥补一些国家国际收支经常项目的逆差。资本从充裕国家流至短缺国家，有利于资本短缺国家开发资源，引进先进的技术和管理知识，同时也为资本充裕国家的过剩资本获利找到出路。国际资本移动涉及资本输出国和资本输入国，前者也称为母国，后者称为东道国。

（二）国际资本流动的分类

按照国际货币基金组织（IMF）的划分标准，国际资本流动主要采取国际直接投资和国际间接投资两种方式。

1. 国际直接投资

外国直接投资是指投资者在另一国新建生产经营实体或把资本投入另一国的工商企业，并以控制国外企业管理权为核心，以获取利润为目的的对外投资活动。

对外直接投资主要有以下几种方式：

（1）创建方式。创建方式也称为绿地投资，是指通过投资建立新企业。这种方式的好处在于企业可按照投资者的愿望控制资本投入量、确定企业规模和选择厂址；另外可以按照投资者的计划，实施一套全新的适合技术水准和投资企业管理风格的管理制度。但是，这种方式进入目标市场缓慢，创建工作比较烦琐。

在对外直接投资的并购和新建项目两种方式中，中国近年来一直是世界上最大的新建项目投资吸收国，跨国公司在中国进行新项目所投入的资金远远高于用于并购企业的投资。对于发展中国家来说，新项目投资比单纯的企业并购行为具有更重要的意义。它可以直接为东道国创造生产和技术能力，有利于东道国实现产业结构的调整，填补某些产业的空白，打破传统的行业垄断，增强市场的竞争力。

（2）兼并与收购。兼并与收购的方式是指一个企业通过购买另一个现有企业的股权而接管该企业的方式。这种方式的优点是：

第一，快速进入市场。投资者能以最快的速度完成对目标市场的进入，对于制造业来说，这一优势更为明显，它可以省掉建厂时间，迅速获得现有的管理人员和生产设备，迅速建立国外产销基地，抓住市场机会。

在对外直接投资，由于并购方式有投资速度快和数量大的特点，近年来得到很大的发展。2015年全球跨国兼并与收购总额为7 214亿美元、占全球外国直接投资流入总额的41%。2015年全球范围内的企业跨国兼并和收购金额较2014年增长67%，其中3/4的并购活动发生在发达国家间。欧美企业之间跨国并购尤为突出。2015年，美国的外国直接投资流入金额为3 799亿美元，其中有2 987亿美元投资是通过企业兼并和收购进行的，欧盟的外国直接投资流入金额为4 394亿美元，其中通过跨国兼并和收购方式实施的有2 604亿美元。

第二，有利于投资者得到公开市场上不易获取的经营资源。首先，收购发达国家的企业，可获得该企业的先进技术和专利权，提高公司的技术水平。其次，收购方式可直接利用现有的管理组织、管理制度和管理人员。最后，收购企业可以利用被收购企业在当地市场的分销渠道及被收购企业同当地客户多年往来所建立的信用，迅速占领市场。

第三，可以廉价购买资产。企业可以低价收购外国现有企业已折旧的不动产实际价值；压低价格低价购买不盈利或亏损的企业；利用股票价格暴跌乘机收购企业。

但是，这种方式会因各国会计准则不同和信息难于搜集，在价值评估和对被收购企业实行经营控制方面存在困难。

（3）合作经营。合作经营是指国外投资者根据投资所在目的法律与所在国企业通过协商签订合作经营合同而设立的契约式合资企业，也称为合作企业或契约式合营企业。签约各方可不按出资比例，而按合同条款的规定，确定出资方式、组织形式、利润分配、风险分担和债务清偿等权利和义务。

2. 国际间接投资

对外间接投资包括证券投资和借贷资本输出，其特点是投资者不直接参与所投资企业的经营和管理。

（1）证券投资。证券投资是指投资者在国际证券市场上购买外国企业和政府的中长期债券，或在股票市场上购买上市的外国企业股票的一种投资活动。由于属于间接投资，证券投资者一般只能取得债券、股票的股息和红利，对投资企业并无经营和管理的直接控制权。

（2）借贷资本输出。借贷资本输出是以贷款或出口信贷的形式把资本借给外国企业和政府。一般有以下方式：

① 政府援助贷款。政府援助贷款是各国政府或政府机构之间的借贷活动。这种贷款通常带有援助性质。一般是发达国家对发展中国家或地区提供的贷款。这种形式的贷款一般利息较低，还款期较长，可达20~30年，有时甚至是无息贷款。这种贷款一般又有一定的指定用途，如用于支付从贷款国进口各种货物或用于某些开发援助项目上。

② 国际金融机构贷款。国际金融机构主要指"国际货币基金组织"、"世界银行"、"国际开发协会"、"国际金融公司"、各大洲的银行和货币基金组织以及联合国的授权机构等。

国际金融机构的贷款条件一般比较优惠，但并不是无限制的。例如，世界银行只贷款给其成员国政府或由政府担保的项目，其贷款重点是发展公用事业、教育和农业。国际货币基金组织贷款的用途主要用于弥补成员国经常项目收支而发生的国际收支的暂时不平衡。国际开发协会属于世界银行的下设机构，又称为第二世界银行，专门从事对最不发达国家提供无息贷款业务。世界银行的成员国均为世界开发协会的成员国。国际金融公司是世界银行的另一附属机构，专门从事对成员国私营部门的贷款业务。向发展中国家的私营部门提供中长期贷款是该公司的主要业务，该公司的投资活动分为两种形式：一种是贷款；另一种是参股。

（3）国际金融市场贷款。国际金融市场分为货币市场和资本市场，前者是经营短期资金借贷的市场，后者则是经营长期资金借贷的市场。货币市场是经营期限在一年以内的借贷资本市场；资本市场是经营期限在1年以上的中长期借贷资本市场。中期贷款一般为1~5年的贷款，长期贷款为5年以上的贷款，最长期可达10年。一般国际金融市场贷款利率较高，但可用于借款国的任何需要，对贷款用途无限制。

（4）出口信贷。出口信贷是指一个国家为了鼓励商品出口，加强商品的竞争能力，通过银行对本国出口厂商或外国进口厂商或进口方的银行所提供的贷款。

二、国际资本流动的特点和原因

(一)"二战"后国际资本流动的特点

1. 国际直接投资占主导地位,投资规模扩大

在"二战"后的国际资本移动中,对外直接投资占主导地位。这与"二战"前相比发生了明显变化。1914 年,国际资本移动的 90%是以国际间接投资的形式进行的。"二战"以后,对外直接投资增长很快,年均增长速度超过国民生产总值和国际贸易增长速度。1986—1990 年国际直接投资年均增长率为 24.3%,而同期国内生产总值和出口的年均增长率仅为 11.5%和 15.8%。1991—1995 年国际直接投资增长速度放缓。而 1996—2000 年国际直接投资增长更为迅速,年均增长率达 33.7%,而同期国内生产总值和出口的年均增长率仅为 1.2%和 4.2%。

2. 国际资本流动中的主体仍是西方发达国家,但发展不平衡

"二战"后的国际资本移动的主体与"二战"前相同,仍是西方发达国家。据《2016 年世界投资报告》,2015 年发达国家仍是外国直接投资最主要的来源,对外直接投资流出量达 1.06 万亿美元,它们占全球外资流出总量的 72%,5 个最大的外资来源地的发达国家分别为美国、日本、荷兰、爱尔兰和德国。2015 年流入发达国家的外国直接投资达 9 625 亿美元,占全球外国直接投资流入金额的 54%。接受外资流入金额最多的 5 个发达国家分别为美国、爱尔兰、荷兰、瑞士和新加坡。发达国家的外国直接投资流出量比流入量增长得更快,2015 年流出量超过流入量 1 027 亿美元。

3. 国际资本流动的流向发生了重大变化

从第二次世界大战后到 20 世纪 60 年代,国际资本移动的方向,主要是由发达资本主义国家流向发展中国家和一些前属领地。20 世纪 60 年代末 70 年代初以来,国际资本流动逐步发展成为发达国家相互间的对流型移动,并且发达国家间的双向投资比重仍在继续提高。据估计,西欧、日本的对外投资中,对北美国家的投资就占其对外投资总额的 50%以上。1995 年美国输入的外国直接投资达到 600 亿美元,为英国的两倍,而英国是当年发达国家中输入外国直接投资的第二大国。与此相类似的是美国对发达国家和地区的直接投资占其对外直接投资总额的 70%以上。1950—1990 年,美国对发达国家直接投资累计额由 57.1 亿美元增至 3 121.9 亿美元,增长了 51.7 倍,而对发展中国家和地区的直接投资由 57.7 亿美元增至 1 057.2 亿美元,增长了 17.4 倍。发展中国家和地区在美国对外直接投资中的比重急剧下降,美国对发达资本主义国家直接投资累计额所占比重从 1955 年的 55.1%上升到 1990 年的 74.1%。根据《2016 年世界投资报告》,2015 年全球外国直接投资流入额较 2014 年增长 38%,总额达 1.76 万亿美元。其中,流入发达国家的外国直接投资增长约 48%,达 9 625 亿美元。流入发展中国家的外国直接投资仅增长 9.4%,为 7 646 亿美元。流入转型经济体的外国直接投资为 349 亿美元,下降 39%,美国既是全球对外直接投资最大的接受国,又是全球外国直接投资最大的来源国。

4. 对外直接投资的部门结构发生了显著变化

20 世纪 50 年代期间,外国直接投资集中于初级产品部门和资源加工型产业;随着各国服务业的发展,外国直接投资越来越集中在服务业和技术密集型制造业。20 世纪 70 年代初时,世界外国直接投资存量中有 25%投放在服务行业,2015 年,这一比重增加到近 64%,每年的投资流量中，有55%～60%投向于服务行业。

（二）"二战"后国际资本流动迅速发展的原因

1. 跨国公司大量活动的结果

21世纪初，世界上约有6万多家跨国公司，拥有80多万家国外子公司，而对外直接投资总存量已达6万多亿美元。2001年仅国外子公司的全球销售额就约为全球出口额的2.2倍，约为全球GDP的50%，2001年国外子公司的全球总产值约为全球GDP的10%。对外直接投资（FDI）和国际贸易越来越多地成为跨国公司进行获取资源、生产、分销等活动的决策的一部分。跨国公司为了实现其规模全球经济最大化而将其生产设施分布于世界各地，这种区位选择的结果导致了跨国公司对国际贸易的参与并日益占据主导地位的同时，也使对外资本流动大量增加。

2. 区域经济一体化和贸易集团化趋势加强

在世界经济中，区域经济一体化和贸易集团化趋势加强。集团化在贸易上呈现出排他性和对非成员国的歧视性，迫使各国为维护自身经济利益而竞相扩大直接投资，争夺对方有利的投资领域。这在一定程度上，客观地造成了国际直接投资规模的进一步扩大。另外，贸易集团内部关税减免，市场扩大，有利于吸收外资。

3. 国家垄断资本的输出促进了私人资本的输出

"二战"后，发达国家政府干预经济的表现形式之一就是通过对外"援助"和贷款迫使受援国开放本国的商品和资本市场，允许外国资本的自由移动；同时政府还把"援助"和贷款投入一些私人资本不愿意或不允许投入的交通、通信等公共事业部门，为私人资本投资创造好的投资环境。

4. 投资体制的自由化

联合国贸发会议《2016年世界投资报告》指出，有31项国际投资协定于2015年被签署，截至2015年年底，全球共达成3 304项国际投资协定；在2015年46个国家和地区的96项政策变动中，有71项涉及投资促进和自由化，是为了使投资框架对跨国公司及其投资更为有利；同时，有迹象表明，对大型外国直接投资项目的财政激励和优惠日益上升，投资促进机构的注意力不仅放在新的投资者上，而且更多着眼于改善对现有投资者的后续服务上。

专栏11-1　2015年中国国际资本流动影响因素

2015年影响中国国际资本流动的关键因素仍然是发达国家货币政策的外溢效应。这方面既包括美国货币政策通过加息回归正常化产生的影响，也应该包括欧元区和日本QQE宽松货币政策产生的影响。而要分析发达国家货币政策的外溢效应，需要建立一个稳定的分析框架，包括其向新兴经济体传导的中介指标是什么，传导渠道有哪些。

从最新的研究成果来看，发达国家非常态货币政策对包括中国在内新兴经济体的外溢作用体现在3个中介指标和5个传导渠道上面。传统的货币政策通过改变短期政策利率进而影响长期利率以及经济产出和通货膨胀。而在本次金融海啸中，当政策利率降低到0的时候，传统货币政策不再奏效，这个时候发达国家采用了量化宽松和前瞻性指引等非传统货币政策。与传统货币政策不同，发达国家非传统货币政策对本国经济和全球流动性产生影响作用的3

个中介指标分别是：波动率（VIX）、信用利差（Credit Spread）和期限利差（Term Spread）。非传统货币政策对新兴经济体产生外溢作用的5个渠道包括：

（1）货币政策渠道。发达国家量化宽松货币政策可能诱发新兴经济体货币政策随之发生调整。例如，有部分新兴经济体尽管经济复苏、通胀和资产价格上升，但是仍实行相对宽松的货币政策，其背后部分是因为担心国内外利差扩大引发汇率升值和破坏性的国际资本流入。

（2）汇率渠道。发达国家量化宽松货币政策导致美元和日元等货币贬值，新兴经济体货币升值，带来大规模的国际投机资本流动。而如果一个新兴经济体的货币盯着美元，则需要为稳定汇率而大规模干预，导致外汇储备的增加。特别是如果干预不能完全冲销，则会带来国内的货币和信贷扩张。

（3）全球金融市场渠道。这是一个风险承担、流动性和资产价格的混合渠道。通过全球金融市场，发达国家的量化宽松导致全球流动性的宽松。鉴于部分新兴经济体的宏观环境稳定，经济增速更高，如果发达国家的利率在可预见的未来处于低位，则境内外的利差也可持续。量化宽松因此会通过套息交易带动国际资本流入风险调整后利率更高的新兴经济体，推高其资产和商品价格。此外，持续的低利率和充裕的流动性导致发达和新兴经济体的金融机构愿意承担更高风险以寻找高收益资产，导致银行的风险错配。

（4）国际银行信贷渠道。全球金融周期处于上升阶段，国际资本的流出和流入规模上升，国际银行的信贷创造活动更为积极，杠杆率和资产价格攀升。反之，如债务上限风波期间，美国主权评级被调降严重影响到投资者的风险偏好，这导致全球国际资本流动规模收缩、信贷增速放缓和多国资产价格下降。

（5）资产组合再平衡渠道（Portfolio Rebalancing Channel）。美联储的购买减低美国长期国债收益率，使得国际投资者去寻找同期限，风险调整后收益略高的替代品，导致新兴经济体相应的资产价格上升、利率下降和金融环境宽松。

（资料来源：和讯财经，2015-06-15）

第二节　国际直接投资与国际贸易

一、国际直接投资理论

20世纪60年代以来，西方国际直接投资理论的发展大致可以分为两个阶段：早期阶段，以海默与金德尔伯格的垄断优势论和弗农的产品生命周期理论为代表，这些理论主要解释美国企业"二战"后急剧向海外扩张的对外直接投资行为；后期则以巴克利、卡森及拉格曼的内部化理论和邓宁的国际生产折中理论为代表。从理论上看，这两个阶段的理论均借助于西方的厂商理论，但它们的分析起点却不相同。海默等人从不完全竞争的角度，说明美国企业能在海外投资办厂经营的原因在于美国企业拥有种种垄断优势。弗农则利用国际贸易理论中的产品生命周期理论，并结合工业区位理论，说明美国企业如何随着产品生命周期的展开及竞争方式的变化，将工厂移往劳动力成本较低的其他国家进行生产。内部化理论系统总结与吸收了以往各派理论的内核，从新的角度考察企业的海外直接投资行为，得出由于中间产品（技术等知识产品、零部件、原材料等产品市场的不完全，企业利用外部市场交易的成本很高，从而导致企业创造出内部市场，当市场内部化超越国界时，跨国界经营的跨国公司就形成了。

邓宁在内部化理论的基础之上又建立和发展了国际生产折中理论。

(一) 垄断优势理论

这一理论是由对外直接投资理论的先驱、美国学者海默创立，由金德尔伯格加以完善的。海默在他的博士论文《民族企业的国际经营：对外直接投资研究》中，正式阐述企业的跨国经营应该拥有特定的垄断优势。海默认为，东道国的民族企业比跨国经营企业至少具有以下三个方面的优势：

第一，民族企业更能适应本国政治、经济、法律、文化诸因素所组成的投资环境。

第二，民族企业常能得到本国政府的优惠和保护。

第三，民族企业不必承担跨国经营企业所无法逃避的各种费用和风险，如直接投资的各种开支、汇率波动的风险等。

因而，一家企业对外直接投资必须满足两个条件：一是企业必须拥有竞争优势，以抵消在与当地企业竞争中的不利因素；二是不完全市场的存在，使企业拥有和保持这些优势。

海默在研究中发现，美国从事海外直接投资的企业主要分布在资本相对密集、技术相对先进的行业。随后，金德尔伯格直接将市场不完全或不完全竞争市场作为企业对外直接投资的决定因素，并列出市场不完全的几种形式：

第一种，产品市场不完全。产品市场不完全是指存在产品差异、商标专有、销售技术独特等，使跨国企业拥有对产品的垄断力量，实施价格垄断。

第二种，资本和技术等要素市场不完全。要素市场不完全是指企业垄断了资本、技术等要素，使企业在进入要素市场的能力方面存在差异。

第三种，规模经济。规模经济是指企业可以利用专业化大规模生产取得规模经济的优势，获取低成本，以达到限制竞争者介入的目的。

第四种，政府的关税等贸易限制措施造成市场分割和扭曲。这种市场扭曲会给企业带来优势，从而促使企业更加便利地对外直接投资。

海默认为，美国企业从事直接投资的原因，一是东道国关税壁垒阻碍企业通过出口扩大市场，因此企业必须以直接投资方式通过关税壁垒，维持并扩大市场；二是技术等资产不能像其他商品那样通过销售获得全部收益，而直接投资可以保证企业对国外经营及技术运用的控制，因此可以获得技术资产的全部收益。

垄断优势论只是解释了企业为什么进行海外直接投资。主要原因是市场不完全使企业在专有技术、管理经验、融资能力、销售渠道等方面拥有优势，企业可以利用这些优势抵消与当地企业竞争中的劣势，从事有利的海外直接投资活动。至于企业为什么不采取商品直接出口，或转让特许权的方式扩展海外势力，垄断优势论没做应有的解释。

(二) 内部化理论

内部化理论是由英国学者巴克利和卡森提出，由加拿大学者拉格曼进一步加以发展。该理论认为，中间产品（指知识、信息、技术、商誉、零部件、原材料等）市场是不完全的，这种不完全是由某些市场失效及中间产品的特殊性质所致，如信息具有公共物品性质，在外部市场上转让容易扩散，这是典型的市场失效。中间产品的这种特性导致交易的不确定性及价格的不确定性，因此，企业正常经营活动所需要的中间产品市场是不完全的。这种缺乏企业之间交换产品的市场，或某些市场经营效率低下的最终结果都导致企业的市场交易成本增加。为追求最大利润，企业必须建立内部市场，使外部市场内部化，利用企业管理手段协调企业内部资源的流动与配置，避免市场不完全对企业经营效率的影响。企业内部化超越国界的过程就是企业对外直接投资的过程，因此，决定企业内部化的因素就变为决定企业对外直接投资的因素，也就是说，企业对外直接投资是为了避免外部市场不完全性对企业经营效率的不利影响。

巴克利和卡森认为，有四种因素影响中间产品市场的交易成本，从而促使企业实现中间产品市场的内部化：① 行业特定因素。其主要包括中间产品的特性、外部市场结构等。② 国别特定因素。即东道国政府的政治、法律、经济状况。③ 地区特定因素。即地理位置、社会心理、文化差异等。④ 企业特定因素。即企业的组织结构、管理经验、控制和协调能力等。同时，他们还认为，中间产品市场不完全有两种基本形式：一种是技术等知识产品市场不完全；另一种是零部件、原材料中间产品市场不完全。前者产生水平一体化的跨国公司；后者产生垂直一体化的跨国公司。知识产品内部化是"二战"后跨国公司发展的最基本的动因。

但是，内部化的实现也是有条件的，即一方面，内部化避免较高的外部市场交易成本，提高企业经营效率；另一方面，内部化过程也会带来追加成本，如内部化分割外部市场后引起企业经营规模收益下降、公司内部通信成本增加，东道国的干预也会增加成本。因而，企业是否实现内部化，内部化是否跨越国界需由外部市场交易成本和企业内部交易成本的均衡性决定。

总之，避免外部市场不完全性及市场内部化的条件是企业对外直接投资的决定因素。但是，内部化理论没有论证企业进行国外投资的区位选择。

(三) 国际生产折中理论

国际生产折中理论是由英国里丁大学的邓宁提出的。他认为以往的理论只能对国际直接投资做出部分解释，并且它们无法将投资理论与贸易理论结合起来，客观上需要一种折中理论。邓宁建立的所谓国际生产折中理论是对西方经济理论中的厂商理论、区位理论、产业组织理论等进行兼容并包，并吸收了国际经济学中的各派思潮，包括海默以来诸人的思想，创立了一个关于国际贸易、对外直接投资和非股权转让三者一体的理论。

邓宁认为，企业要对外直接投资需要三种优势：

第一，所有权优势。它包括来自对有形资产和无形资产的占有产生的优势、生产管理的优势、规模经济所产生的优势、由于多国经营所形成的优势。

第二，内部化优势。企业通过扩大自己的经营活动，将优势的使用内部化要比将优势的使用外部化更有利。这种外部化是指与其他独立企业进行市场交易。企业使其优势内部化的动机是避免外部市场的不完全性对企业经营的不利影响，保持和利用企业技术创新的垄断地位。市场不完全可分为结构性的与知识性的。前者指竞争壁垒等障碍；后者指获得生产与销售信息很困难或成本很高，因而在技术等无形产品的生产与销售领域，以及在某些产品的生产与销售领域，企业对其优势实行内部化，避开外部市场机制不完全，可以获得最大收益。因而企业将其优势内部化的能力成为企业进行竞争的关键影响因素。

第三，区位优势。如果企业所有权优势与内部化优势皆有，那么对该企业而言，把这些优势与当地要素，即区位因素结合必然使企业有利可图。而这些因素是指东道国不可移动的要素禀赋优势及东道国政府对外国企业的鼓励或限制政策等。要素禀赋一般是指东道国的自然资源、人力资源、市场容量等。

区位优势具体表现为：东道国市场的地理分布状况、生产要素的成本及质量、运输成本、通信成本、基础设施、政府干预范围与程度、各国的金融制度、国内外市场的差异程度，以及由于历史、文化、风俗喜好、商业惯例而形成的心理距离等。企业从事国际生产必然要受这些因素的影响，它决定着企业从事国际化生产的区位选择。

由此可见，企业必须同时兼备所有权优势、内部化优势和区位优势才能从事有利的海外直接投资活动。如果企业仅有所有权优势和内部化优势，而不具备区位优势，这就意味着缺乏有利的海外投资场所，因此企业只能将有关优势在国内加以利用，而后依靠产品出口来供应当地市场，如果企业只拥有所有权优势，而无内部化和区位优势，则说明企业拥有的所有权优势难以在内部加以利用，只能将其转让给外国企业。表 11-1 为国际经济活动方式选择。

表 11-1 国际经济活动方式选择

经济活动方式	所有权优势	内部化优势	区位优势
对外直接投资	√	√	√
出口销售	√	√	×
许可合同	√	×	×

专栏 11-2　发展中国家国际直接投资的相关理论

随着发展中国家国际竞争力的增强与国际直接投资的兴起，研究发展中国家企业国际直接投资动机的成果也逐渐丰富和完善起来。

美国经济学家刘易斯·威尔斯所提出的小规模技术理论，被学术界认为是研究发展中国家跨国公司的开创性成果。威尔斯认为发达国家的技术在市场容量比较小的发展中国家无法取得规模优势，因此发展中国家跨国公司的主要竞争优势来自两个方面：一是与母国市场特征密切相关的低生产成本及低价策略；二是为小市场需要服务的小规模生产技术。因此，即使是技术、规模在全球不具有比较优势的发展中国家也可以通过技术引进、技术改造和技术创新等技术再生途径参与国际直接投资。此外，该理论还指出种族纽带和保护出口市场也是发展中国家企业国际直接投资的重要原因，民族文化的特点成为发展中国家对外投资的一个重要特征。

坎特威尔和托兰惕诺进一步从微观形态研究发展中国家国际直接投资活动，并提出技术累积—技术改变理论。从技术累积角度出发解释发展中国家的国际直接投资行为，从而把对外投资动态化和阶段化。他们认为：技术积累和技术创新是一国生产、企业发展的根本动力，而发展中国家在技术创新方面具备特有的学习经验和组织能力优势，其技术累积效应的发挥与国际直接投资的累积增长相关联，即随着发展中国家技术能力的稳定提高和扩大，其国际直接投资流出不仅总量增长，而且速度加快、时间提前。

小泽辉智的动态比较优势投资理论认为：各国经济发展水平具有阶梯形的等级结构，发展中国家的跨国投资模式必须结合工业化战略，对经济发展、比较优势和国际直接投资三种因素进行综合分析。为了激发国家现有和潜在的比较优势并使其最大化，发展中国家从纯吸引外资转变为向海外进行直接投资。这种转换过程分为四个阶段：第一阶段是单纯引入外国直接投资；第二阶段是外资流入并向国际直接投资转型；第三阶段是从劳动力导向型、贸易支持型的海外投资向技术支持型的国际直接投资过渡；第四阶段是资本密集型的资金流入和资本导向型对外投资交叉发展阶段。该理论不仅强调发展中国家在不同发展阶段以不同模式参与跨国投资的必要性，并提出了具体的选择原则和实现步骤，进一步丰富了发展中国家企业国际直接投资运营阶段的相关理论。

（资料来源：中国知网）

二、国际直接投资对国际贸易的影响

（一）加速第二次世界大战后国际贸易的发展

第二次世界大战后，国际直接投资的加快和规模的扩大是国际贸易迅速发展的一个重要原因。首先，第二次世界大战后初期，美国政府便开始向西欧和日本等国和地区进行国家资本输出。同时，美国的跨国公司通过在海外的直接投资，把本来由本国公司内的部门间和部门内的分工扩展到全世界范围，将这种分工扩大为各国间的相互依赖和合作。同时将机器设备的进出口、原材料和零部件等中间产品的贸易密切联系起来，从而迅速扩大了美国与西方国家的贸易，并在一定程度上加速了国际贸易的发展。其次，第二次世界大战后，发达国家对发展中国家的直接投资大于它和发展中国家的双向贸易。此外，国际投资成为确保原料进口的手段，第二次世界大战后至20世纪60年代，投资主要流向原材料采掘、冶炼行业，从而保证了发达国家经济发展所需的原材料供应。特别是有的发达国家的跨国公司与东道国先做好投资规模的研究，然后签订长期贸易合同，保证投资者在较长时间内得到稳定的有保证的原料供应。

（二）促进国际贸易的地理分布和商品结构的变化

第二次世界大战后发达国家集中了企业海外直接投资的75%以上，这种直接投资的地区格局致使发达国家间的分工与协作不断加强，促进了它们之间贸易的发展。第二次世界大战后，国际贸易的70%以上是在发达国家之间进行的。这一方面是由于发达国家经济发展水平趋同，生产、消费结构相类似；另一方面则与企业的直接投资行为密切相关。

第二次世界大战后，国际贸易商品结构发生了重大变化。工业制成品的比重超过初级产品的比重，在工业制成品中，中间产品比重增长很快，这些都与国际资本移动，特别是与大量的直接投资集中于制造业有着密切的联系。中间产品比重的持续增长在一定程度上与跨国企业的经营方式有关。跨国企业是从全球的角度依照各地的具体条件进行资源配置的，其经营方式为内部企业间分工协作，定点生产、定点装配、定向销售，这样便会出现大量零部件在国家间的往返运输，由此增加了中间产品的贸易比重。

（三）加剧了国际贸易中的竞争

国际资本移动，特别是对外直接投资作为企业争夺国外市场的手段具有以下几个有利的因素：

1. 建立商业信息情报网络

在东道国生产和贸易部门进行投资的跨国企业可利用自身优势，及时、准确地收集当地市场的商业信息,并与其他地区建成信息网络,这对企业根据市场状况适时地生产适销对路的产品,改进产品的销售都是极其有利的。

2. 增强产品的竞争能力

通过对外直接投资,就地生产和销售商品。这样做能够充分利用东道国廉价的劳动力,减少运输成本和其他销售费用,有效地提高了商品的竞争能力。

3. 争夺市场份额

发达国家通常利用技术上的优势,通过对外直接投资的方式在国外建立使用本国专有技术或其他知识产权生产新产品的企业,在其他企业仿造或制造类似产品以前抢占对方市场,从而获得生产和销售的垄断权并获得垄断利益。

(四)使国际贸易方式多样化

第二次世界大战后的国际资本移动中,跨国公司的对外投资迅速增加。跨国公司通过在海外设置自己的贸易机构或建立以贸易为主的子公司,经营进出口业务,并扩大跨国公司内部的交换范围,使跨国公司内部贸易扩大。与传统贸易相比,贸易中间商、代理商的地位则相对下降。与此同时,国际贸易的方式也多样化,出现了加工贸易、补偿贸易、租赁贸易等业务。

第三节 跨国公司与国际贸易

一、跨国公司的定义和特征

(一)跨国公司的定义

联合国在 1974 年第一次提出跨国公司(MNC)的定义。跨国公司是所有在两个或两个以上国家控制了资产的企业,这些资产包括工厂、矿山、销售机构等。控制是它最关键的内容。在 1986 年,联合国《跨国公司行为守则草案》重新定义了 MNC,改名为 TNC。"本守则中使用的跨国公司一词是指由在两个或更多国家的实体所组成的公营、私营或混合所有制企业,不论此等实体的法律形式和活动领域如何;该企业在一个决策体系下运营,通过一个或一个以上的决策中心得到具有吻合的政策和共同的战略;该企业中各个实体通过所有权或其他方式结合在一起,从而其中一个或更多的实体得以对其他实体的活动施行有效的影响,特别是与别的实体分享知识、资源和责任。"

根据上述定义,可以归纳出跨国公司的 3 个基本要素:第一,在两个或两个以上国家拥有实体,不论那些实体的法律形式和从事的领域如何。第二,在一个决策体系下运作,允许一个或更多的决策中心制定出一致政策和共同战略。第三,所有的实体通过所有权或其他因素结合在一起。这些实体能够互相产生重要的影响,并能共享知识、资源和共同承担责任。

(二)跨国公司的特征

1. 国际化经营规模大

跨国公司拥有雄厚的资金、先进的技术、科学的管理体制、巨大的销售规模和分布全球的分支机构。2002 年全球投资报告披露,目前全球的跨国公司大约有 6.5 万家。这些跨国公司拥有大约 85 万家国外分支机构。2001 年，这些分支机构的雇员大约有 5 400 万人，而在 1990 年只有 2 400 万人。这些公司的销售额大约是 19 万亿美元，是 2001 年全球出口额的两倍多。跨国公司的分支机构目前分别占全球国内生产总值的 1/10 和全球出口量的 1/3，如果把跨国公司在全球范围内的国际分包、生产许可证发放、合同制造商等活动都考虑在内，那么跨国公司占全球 GDP 的份额就会更高。在全球最大的 100 家跨国公司中，来自发展中国家的只有 5 家。

2. 实行全球战略

所谓全球战略是指跨国公司将其全球范围的经营活动视为一个整体，其目标是追求这一整体利益的最大化，而不考虑局部利益的得失。要求在全球范围内实现资源的最佳配置，即以最低的成本生产，以最高的价格销售，尽可能提高全球市场占有率和全球利润率。跨国经营的主要方式是商品贸易、直接投资和技术转让。为实现公司全球利益最大化，公司要合理地安排生产，要在世界范围考虑原料来源、劳动力雇佣、产品销售和资金利用；要充分利用东道国当地的有利条件；要应付世界市场上同行业的垄断竞争。这在客观上就要求公司把商品贸易、直接投资、技术转让三者结合起来，相互利用，从公司的整体利益以及未来发展着眼，进行全面安排。

3. 公司内部实现"一体化"

总公司与子公司、子公司与子公司之间相互配合协作，从而形成整体。跨国公司的管理体制多种多样，但原则上都是集中决策，分散经营。为实现公司全球战略，需要统一指挥，协调步骤，以符合公司整体利益，形成整体效应。为适应东道国的投资环境及各市场变化，也需要子公司能够灵活反应。因此，一方面通过分级计划管理落实公司的全球战略安排；另一方面则通过互通情报、内部贸易来共担风险。

4. 产品多样化

产品多样化是跨国公司发挥其经营优势，降低风险的重要方法。跨国公司为了使自己的产品具有"全球性"的形象，成为"世界产品"，除使用统一的商标和广告中某些统一的标识外，还推出系列化产品，实现多样化、差异化（不同档次和款式），以适应不同国家、不同类型消费者的需要。

二、跨国公司的形成与发展

（一）跨国公司的起源

跨国公司是垄断资本主义高度发展的产物，跨国公司的出现与资本输出密切相关，可以说，资本输出是跨国公司形成的物质基础。早期跨国公司起源于 19 世纪 60 年代，当时在发达资本主义国家，一些大型企业通过对外直接投资，在海外设立分支机构和子公司。当时具有代表性的是 3 家制造业企业：1865 年，德国弗里德里克·拜耳化学公司在美国纽约州的奥尔班尼开设一家制造苯胺的工厂；1866 年，瑞典制造甘油炸药的阿佛列·诺贝尔公司在德国汉堡开办炸药厂；1867 年，美国胜家缝纫机公司在英国的格拉斯哥建立缝纫机装配厂。开始它以格拉斯哥的产品供应欧洲和其他地区的市场，到 1880 年，又在伦敦汉堡等地设立销售机构，负责世界各地的销售业务。这家公司可以称得上是美国第一家以全球市场为目标的早期跨国公司。

美国的威斯汀豪斯电气公司、爱迪生电气公司、科达公司以及一些大石油公司也都先后到国外活动。英国的龙尼莱佛公司、瑞士的雀巢公司、英国帝国化学公司等都在这一时期先后到国外投资设厂，开始跨国性经营，成为现代跨国公司的先驱。

两次世界大战期间，由于战争和经济危机，跨国公司发展速度放慢，但仍有一些大公司进行海外直接投资，并且此时由于一些主要资本输出国限制企业的海外投资活动，美国海外直接投资的地位逐渐上升，跨国公司迅速发展。据统计，1913年，美国187家制造业大公司在海外的分支机构有116家，1939年增为715家。

（二）战后跨国公司的发展

"二战"后，对外直接投资的迅速发展直接促进了跨国公司的发展，1986—1995年国际直接投资流出总额达27 300亿美元。1996年外国直接投资总额增长了10%，达到3 490亿美元。跨国公司的对外直接投资占主要资本主义国家对外投资的70%以上，而且主要为私人对外直接投资，跨国公司成为私人对外直接投资的物质载体。根据《2002年世界投资报告》，2002年全球拥有跨国公司母公司约6.5万家，其拥有国外分支机构约85万家。据《2008年世界投资报告》，2007年全球拥有跨国公司母公司7.9万家，其拥有国外分支机构约79万家。

（三）战后跨国公司迅速发展的原因

1. 第三次科技革命和社会生产力的发展

"二战"后，发生了第三次科技革命，这次科技革命是以原子能、电子计算机、高分子、航天航空、光纤等技术的广泛使用为标志的，它使社会生产力大大提高。社会生产力的发展导致一系列新兴工业部门的出现，发达国家的经济发展日益受到资源与市场的约束，企业为解决资源供应和产品销售问题，大举向外投资。日本在这两个方面的表现尤为突出：一方面，日本资源贫乏，为获取海外资源供应必须大量对外投资；另一方面，日本的汽车、电视机、商船制造和半导体等产品的30%以上都要靠国外市场来销售，为绕过进口国家的贸易壁垒，也必须在海外投资设厂就地生产，就地销售。同时，社会生产力的发展改进了运输工具和信息沟通方式，为跨国公司国际化生产和经营提供了物质条件。这些都直接促进了"二战"后跨国公司的发展。

2. 企业间的跨国兼并与收购

面对竞争压力、自由化浪潮和新投资领域的开放，越来越多企业以兼并与收购作为自己的核心经营战略，在国外建立起自己的生产设施，以保护和增强自己的国际竞争力。这样就推动了跨国公司的发展。2009年到2015年，世界兼并与收购总额（包括证券投资进行的兼并与收购）从2 876亿美元增加至7 214亿美元，增长150%；其中，由发达国家跨国公司发起的跨国兼并和收购金额从1 912亿美元增加至5 858亿美元，增长200%；由发展中国家发起的跨国兼并和收购金额从804亿美元增加至1 190亿美元，增长48%。

3. 发达国家政府的积极推进

跨国公司的迅速发展也是"二战"后政府加强对经济生活的干预，支持本国企业向外扩张的结果。"二战"后各发达国家政府制定了各种各样的政策措施，为跨国公司的海外投资活动提供条件。例如，发达国家政府通过与他国签订避免双重课税协定、投资安全保证协定来减轻跨国公司的纳税负担，保证跨国公司海外投资的利益与安全。通过与他国缔结贸易条约，使本国企业在缔约国享受尽可能充分的国民待遇。又如，政府通过设立的专门银行向公司提供各种优惠贷款和参股贷款，为公司的海外扩张提供资金。通过税收优惠资助企业的研究与开发活动，以提高其产品的竞争力。政府还可以动用自身的力量为公司的海外投资创造条件，最为突出的是美国。"二战"后美国执行帮助欧洲经济复兴的马歇尔计划，它的附加条件就是要求受援国实行资产非国有化，允许外资自由进入。

4. 跨国银行的发展

"二战"后跨国银行的迅速发展对跨国公司的迅速发展起着推动作用。一种情况是跨国银行通过投资或参股，本身成为跨国公司；另一种情况是跨国银行运用自己庞大的金融资产和遍及全世界的信贷网络为跨国公司融资，使跨国公司的发展突破资金限制。

5. 放宽对外资的限制

"二战"后，各种类型的国家都相继实行对外资开放的政策，以改善国内投资环境，它成为跨国公司迅速发展的一个促进因素。

三、跨国公司对国际贸易的影响

(一) 跨国公司的发展促进了国际贸易的增长

跨国公司通过股权和非股权安排等方式建立了在全世界范围的生产销售研发的分工体系，通过公司内部贸易和公司外部贸易的战略安排追求利润最大化。这种全球的网络体系，通过资本、技术、信息、管理和品牌等要素的国际化得以实现，也推动了货物、服务和这些要素的进一步的国际化。

跨国公司的内部贸易和外部贸易极大地增进了货物贸易量和服务贸易量，有数据表明，20世纪90年代末期，包括跨国公司外部和公司内部贸易在内，涉及跨国公司的贸易大约占全球贸易总额的2/3。跨国公司一般具有技术的优势，在跨国公司的内部贸易中，技术贸易占有的比重很大。据统计，世界上最大的422家跨国公司掌握和控制了资本主义技术生产的90%和技术贸易的3/4。

(二) 跨国公司影响国际贸易的部门结构

跨国公司可以在资本和技术密集型的制造业部门投资，也随着产品的生命周期，把国内的一些环境污染严重或劳动力成本较高的夕阳工业转移到落后国家。到20世纪80年代中期，服务业跨国公司迅速发展，对服务业的直接投资约占世界对外直接投资总额的40%。服务业主要包括：贸易、金融、运输、财务、保险、电信、广告、银行、咨询、信息、房地产、研究与开发、管理、教育、卫生及其他等。

跨国公司投资的行业变化直接影响着国际贸易商品结构的变化。它集中反映在国际贸易商品结构中制成品和服务贸易的比重上升，初级产品的比重下降。例如，在制成品贸易方面，少数跨国公司控制着许多重要制成品贸易。20世纪80年代，22家跨国汽车公司控制了资本主义汽车生产的97%。高科技产品领域更是如此。10家跨国公司控制了世界半导体市场，美国公司在世界计算机市场上所占的份额为75%～80%，日本、美国、瑞典和德国跨国公司控制着世界机器人生产和销售的73%，而日本一国即占50%。

(三) 跨国公司影响国际贸易地区分布

跨国公司海外投资主要集中在发达国家，发达国家是国际直接投资的主体。跨国公司海外投资的 3/4 集中于发达国家和地区,其设立的海外子公司有 2/3 位于此。跨国公司通过内部贸易和外部贸易促进了发达国家之间的贸易,带动了这些国家对外贸易的发展。20 世纪 80 年代,发达国家贸易额占国际贸易总额的 70%~80%。发展中国家和地区吸收了跨国公司海外直接投资总额的 1/4、海外子公司数量的 1/3。跨国公司在发展中国家生产的产品大多为附加价值较低的劳动密集型产品和初级产品,因而使其在国际贸易中的份额较小,与其吸收海外投资的比重相当。

(四)跨国公司使国际贸易方式多样化

跨国公司通过在海外设置自己的贸易机构或建立贸易为主的子公司,经营进出口业务;由于跨国公司内部分工的发展,公司内部交易范围扩大。这与传统贸易相比,贸易中间商、代理商的地位相对下降。与此同时,国际贸易的方式也多样化,出现了加工贸易、补偿贸易和国际分包合同等形式。

(五)跨国公司和各国贸易政策

随着国家间贸易摩擦的加剧,跨国公司日益成为绕开贸易壁垒、占领对方市场的主要手段。通过在东道国投资设厂,投资企业就可以与东道国企业在同样的条件下竞争,当地生产,当地销售。此外,由于区域经济一体化的发展,贸易集团内部具有许多非成员国不能享受的优惠,通过对外直接投资在当地设厂就可以享受这些优惠。例如,进入欧盟某一成员国的外资可以享受贸易集团内部的优惠。

另外,跨国公司希望投资东道国更多的行业,希望有更为自由和便利的贸易环境,因而跨国公司总是通过对东道国政府施加压力,影响政府的贸易和投资政策,要求政府为其创造良好的贸易和投资环境。

专栏 11-3　在华跨国公司进入竞争常态

自 20 世纪 80 年代以来,受益于中国市场的持续开放和廉价劳动力的充裕供应,跨国企业得以快速推进在本地的业务,而在品牌和技术上的优势也让这些企业保持较高的盈利水平。

然而,中国经济的高增长已成历史,GDP 增幅已经从 2012 年的 9.3%降至 2015 年前三季度的 6.9%。跨国企业的营收增长也随之放缓。

受访跨国企业高管表示,未来三年他们的企业将不得不面对一系列重大挑战,其中最大的挑战为成本控制——65%的高管将成本列为未来三年最大挑战,54%的高管表示员工成本是各类成本中最具挑战性的要素。过去 15 年外企员工工资已经上涨了 4 倍,依然大大高于本土企业。

然而,即便面对诸多不利的外部因素,跨国企业高管对中国市场的未来依然充满信心,并将继续扩大投资。在调查中,多达 72%的受访者表示有信心应对未来三年即将到来的挑战,66%的人预计他们的企业在未来十年依然能够实现高增长,仅有 2%的受访者表示会考虑撤出中国市场。另外,有 71%的受访企业正在计划在今后增加对华投资,24%的企业甚至表示将会大幅增加投资。

跨国企业在华的高管们普遍认为,这个市场未来能继续为他们的产品创造巨大的需求。确实,伴随中国中产阶级的兴起和持续的城市化,中国居民的消费升级需求强烈,中国吸引的外国直接投资（FDI）持续增长，但是投资越来越多地转移到服务行业。2015 年，投入服务行业的 FDI 超过 61%，而在传统的制造业 FDI 投资逐年收缩，2016 年的比例为 31%。以汽车和手机市场为例，奥迪、奔驰、宝马等德国品牌拥有中国豪华车市场 80% 的份额，而豪华车在中国国内汽车销量的占比预计将从 2014 年的 9.5% 升至 2025 年的 13%。

（资料来源：FT 中文网，2016-01-05，有删减）

本章小结

本章着重介绍国际资本流动的概念、特点、形式和产生原因；阐述国际直接投资理论及其对国际贸易的影响，分析跨国公司的定义、特征、发展历程及其对国际贸易的影响。

关键词

国际资本流动　国际直接投资　国际间接投资　跨国公司　垄断优势　内部化优势　区位优势

复习思考题

1. 什么是对外直接投资？
2. 结合某一行业的特点，运用对外直接投资理论，分析该行业对外直接投资的特点。
3. 简述跨国公司在世界经济中的地位和作用。
4. 试述跨国公司的发展对国际贸易的影响。

第十二章

国际服务贸易

引导案例

服务贸易为沿边开放添动力

2014—2015年，黑龙江、吉林、云南和新疆等省区的服务贸易以20%以上的平均速度强劲增长，超过全国服务贸易增速5~8个百分点，已经成为我国沿边开放新的增长级。

沿边省区发展服务贸易的综合优势突出。首先是区位优势，边疆省区发展服务贸易的主要市场是周边国家，运距短、成本低；其次是产业优势，无论是传统产业，还是新兴产业，我方都有比较优势，企业的竞争力较强；再次是市场优势，双方市场需求旺盛，且我方与周边国家的经贸合作历史悠久，熟知市场，相关营销渠道和客户资源丰富。

国家着力构建公平竞争的市场环境。一是积极完善服务贸易政策支持体系。从2012年下半年到2014年年底，国务院和有关主管部委先后出台了促进中医药服务贸易、服务外包产业、对外文化贸易、国际货物运输、展会等文件。《关于加快发展服务贸易的若干意见》于今年1月由国务院印发。一套涵盖服务贸易总政策和其重点领域具体政策的服务贸易政策支持体系已经形成。国家对发展服务贸易的基本原则，战略目标，产业和区域布局，外资市场准入，财政、税收、金融和人才培养等政策措施进行了全面部署。二是规划建设服务贸易的功能区。从今年开始，国家将选择部分城市和区域开展服务贸易的创新发展试点，规划建设一批服务贸易创新发展试点城市或试点区域和特色服务出口基地。三是加强服务贸易促进平台建设。成功举办了第三届中国（北京）国际服务贸易交易会（京交会）和第二届中国（上海）国际技术进出口交易会，初步形成以京交会为龙头，以各专业展会为支撑的服务贸易展会格局。四是积极参与服务贸易双边合作。召开中国新加坡服务贸易合作促进工作组第二次小组会议；与美国就开展中美服务贸易合作对话达成一致，并列入中美商贸联委会成果。国家还支持企业与主要服务贸易合作伙伴以及"一带一路"沿线国家签订服务贸易合作协议，在双边框架下开展务实合作。五是大力培育市场主体。2012年以来，商务部、中宣部、文化部、广电总局、新闻出版总署等十部门，经各地组织申报、相关部门评审，分两批共同认定了2011—2014年度国家文化出口重点企业和重点项目。其中沿边七省区（辽宁和西藏除外）重点企业63

户、重点项目 22 项。2015 年 2 月，商务部和进出口银行公布了 2014 年度重点支持的服务贸易企业和项目名单。其中沿边省区共有 8 个项目和企业入选，占项目和企业总数（共有 31 个）的 1/4 强。

边疆省区发展服务贸易动力十足。云南的特点是基础工作扎实牢靠。2012 年以来，云南商务厅先后深入省内外的服务贸易具体产业和企业进行调研 9 次，组织各类座谈会、研讨会 3 次，参加各类服务贸易展会 14 次，认定省级文化出口重点企业 20 户、重点项目 10 个，在新加坡建立了"中国云南文化贸易中心"，成立了云南省服务贸易协会等。在此基础上制定了云南省服务贸易发展战略。吉林把发展服务贸易作为加快培育国际合作和竞争新优势的着力点，提出仅有"吉林制造"还不行，还必须着力抓好"吉林服务"，形成"吉林制造"和"吉林服务"双轮驱动的发展格局。吉林省系统地提出了"五个培育"的发展服务贸易思路。一是大力培育贸易主体，抓好省内 80 户重点服务贸易企业培育工作，支持企业做大做强；二是大力培育重点产业，在巩固扩大工程承包、劳务合作、旅游业、运输等传统领域服务进出口的同时，积极发展文化、技术、咨询、计算机和信息、教育、中医药等领域服务贸易；三是大力培育服务贸易市场，巩固日本、欧盟、美国等传统服务贸易市场，开发东盟、西亚、拉美等新兴市场；四是大力培育服务外包园区，加快推进长春服务外包大厦、吉林服务外包产业基地、延吉市科技创新园等重点服务外包产业园区建设，促进服务业集群发展；五是大力培育服务贸易促进平台，主办第十届东北亚博览会服务贸易大会，举办吉林（松花湖）服务外包发展论坛、延吉中韩 IT 论坛等。黑龙江省发展服务贸易主打"俄罗斯牌"。该省制定了《黑龙江省对俄服务贸易中长期规划》（2014—2023），规划确定了今后 10 年的方向与目标是：着力开展对俄旅游、金融、电子商务、交通物流、中医药等十大领域合作，力争到 2023 年对俄服务贸易进出口额达到 30 亿美元。广西确定了狠抓"三个一百"的服务业扩张目标，发展 100 个服务业集聚区、推动 100 个服务业重点项目落地、扶持 100 家服务业龙头企业。

（资料来源：国际商报，2016-02-23）

> **学习目标**
> 1. 理解国际服务贸易的概念与特征。
> 2. 理解国际服务贸易的分类和统计方法。
> 3. 掌握国际服务贸易理论。
> 4. 理解《服务贸易总协定》的主要内容。
> 5. 了解中国服务贸易发展概况。

第一节 国际服务贸易概述

一、国际服务贸易的概念与特征

（一）国际服务贸易的概念

国际服务贸易（International Trade in Services）指的是不同国家之间所发生的服务买卖与交易活动。这种服务是指以提供活劳动的形式而满足他人需要并获取外汇报酬的活动。从传统的进出口角度来看,当一国或地区的服务提供者向另一国或地区的服务需求者提供服务时,按照有偿自愿的原则取得外汇收入的过程,即为服务的出口;一国或地区服务需求者购买另一国或地区服务提供者的有效服务,即为服务的进口。

由关贸总协定在乌拉圭多边贸易谈判中产生的《服务贸易协定》中则对国际服务贸易进行了更加明确的界定:"① 从一缔约方境内向任何其他缔约方境内提供服务;② 在一缔约方境内向任何其他缔约方消费者提供服务;③ 一缔约方在其他任何缔约方境内通过服务的商业存在而提供服务;④ 一缔约方的自然人在其他任何缔约方境内提供服务。"

(二)国际服务贸易的特征

1. 贸易标的一般具有无形性

国际服务贸易的交易对象——服务产品具有无形性,这就决定了国际服务贸易的无形性特征。比如一个人出国讲学、出国演出、提供咨询服务等。如果不做广泛调查,边境人员是无法知道服务的出口或进口情况。当然,服务贸易有时是以有形商品为依托提供服务的,例如某位学者的演讲视频被制成音像制品进行销售,在物化服务的条件下,服务贸易也可表现为直观的、实实在在的商品交易。

2. 生产和消费的同步性和国际性

一般来说,服务贸易的交易过程与服务的生产、消费过程不可分割,而且常常是同步进行的;比如开演唱会,随着演唱会结束,服务也提供完毕,而作为服务消费者的听众消费也就完毕。在国际市场上服务产品的提供和消费同样不可分离。服务提供的过程就是服务消费的过程。这一同步进行、无法分离的特性,使参与贸易的服务产品的生产、交换与消费过程具有更加明显的国际性。

3. 国际服务贸易服务质量的差别性

国际货物贸易货物的品质和消费效果通常是相同的,同一品牌的家电或汽车,除去假冒产品,其品质和消费效果基本上没有差异。而同一种服务的质量和消费效果往往存在显著差别。这种差别来自供求两方面:第一,服务提供者的技术水平和服务态度,往往因人、因时、因地而异,他们的服务随之产生差异;第二,服务消费者对服务也时常提出特殊要求。所以,同一种服务的一般与特殊的差异是经常存在的。统一的服务质量标准只能规定一般要求,难以确定特殊的、个别的需要。

4. 国际服务贸易市场具有高度的垄断性

由于国际服务贸易在发达国家和发展中国家的发展严重不平衡,加上服务市场的开放涉及跨国银行、通信工程、航空运输、教育、自然人跨越国界流动等,它们直接关系到服务进口国家的主权、安全、伦理道德等极其敏感的领域和问题,因此,国际服务贸易市场具有很强的垄断性,受到国家有关部门的严格控制。

5. 保护方式的隐蔽性和灵活性

关税具有较高的透明度,可以通过贸易双方或多方的谈判达到减少限制的目的,而服务贸易较为特殊,传统的关税壁垒不起作用。只能转而采取非关税壁垒,国际服务贸易的保护通常采用市场准入和国内立法的形式,具有更高的刚性和隐蔽性。非关税壁垒措施也多种多样,可以针对某种具体产品特别制定实施,如技术标准、资格认证等,同时其涉及许多部门和行业,任何一种局部调整都可能影响国际服务贸易的发展。

6. 国际服务贸易管理的复杂性

国际服务贸易的无形性、服务产品生产和消费的同步性，服务提供者和服务消费者之间信息的不完全和不对称，这些因素造成了国际服务贸易管理具有更高的复杂性。其一，国际服务贸易的对象十分复杂，涉及的行业众多，服务产品又以无形产品为主，传统的管理方式并不适用；其二，国际服务贸易的生产者和消费者跨界移动，其影响规模、性质和范围与有形贸易不同，直接增加了管理的难度；其三，国际服务贸易往往涉及不同国家的法律法规，适应多国规则，也为国际服务贸易管理提出了挑战。

二、国际服务贸易的分类

乌拉圭回合服务贸易谈判小组通过征求各谈判方的提案和意见，提出了以部门为中心的服务贸易分类方法，将服务贸易分为 12 大类，如表 12–1 所示。目前，WTO 关于服务贸易的 12 部门分类已为各成员方普遍接受，采用《服务贸易总协定》的这种标准分类成为一种惯例，加入 WTO 的新成员均按该分类做出具体的入世承诺。

表 12–1　《服务贸易总协定》的服务贸易分类

1. 商业服务	专业服务	法律服务、工程设计服务、医疗服务等 11 个项目
	计算机及相关服务	与计算机有关的硬件安装咨询服务、软件开发服务、数据处理服务等 5 个项目
	研究与开发服务	自然科学、社会科学和交叉科学的研究与开发服务
	不动产服务	产权所有和租赁以及基于费用或合同的不动产服务
	设备租赁服务	与船舶有关的租赁服务、与飞机有关的租赁服务等 5 个服务项目
	其他服务	广告服务、市场调研、管理咨询和科技咨询服务等 16 个项目
2. 通信服务	邮电服务	
	信使服务	
	电信服务	声频电话服务、组合开关数据传输服务、用户电报服务、电传服务等 15 个项目
	视听服务	电影放映服务、无线电与电视服务和录音服务等 6 个项目
	其他通信服务	
3. 建筑服务	工程建筑设计	
	工程建筑施工	
	安装与装配	
	修饰与装潢	
	其他建筑服务	
4. 销售服务	代理机构服务	
	批发业务	
	零售服务	

续表

4. 销售服务	特许经营服务	
	其他销售服务	
5. 教育服务	初等、中等、高等及其他教育服务	
6. 环境服务	污染物处理、废物处理、卫生及相关服务	
7. 金融服务	与保险有关的服务	生命、事故和健康保险服务，非生命保险服务，再保险与交还和与保险有关的辅助服务
	银行及其他金融服务	公共存款及其可偿还资金的承兑、所有类型的贷款、金融租赁、担保与承诺等12个项目
	其他金融服务	
8. 健康及社会服务	医疗服务、与人类健康有关的服务、社会服务及相关服务	
9. 旅游及相关服务	住宿餐饮服务、导游服务、旅行社及其他服务	
10. 文化、娱乐及体育服务	不包括广播、电影电视在内的剧场、图书馆、博物馆及其他文化服务和体育服务	
11. 交通运输服务	海运服务	客运、货运、船舶包租和海运支持服务等6个项目
	内河航运服务	同上
	空运服务	客运、货运和包机出租等5个项目
	空间服务	
	铁路运输服务	客运、货运和机车的推、拖等5个项目
	公路运输服务	客运、货运和包车出租等5个项目
	管道运输	燃料运输和其他物资运输
	运输的辅助服务	货物处理服务、存储与仓库服务、货运代理服务和其他辅助服务
12. 其他服务		

资料来源：世界贸易组织秘书处网站。

（一）商业服务

它是指在商业活动中涉及的服务交换活动，包括以下6种服务，其中既包括个人消费的服务，也包括企业和政府消费的服务。

1. 专业（包括咨询）服务

专业服务包括法律服务、工程设计服务、旅游机构提供的服务、城市规划与环保服务、公共关系服务等。

2. 计算机及相关服务

这类服务包括计算机硬件安装的咨询服务、软件开发与执行服务、数据处理服务、数据库服务及其他。

3. 研究与开发服务

这类服务包括自然科学、社会科学及交叉科学中的研究与开发服务，边缘学科的研究与开发服务。

4. 不动产服务

这类服务即不动产范围内的服务交换，但不包含土地的租赁服务。

5. 设备租赁服务

这类服务包括交通运输设备（汽车、卡车、飞机、船舶等）和非交通运输设备（计算机、娱乐设备等）的租赁服务。

6. 其他服务

这类服务包括生物工艺学服务；翻译服务；展览管理服务广告服务；市场研究及公众观点调查服务；管理咨询服务；与人类相关的咨询服务；技术检测及分析服务；与农、林、牧、采掘业、制造业相关的服务；与能源分销相关的服务；人员的安置与提供服务；调查与保安服务；与科技相关的服务；建筑物清洁服务；摄影服务；包装服务印刷、出版服务；会议服务；其他服务等。

（二）通信服务

通信服务指所有有关信息产品及其操作、设备储存和软件功能等服务，由公共通信部门、信息服务部门、关系密切的企业集团和私人企业进行信息转接和提供。主要包括邮电服务、信使服务、电信服务（包括电话、电报、数据传输、电传、传真等）、视听服务（包括收音机及电视广播服务）和其他通信服务。

（三）建筑服务

建筑服务指工程建筑从设计、选址到施工的整个服务过程，主要包括选址服务（桥梁、港口、公路等的地址选择）、建筑物的安装及装配、工程项目施工、固定建筑物的维修和其他服务。

（四）销售服务

销售服务指产品销售过程中发生的服务交换，主要包括商业销售（批发业务、零售服务）、与销售有关的代理和中介服务、特许经营服务和其他销售服务。

（五）教育服务

教育服务指各国间在高等教育、中等教育、初等教育、学前教育、继续教育、特殊教育和其他教育中发生的服务交换活动，如互派留学生、访问学者等。

（六）环境服务

环境服务指污染物处理服务、废物处理服务和卫生及相关服务等。

（七）金融服务

金融服务指银行业、保险业及相关行业发生的金融服务活动，主要包括以下两个方面：

1. 银行及相关的服务

银行及相关的服务包括存款服务、与金融市场运行管理有关的服务、贷款服务、与证券市场有关的服务（经纪业、股票发行和注册管理、有价证券管理等）、附属于金融中介的其他服务（贷款经纪、金融咨询、外汇兑换等）。

2. 保险服务

保险服务包括货物运输保险（含海运、航空运输及陆路运输中的货物运输保险等）、非货物运输保险（包括人寿保险、养老金或年金保险、伤残及医疗保险、财产保险、债务保险）、附属于保险的服务（保险经纪、保险类别咨询、保险统计和数据服务）和再保险服务。

（八）健康及社会服务

健康及社会服务指医疗服务、其他与人类健康相关的服务和社会服务等。

（九）旅游及相关服务

旅游及相关服务指旅馆、饭店提供的住宿、餐饮服务及相关的服务，旅行社及导游服务等。

（十）文化、娱乐及体育服务

文化、娱乐及体育服务指不包括广播、电影、电视在内的一切文化、娱乐、新闻、图书馆、体育服务，比如文化交流、文艺演出等。

（十一）交通运输服务

交通运输服务主要包括货物运输服务，如航空运输、海洋运输、铁路运输、管道运输、内河和沿海运输、公路运输服务，也包括航天发射以及运输服务，如卫星发射等，客运服务，船舶服务（包括船员雇用）。附属于交通运输的服务，主要指报关行、货物装卸、仓储、港口服务、起航前查验服务等。

（十二）其他未包括服务

三、国际服务贸易统计

国际服务贸易统计是对国际服务贸易的总体和各部门规模、国别规模及进出口流向、发展现状和趋势进行的定量描述。由于服务贸易自身所具有的不同于货物贸易的特点以及各国服务贸易发展水平和统计状况的不同，时至今日，世界上仍没有一套被各国公认并遵守的服务贸易统计体系。目前，世界上广泛采用的统计方法主要有：国际收支统计（Balance of Payment，BOP）和外国附属机构服务贸易统计（Foreign Affiliates Trade in Services，FATS）。BOP 统计主要是反映跨境的服务贸易情况，FATS 统计则反映的是非跨境服务交易的情况。

（一）国际收支统计（BOP 统计）

国际收支统计刻画了一国对外贸易和资本流动状况，具有一致性和国际可比较的特点。由于国际收支统计由来已久，方法较成熟，同时和大多数国家的统计体系相匹配，所以成为世界公认的标准化的国际贸易统计体系。国际收支统计的对象包括服务贸易和货物贸易，并且侧重于货物贸易。是否跨越国境或边界是交易是否纳入国际收支统计的基本原则。国际服务贸易 BOP 统计就是将与服务贸易有关的实际交易数据进行重新汇总、整理和记录，从而形成一套针对国际服务贸易的专项统计。

国际收支统计的依据是国际货币基金组织（IMF）的《国际收支手册（第五版）》。1993年 IMF 在其修改后的《国际收支手册（第五版）》中，将服务贸易细分为运输、旅游、通信服务、建筑服务、保险服务、金融服务、计算机与信息服务、版权与特许费、其他商业服务、文化娱乐服务、其他未包括的政府服务 11 个具体服务项目。根据这些项目结合 IMF 每年发布的《国际收支统计年鉴》就可以进行国际服务贸易统计。

但国际收支统计存在着明显的不足：第一，服务贸易国际收支统计仅考虑服务的跨境交易，包括过境交付、境外消费及自然人移动，没有反映当前世界服务贸易中占据主导地位的"商业存在"。这是因为，"商业存在"形式的服务交易双方均是法律意义上的同一国居民（当外国附属机构在一国设立的期限长于一年时）；第二，传统的 BOP 统计无法满足《服务贸易总协定》有关国际服务贸易的新的部门分类法的统计需要。与《服务贸易总协定》划分的服务贸易 12 大类、155 个部门相比，BOP 统计无论是项目个数还是统计范围都有不小差距。

（二）外国附属机构服务贸易统计（FATS 统计）

外国附属机构统计反映了外国附属机构在东道国发生的全部商品和服务交易情况，包括与投资母国之间的交易，与所有东道国其他居民之间的交易，以及与其他第三国之间的交易，其核心是非跨境商品和服务交易。FATS 统计又分为内向 FATS 统计和外向 FATS 统计两部分。外国在东道国投资的机构与东道国居民之间的服务交易为内向 FATS。东道国在境外投资机构与境外居民之间的服务交易为外向 FATS。

FATS 的统计对象包括外资绝对控股并能控制的企业，亦即外方股权比例高于 50%的企业；统计内容主要是外国附属机构的经营活动状况，特别是外国附属机构作为东道国的居民，与东道国其他居民之间进行的交易，即其在东道国进行的非跨境交易，以及这种交易对东道国经济的影响。

FATS 统计反映了外国附属机构在东道国发生的全部商品和服务交易情况，包括与投资母国之间的交易，与所有东道国其他居民之间的交易，以及与其他第三国之间的交易，其核心是非跨境商品和服务交易。按照 WTO 的规定，外国附属机构的当地服务销售属于国际服务贸易，FATS 统计通过对外国附属机构的非跨境服务交易情况的统计，能够较好地衡量以"商业存在"方式提供的服务贸易状况，较好弥补了 BOP 统计在这一方面的不足。

不过，目前 FATS 统计也有其自身缺陷，比如统计过程中调查反馈率低、调查覆盖面不均、统计方法创新性不足等。

第二节　国际服务贸易理论

一、服务贸易的比较优势理论

众所周知，传统国际贸易理论的研究对象仅限于货物贸易，并没有考虑服务这种特殊商品在国家间的流动。20 世纪 70 年代以来，服务贸易迅猛发展，逐渐成为国际贸易的主要内容，这从客观上要求必须将服务贸易纳入国际贸易理论的研究视野，通过建立服务贸易的全新理论或者检验传统贸易理论对服务贸易的适用性，使服务贸易领域的理论发展跟上实践的脚步。当前国际经济学界的多数学者认为，传统贸易理论的合理内核可以解释服务贸易，但必须经过一定的改良，才能使之完全适用于服务贸易；其中较为突出的是将比较优势理论用于服务贸易领域，并在此基础上提出了相应的服务比较优势理论。

（一）传统比较优势理论对服务贸易的适用性

有关比较优势理论的主要内容和模型推导在前文已经做出详细说明，本章不做赘述，其基本观点可以总结为："两优相权取其重，两劣相权取其轻。"处于完全绝对优势的国家应集中力量生产优势较大的产品，处于完全绝对劣势的国家应集中力量生产劣势较小的产品，然后通过交换各自获得好处。比较优势理论把国际贸易的研究从流通领域延伸到生产领域，指明了贸易理论分析的前进方向，其重要贡献使之成为传统贸易理论的核心和新贸易理论的起点。

一些学者在进行国际贸易研究过程中，对比较优势理论在服务贸易领域的适用性上产生了质疑。例如迪克等（1979）借助显示性比较优势法分析知识密集型服务产品在现实贸易中是否遵循了比较优势理论，对 18 个 OECD 国家的各种显示性比较优势指标进行回归分析，得出的结论是货物贸易理论提出的比较优势不能决定服务贸易；桑普森和斯内普（1985）提出，由于国际服务贸易不能满足比较优势理论的假设前提，比较优势理论前提假定是"两国间生产要素不能流动"，而一些服务贸易则要求服务生产者或消费者的跨国移动，因此传统比较优势理论不足以解释服务贸易。希尔（1977）则从度量的角度指出，生产者和消费者均可对交易做出贡献，而且与商品生产相比，服务生产者的改变与消费者是一体的，基本"投入"不断为消费者所拥有，这意味着生产服务的劳动活动一般不可储存。所以，把比较优势理论应用于服务贸易，存在明显的度量问题。

如前所述，服务贸易领域同样存在比较优势理论的合理内核，但服务贸易特征使传统比较优势的某些特征被扭曲或改变。传统比较优势理论不能完全适用于服务贸易，在解释服务贸易方面存在着缺陷。在诸多针对比较优势思想普适性的理论和实证分析中，学者们发展出基于比较优势理论的服务贸易模型，比较优势思想开始伴随国际服务贸易理论的进展而不断演化。

（二）迪尔道夫模型

1985 年迪尔道夫构建出传统 2×2×2（两个国家、两种要素、一种货物、一种服务）模型，考察比较优势理论是否能够用于解释国际服务贸易。迪尔道夫在模型中将服务贸易分为作为货物贸易补充的服务贸易、有关要素流动的服务贸易和含有稀缺要素的服务贸易三类。分别讨论了各类服务贸易中比较优势理论的适用性问题。

1. 作为货物贸易补充的服务贸易

这种服务贸易是为了方便国际商品贸易而逐步发展起来的，如运输业、保险业等生产者服务业。迪尔多夫分别分析了这类服务在封闭经济、自由贸易经济、半封闭经济三种不同环境下利润最大化时的市场均衡状态，认为比较优势理论同样适用于服务贸易。

2. 有关要素流动的服务贸易

服务贸易中的商业存在和自然人流动使资本要素或劳动要素从出口地转移到进口地。一旦允许生产要素跨国移动，他国的生产要素就可以移到本国，与当地的比较优势相结合，使自身优势得以发挥。显然，这是由比较优势决定的，因为实际上进行的贸易不是这种服务本身，而是服务的生产要素。

3. 含有稀缺要素的服务贸易

这种服务产品的生产依赖于管理、研究开发等人力资源要素,例如证券投资需要有老练的、善于市场操作的证券经纪人员,医疗服务需要一个成熟的、符合资质的专业医疗团队等。这种生产要素往往存在稀缺性和非竞争性的特点,短期无法通过市场来获得,一旦发生对外贸易,则类似公共物品无法定价,一国只要拥有这种稀缺要素,即使其稀缺要素价格更高(如付给管理人员的高工资),该国依然能够成为这种服务产品的净出口国。这种情况下难以运用比较优势理论。

(三)服务价格国际差异模型

1984年克拉维斯的研究指出,一个典型穷国比富国的服务价格显得更低。各国贸易品行业的工资因生产率的差别而不尽相同,由于各国贸易品行业的工资率决定非贸易品(主要是服务)的工资率,而且服务行业的国际生产率差异相对较小,穷国的低生产率贸易品行业的低工资,运用于生产率相对于富国并不低的服务和其他非贸易品行业,结果导致低收入国家或地区的服务和其他非贸易品的低价格。克拉维斯有关各国非贸易品行业生产率相等的理论假设是其服务价格差异决定模型的严重缺陷。

同年,巴格瓦蒂在克拉维斯的研究基础上,提出了新的理论模型。他假定富国和穷国行业之间不存在生产率上的差异,具有相同的生产函数。在两者具有相同的工资-租金比,且穷国的劳动力资源相对较为丰裕的基础上,与克拉维斯的结论相同,穷国的工资率是低于富国的。其实,虽然巴格瓦蒂的研究较以往的确更进了一步,但与现代服务业由资本、技术要素主导的现实情况相比,存在一定脱节。重新假定服务生产存在于资本、技术要素密集型行业,运用同样的论证方法,可以毫不费力地解释富国资本密集型服务价格较低的原因。综合来看,经过修正的巴格瓦蒂的服务价格国际差异模型,可以成为较好的服务贸易比较优势的基本理论框架。

(四)技术比较优势模型

2010年诺德斯利用OECD国家的投入产出表,研究货物与服务在生产和贸易方面的内在联系。在其构建的技术比较优势模型中,通过使用投入-产出数据,计算产品生产和贸易过程中,服务作为直接投入和间接投入的比重,确定货物与服务之间的投入产出关系。他指出,知识和技能的差异引起货物和服务的比较优势,从而促进贸易。而当各国提供服务的技术和产业组织技能存在差距的时候,服务贸易中的技术比较优势就此形成。

诺德斯建立了两个国家、一种生产要素、多个生产部门和多个服务中间品的数理模型,分别从服务中间品与生产要素互补和替代两种假设出发。描述国家间存在技术差异的情况下,如何进行货物贸易和服务贸易。第一,如果贸易一方在组织技能方面具有明显优势,将在服务密集型和技术密集型产品生产上拥有比较优势,且获得比在自由贸易条件更大的贸易利益;第二,如果服务市场关闭,大国或拥有更高生产率的服务行业所在国家将在服务密集型产品方面拥有比较优势,不过全球自由贸易后,这种比较优势会因别国赶超而逐渐消失。

技术比较优势模型认为,具有更先进组织技能的国家,容易在货物贸易和服务贸易上获得比较优势,但这种基于技术技能的比较优势会随着贸易自由化的发展而丧失。技术比较优势模型从投入-产出数据出发,检验了技术技能对比较优势的决定作用,论证了技术差异和组织技能差异是服务贸易比较优势的源泉,使比较优势理论对服务贸易的适用性研究有了现实数据基础。

二、配第—克拉克定理与服务贸易

（一）配第—克拉克定理的主要内容

早在17世纪，英国经济学家威廉·配第根据当时英国、法国、荷兰的经济情况分析指出：随着经济的发展，工业将比农业占有更重要的位置，而商业又将比工业占有更重要的位置。英国经济学家科林·克拉克出版了《经济进步的条件》一书，书中搜集整理了20多个国家的各部门的劳动力投入和总产出的时间序列数据，提出了劳动力在三次产业间分布的结构变化理论。克拉克发现，一个国家内从事三个产业的劳动力比重，会随着人均国民收入的提升而变动；随着经济的发展，第一产业国民收入和劳动力的相对比重逐渐下降，第二产业国民收入和劳动力的相对比重上升，经济进一步发展，第三产业国民收入和劳动力的相对比重也开始上升。这就是著名的克拉克定律。由于克拉克定律是建立在配第观点的基础之上，或者说是对配第观点的印证，因此，经济学说史上将这一理论合称为"配第—克拉克定律"。配第—克拉克定律是较早分析劳动力在三次产业间转移的理论，该理论也相应说明随着经济的发展，服务业在国民经济中的地位会日益提高，服务业就业比重也会相应加大。

对于劳动力在三次产业间转移的原因，克拉克认为是这样的：在人类社会的发展过程中，农业劳动生产率是有规律地提高的，而农产品的需求特性是当人们的收入水平达到一定程度后，难以随着人们收入增加的程度同步增加。农业生产率的提高以及对农产品相对需求的下降，是引起第一产业劳动力向外转移的主因。就第二产业来说，无论是按每小时劳动的产出还是按人均产出，其增长速度都比其他产业更快，而对工业产品的需求却是相对稳定的，因此，随着经济的进步，工业劳动力就必然会逐步减少。即便是对加工工业产品的需求增长，也可以认为，在一个较长的时期，第二产业的劳动力会减少。也就是说，第二产业的劳动生产率提高很快，但对其产品的需求增长相对较低。而对于第三产业来说，情况恰恰相反，人们对服务业产品需求的增长要快于服务业劳动生产率的增长，因此，随着人均收入的提高，劳动力必然由第二产业流向第三产业。

（二）配第—克拉克定理在服务贸易中的应用

配第—克拉克定理揭示了产业结构变化的基本趋势，即随着经济的发展和人均收入的提高，劳动力会从第一产业和第二产业流向第三产业，国民经济增长的主要驱动力也将来自于第三产业。在经济的增长过程中，服务业的发展体现出从"非市场化"向"市场化"发展的趋势，例如在20世纪70年代后，各种专业化服务公司产生并日益增多，提供诸如家政服务、财会服务、营销咨询等各种消费性及生产性服务。服务消费者可以在市场上购买到所需的各类服务，无须进行自我服务。服务业市场化发展促使服务行业专业分工细化，扩大了服务业的规模和容量，促进了服务业的国际化进程，从而推动国际服务贸易的发展。

配第—克拉克定律所揭示的产业结构变化过程，实际上也是服务业从内向化到国际化的一个发展过程，当然，在这一发展过程中，国际服务贸易的发展受到诸多促进因素和阻碍因素的共同影响。

1. 促进因素

（1）企业活动日趋复杂化，导致对雇员的监督日益困难。对经理人员来说，更方便、更廉价的方法是同外部供应者谈判,而不是同雇工订约来保证其经最低费用获得所需的服务投入。

(2)专业化的加强和技术诀窍的变动,使得在国际市场购买某些种类的专门技能比在厂商内部生产更有利。

(3)随着技术的进步,信息和交通费用下降,这导致服务的市场交易费用下降,更多服务消费者愿意以更低的代价在国际市场上购买更好的服务产品,这促进了国际服务专业分工和贸易规模的增长。

(4)发达国家受法律与工会组织的影响,对企业雇用工人的福利保障要求更高,比如,规定较高的最低工资水平,厂商需要给予员工有偿假期、解雇通知的时限要求等,诸如此类的各种规定提高了厂商的雇用成本。这样,购买服务就会比自行提供成本更低,更多厂商选择在国际服务外包方式来满足自身需求。

2. 制约因素

(1)在许多行业中,产品、工艺与销售革新的步伐,随着信息技术及其他最新技术的利用而加快。这种革新要求在商业上或技术上保守秘密,这样通过内部提供而不从外部购买,就比较容易做到。

(2)计算机与电子设备的最新发展,提高了监督厂商雇员工作的能力,降低了管理成本,厂商就有可能通过雇用员工内部生产服务来降低成本。

(3)不断扩大的厂商规模与交通运输的低廉费用相结合,使得保持内部扩大的服务专业化成为可能。

服务贸易的发展,是在上述各种因素所形成的合力的作用下发展的。总体上看,经济的发展越来越强调人力资本和知识资本的作用和专业化分工。因此,国际服务贸易是不断向前推进的。

专栏 12-1

威廉·配第

威廉·配第(William Petty,1623—1687)出身于一个小手工业者的家庭,只受过2年的早期教育,14岁就外出谋生,在商船当见习水手。后来在一次航海事故中折断了腿,被抛弃在法国的南海岸城市戛纳。在这里他申请进了一所耶稣会学校,学习拉丁文、希腊文、法文、数学和天文学等。这对他以后从事经济学研究产生了重要影响。1643年他到了荷兰学习了医学、解剖学和音乐等。同时在巴黎结识了霍布斯和培根,并深受其影响。回到英国后继续在牛津大学研究医学,并于1649年获得了医学博士学位,次年晋升为解剖学教授,并担任一所学院的副院长。之外,他还做过音乐教授,主讲过解剖学、音乐诸课程。英国资产阶级革命期间他是革命的积极拥护者。

配第既是一个政治活动家也是一个实业家、医生和学者。他的治学之道是很值得称道的。他从小就有记笔记的习惯,每闻必录,到他离开爱尔兰时,他的著作手稿装满了53箱,他发表的著作不过是其中的一部分。他发表的主要著作有《赋税论》(1662年)、《献给英明人士》(1691年)、《爱尔兰的政治解剖》(1691年)、《政治算术》(1690年)、《货币略论》(1695年)等。

(资料来源:陈孟熙著,21世纪经济学系列教材:经济学说史教程(第3版),中国人民大学出版社2012年版。)

专栏 12-2

科林·克拉克

科林·克拉克（Colin Clark，1905—1989），1905年出生于英国汤斯维尔，是一个在英国和澳大利亚生活过的英国籍经济学家和统计学家，开创了研究国民经济的国民生产总值（GNP）的使用。

在克拉克的教授的学术生涯中，他撰写过许多论著，对各国的国民收入的增长及其统计进行实证性研究，并卓有成效，所以，被公认为是研究国民收入的世界权威之一；他在进行国民收入统计的同时，对人口问题也颇为注意，并且也提出了自己的人口理论。

克拉克教授的主要论著有：《国民收入》《英国的经济地位》《经济进步的条件》《人口增长经济学》《世界人口》《地球能养活他的人口》等，其中最有名的是他的《经济进步的条件》一书。

克拉克的人口理论归结为一点就是，他认为：地球，甚至整个宇宙能容纳人口的任何增长，因而没有理由认为现在必须节制生育。为了论证这一点，克拉克利用了早期重商主义者和民族主义者的一些论据。

人口与国家强大与否有什么联系，克拉克在《人口增长与生活标准》一文中认为，密集的人口和不断增长的人口，是一个国家和民族强大的重要因素。人口与经济的关系也是克拉克研究人口时十分重视的课题。他的论点是人口增长对推动一个国家和民族的经济发展是必要的，他认为人口压力会产生有益的反作用，并且可能导致经济起飞。

在谈到人口与粮食供应的关系时，克拉克在1960年发表的一篇题为《地球能够养活它的人口》的文中提出："许多国家和民族的工贸达不到满意的生活水准，这一事实不应归咎为人类自身的缺点。"

（资料来源：彭松建·外国人口思想史选择之五——英国著名统计学家和人口学家科林·克拉克［J］，人口与经济，1981（6））

三、全球价值链理论与服务贸易

（一）全球价值链理论的主要内容

1985年，迈克尔·波特在《竞争优势》一书中指出："每一个企业都是在设计、生产、销售、发送和辅助其产品的过程中进行种种活动的集合体。所有这些活动可以用一个价值链来表明。"波特认为，企业价值链中的活动可分为基本活动和支持性活动两类，基本活动包括生产、营销、外部后勤、运输和售后服务等；支持性活动包括物科供应、技术开发、人力资源管理和企业基础设施等。这些生产活动，就是联结企业经营网络的"联系点"，它们通过影响企业各种活动的成本、收益，构成了一个创造价值的动态过程（见图12-1）。

波特还突破了单个企业的界限，将视角扩展到不同企业之间的经济交往，提出了价值体系的概念，这是全球价值链理论的基础。价值链体系的组成中，上游供应商通过提供生产企业所得的原料、零件、设备和采购等，形成上游价值链；生产企业生产的产品在到达顾客手里之前往往还需要通过销售企业的价值链；企业的产品最终会成为其顾客价值链的一部分。

这样，从上游价值链到顾客价值链形成一个完整的价值链体系（见图 12-2）。同类企业间的竞争，不只是单个企业间的竞争，也是整个价值链体系的竞争，而整个价值链体系的综合竞争力决定企业的竞争力。

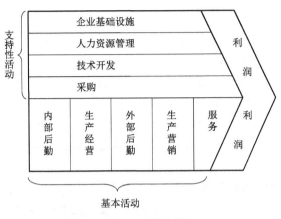

图 12-1　价值链

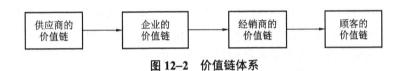

图 12-2　价值链体系

2001 年，斯特恩从组织规模、地理分布和生产性主体三个方面来界定全球价值链。从组织规模看，全球价值链包括参与了某种产品或服务的生产性活动的全部主体；从地理分布来看，全球价值链必须具有全球性；从参与的主体看，有一体化企业、零售商、领导厂商、供应商等。他还对价值链和生产网络的概念进行了区分：价值链主要描述了某种商品或服务从生产到交货、消费和服务的一系列过程，而生产网络强调的是一群相关企业之间关系的本质和程度。

联合国工业发展组织在 2002—2003 年度世界工业发展报告《通过创新和学习来参与竞争》中指出："全球价值链是指在全球范围内为实现商品或服务价值而连接生产、销售、回收处理等过程的全球性跨企业网络组织，涉及从原料采集和运输、半成品和成品的生产和分销，直至最终消费和回收处理的整个过程。它包括所有参与者和生产销售等活动的组织及其价值、利润分配。"该定义强调了全球价值链不仅由大量互补的企业组成，而且可以通过各种经济活动将企业网络联结在一起，所以它不只关注企业，也关注契约关系和不断变化的联结方式。

综上所述，全球价值链是指在全球范围内，为实现商品或服务价值而在商品或服务的整个生命周期中进行的所有创造价值的活动行为的链接。创造价值的活动包括设计、产品开发、生产制造、营销、出售、消费、售后服务、最后循环利用等各种增值活动。这些活动既可以集中在一家跨国企业内进行，也可以由散布于全球各地的很多企业共同完成。

（二）全球价值链理论在服务贸易中的应用

在全球价值链的分析框架下，制造业的产业链攀升主要表现为制造业附加值的增加以及生产效率的提高，而附加值及生产效率的提高离不开服务业的发展。其原因在于：

第一，制造企业通常专注于核心技术的研发和部分营销等服务活动，而将其非核心的服务环节，如法律服务、金融服务等外包给专业性的服务企业，从而使非核心的服务环节逐步从制造企业中分离出来，有利于降低制造企业固定成本，提高企业效率；

第二，随着专业化分工的加剧，服务环节不断从制造环节分离出来，使作为中间要素投入的服务业不断发展，高质量的技术服务嵌入制造业的生产环节，可以通过提升生产效率降低制造业的生产成本，有利于制造业产业升级；

第三，一般而言，制造业和服务业在空间分布上具有联动效应，而且市场化程度越高的地区生产性服务与制造业的互动关系越突出，服务业和制造业的这种互动关系在一定程度上降低了制造业交易成本。

随着国际产业结构的调整，服务业尤其是生产性服务业在全球价值链中的作用日益突出，促进了服务业的迅速发展。但发达国家与发展中国家的服务业发展严重不平衡，这种不平衡推动了国际服务贸易的发展。发达国家在技术、资本、人力资源等方面具有很强的竞争优势，成为服务产品的主要出口方；而广大发展中国家和新兴工业化国家服务业的发展相对滞后，成为服务的主要进口方，要通过从外部进口较先进的服务产品来弥补本国劣势。

一般来说，国际服务贸易所引起的技术转移和扩散效应能够促进包括开放服务部门在内的所有经济部门的生产率，但服务贸易对服务进口方的技术效率也存在一定的负面影响，而对发展中国家来说，这种负面影响更为严重。这是因为与制造业生产的实体商品相比，服务尤其是生产性服务作为一种相对复杂的产品，会更加与本国的禀赋结构、人力资源情况紧密结合，进口国服务业部门进行国际学习和转移的难度较大，因此，服务进口并不意味着进口方能从中学习、模仿服务出口方的经验和技术，反而可能会排斥进口方自身的技术研发，从而形成对服务出口方的技术依赖，而不利于发展中国家培育服务业的比较优势和技术进步。

第三节 《服务贸易总协定》

一、《服务贸易总协定》的产生

《服务贸易总协定》（General Agreement on Trade in Services，GATS）于1994年4月15日正式签署，是关贸总协定乌拉圭回合谈判的重要成果之一。作为世界上第一个多边服务贸易协定，其对全球服务贸易自由化的发展具有里程碑意义。

（一）《服务贸易总协定》的产生背景

第二次世界大战以来，特别是新科技革命至今，服务业在各国的国民经济中的地位逐步上升，发达国家更是如此。许多发达国家的服务部门占其GDP的比重在1970年就已经达到了60%。与此同时，随着经济全球化不断深入，国际分工细化和贸易与投资自由化的趋势日渐明显。国际商品、服务以及资本、技术、信息等各种要素部分实现自由流动和配置，使得各国经济相互影响，国际服务贸易获得了突飞猛进的发展，有的年份已超过货物贸易的发展速度。

20世纪70年代初，国际服务贸易作为独立的领域开始得到关贸总协定及其成员的关注，作为世界上服务业发展水平最高、服务贸易出口最多的国家，美国在服务贸易始终保持顺差，其急切期望通过双边或多边的谈判磋商推动和早日实现区域或全球服务贸易自由化。欧洲众多发达经济体起初对美国的倡议表示担忧，但伴随其对外服务贸易竞争力的日渐提高，明确表现出对美国的坚定支持。日本虽然总体上服务贸易呈现逆差状态，但为了改善同美国持续吃紧的货物贸易关系，仍然加入了以美国为首的服务贸易自由化阵营。这样，发达国家基本统一了通过多边谈判机制加快推进国际服务贸易自由化的认识和决心。

大多数发展中国家最初并未积极响应美国积极推动的服务贸易自由化谈判，由于自身服务业发展尚处于幼稚阶段，尤其是金融、保险、咨询等资本、知识密集型行业一时较难参与国际竞争，加之部分服务业涉及国家经济安全、国民意识形态等敏感问题，发展中国家普遍反对快速的服务贸易自由化。但随着发达国家在服务贸易自由化问题上达成共识，发展中国家对此的态度也由坚决抵制出现了松动。发展中国家意识到参与制定一个全面多边的服务贸易规则，有利于它们在其中体现自身利益，还有助于其利用这样的规则，预防发达国家在这一新的贸易领域对它们采取单方面的行动，或是防止在区域贸易安排中出现对自身不利的歧视性做法。在双方的共同努力下，服务贸易作为崭新议题被纳入乌拉圭回合多边谈判议程，从此开启了多边协定约束下世界服务贸易发展的新阶段。

(二)《服务贸易总协定》的产生过程

《服务贸易总协定》的产生过程可以具体分为如下3个阶段：

1. 第一阶段

第一阶段从1986年10月27日乌拉圭回合服务贸易谈判正式开始到1988年12月中期审议前为止。这一阶段谈判的主要内容包括服务贸易的定义；适用服务贸易的一般原则与规则；服务贸易协定的范围；现行国际规则、协定的规定；服务贸易的发展及壁垒等。在这一阶段，各国的分歧很大。其分歧主要集中在对国际服务贸易如何界定的问题上。发展中国家要求对国际服务贸易采用比较狭窄的定义，将跨国公司内部交易和诸如金融、保险、咨询、法律规范服务等非跨越国境的交易排除在外面，而美国等发达国家主张使用较为宽泛的定义，将所有涉及不同国民或国土的服务交易都归为国际服务贸易范畴。多边谈判最终采取了欧共体的折中意见，即不预先确定谈判的范围，根据谈判的需要对国际服务贸易采取不同的定义。

2. 第二阶段

第二阶段从1988年12月中期审议开始到1990年6月为止。在加拿大蒙特利尔举行的中期审议会上，谈判的重点集中在透明度、逐步自由化、国民待遇、最惠国待遇、市场准入、发展中国家更多参与、保障条款和例外等服务贸易的基本原则，而此后的工作主要集中于通信、建筑、交通运输、旅游、金融和专业服务各具体部门的谈判。绝大多数的发达国家认为，服务贸易的有关协定谈判能否成功的关键就在于乌拉圭回合谈判结束以后，各参加方能否承担相同的义务。美国、欧盟等发达国家成员明确表明"搭便车"是不能被接受的，而且一些发达国家还认为谈判的进展过于缓慢，他们希望能够在1990年取得突破。

发达国家和发展中国家的一些代表团向服务谈判组分别提出了自己的多边框架方案，阐述了各自的立场和观点。具有代表性的方案主要有美国、欧共体、拉美十一国和亚非七国的提案。其中，1990年5月4日，中国、印度、喀麦隆、埃及、肯尼亚、尼日利亚和坦桑尼亚七个亚非国家向服务贸易谈判组联合提交了"服务贸易多边框架原则与规则"的提案，对最惠国待遇、透明度、发展中国家更多参与等一般义务及市场准入、国民待遇等待定义务作了区分。

"亚非七国提案"主张在确立多边原则和一般义务的前提下，就各具体部门进行谈判，以部门协定的形式推进本部门的服务贸易自由化进程，那些没有达成一致的部门暂时不实行贸易自由化，这种类型被称为"肯定清单"模式。后来，《服务贸易总协定》的文本结构采纳了"亚非七国提案"的主张，并承认成员方发展水平的差异，对发展中国家做出了很多保留和例外，这在相当程度上反映了发展中国家的利益和要求。

3. 第三阶段

这一阶段从1990年7月《服务贸易总协定》的框架内容的基本确定到1993年12月最终达成《服务贸易总协定》为止。1990年12月的布鲁塞尔部长级会议上，服务贸易谈判组修订了"服务贸易总协定多边框架协定草案"文本，其中，包含海运、内防水运、公路运输、空运、基础电信、通信、劳动力流动、视听、广播、录音、出版等部门的草案附件，但是，由于美国与欧共体在农产品补贴问题上的重大分歧而没有能够最终结束谈判。

经过进一步的谈判，在1991年年底形成了《服务贸易总协定》草案。该草案包括6个部分、35个条款和5个附件，规定了最惠国待遇、透明度、发展中国家更多参与、市场准入、争端解决机制等重要条款，基本上确定了服务贸易协定的结构框架。经过各国的继续磋商谈判，协定草案根据各国的要求进一步修改。1993年12月5日，最终通过了《服务贸易总协定》。

1994年4月15日，各成员方在马拉喀什正式签署了《服务贸易总协定》，该文本在总体结构和重要内容上，对框架协议草案并没有进行重大的改变，只是在部分具体规范上有所调整。《服务贸易总协定》的最后文本包括6个部分、29个条款和8个附录，它于1995年1月1日正式生效。至此，长达8年的乌拉圭回合谈判终于正式结束，《服务贸易总协定》作为多边贸易体制下规范国际服务贸易的框架性法律文件，它是服务贸易自由化进程中的一个重要里程碑。

二、《服务贸易总协定》的内容

（一）《服务贸易总协定》的结构

作为第一部具有法律效力的国际服务贸易多边规则，《服务贸易总协定》最终文本由四个主要部分组成：第一部分是序言和正文，序言说明了缔结该协定的宗旨、目标和总原则，正文又包括6个部分29个条款，规定了有关服务贸易的原则、规则与一般定义和范围；第二部分是8个附件，具体明确了航空、金融、海运、电信等较复杂的服务业部门的定义、范围、原则与规则，包括正文第二条的最惠国待遇豁免清单；第三部分是在"肯定列表"的基础上，各国做出的关于市场准入和国民待遇的部门"承诺细目表"；第四部分是部长级会议决定与谅解等。《服务贸易总协定》的结构如表12-2所示。

表 12-2 《服务贸易总协定》的结构

部 分	条目	内 容
序言		协定的宗旨、目标和总原则
正文第一部分 范围和定义	第1条	范围和定义
正文第二部分 一般义务和纪律	第2条	最惠国待遇
	第3条	透明度，机密信息的披露
	第4条	发展中国家更多参与
	第5条	经济一体化，劳动力市场一体化协定
	第6条	国内法规
	第7条	承认
	第8条	垄断和专营服务提供者
	第9条	商业惯例
	第10条	紧急保障措施
	第11条	支付和转移
	第12条	保证国际收支的限制
	第13条	政府采购
	第14条	一般例外、安全例外
	第15条	补贴
正文第三部分 具体承诺	第16条	市场准入
	第17条	国民待遇
	第18条	附加承诺
正文第四部分 逐步自由化	第19条	具体承诺的谈判
	第20条	具体承诺减让表
	第21条	减让表的修改
正文第五部分 机构条款	第22条	磋商
	第23条	争端解决与执行
	第24条	服务贸易理事会
	第25条	技术合作
	第26条	与其他国际组织的关系
正文第六部分 最后条款	第27条	利益的拒绝给予
	第28条	定义
	第29条	附件

续表

部分	条目	内容
附件	—	关于第 2 条豁免的附件
	—	关于本协定项下提供服务的自然人流动的附件
	—	关于空运服务的附件
	—	关于金融服务的附件、关于金融服务的第二附件
	—	关于海运服务谈判的附件
	—	关于电信服务的附件
	—	关于基础电信谈判的附件
各国提交的具体承诺表	—	共 94 份
其他	—	9 份有关文书（含部长级会议决定与谅解），4 项组织结构决定和 1 项关于服务贸易与环境的决定

（二）《服务贸易总协定》的目标和宗旨

《服务贸易总协定》的序言阐述了该协定的目标和宗旨，具体表现在：

第一，鉴于国际贸易对世界经济发展日益增长的重要性，谈判各方希望在透明度和逐步自由化的条件下，建立一个有关服务贸易的原则和规则的多边框架，以促进贸易各方的经济增长和发展中国家的经济与社会发展。

第二，在尊重各国政策目标的前提下，本着在互利的基础上增加各参与方利益的目的和确保各方权利和义务的宗旨，希望通过多轮多边谈判以促进服务贸易自由化的早日实现。

第三，希望能通过增强其国内服务业能力、效率和竞争性来促进发展中国家更多参与国际服务贸易，促进其服务出口的增长。

第四，对最不发达国家在经济、发展、贸易和财政需求方面的特殊困难予以充分的考虑。

（三）《服务贸易总协定》的范围与定义

《服务贸易总协定》第一条对服务贸易下了较为准确的定义，服务贸易包括以下四种提供方式：

1. 跨境提供

跨境服务是指从一缔约方境内向境外任何缔约方提供服务。如在远洋运输、国际航空运输中服务提供者和消费者分处不同国家。这是典型的跨国界可贸易型服务，是国际服务贸易的基本形式。

2. 境外消费

境外消费是指在一缔约方境内向任何其他缔约方的服务消费者提供服务，诸如涉外旅游服务、为外国病人提供医疗服务等。

3. 商业存在

商业存在是指一缔约方在其他缔约方境内通过分支机构提供服务，即服务提供者在外国建立商业机构为消费者服务。例如，一缔约方在其他缔约方开设百货公司、银行、保险公司等。这种服务贸易往往与对外直接投资联系在一起。

4. 自然人流动

自然人流动是指一缔约方的自然人在其他任何缔约方境内提供服务。如歌唱家等文艺工作者到其他国家或地区去演出等。

（四）《服务贸易总协定》的普遍义务与原则

这是《服务贸易总协定》的核心部分之一，包括第 2 条到第 15 条共 14 条的内容，规定了各成员的普遍义务与原则，本部分条款是签约各方必须遵守的。

1. 最惠国待遇

最惠国待遇义务普遍适用于所有的服务部门，要求成员方之间相互给予最惠国待遇。但《服务贸易总协定》规定一个成员可以在 10 年的过渡期内维持与最惠国待遇不符的措施，但要将这些措施列入一个例外清单。

2. 透明度

《服务贸易总协定》要求任何成员除非在紧急情况下应立即，最迟在其生效前，公布所有有关或影响本协定执行的相关措施。本协定成员也应公布其签署参加的有关或影响服务贸易的国际协定。协定还规定每一个成员应至少一年一度地对本国新法规或现存法规的修改做出说明介绍，并规定对其他成员的询问做出迅速的答复；任何成员都可以向他方通知另一成员所采取的影响《服务贸易总协定》执行的任何措施，但其绝密信息可以不加以透露。

3. 发展中国家的更多参与

此原则包括三层含义：第一，有关成员应做出具体承诺，以促进发展中国家国内服务能力、效率和竞争性的增强；促进其对有关技术信息的获取；增加产品在市场准入方面的自由度。第二，发达国家应在《服务贸易总协定》生效后的 2 年内建立"联系点"，使发展中国家的服务提供者更易获取有关服务供给的商业和技术方面的信息，有关登记、认可和获取专业认证方面的信息，服务技术的供给方面的信息。第三，对最不发达国家予以特殊优惠，准许这些国家不必做出具体的开放服务市场方面的承诺，直到其国内服务业具有竞争力。

4. 经济一体化

本条款的主要内容是：不阻止各成员参加有关区域性的服务协议，但有关区域性协议不阻碍服务贸易自由化的推进；对发展中国家之间的有关协议采取较为灵活的政策，允许其按发展水平达成某些协议；参加有关协议的各方对该协议外的国家不应采取提高壁垒的措施；任何成员决定加入某一协议或对某一协议进行重大修改时，都应迅速通知各成员，而各成员应组成工作组对其进行检查；如果某一成员认为某个协议损害了自己的利益，则通过贸易争端机制解决。

5. 尊重国内法，同时要考虑其他成员方利益

首先，表示对国内规定的尊重，赋予各国以一定的权利，其中，包括当局引进新规定来管理服务的权利。准许发展中国家设立新的规定，如某些部门为了实现国家政策目标而采取垄断性的措施；又如对服务和服务的提供者提出要求，使其符合某些规定，但这类要求必须建立在合理、客观和非歧视的基础之上，不能给国际服务贸易带来负担和阻碍。其次，对各成员当局提出了一些义务要求。例如，要求各方建立起司法、仲裁、管理机构和程序，以便对服务消费者和提供者的要求迅速做出反应,并要求各成员对服务提供授权的申请迅速做出决定;各成员不应利用移民限制措施来阻碍《服务贸易总协定》的实施。

6. 相互认可

任一成员可以与其他成员就某些有关服务提供的准则达成协议,以促进国际服务贸易的发展。而这些协议应该可以允许别的成员加入,其执行也应建立在合理、客观和公正的基础上。另外,协议的参加方应在协议生效之后的 12 个月之内就其协议内容通知各成员,而有关协议的任何重大修改也应及时通知各成员。

(五)《服务贸易总协定》的具体承诺

1. 市场准入

在市场准入方面,各成员应给予其他成员的服务和服务提供者以不低于其在具体义务承诺表上已同意提供的待遇,包括期限和其他限制条件。若某一成员的具体义务承诺表上给出了不止一种的有关服务提供的准入途径,那么,别的成员的服务提供者可以自由选择其愿意接受的那一种。该条款要求在承担市场准入义务的部门中,原则上不能采取数量限制的措施阻碍服务贸易发展。

2. 国民待遇

《服务贸易总协定》第 17 条规定:在不违反本协定的有关规定,而且在其具体承诺义务表上的条件和要求相一致的条件下,每一成员应该在所有影响服务供给的措施方面,给予别国的服务和服务提供者以不低于其所给予的国内服务或服务提供者的待遇。

《服务贸易总协定》中的国民待遇不是适用于所有部门的,而是只针对每一成员方在承担义务的承诺表中所列的部门。在《服务贸易总协定》中,每个行业规定的国民待遇条款不尽相同,而且一般要通过谈判才能享受,所以各国在谈判中给予其他成员国民待遇时,都有附加条件。

《服务贸易总协定》结构上的一个重要特征是,市场准入和国民待遇不是作为普遍义务,而是作为具体承诺与各个部门或分部门开放联系在一起的,这样可以使分歧较小的部门早日达成协议。

专栏 12-3　　《服务贸易总协定》的服务贸易定义

世界贸易组织的《服务贸易总协定》对服务贸易的定义是基于服务贸易的四种提供方式:① 跨境交付;② 境外消费;③ 商业存在;④ 自然人移动。

跨境交付:在一个成员方境内向任何其他成员方提供服务。在这种方式下,服务的提供者与服务的消费者都不发生移动,分别在各自境内,只有服务本身发生了跨界移动。根据世界贸易组织的统计,以跨境交付方式发生的服务贸易在全球服务贸易总额中占 25%~30%,在四种方式中位列第二。

境外消费:在一个成员方境内向任何其他成员方的服务消费者提供服务。在这种方式下,服务消费者必须过境移动,服务发生在提供者所处的那个国家或地区。例如,A 国的服务消费者到其他国家旅游、留学(接受教育服务)或者接受医疗服务等。WTO 的研究报告表明,以境外消费方式发生的服务贸易在全球服务贸易总额中的份额为 10%~15%,在四种方式中位列第三。

商业存在：一个成员方在其他成员方境内设立商业实体来提供服务。例如，外资企业在A国设立分支机构、子公司或办事处，向服务消费者提供金融、保险、法律、建筑、维修、广告、咨询等服务，该商业实体服务的对象可以是A国的消费者，也可以是第三国的消费者，其雇员可以是东道国（A国）的居民，也可以是来自其他国家（包括母国）的服务人员。WTO的研究报告表明，以商业存在方式发生的服务贸易在四种服务贸易方式中位列第一，占全球服务贸易总额的55%~60%。这类服务贸易大多伴随外商直接投资，并涉及市场准入问题。

自然人移动：一个成员方的自然人在其他成员方境内提供服务，其要求成员方允许其他成员方的自然人进入本国境内提供服务。方式④可以独立实现，比如一个外国人作为服务的提供者，在A国独立提供咨询、医疗服务等。这种方式是通过服务提供者（自然人）的跨境移动实现的，而服务消费者不一定是东道国的居民，比如B国的医生到A国，治疗C国的患者，为其提供医疗服务。方式④也可以和方式③共同实现。例如，一个外国人在A国（东道国）提供服务（自然人移动），而且其是某个境外服务提供商的雇员，该服务提供商以商业存在的形式（方式③）在A国设立分支机构。比如B国的银行在A国开设分行，并雇用来自A国的自然人。WTO的研究报告表明，自然人移动占全球服务贸易总额的比重不到5%，在四种服务贸易提供方式中位列最末。这与劳动力（自然人）的跨界流动壁垒有关，法律、语言、文化等多方面因素，特别是东道国的签证制度和移民制度对自然人的国际自由流动构成了障碍。

（资料来源：蔡宏波. 国际服务贸易. 北京：北京大学出版社，2012）

第四节　中国服务贸易

一、中国服务贸易发展概况

改革开放以来，中国国内服务业和对外服务贸易获得了前所未有的快速发展，日益成为国民经济的重要组成部分。当然，由于中国服务业发展起步晚、底子薄，国内服务业水平相对滞后于其他产业，尤其与发达国家相比还有很大差距，因此我国对外服务贸易也尚处于初级阶段，提升服务贸易发展水平仍然有相当广阔的空间。具体而言，中国服务贸易发展具有以下特点：

（一）服务贸易规模迅速扩大，但规模相对较小

改革开放以来，中国服务贸易发展迅速。服务贸易进出口总额从1982年的44亿美元增加到2014年的6 043亿美元，共增长了136倍。中国服务贸易出口在世界服务出口总额中所占比重从1982年的0.7%提高到2014年的4.6%，中国服务贸易进口在世界服务贸易进口中比重从1982年的0.5%提高到2014年的8.1%（见表12-3）。

2014年中国服务贸易进出口总额达6 043亿美元，据世界贸易组织公布的世界各国服务贸易排名，中国商业服务出口规模已位列全球第五，商业服务进口规模已位列全球第二。在中国服务贸易规模迅速增长的大背景下，我国服务贸易仍然发展规模相对不足，占我国

整体外贸比重偏小，2014年，中国服务贸易占对外贸易出口的比重仅为8.7%。而世界平均比重为20.9%，远低于世界平均水平。显然，中国服务贸易发展水平仍较低，还有很多潜力尚待挖掘。

表12-3 中国服务贸易进出口历年情况表

年份	中国出口额/亿美元	中国出口占世界比重/%	中国进口额/亿美元	中国进口占世界比重/%	中国进出口总额/亿美元	中国进出口总额占世界比重/%
1982	25	0.7	19	0.5	44	0.6
1983	25	0.7	18	0.5	43	0.6
1984	28	0.8	26	0.7	54	0.7
1985	29	0.8	23	0.6	52	0.7
1986	36	0.8	20	0.4	56	0.6
1987	42	0.8	23	0.4	65	0.6
1988	47	0.8	33	0.5	80	0.7
1989	45	0.7	36	0.5	81	0.6
1990	57	0.7	41	0.5	98	0.6
1991	69	0.8	39	0.5	108	0.6
1992	91	1.0	92	1.0	183	1.0
1993	110	1.2	116	1.2	226	1.2
1994	164	1.6	158	1.5	322	1.6
1995	184	1.6	246	2.1	430	1.8
1996	206	1.6	224	1.8	430	1.7
1997	235	1.9	277	2.1	522	2.0
1998	249	1.8	265	2.0	503	1.9
1999	262	1.9	310	2.2	571	2.0
2000	301	2.0	359	2.4	660	2.2
2001	329	2.2	390	2.6	719	2.4
2002	394	2.5	461	2.9	855	2.7
2003	464	2.5	549	3.0	1 012	2.8
2004	621	2.8	716	3.4	1 337	3.1
2005	739	3.1	832	3.5	1 571	3.3
2006	914	3.4	1 003	3.8	1 918	3.6
2007	1 217	3.7	1 293	4.2	2 510	3.9

续表

年份	中国出口额/亿美元	中国出口占世界比重/%	中国进口额/亿美元	中国进口占世界比重/%	中国进出口总额/亿美元	中国进出口总额占世界比重/%
2008	1 465	3.9	1 580	4.5	3 045	4.2
2009	1 290	3.9	1 580	5.1	2 870	4.4
2010	1 763	4.6	1 922	5.5	3 625	5.0
2011	1 821	4.4	2 370	6.1	4 191	5.2
2012	1 904	4.4	2 802	6.8	4 706	5.6
2013	2 106	4.6	3 291	7.6	5 396	6.0
2014	2 222	4.6	3 821	8.1	6 043	6.3

（注：根据 WTO 有关服务贸易的定义，中国的服务贸易数据剔除了其中的政府服务）
（数据来源：WTO 国际贸易统计数据库，国家外汇管理局《国际收支平衡表》）

（二）服务贸易行业结构日趋优化，但仍不平衡

我国的服务贸易以传统的服务贸易行业为主体，而高附加值服务贸易行业增速迅猛。运输、旅游是我国服务贸易传统进出口行业，在服务贸易进出口总额中的比重合计超过 50%，在国际竞争中，具有比较优势，是促进服务贸易总量增长的主要动力。

运输在我国服务贸易进出口中占有近两成的份额，2014 年我国运输进出口总额为 1 345 亿美元，比上年增长 1.9%，占我国服务贸易进出口总额比重为 22.5%，其中运输出口 383 亿美元，比上年增长 1.7%，在服务贸易出口总额所占比重由上年的 17.9%下降至 17.7%，运输进口 962 亿美元，比上年增长 2%，在服务贸易进口总额所占比重由上年的 28.7%下降至 25.2%，2014 年，我国旅游业稳步发展，入境旅游和出境旅游继续保持增长势头。随着旅游产品供应链的进一步完善，旅游要素供给的不断充裕，居民收入的增长和对外交流的增多，我国旅游服务贸易规模进一步扩大，其中旅游进口的提升更为明显。2014 年我国旅游进出口总额达 2 217 亿美元，比上年增长 23%，占我国服务贸易进出口总额的比重为 36.7%，其中旅游出口 569.1 亿美元，比上年增长 10.2%，占比由上年的 24.5%上升至 25.6%，旅游进口 1 648 亿美元，比上年增长 28.2%，在服务贸易进口总额所占比重由上年的 39.1%上升至 43.1%，全球软件和信息技术的快速发展，国际产业分工的日益深化，国际市场需求的持续递增，为我国软件和服务外包出口提供了机遇，通信服务、计算机和信息服务、其他商业服务等高附加值服务贸易行业出口增势迅猛。2014 年我国计算机和信息服务出口增长 19.0%，金融服务出口增长 57.8%，通信服务出口增长 8.9%；2014 年，我国计算机和信息服务进口增长 42%，金融服务进口增长 61%，通信服务进口增长 40.7%。

2014 年旅游、运输和其他商业服务分别占我国服务贸易总收支的 22.5%、36.7%和 9.6%，合计占服务贸易总收支的 68.8%。而金融、通信、计算机和信息服务项目所占份额比较小，分别占中国服务贸易的 1.7%、0.7%和 4.5%。高附加值或技术含量较高的现代服务贸易发展落后，在全球服务贸易量较大的金融、保险、咨询、计算机和信息、广告宣传和电影音像等技术密集和知识密集型的高附加值服务行业中，我国仍处于初级发展阶段，其国际竞争

力还不强。

（三）中国服务贸易长期处于逆差地位

中国服务贸易在20世纪80年代一直存在着顺差，而进入20世纪90年代后，除1994年有5亿美元的顺差外，每年都是逆差，并且逆差呈不断扩大的趋势（见表12-4），这与中国货物贸易连年顺差正好相反。中国服务业发展的基础相对薄弱，出口竞争力一直不强，这是出现逆差的根本原因。但是，分行业看，各部门贸易差额情况又有所不同。近年来，建筑服务、计算机和信息服务、咨询和其他服务项目是中国的优势产业，每年都有大量的顺差，而运输、旅游、保险服务、专有权利使用费和特许费服务的逆差增长迅速。

表12-4　2010—2014年中国服务贸易各部门贸易差额

亿美元

年份 部门	2010	2011	2012	2013	2014
运输	−290.5	−448.7	−469.5	−566.8	−579.0
旅游	−90.7	−241.2	−519.5	−769.2	−1 078.0
通信服务	0.8	5.4	1.4	0.3	−4.9
建筑服务	94.2	110.0	86.3	67.7	104.9
保险服务	−140.3	−167.2	−172.7	−181.0	−179.4
金融服务	−0.6	1.0	−0.4	−5.0	−9.0
计算机和信息服务	62.9	83.4	106.1	94.5	98.6
专有权利使用费和特许费	−122.1	−139.6	−167.1	−201.5	−219.7
咨询	76.8	98.1	134.3	169.5	166.0
广告、宣传	8.4	12.4	19.8	17.7	12.0
电影、音像	−2.5	−2.8	−4.3	−6.4	−7.2
其他商业服务	184.1	140.1	88.6	195.5	97.4
总计	−219.3	−549.2	−897.0	−1 184.6	−1 599.0

（数据来源：商务部《中国服务贸易统计2015》）

（四）中国服务贸易地区性差异较大

中国不同地区服务业发展水平存在着明显的差异，东部沿海地区的服务业发展水平明显高于中西部地区，而且在东部沿海地区，不同省市之间又存在较大的差异。最为发达的北京、上海、广东等东部省市的工业化任务基本完成，服务业发展结构正由传统服务业为主开始向现代服务业为主转变，金融、物流等生产性服务业在经济发展中的带动作用显著增强，这些地区的信息咨询、商务服务、计算机服务和软件业等新兴服务业增长迅速，这些行业已逐步成为这些地区服务业和服务贸易发展的主力军。近年来,尽管中西部地区服务业发展速度较快,其增速与东部地区相比,差距已大为缩小,但其服务业发展的社会化、市场化程度不高,仍然以批发零售业、交通运输仓储和邮政业等传统服务业为主体,发展层次较低,这些地区服务贸易占全国服务贸易进出口总额的比重仍然较低。

二、多边和区域服务贸易自由化中的中国

(一)中国有关服务贸易的入世承诺

自乌拉圭回合开始,服务贸易就被正式纳入多边贸易谈判框架,而《服务贸易总协定》的签署更是使多边服务贸易自由化步入高速发展的轨道。中国加入世界贸易组织后,有关服务贸易的开放承诺主要遵循 2001 年入世议定书附件 9——《服务贸易具体承诺减让表》,承诺表由两个部分构成:水平承诺(适用于减让表中所有服务部门)和具体承诺(针对特定服务部门)。

根据盛斌(2002)的研究,在 149 个服务分部门中,中国对其中 82 个部门做出了约束性承诺(占比 55%),如果排除视听、邮政、速递、基础电信、金融、运输服务等 46 个敏感部门,我国的承诺比例会上升到 63%。以总体减让水平与 WTO 中的发达经济体(25 国)、发展中经济体(77 国)和转型经济体(4 国)相比,我国有关服务贸易开放承诺的数量略低于发达经济体,远远高于发展中经济体,是 WTO 中做出减让最多的发展中国家(见表 12-5)。

表 12-5 中国与 WTO 不同类型经济体开放承诺的比较

%

类型 \ 百分比	对 149 个服务分部门的承诺	对除视听、邮政、速递、基础电信、金融、运输服务外的服务分部门的承诺
中国	55	63
发达经济体	64	82
发展中经济体	16	19
转型经济体	52	66

(资料来源:盛斌. 中国加入 WTO 服务贸易自由化的评估与分析.《世界经济》,2002 年第 8 期)

《服务贸易具体承诺减让表》同时对 11 大类服务部门的市场准入和国民待遇的具体承诺进行了规定。比如在市场准入承诺上,金融服务部门的证券服务业的市场准入承诺主要针对商业存在:自加入时起,外国证券机构在中国的代表处可以成为所有中国证券交易所的特别会员;自加入时起,允许外国服务提供者设立合资公司,从事国内证券投资基金管理业务,外资占比最多可达 33%。中国入世后 3 年内,外资占比应增加至 49%。中国入世后 3 年内,将允许外国证券公司设立合资公司,外资拥有不超过 1/3 的少数股权,合资公司可从事(不通过中方中介)A 股的承销、B 股和 H 股及政府和公司债券的承销和交易、基金的发起。此外,还具体规定了商业、通信、建筑、分销、教育、环境、金融、健康、旅游、娱乐、运输等服务部门的市场准入和国民待遇。

（二）发展服务贸易自由化对中国的意义

首先，多边和区域服务贸易自由化有利于为国内经济发展提供稳定的增长引擎。从全球经济发展来看，人类已经步入了服务经济发展和制度创新的新时代。这主要体现在三个方面：一是服务业成为全球 GDP 增长的重要源泉。2015 年联合国贸发组织公布的最新数据显示，全球 GDP 的 2/3 来自服务业。二是服务业是全球吸纳就业人口最多的行业。国际劳工组织的数据显示，服务业对全球就业的贡献率由 2000 年的 39.1%提高到 2013 年的 45.1%，超过工业和农业。三是服务业有利于促进经济的可持续发展。联合国贸发组织的最新研究认为，可持续发展目标的实现要依赖基本服务，如健康、教育、卫生、能源，以及基础设施和创新等，因此，发展服务经济更有利于实现可持续发展的目标。

其次，中国加入多边和区域服务贸易自由化进程将有效保持对外贸易的平稳较快增长。例如，2008 年金融危机后，国内货物进出口和贸易顺差规模都所有下降，致使出口的经济拉动作用一度降低。然而，根据商务部统计，2010 年 1—9 月，中国与 10 个自贸伙伴（东盟、巴基斯坦、智利、新加坡、新西兰、秘鲁、哥斯达黎加、中国香港、中国澳门、中国台湾）的双边贸易额达到 5 213 亿美元，已占外贸总额的 24%。剔除中国港澳台地区，与 7 个自贸伙伴的双边贸易额达到 2 511 亿美元，同比增长 43.7%，高于同期外贸总额 37.9%的增速。其中，与东盟、智利、秘鲁、新西兰的贸易增速分别高出同期外贸总额增速 5.8、12.3、9 和 3.7 个百分点。

再次，多边和区域服务贸易自由化有利于促进中国与其他国家的合作与交流。中国签署的自由贸易协定中的服务贸易部分对中国服务贸易规模的扩大和质量的提升将起关键作用，而且能在有效保护本国重点服务业的前提下，通过对话和开放式谈判，为政府和国内企业在服务贸易领域的信息交流、技术转让等提供机会，从而在客观上推动本国服务业和服务贸易的发展。

最后，多边和区域服务贸易自由化为更多国内服务业企业的发展壮大提供了契机，很多企业也因此走出国门。一方面，外国服务提供商的进入能帮助国内企业了解其他国家有关服务立法和管理措施；另一方面，服务贸易市场准入和国民待遇的相关条款可以有效地促进国内服务企业走出去，在公平、开放的环境中参与国际竞争。

本章小结

本章着重介绍国际服务贸易的概念、特征、分类和统计方法；分析比较优势理论、配第-克拉克定理和全球价值链理论在服务贸易中的应用，阐述《服务贸易总协定》的主要内容，最后对中国服务贸易发展概况做出介绍说明。

关键词

国际服务贸易　　比较优势理论　　配第-克拉克定理　　全球价值链理论《服务贸易总协定》服务贸易自由化

复习思考题

1. 与国际货物贸易相比,国际服务贸易有何特征?
2. 简述国际服务贸易的统计方法。
3. 简述全球价值链理论在服务贸易中的应用。
4. 简述《服务贸易总协定》的主要内容。
5. 简述发展服务贸易自由化对中国的意义。

第十三章

跨境电子商务

引导案例

"小笨鸟"发力跨境电子商务第四方平台

创新的商业模式,以及品牌化加本土化加全渠道运营的优势使小笨鸟在跨境电子商务的一片蓝海里飞得高、飞得快。短短不到一年时间,它已经发展成为拥有 8 000 多家会员企业、国内占地 3 500 平方米、135 名员工(其中 23 名为美国办公室员工),同时拥有 500 平方米美国办公室的企业。而借助政策的鼓励,小笨鸟还将飞得更高、更远。小笨鸟董事长许丹霞说,国家和部委层面近期密集出台了支持跨境电子商务的系列政策。尤其是 6 月 10 日的国务院常务会议指出,用"互联网+外贸"实现优进优出,并提出促进跨境电子商务健康快速发展的四大举措。可以说跨境电子商务的发展迎来了最好的时代。在政策的助推之下,预计之后还会以几何级数继续增长。

小笨鸟是什么?小笨鸟董事长许丹霞把它定义为"第四方平台",简单地说,就是将诸如亚马逊、eBay、Newegg 等国外成熟网站整合在"小笨鸟"这一个平台之上,国内卖家只需要通过注册小笨鸟账号,就可以对接上述国外网站在全球的站点。

"现在国内做出口跨境电子商务的平台都在国内,而事实上国外的平台已经很成熟也更加当地化,就像中国消费者要购物就会选择淘宝网、京东,而美国消费者更愿意选择亚马逊一样,所以,我们认为,相对于花费大量的时间精力金钱成本自己搭建一个效果并不好的平台,不如利用国外的平台。"许丹霞说。

那么,直接利用境外的电子商务平台可行吗?据了解,除了语言障碍之外,各大电子商务平台的政策和流程都很烦琐,申请开店需要提供大量的认证资料及证明,门槛非常高。即便开店成功,对于发布产品的数量、账号运行时间、登录地点以及所销售的品类等都有很严苛的要求。除此之外,境外电子商务平台不同站点之间往往交易接口、规则都有不同,甚至股份结构、董事会结构也不同,就像两家完全不同的公司一样。国内卖家需要一一了解并且在不同的站点注册账号。

不同的平台、不同的国家、不同的站点、不同的支付方式、不同的运营规则、不同的产品分类……用户使用方面的难度之大可想而知。而在小笨鸟平台上，只需要一个账户就能让商品高效、便捷地呈现在国外消费者面前。国内卖家只需要在小笨鸟全中文界面上完成注册、产品发布、发货等操作，国外的消费者就可以"穿过这只隐形的小笨鸟"直接在当地的电子商务平台上选择产品完成购买。

让商品一键对接至全球各大电子商务平台，可以免去了多站点间烦琐的操作流程。对于企业而言，这大大节省了时间成本，使得商品刊登效率大幅提高。"中国的企业选择做跨境贸易，关键是选对平台，而小笨鸟网络恰恰是替中国的企业做出了这样一个选择，并且把这些平台通过小笨鸟网络跨境平台统一管理，而这就是小笨鸟特色。"许丹霞说。

作为一家初创的毫无名气的小公司，去打动像亚马逊、eBay、Newegg 这样的大企业，确实太难了。"一开始连面都见不到，后来争取到 20 分钟介绍时间，没想到一谈就几个小时，他们非常认同我们的模式和理念。"她总结说，应该是我们对产品质量的把控，以及我们的创新模式给境外平台带来的流量提升，是他们最为看重的，也是为他们增值的部分。

2005 年，王金玲从黑龙江来到北京雅宝路开设了一家皮草制品店，最近几年随着经济形势的变化，她也面临着订单下降的窘境。2014 年 9 月，她抱着试一试的心态，通过小笨鸟将产品发布到海外两大知名电子商务平台。依靠小笨鸟在海外本地化团队的市场调研和分析，结合自身产品的特色和卖点，她开发出几款全新的水貂皮帽，灵活运用小笨鸟大数据平台随时调整产品价格，在短时间内销量一路飙升。

小笨鸟不能只做简单的刊登产品的平台，更要为用户提供一站式全方位服务。跨境电子商务的关键，是物流和海外仓。据介绍，小笨鸟在全球多个国家和地区设立了海外仓。小笨鸟还在多个国家设立了实体的运营中心。运营中心所处的地点都是城市的黄金地段，除了有展示功能外，更多的是线下交易功能，集展厅、零售、批发于一体。此外，不同国家、不同地区、不同的消费理念、不同的产品需求，面对差异化的市场环境，哪些产品适合销往哪些国家？哪些产品适合哪个平台销售？怎么样制定有效的定价策略？如何降低仓储及物流成本？为了解决这些用户最为关心的问题，小笨鸟做足了内功，从市场调研、平台开发、海外布局等都有一支专业的数据分析队伍进行评估和反馈。

许丹霞分析说，小笨鸟通过区域大数据应用，与更多的全国知名平台深度合作，打通了跨界电子商务销售的环节，帮助中国企业更加高效、快速地开拓海外市场。

"我们不仅仅是帮用户把产品信息发布出去，还要帮用户思考如何才能把产品卖出去、卖得好。"目前，小笨鸟已经与全球知名的三大搜索引擎都达成了合作协议。

"我们要做的事情还有很多，下一步，我们将主动筛选境外最为本土化、做得最好的平台，与他们合作，最大限度地将中国的品牌更好地推向世界。"许丹霞说。

（资料来源：《经济参考报》，2015-06-12）

教学目标

1. 理解跨境电子商务的概念、形式和主要特点。
2. 掌握跨境电子商务的主要运营模式。
3. 理解跨境电子商务对国际贸易的影响。
4. 理解跨境电子商务发展中的主要问题。

5. 了解促进跨境电子商务发展的政策措施。

第一节 跨境电子商务概述

一、跨境电子商务的概念

随着互联网的飞速发展以及"互联网+"的出现，我国跨境电子商务行业有了很大的发展。特别是在近几年，已经形成了一定的产业集聚和交易规模。有关数据显示，2014年我国跨境电子商务进口交易规模约4.2万亿元，同比增长33.3%。商务部发布的全球贸易格局报告预测，2016年我国跨境电子商务进出口额将增长至6.5万亿元，年增速将超过30%。在全球范围内，跨境电子商务呈现星火燎原之势。美国、印度、巴西、俄罗斯、英国、东南亚等国家和地区的消费者对跨境电子商务的接纳程度越来越高，预计到2018年，跨境电子商务消费额将达3 070亿美元。

跨境电子商务主要是指不同国家或地区间的交易双方（个人或企业）通过运用互联网、相关电子商务平台以及国际物流实现跨境交易的一种国际商业活动，被社会普遍认为是一种以电子数据交换和网上交易为主要内容的商业模式。其包括出口和进口两个层面的总和。跨境电子商务是分属不同关境的交易主体，通过电子商务平台达成交易，进行支付结算，并通过跨境物流送达商品、完成交易的一种国际性的商务活动。跨境电子商务概念可以分为广义和狭义两种说法。从狭义上看，跨境电子商务实际上基本等同于跨境零售。跨境零售指的是分属于不同关境的交易主体，借助计算机网络达成交易，进行支付结算，并采用快件、小包等行邮的方式通过跨境物流将商品送达消费者手中的交易过程。跨境电子商务在国际上流行的说法叫Cross-border E-commerce，其实指的都是跨境零售，通常跨境电子商务从海关来说等同于在网上进行小包的买卖，基本上针对消费者。从严格意义上说，随着跨境电子商务的发展，跨境零售消费者中也会含有一部分碎片化小额买卖的B类商家用户，但现实中这类小B商家和C类个人消费者很难区分，也很难界定小B商家和C类个人消费者之间的严格界限，所以，从总体来讲，这部分针对小B的销售也归属于跨境零售部分。从广义上看，跨境电子商务基本等同于外贸电子商务，是指分属不同关境的交易主体，通过电子商务的手段将传统进出口贸易中的展示、洽谈和成交环节电子化，并通过跨境物流送达商品、完成交易的一种国际商业活动。从更广意义上看，跨境电子商务指电子商务在进出口贸易中的应用，是传统国际贸易商务流程的电子化、数字化和网络化。它涉及许多方面的活动，包括货物的电子贸易、在线数据传递、电子资金划拨、电子货运单证等内容。从这个意义上看，在国际贸易环节中只要涉及电子商务应用都可以纳入这个统计范畴内。本文中跨境电子商务是指广义的跨境电子商务，主要指跨境电子商务中商品交易部分（不含跨境电子商务服务部分），不仅包含跨境电子商务交易中的跨境零售，还包括跨境电子商务B2B部分，不仅包括跨境电子商务B2B中通过跨境交易平台实现线上成交的部分，还包括跨境电子商务B2B中通过互联网渠道线上进行交易撮合线下实现成交的部分。

国际贸易进出口环节中一般要涉及国际货款结算、进出口通关、国际运输、保险等，同时还有安全性及风险控制等方面考虑，这使得跨境电子商务和境内电子商务有所不同。我国跨境电子商务主要分为企业对企业（即B2B）和企业对消费者（即B2C）的贸易模式。B2B

模式下，企业运用电子商务以广告和信息发布为主，成交和通关流程基本在线下完成；在 B2C 模式下，我国企业直接面对国外消费者，以销售个人消费品为主，物流方面主要采用航空小包、邮寄、快递等方式，其报关主体是邮政或者快递公司。跨境电子商务未来的发展空间可能表现在：由 B2C 转向 B2B，模式创新仍然集中在集约和整合，由交易到协同服务的商务模式转变。

二、跨境电子商务的特征

跨境电子商务是基于网络发展起来的，网络空间相对于物理空间来说是一个新空间，是一个由网址和密码组成的虚拟但客观存在的世界。网络空间独特的价值标准和行为模式深刻地影响着跨境电子商务，使其不同于传统的交易方式而呈现出自己的特点。跨国电子商务具有全球性（Global Forum）、无形性（Intangible）、匿名性（Anonymous）、即时性（Instantaneously）、无纸化（Paperless）、快速演进（Rapidly Evolving）等特征。

（一）全球性

由于网络具有全球性和非中心化的特征。依附于网络发生的跨境电子商务也因此具有了全球性和非中心化的特性。电子商务与传统的交易方式相比，其一个重要特点在于电子商务是一种无边界交易，丧失了传统交易所具有的地理因素。用户不需要考虑跨越国界就可以把产品尤其是高附加值产品和服务提交到市场。网络的全球性特征带来的积极影响是信息的最大程度的共享，消极影响是用户必须面临因文化、政治和法律的不同而产生的风险。任何人只要具备了一定的技术手段，在任何时候、任何地方都可以让信息进入网络，相互联系进行交易。比如，一家很小的中国床上用品在线公司，通过一个可供世界各地的消费者点击观看的跨境电子商务平台上的网页，就可以销售其产品，只要消费者接入了互联网。很难界定这一交易究竟是在哪个国家内发生的。但是这种远程交易的发展，也给税收当局制造了许多困难。税收权力只能严格地在一国范围内实施，网络的这种特性为税务机关对超越一国的在线交易行使税收管辖权带来了困难。

（二）无形性

数字化传输是通过不同类型的媒介，例如数据、声音和图像在全球化网络环境中集中而进行的，这些媒介在网络中是以计算机数据代码的形式出现的，因而是无形的。数字化产品和服务基于数字传输活动的特性也必然具有无形性，传统交易以实物交易为主，而在电子商务中，无形产品却可以替代实物成为交易的对象。以书籍为例，传统的纸质书籍，其排版、印刷、销售和购买被看作产品的生产、销售。然而在电子商务交易中，消费者只要购买网上的数据权便可以使用书中的知识和信息。

（三）匿名性

由于跨境电子商务具有非中心化和全球性的特性，因此很难识别电子商务用户的身份和其所处的地理位置。在线交易的消费者往往不显示自己的真实身份和自己的地理位置，重要的是这丝毫不影响交易的进行，网络的匿名性也允许消费者这样做。在虚拟社会里，隐匿身份的便利性会导致自由与责任的不对称。人们在这里可以享受最大的自由，却只承担最小的责任，甚至干脆逃避责任。电子商务交易的匿名性导致了逃避税收现象的恶化，网络的发展降低了避税成本，使电子商务避税更轻松易行。

（四）即时性

对于网络而言，传输的速度和地理距离无关。传统交易模式，信息交流方式如信函、电报、传真等，在信息的发送与接收间，存在着长短不同的时间差。而电子商务中的信息交流，无论实际时空距离远近，一方发送信息与另一方接收信息几乎是同时的，就如同生活中面对面交谈。某些数字化产品（如音像制品、软件等）的交易，还可以即时进行，订货、付款、交货都可以在瞬间完成。

（五）无纸化

电子商务主要采取无纸化操作的方式，这是以电子商务形式进行交易的主要特征。在电子商务中，电子计算机通信记录取代了一系列的纸面交易文件。用户主要通过发送或接收电子信息来完成沟通。由于电子信息以比特的形式存在和传送，整个信息发送和接收过程实现了无纸化。

（六）快速演进

互联网是一个新生事物，现阶段它尚处在幼年时期，网络设施和相应的软件协议的未来发展具有很大的不确定性。但税法制定者必须考虑的问题是，网络必将以前所未有的速度和无法预知的方式不断演进。基于互联网的电子商务活动也处在瞬息万变的过程中，短短的几十年中，电子交易经历了从EDI到电子商务零售业的兴起的过程，而数字化产品和服务更是花样翻新，不断改变着人类的生活。

三、跨境电子商务兴起的动因

跨境电子商务的核心功能表现在买卖双方能直接对接交易终端完成跨境交易，实现并满足不同国家（地区）客户的消费需求，最大限度地降低交易成本，减少进出口经营环节。如今，跨境电子商务已经发展成为一种新型的外贸方式。近年来，中国传统外贸发展速度明显放缓，对外贸易增长速度大幅下降，2013、2014、2015这三年，中国外贸增长速度仅为7.6%、2.3%、-7%。与此同时，跨境电子商务却保持了快速增长势头。有关数据显示，2014年我国跨境电子商务进口交易规模约4.2万亿元，同比增长33.3%。商务部发布的全球贸易格局报告预测，2016年我国跨境电子商务进出口额将增长至6.5万亿元，年增速将超过30%，其发展速度是传统外贸模式所无法比拟的。另外，跨境电子商务在中国进出口贸易中的比重也从2008年的4.4%提高到2012年的8.2%。总之，跨境电子商务以其巨大的发展潜力，正在颠覆传统进出口模式，成为中国对外贸易发展新的增长点和新动力。跨境电子商务快速发展的原因主要为宏观和微观两个层面：

（一）宏观层面

（1）跨境电子商务基础设施的成熟。

随着云计算、物联网和大数据等互联网核心技术的日益成熟和广泛应用，经济全球化步入互联网Web 3.0时代。PC机从早年的拨号上网，到如今的十兆、百兆带宽，从有线到无线，手机从只能打电话、发短信，到如今的3G、4G，将来5G、10G。从硬件方面来说，从早期庞大的柜式计算机，到现在的手掌式平板电脑和智能超薄型手机，十几年的光景，技术的进步让人眼花缭乱，网络已覆盖至全球绝大多数国家和地区。这些软硬件的突飞猛进，是跨境电子商务发展必要的基础条件。跨境电子商务在过去由于物流、支付等环节的问题，增长比较缓慢。事实上，除了京东、网易考拉等行业新入者外，像敦煌网、麦乐购等跨境电子商务平台其实已经存在相当长的时间，就拿总部位于美国的麦乐购来说，最早于2007年就正式进入了中国市场，主要为中国大陆的母婴用户提供物美价廉的海外进口商品。但是，由于受到诸多现实因素制约，一直处于缓慢发展阶段。而近年来，随着移动互联网的快速普及以及物流行业的发展，跨境电子商务平台的各个经营环节逐步完善，这使得后入的创业公司能够更容易切入市场当中。特别是在跨境支付环节，支付结算方式的多样性也激活了跨境电子商务平台用户的交易频次。

（2）传统国际贸易模式的转型。

说到跨境电子商务的兴起就不得不提及世界各国的经济不景气，全球经济低迷使得国际市场需求紧缩，给对外贸易企业以重创。然而，危机一定程度上变成了转机，长期以来的"集装箱"式的大额交易在危机中逐步被以数额小、次数多、速度快的订单取代，跨境电子商务因此获得了生存和发展的契机。在跨境电子商务兴起之前，传统的国际贸易兴旺发达，但它往往有多种限制，比如每次采购时有最低采购量的要求，也需要支付预付款，此外，买家需求封闭，交货周期也比较长，进出口环节多、时间长、成本高。"小批量"是指跨境电子商务相对于传统贸易而言，单笔订单大多是小批量，甚至是单件。柴跃廷指出，这是由于跨境电子商务实现了单个企业之间或单个企业与单个消费者之间的交易。跨境电子商务迅猛发展，全球大大小小的公司正通过这一新型的电子商务模式将商品卖到全世界。在这一势头的推动下，跨境电子商务平台不断壮大，国际快递和支付越来越顺畅便捷，消费者对跨境电子商务的接受程度也越来越高。在全球范围内，越来越多中小企业被外国网站吸引，因为在那里可以找到更便宜的商品，拥有更广泛的选择范围。跨境电子商务平台允许企业和个人绕开中间商直接从厂家那里购买数以千万计的商品。据统计，在前几年，75%的海外采购商计划使用在线外贸平台进行采购，这一比例在近几年呈逐年上升趋势。

（3）政府政策的推动。

跨境电子商务是当前各级政府正力推的新型贸易方式之一。近年来跨境电子商务的发展吸引了社会各界的密切关注，政府部门也高度关注我国跨境电子商务的未来发展，积极引导企业参与跨境电子商务。为了营造一个有利于其发展的环境，各部门纷纷出台相关措施，旨在建立和完善电子商务发展的公共基础设施，帮助企业清除发展道路上的障碍。近年来，国务院出台了支持跨境电子商务发展的相关文件，海关、检验检疫、国税、人民银行也相继推出了配套政策举措。2012年3月12日，商务部出台《关于电子商务平台开展对外贸易的若干意见》，其充分认识到跨境电子商务对我国开展外贸的重要意义，也将时刻支持和监督电子商务平台的跨境贸易。2012年12月由国家发改委、海关总署共同开展的国家跨境电子商务服务试点工作在郑州正式启动，郑州和一同被选为试点城市的上海、重庆、杭州、宁波一起，成为我国跨境电子商务的试验田，不但能给其他城市跨境电子商务发展提供经验和技术支持，政府还能将从中总结和制定通关、结汇的管理办法，更好地致力于我国跨境电子商务的发展。2014年8月1日，海关总署"56号文件"《关于跨境贸易电子商务进出境货物、物品有关监管事宜的公告》正式实施，我国跨境电子商务进入全面推广的新阶段。2015年6月，国务院印发《关于促进跨境电子商务健康快速发展的指导意见》，明确提出，既普遍支持国内企业利用电子商务开展对外贸易，又突出重点，鼓励有实力的企业做大做强。这为跨境电子商务企业的成长创造了更优越的政策环境。

（二）微观层面

当然，跨境电子商务平台的大爆发最重要的还是要归结于目前电子商务用户对于境外品质商品的刚需。目前，跨境电子商务平台上基本上都是具备中等收入的白领中产家庭，他们更加追求生活品质，也对更高品质的商品有刚性需求。事实上，在此之前，朋友圈海外代购能够火爆也是这个原因。消费需求和消费观念升级，中国中产阶级电子商务用户目前在5亿左右，消费升级需求旺盛，"80、90后"人群购买商品的关注点倾向于食品安全、品质优良、品类多样、价格合理等方面。特别是新一代的年轻家庭有更强的经济消费能力，而且有更强烈的欲望为自己的宝宝提供更好更健康的生活环境。也因为如此，在跨境电子商务平台上母婴类商品是最受用户欢迎的，目前不少平台是围绕着母婴产品来展开业务的，比如麦乐购便是其中之一。另外，旅游、海归群体的消费习惯辐射带动周围亲友海淘，对海外品牌认知度不断提高。这些都促进了跨境电子商务的发展。

专栏 13-1　　跨境电子商务对传统国际贸易的影响

随着跨境电子商务的快速发展，在进出口贸易占比不断增加的条件之下，跨境电子商务贸易逐步对传统国际贸易形成影响。一是在经营主体方面。经营主体更加多样化，虚拟企业与贸易企业的合作方式，成为跨境电子商务发展的新模式。二是在交易方式方面。通过网络通信的方式，极大地提高了贸易效率，改变了传统国际贸易中电话或面对面的业务交易方式。三是在经营、营销模式方面。依托于互联网实现企业经营与营销的模式都发生了本质上的转变。因此，分析跨境电子商务对传统国际贸易的影响，主要从以下3个方面展开：

1. 经营主体发生改变

在跨境电子商务领域，国际贸易的经营主体发生了改变。首先，跨境电子商务贸易依托于互联网技术，"虚拟企业"成为跨境电子商务贸易中，经营主体的主要存在形式之一。"虚拟企业"依托互联网而存在，通过互联网提供跨境电子商务贸易服务。其次，"虚拟企业"+贸易企业的合作方式，也是当前经营主体的主要形式。通过先进的信息技术，为消费者提供更加个性化、多元化的服务，进而适应当前电子商务贸易发展的需求。最后，互联网平台的开放性，让跨境电子商务链中的各个要素形成了更加紧密的关系，跨境电子商务与国外厂商之间的合作得到强化，三大主流电子商务模式的构建，对于构建完善的电子商务贸易服务链条，起到了十分重要的作用。因此，跨境电子商务的快速发展，改变了传统国际贸易的经营主体，实现了更加多元化的发展结构。

2. 交易方式发生改变

在传统国际贸易中，面对面等形式的交易，不仅交易效率低，而且易于出现贸易误差。而跨境电子商务时代的到来使交易方式变得更加便捷，高效率的贸易方式符合当前快速发展的经济需求。在互联网通信的方式之下，不仅可以降低传统交易方式中的采购及运输等成本，而且为"零库存"的交易目标创造了条件。此外，EDI技术下的跨境电子商务，实现了交易的实时、自动进行，这极大地简化了传统国际贸易流程。因此，在新的经济环境、新的商务模式之下，贸易方式的改变，为国际贸易提供了更加便捷、高效、低成本的贸易方式。

3. 经营模式与营销方式发生改变

经营模式的改变是跨境电子商务最为显著的改变之一。在传统国际贸易中，物流外贸企业的经营模式冗长，而跨境电子商务之下，形成了全面结合企业的信息流、资金流及业务流于一体的经营模式，提高了企业经营管理的效率。与此同时，传统国际贸易的营销方式有"效率低、成本高"的特点，这对于跨境贸易企业而言，无疑是巨大的成本支出。跨境电子商务可以弥补传统营销方式中的不足，通过互联网平台下的营销模式，不仅提高了客户选购商品的效率，而且极大地降低了营销成本，对于降低跨境贸易企业经营成本，也起到十分重要的作用。

第二节　跨境电子商务的运营模式和实践模式

（一）跨境电子商务的运营模式

我国跨境电子商务运营模式主要由第三方服务平台模式、自建跨境电子商务平台模式、外贸电子商务代运营服务商模式等不同类型模式构成。随着跨境电子商务技术的发展和跨境电子商务政策的完善以及信用体系的建立，跨境电子商务模式将从传统提供信息服务向提供交易、支付、信用担保、物流配送等综合服务模式转变，进而通过运营模式的转变促进跨境国际贸易的增长、推动进出口贸易的发展。

（1）第三方服务平台模式。第三方跨境电子商务平台提供统一的销售平台，平台一方是作为卖家的国内外贸企业，另一方是作为海外买家的消费者，阿里速卖通、敦煌网、易唐网、贝通网、联畅网都属于这类外贸零售交易平台（外贸中小企业第三方平台）。作为第三方平台提供方，为外贸企业自主交易提供信息流、资金流和物流服务的中间平台，它们不参与物流、支付等中间交易环节，其盈利方式是在交易价格的基础上增加一定比例的佣金作为收益。

第三方跨境电子商务平台比较稳定，具有完善的物流体系、支付平台，实力比较雄厚。第三方跨境电子商务平台一般不收年费，只收取一定比例的佣金。所以小微企业或刚起步的新企业常常选择第三方平台开展外贸业务；第三方平台模式的优势在于可以增加较多供应商自主上传产品的入口，突破网站后端供货的瓶颈，便于将电子商务平台打造成运营中心，形成规模效应。平台方式的跨境电子商务是目前跨境电子商务的主流，不仅仅是因为这种模式的影响力和可操作性更大，更重要的是目前资本市场更加看重该模式的发展和推广，因此很多以平台模式为基础的跨境电子商务会集聚在这几年纷纷上市。当然正如前文所述，平台式的跨境电子商务正在逐步向综合服务商转型，同时会将产业链条延伸到上下游，进行利润管控。

阿里巴巴就是平台模式向综合服务商模式转型的案例，阿里巴巴不再仅仅局限于提供一种交易信息的交互平台，其要打造的是一个外贸生态圈，一站式的服务，将物流、支付等都集成一体，通过大数据的积累和分析，建立一整套的外贸信用体系，从而完善整个外贸环节，降低风险，增加客户对其的依赖和信任度。

（2）自建跨境电子商务平台模式。随着第三方平台日益成熟、稳步发展，平台卖家之间的竞争也日渐激烈。一些实力强大的外贸企业建立了自己独立的跨境外贸电子商务平台网站，像兰亭集势、米兰网、帝科思、兴隆兴、大龙网这类企业自己联系国内外贸企业作为供货商，即平台直接从外贸企业采购商品，买断货源，然后通过自建的平台，将产品销往海外，其盈利模式就是利润，电子商务平台企业本身是独立的销售商。2007年创建的兰亭集势，创新了商业模式，省去所有中间环节，直接对接中国制造商和外国消费者。兰亭集势在搜索引擎优化以及关键词竞价排名上的技术优势，使得它能够花最少的费用获得巨大的网络推广效益，进而为其带来非常可观的流量和销售收入；兰亭集势直接向供应商采购商品，有自己的定价权，还可以定制产品。创新的商业模式、领先的精准网络营销技术、世界一流的供应链体系，使兰亭集势被业界认为是外贸领头羊。

（3）外贸电子商务代运营服务商模式。如四海商舟、锐意企创这种模式是服务提供商不直接或间接参与任何电子商务的买卖过程，而是为从事跨境外贸电子商务的中小企业提供不同的服务模块，如市场研究模块、营销商务平台建设模块、海外营销解决方案模块等。这些企业以电子商务服务商身份帮助外贸企业建设独立的电子商务网站平台，并能提供全方位的电子商务解决方案，使其直接把商品销售给国外零售商或消费者。服务提供商能够提供一站式电子商务解决方案，并能帮助外贸企业建立定制的个性化电子商务平台，盈利模式是赚取企业支付的服务费用。

（二）跨境电子商务的实践模式

2013年我国陆续批准了上海、重庆、杭州、宁波、郑州、广州6个城市成为跨境电子商务试点城市，开展跨境电子商务新政策试点，探索我国跨境电子商务的健康发展环境。在运作模式方面，各个试点城市各有所侧重，目前跨境电子商务主要有4种运作模式：一般出口模式、保税出口模式、直购进口模式和保税进口模式。上海申报试点直购进口模式、网购保税进口模式、一般出口模式；宁波申报试点网购保税进口模式、一般出口模式；杭州与上海一样申报三种模式；郑州申报试点网购保税进口模式、网购保税出口模式；重庆和广州申报试点四种模式。以下对这4种模式做简要介绍：

（1）一般出口模式。很多从事跨境电子商务出口业务的企业一直以来被迫处于"灰色"生存状态，大多缺乏正规的出口通道，不能正规办理出口报关单，因此不能获得合法结汇，也不能享受退税优惠。这种无法阳光化的跨境电子商务出口的情况严重影响了我国跨境电子商务出口的发展，导致了从事跨境电子商务出口企业无法做强做大，企业要面临法律风险，国家也会损失巨额税收。跨境电子商务试点主要通过利用信息技术手段建立销售、清关、物流等信息共享平台，通过"清单核放、汇总申报"管理模式，解决电子商务出口退税、结汇问题。建立与电子商务相适应的网络化管理模式，通过电子商务、物流、支付企业与海关、国税、外汇等口岸管理部门的系统对接，实现信息及时共享，监管前推后移，通过无纸化申报和随附单据电子化，对交易、支付、物流和申报数据的交叉核对，不但提升了通关速度，降低了企业通关成本，也提升了监管效率和严密性。

（2）保税出口模式。保税出口模式是利用保税区特殊区域的特点，商家将商品集中运进保税区，完成出口报关手续，然后根据订单情况由保税区分包运往世界各地，实现跨境电子商务的阳关通道，同时也缩短了收货时间。但是商品运出保税区才能办理退税等手续，增加了企业的仓储和税收等成本。根据保税区的规定，境内货物进入保税区内视同货物出口，应向海关办理出口报关手续。但是这些货物没有全部销售出口，需要退回境内，如果按照传统做法，在进区、出区环节都必须逐单向海关申报，会大大增加企业的通关成本。深圳前海湾保税港区对保税出口模式的政策创新进行了积极的尝试，采用"暂存入库"的办法，将境内进入保税区的货物设置成"暂存入库"状态，如果货物最后被销售出口，电子商务企业就向海关报关，如果没有销售出去，则可以直接退回境内，从而大幅降低了企业的通关成本。

（3）直购进口模式。直购进口模式是指消费者通过互联网直接和国外的卖家进行交易，通过电子商务平台完成挑选、咨询、下单、付款等交易环节。国外卖家在完成网上交易后，通过邮件或快件的运输方式把商品运输入境。在此过程中电子商务平台将交易的电子订单、支付凭证、电子运单等实时传输给海关，海关将根据电子交易信息，通过跨境电子商务专门监管通道实现快速通关，并按照个人邮寄物品征税。与传统的"海淘"模式相比，直购进口模式清关操作更为阳光，购买商品的来源、质量和服务都比较有保障。阿里巴巴集团旗下天猫国际就是直购进口模式的典型代表，主要向国内消费者直供海外原装进口商品，目前主要经营服装、婴幼儿用品、食品、运动用品、箱包等类商品，定位在中高端。天猫国际采用全中文界面，采用支付宝支付，按人民币结算，商品的价格，以及关税和物流费用均一目了然。与此同时，天猫国际与杭州海关积极开展跨境电子商务试点，通过杭州跨境电子商务园内的海关和国检绿色通道实现全程电子化快速通关，收货时间缩短为7~10天。天猫国际大大方便了国内消费者购买国外的商品。

（4）保税进口模式。保税进口模式首先将在国内销量较大的国外商品整批运达国内保税区，保税区内的仓储费用由商家承担，所有商品都在保税区海关的监管之下。消费者在网上下单后，商品从保税区直接发货，在保税区实现海关、国检等监管部门的快速通关，并利用国内物流快速送到消费者手中。保税进口模式首先在送货时间上，几乎和境内电子商务的送货时间一样，这样就大大增强了消费者的消费感受；其次，全程在海关的监管之下，实现阳关清关；再次，商品的质量可以得到保证，并且可提供退换货等完备的售后服务。天猫国际方面的数据显示截至目前有60%以上的订单通过保税模式完成。随着跨境电子商务试点保税进口模式的启动，上海的"跨境通"、宁波的"跨境购"等一批官方的跨境电子商务平台也纷纷开始上线运行。特别是上海自由贸易实验区的建立，进一步降低了保税进口模式的成本。亚马逊等国外大型电子商务企业以及阿里巴巴等国内电子商务的大企业都纷纷在自贸区布局，如亚马逊将在上海自贸区建立自己的大型物流仓储中心。

（三）跨境电子商务的物流模式

（1）建立电子商务企业物流战略联盟。从电子商务企业的角度出发，单独自营物流会增加企业的物流成本，但是，从规模经济效益来讲，跨境电子商务企业之间可以进行物流合作，建立物流战略联盟。由多个跨境电子商务企业分别在国内外各成立一个物流仓储中心，联盟的会员可以将货物运输至国内物流配送中心储存，海外买家下单后，物流配送中心根据发货指令发货至海外配送中心，海外配送中心再根据送货指令将货物配送至海外买家，反之亦然。

（2）第三方物流企业提供专业化的物流服务。第三方物流企业作为专业的物流服务方，为其客户提供的是全方位、高品质的物流服务。在我国，第三方物流普遍存在，但是为跨境电子商务提供专业化物流服务的第三方物流企业几乎没有。跨境电子商务不同于国内的电子商务，是跨国界的交易，其交易流程、物流运作是比较复杂的，在整个过程中，涉及国际运输、报关、报检等程序，这为跨境电子商务的运作带来了不便，如果有专业化的物流服务方为其处理这些问题，不但能提高物流运作效率，也可为跨境电子商务降低成本，提升客户购物满意度。

（3）选择海外仓储。海外仓储基于电子商务企业的实际需求，主要有自营和外包两种形式。外包仓储是目前跨境电子商务企业应用的主要物流运作方式，通过海外仓储专业供应商为其提供海外仓储服务，并为其配送商品服务完成交易。从成本方面考虑，对于跨境电子商务企业来说是较为符合其需求的一种物流运作方式。对于企业规模相对较大的跨境电子商务企业来说，不仅需要从成本方面考虑，还需要从客户体验、客户满意度、市场机会、商品管理、库存控制等方面考虑，可以选择自营海外仓储的方式进行运作，其优势在于提高客户满意度和市场响应速度，有效降低库存等。所以对于 B2C 和 B2B 跨境电子商务企业来说，自营仓储是一种有效的物流运作方式。

专栏 13-2　宁波跨境电子商务"一般进口"模式正式启动

作为全国首批跨境电子商务试点区域，宁波保税区有着扎实的基础和独特的优势。自 1992 年 11 月设立以来，运用其特有的功能、政策、区位优势，宁波保税区一直致力于国际贸易的发展。2012 年 12 月，国家商务部批准宁波保税区成为"国家进口贸易促进创新示范区"，着重探索推进进口贸易促进平台、进口贸易便利化、商贸物流综合配套、金融服务和电子商务服务等方面的功能政策创新，集聚一批进口贸易龙头项目和物流供应链型优质项目。2014 年，全区实现进出口额 139.9 亿美元，其中进口 68.8 亿美元，占宁波市的 21.8%，有 47 家企业位列全市进口企业 200 强。

自 2010 年开始，宁波保税区着手打造进口商品市场，已初步形成了保税区内和宁波进口中心近 30 万平方米的进口消费品展示交易平台，引进会员企业 600 多家，商品也从最初的进口葡萄酒向食品饮料、个护化妆、家居用品、服饰箱包、文化用品等五大类生活消费品拓展，逐步在省内外建成 10 个直销中心，建成了全国最大的实体进口商品市场。在做大做强线下市场的同时，宁波保税区积极拓展电子商务领域，打造"线上"市场。2013 年 4 月宁波保税区进口商品市场（ICTM）网上旗舰店入驻天猫，同时还跟京东、1 号店等电子商务平台洽谈合作，推进宁波进口商品网上市场建设。而跨境电子商务试点的开展，更有助于进口商品市场的线上线下融合，丰富市场渠道，提升市场影响力。

宁波保税区毗邻国际大港口，保税仓储物流是主体功能之一，区位功能优势明显。对电子商务来说，物流成本是其竞争力所在，跨境电子商务尤其如此。经过多年的发展，区内已经聚集 130 多家仓储物流企业，保税仓储面积 100 多万平方米，食品快消品仓库 5 万平方米，形成了以进口分拨、国际采购配送和第三方物流为特色的保税物流服务体系，这为跨境电子商务物流仓储提供了有力支撑。

跨境进口电子商务俗称"阳光海淘"，目前有"保税备货""保税集货""直邮进口"三种模式。宁波保税区依托临港优势，开启了"保税备货"模式，即：跨境商品先备货后有订单。跨境电子商务企业在国外统一提前采购商品，备货到保税区指定的跨境仓内，消费者网络下单后，电子商务企业办理海关通关手续，以个人物品形式申报出区，并代缴行邮税，海关审核通过后，电子商务企业委托物流公司派送到消费者手中。这一模式在2014年的"双十一"中也大获成功，1.1亿元的跨境电子商务进口交易额，让宁波保税区冠领全国。

第三节　跨境电子商务发展中的问题与政策措施

近些年，跨境电子商务取得了飞速的发展，作为一种新型的跨境贸易模式，具有许多灵活性和不可比拟的优势，但同时也存在不少问题和瓶颈。在这场无国界的网购热潮中还有许多方面制约和阻碍了跨境电子商务的发展。其中包括消费者差异、信用安全问题、支付问题及物流问题等方面的因素，解决这些问题是跨境电子商务良好、稳定发展的基本要求。

（一）消费者差异问题

跨境网络零售面对的是全世界范围的客户，这些客户来自于不同国家、不同地区，拥有不同的文化背景。他们不同的语言、偏爱、生活方式、购物习惯、性格特征都会对跨境网络零售中的客户忠诚度产生一定的影响，各国消费者在线购物的习惯迥然不同。就中国买家而言，中国消费者注重价格和品牌，对商品的样式有着严格的要求；有着从众心理，往往跟随潮流，特别喜欢购买明星同款；并且通常希望卖家送些小礼品或者给予满减优惠。而国外消费者对商品价值的重视程度高于对价格的关注，他们不善于还价，务实高效，非常注重效率和时间，追求长期利益。在跨境电子商务中，要注重研究不同文化差异下的消费者行为，采取针对性的营销策略。

（二）交易信用安全问题

电子商务是一种看不见摸不着的虚拟网络上的商务模式，买卖双方具有明显的信用不确定性。据相关数据显示，我国每年约有上亿消费者受到过各种网络诈骗或者虚假消息的侵害，诈骗数量和金额也是相当惊人。在国内电子商务因为信用安全问题顾虑之际，跨境电子商务也出现了诸如假冒伪劣产品、侵犯知识产权等问题而被海关扣留的事件，更有甚者，一些国内知名外贸电子商务网站也发生了信用欺诈事件。跨境电子商务交易是通过互联网完成的，商品实体及质量如何买家根本无法知道，万一由于质量或运输问题导致消费者对商品不满意，却因为跨国交易的各种限制使得自身的利益无法维护，那么消费者就会对跨境电子商务企业产生不信任感。数据表明，有90%的消费者担心交易的安全性。因此，这种跨境电子商务交易信用安全问题是阻碍跨境电子商务发展的一道屏障。而对于交易信用安全问题，解决的办法是发起一个负面清单，电子商务企业和行业协会可以依靠大数据系统积累这样一份负面清单，包括欺诈中介的负面清单、套现不良商家的负面清单以及犯罪分子的负面清单。

（三）支付安全与信息安全问题

随着全球一体化的加速，消费者网上跨境购物、跨境电子商务交易日趋频繁，而支付行业也随着电子商务蓬勃发展起来，交易方式日趋多样化，但是目前我国跨境外汇电子支付管理制度不健全，一些不法分子利用漏洞侵害着跨境电子支付的安全。由于电子商务交易具有虚拟性，这导致一些欺诈、洗钱、贿赂等非法交易很容易在网上进行，给电子商务行业和国家市场秩序带来严重的危害。又因为支付机构对用户缺乏科学严格的审核，也就无法识别每天大量的电子交易金额的真实流向,而国外的支付机构更加无法进行资金监管,这使得跨境违法交易日益频繁。在电子商务交易中买卖双方是通过虚拟平台、银行、第三方支付机构而完成交易的,交易双方并无实际接触,这无疑加大了核实交易主体的难度,使得电子商务交易信用风险增加。与此同时,国际信用卡客户可以利用第三方支付的充值功能,在进行银行信用卡充值后通过转账到借记卡实现套现,这为国内贪污受贿和洗钱提供了有效途径。跨境电子商务更为严重,因为国境和各国法律的不同导致虚拟平台对其身份的确定更为模糊,这就更加方便不法分子冒用或者盗用他人身份进行欺诈,或者通过各种诈骗手段盗取合法用户的身份信息,或者通过诈骗、盗取、篡改消费者的交易信息从而获得非法利益。支付安全和信息安全是电子商务活动的基础,随着整个电子商务行业的发展和科技的提高,非法者能够使用的手段也会增加,这使得网络交易安全问题更为复杂。在保证电子商务的信息安全方面,不仅要大力提高技术,还需政府政策的大力支持,不断完善相关法律并进行有效的监管。

(四)物流问题

近年来,电子商务的规模不断扩大,电子商务物流面对的压力逐渐上升,同时客户对物流行业的服务要求不断提高,使得物流行业的问题逐渐浮出水面。以淘宝"双十一"为例,当天线上交易额巨大但是线下的发货速度及库存面积确实存在严重的问题,像爆仓、送错、漏送等现象频繁发生,由此可以看出国内物流水平还有待提高。国内物流尚且如此,面向更为广阔国际市场的跨境电子商务的问题更加严重。随着跨境电子商务的发展,跨境物流问题也越来越受到人们的重视。目前 B2C 电子商务物流模式有:国际小包、海外仓储、国际快递以及第三方物流仓储聚集运输。各个企业需要根据自身的产品、资金实力选择最适合的物流模式。第三方物流仓储集运能够良好快速地满足消费者的购物需求,成为大多数外贸企业的理想选择。

专栏 13-3　　跨境电子商务:不同通关模式下的海关监管方式存在差异

从目前通过跨境电子商务方式成交的商品看,现在跨境电子商务成交的商品,主要是通过三种方式跨越国界进出境:

(1)货物方式通关:我国进出口企业与外国批发商和零售商通过互联网线上进行产品展示和交易,线下按一般贸易完成的货物进出口,即跨境电子商务的企业对企业进出口,本质上仍属传统贸易,该部分以货物贸易方式进出境的商品,已经全部纳入海关贸易统计。此外有一些通过创建电子平台为外贸企业提供进出口服务的公司,如深圳的一达通,所实现的中小企业商品进出口,在实际过境过程中都向海关进行申报,海关全部纳入贸易统计。以货物方式通关的商品,由于是按传统的一般贸易方式完成的货物进出口,在通关商检、结汇及退税等方面运作相对成熟和规范。

(2)快件方式通关:跨境电子商务成交的商品通过快件的方式运输进境或者出境。海关总署通过对国内 5 家最大的快件公司进行调查显示,其中 95%以上的快件商品是按照进出口货物向海关进行报关,海关纳入货物统计范畴内,仅有不到 5%的比例是按照个人自用物品向海关申报,根据现行海关统计相关制度,这部分暂时还没有纳入海关贸易统计。

(3)邮件方式通关：通过邮局的邮政渠道，邮寄进出口跨境电子商务成交的商品，这部分主要是消费者所购买的日常消费用品，供自己自用。按照我国的海关法和国务院颁布的《海关统计条例》规定，个人自用的商品在自用合理数量范围内的实行建议报关的制度，不纳入海关的统计。

随着跨境电子商务的发展，贸易碎片化的现象越来越明显，过去传统贸易中有一部分通过碎片化方式转移到跨境电子商务，通过邮件、快件的方式进出境。海关总署正在研究积极完善统计制度，将来在制度完善的基础上纳入贸易统计。

具体从跨境电子商务贸易方式看，各种贸易方式下的通关方式存在一定的差异，具体情况如下：

(1)跨境电子商务B2B出口：在规模化方式出口的情况下，按货物方式进行的一般贸易出口本质上仍属于传统贸易，流程规范、运作相对成熟；在碎片化方式出口的情况下，按快件及邮件方式出境，很难拿到海关正式报关单，在通关安检、结汇及退税方面存在问题。

(2)跨境电子商务B2B进口：从跨境电子商务B2B方面看，跨境电子商务B2B进口与跨境电子商务B2B出口整体情况基本一致。在规模化方式进口的情况下，按货物方式进行的一般贸易进口本质上仍属于传统贸易，流程规范、运作相对也较成熟；在碎片化方式进口的情况下，按快件及邮件方式入境，很难拿到海关正式报关单，在通关安检、结汇及退税方面也存在问题。

(3)跨境电子商务B2C出口：由于主要面对海外消费者，订单额较小、频率高，一般采用快件和邮寄的方式出境，暂时未纳入海关货物监管中，在通关商检、结汇及退税方面存在问题。

(4)跨境电子商务B2C进口：快件及邮件方式入境，主要是国内消费者购买的日常消费用品，用作个人自用，不纳入海关统计。由于国内消费者对海外商品需求旺盛，出现了"水客"、非法代购等问题，且目前按现行货物或物品方式监管可操作性较差，海关等部门也逐渐在规范和健全这部分商品的监管。

针对以快件或邮件方式通关的跨境贸易电子商务存在难以快速通关、规范结汇及退税等问题，海关总署组织有关示范城市开展跨境贸易电子商务服务试点工作，研究跨境电子商务相关基础信息标准规范、管理制度，提高通关管理和服务水平。试点工作主要从两个方面进行创新：一是政策业务创新，探索适应跨境电子商务发展的管理制度。二是信息化手段创新，依托电子口岸协调机制和平台建设优势，实现口岸相关部门与电子商务、支付、物流等企业的业务协同及数据共享，解决跨境电子商务存在的问题。2012年12月，海关总署在郑州召开跨境贸易电子商务服务试点工作启动部署会，上海、重庆等5个试点城市成为承建单位，标志着跨境贸易电子商务服务试点工作的全面启动。2013年10月，我国跨境电子商务城市试点开始在全国有条件的地方全面铺展。从试点城市特点来看，试点城市主要集中在物流集散地、口岸或是产品生产地等。跨境电子商务试点城市共有四种可申报的业务模式，不同城市的业务试点模式范围有明显的限定。国家海关总署明确可以做跨境电子商务进口试点的城市共有重庆、广州、上海等6个城市，其他获批的试点城市均只有出口试点的资格。

第四节　跨境电子商务未来发展趋势

一、交易特征：产品品类和销售市场更加多元化

随着跨境电子商务的发展，跨境电子商务交易呈现新的特征：交易产品向多品类延伸、交易对象向多区域拓展。

从销售产品品类看，跨境电子商务企业销售的产品品类从服装服饰、3C 电子、计算机及配件、家居园艺、珠宝、汽车配件、食品药品等便捷运输产品向家居、汽车等大型产品扩展。eBay 数据显示，eBay 平台上增速最快的三大品类依次为：家居园艺、汽配和时尚，且 71%的大卖家计划扩充现有产品品类，64%的大卖家计划延伸到其他产品线。不断拓展销售品类成为跨境电子商务企业业务扩张的重要手段，品类的不断拓展，不仅使"中国产品"和全球消费者的日常生活联系更加紧密，而且也有助于跨境电子商务企业抓住最具消费力的全球跨境网购群体。艾瑞分析认为，随着电子商务对人们日常生活的不断渗透与影响的不断加深，以及科技与物流解决方案的不断创新，跨境电子商务零售出口产业所覆盖的产品种类将持续扩充。

从销售目标市场看，以美国、英国、德国、澳大利亚为代表的成熟市场，由于跨境网购观念普及、消费习惯成熟、整体商业文明规范程度较高、物流配套设施完善等优势，在未来仍是跨境电子商务零售出口产业的主要目标市场，且将持续保持快速增长。与此同时，不断崛起的新兴市场正成为跨境电子商务零售出口产业的新动力：① 俄罗斯、巴西、印度等国家的本土电子商务企业并不发达，消费需求旺盛，中国制造的产品物美价廉，在这些国家的市场上优势巨大。② 大量企业也在拓展东南亚市场，印度尼西亚则是东南亚人口最多的国家，全球人口排名位居第四，具有巨大的消费潜力，目前，eBay、亚马逊等电子商务平台巨头都开始进入印度尼西亚市场。③ 在中东欧、拉丁美洲、中东和非洲等地区，电子商务的渗透率依然较低，有望在未来获得较大突破。

二、交易结构：B2C 占比提升，B2B 和 B2C 协同发展

随着物流、金融、互联网等国际贸易基础设施的改善和新技术的出现，国际贸易的形态也在不断演化。显著的变化之一是，产品从工厂到消费者的通路越来越多元化，跨境电子商务 B2C 这种业务模式逐渐受到企业重视，近两年出现了爆发式增长，究其原因，主要是因为跨境电子商务 B2C 具有一些明显的优势：① 利润空间大：相较于传统跨境模式，B2C 模式可以跳过传统贸易的所有中间环节，打造从工厂到产品的最短路径，从而赚取高额利润。② 有利于树立品牌形象：有利于国内不再满足做代工的工贸型企业和中国品牌利用跨境电子商务试水"走出去"战略，熟悉和适应海外市场，将中国制造、中国设计的产品带向全球开辟新的战线。③ 把握市场需求：直接面对终端消费者，有利于更好地把握市场需求，为客户提供个性化的定制服务。④ 市场广阔：与传统产品和市场单一的大额贸易相比，小额的 B2C 贸易更为灵活，产品销售不受地域限制，可以面向全球 200 多个国家和地区，可以有效地降低单一市场竞争压力，市场空间巨大。

艾瑞分析认为，随着物流、互联网技术的发展及利好政策的陆续发布，阻碍跨境电子商

务 B2C 发展的一些因素正在消减，B2C 在整体市场中的份额占比将进一步提升。但 B2B 作为全球贸易的主流，未来仍然会是中国企业开拓海外市场的最重要模式，B2B 和 B2C 将会协同发展。

跨境 B2C 的发展对中国制造出口企业来说无疑为扩展新业务提供了新的可能性。但需要注意的是，B2C 存在订单量小且不稳定的缺点，无法满足制造企业规模化生产的要求。此外，与国内 B2C 相比，B2C 市场都会有市场需求周期性明显、营销推广费用较高、用户获取难度较大等诸多问题，跨境电子商务 B2C 类企业与境外本土购物网站的竞争也是不可避免的。B2B 作为全球贸易的主流，在可以预见的未来仍然会是中国企业开拓海外市场的最重要模式；而 B2C 作为拉近与消费者距离的有效手段，对中国企业打响品牌，实现弯道超车，也将具有非常重要的作用。B2B 和 B2C 作为两种既区别又联系的业务模式，互补远远大于竞争，两者都能成为开拓海外市场的利器。

三、交易渠道：移动端成为跨境电子商务发展的重要推动力

移动技术的进步使线上与线下商务之间的界限逐渐模糊，以互联、无缝、多屏为核心的"全渠道"购物方式将快速发展。① 从 B2C 方面看，移动购物使消费者能够随时、随地、随心购物，极大地拉动市场需求，增加跨境零售出口电子商务企业的机会。② 从 B2B 方面看，全球贸易小额、碎片化发展的趋势明显，移动可以让跨国交易无缝完成，卖家随时随地做生意，白天卖家可以在仓库或工厂用手机上传产品图片，实现立时销售，晚上卖家可以回复询盘、接收订单。基于移动端做媒介，买卖双方沟通变得非常便捷。

移动跨境电子商务市场潜力：移动跨境电子商务的发展情况跟各国的互联网发展情况相关。对于美国之类的发达市场，互联网发展进程完备，跨境电子商务从 PC 到移动端的发展有很大的存量空间。在一些新兴市场，整个电子商务的发展水平可能是中国几年前的水平，比如说像俄罗斯、东南亚和非洲，大量用户不需要进入 PC 端跨境电子商务市场，直接进入移动跨境电子商务市场，这是未来移动跨境电子商务发展的巨大的增量市场。

跨境电子商务企业移动端发展情况：跨境电子商务企业移动端发展迅速。截至 2014 年 6 月，敦煌网移动端的访问量占到全平台访问量的 42%，敦煌网移动端订单数同比增长 215%。兰亭集势认为移动端是拉动营收的主要动力，在移动端采用多 App 发展战略，2014 第二季度移动订单数量占订单总量的 28.2%，比去年同期高 11.4 个百分点。未来移动端和 PC 端两个平台将深度融合，实现组合式采购。

四、产业生态：产业生态更为完善，各环节协同发展

跨境电子商务涵盖实物流、信息流、资金流、单证流，随着跨境电子商务经济的不断发展，软件公司、代运营公司、在线支付、物流公司等配套企业都开始围绕跨境电子商务企业进行集聚，服务内容涵盖网店装修、图片翻译描述、网站运营、营销、物流、退换货、金融服务、质检、保险等内容，整个行业生态体系越来越健全，分工更清晰，并逐渐呈现出生态化的特征。目前，我国跨境电子商务服务业已经初具规模，有力地推动了跨境电子商务行业的快速发展。

（1）从物流方面看，为适应跨境电子商务的需求，兼顾成本、速度、安全，甚至包含更多售后内容的物流服务产品应运而生，大量提供一体化服务的物流整合商也开始出现，如以

海外仓储为核心的跨境电子商务全程物流服务商已经出现，递四方、出口易等都强化了对物流和供应链的整合，在海外建立了物流仓储，通常小额跨境物流配送需要 15～30 天的时间，而通过对不同卖家需求的不同货运方式组合，这一配送时间已经大大缩短；此外，海外仓储建设的逐步完善更将提升卖家在国际贸易中的竞争地位。

（2）从金融服务看，国家外汇管理局向国内 17 家第三方支付机构授予了跨境电子商务外汇支付业务试点牌照，使得支付结算方式更加多元化，推动外贸电子商务发展。针对交易过程，跨境电子商务平台 eBay 与太平洋保险、中银保险针对平台卖家推出跨境交易保险产品。从互联网金融方面看，一些金融机构如中国银行、平安金科等向跨境电子商务企业提供无抵押的信用贷款，解决中小企业融资难的问题。

（3）除此之外，代运营服务、营销服务等公司也大量涌现，整个行业的产业系统更为完善，配套服务设施更为健全。跨境电子商务的发展不仅需要一个电子商务平台，它的上游还需要信息技术的引领，下游需要快递物流的支撑，只有信息流、资金流、物流三位一体的支撑到位，跨境电子商务才能颠覆传统商业模式，实现迅速的增长。

本章小结

本章着重介绍跨境电子商务的概念、特点、形式和快速发展的原因；阐述跨境电子商务对传统国际贸易的影响，分析跨境电子商务发展中产生的问题并提出建议。

关键词

跨境电子商务　跨境电子商务运营模式　跨国物流

复习思考题

1. 什么是跨境电子商务？
2. 结合某一行业的特点，分析其如何通过发展跨境电子商务进行产业升级。
3. 简述跨境电子商务对传统国际贸易的影响。
4. 试述跨国电子商务的发展中的主要问题及解决措施。

参 考 文 献

[1] [英] 亚当·斯密. 国民财富的性质和原因的研究（下卷）[M]. 郭大力, 王亚南, 译. 北京: 商务印书馆, 1974.

[2] [美] 查尔斯·R·麦克马尼斯. 不公平贸易行为概论 [M]. 陈宗胜, 王利华, 候利宏, 译. 北京: 中国社会科学出版社, 1997.

[3] [美] 罗萨·罗伯茨. 抉择: 关于自由贸易与贸易保护主义的寓言 [M]. 刘琳娜, 栾晔, 译. 北京: 中国人民大学出版社, 2002.

[4] [瑞典] 拉尔斯·马格努松. 重商主义经济学 [M]. 王根蓓, 陈雷, 译. 上海: 上海财经大学出版社, 2001.

[5] [美] 保罗·克鲁格曼. 战略性贸易政策与新国际经济学 [M]. 海闻, 等, 译. 北京: 中国人民大学出版社、北京大学出版社, 2000.

[6] [英] 大卫·格林纳韦. 国际贸易前沿问题 [M]. 冯雷, 译. 北京: 中国税务出版社, 2000.

[7] [美] 保罗·R·克鲁格曼, [美] 茅瑞斯·奥博斯法尔德. 国际经济学 [M]. 海闻, 译. 北京: 中国人民大学出版社, 1998.

[8] [美] 托马斯·A·普格尔, [美] 彼得·H·林德特. 国际经济学 [M]. 李克宁, 等, 译. 北京: 经济科学出版社, 2001.

[9] [法] 皮埃尔·库姆斯. 经济地理学: 区域和国家一体化 [M]. 安虎森, 等, 译. 北京: 中国人民大学出版社, 2011.

[10] [美] 布鲁诺·索尔尼克, [美] 丹尼斯·麦克利. 国际投资 [M]. 张成思, 译. 北京: 中国人民大学出版社, 2010.

[11] [美] 迈克尔·波特. 竞争优势 [M]. 陈丽芳, 译. 北京: 中信出版社, 2014.

[12] [英] 马克·布劳格. 经济学方法论的新趋势 [M]. 张大保, 李刚, 韩振明, 译. 北京: 经济科学出版社, 2000.

[13] 海闻, [美] P·林德特, 王新奎. 国际贸易 [M]. 上海: 上海人民出版社, 2003.

[14] [澳] 基姆·安德森. 中国经济比较优势的变化 [M]. 北京: 经济科学出版社, 1992.

[15] [法] 布阿吉尔贝尔. 布阿吉尔贝尔选集 [M]. 伍纯武, 梁守锵, 译. 北京: 商务印书馆, 1984.

[16] [古希腊] 柏拉图. 理想国, 第一卷 [M]. 吴献书, 译. 北京: 商务印书馆, 1957.

[17] [德] 恩格斯. 论封建制度的解体及资产阶级的兴起, 封建社会历史译文集 [M]. 上海: 三联书店, 1955.

[18] [德] 恩格斯. 政治经济学批判大纲, 马克思恩格斯全集第一卷 [M]. 北京: 人民出版社, 1956.

[19] [英] 大卫·李嘉图. 政治经济学及赋税原理 [M]. 郭大力, 王亚南, 译. 北京: 商务印书馆, 1972.

[20] [英] 托马斯·孟. 英国得自对外贸易的财富 [M]. 袁南宇, 译. 北京: 商务印书馆, 1959.

[21] [瑞典] 伯尔蒂尔·奥林. 地区间贸易和国际贸易 [M]. 王继祖, 译. 北京: 商务印书馆, 1986.

[22] 张二震. 国际贸易政策的研究与比较 [M]. 南京: 南京大学出版社, 1993.

[23] 尹翔硕. 发展中国家贸易发展战略研究 [M]. 上海: 复旦大学出版社, 1995.

[24] 刘力. 内撑外开: 发展大中国的贸易战略 [M]. 大连: 东北财经大学出版社, 1999.

[25] 朱立南. 国际贸易政策学 [M]. 北京：中国人民大学出版社，1996.
[26] 李金亮. 狭义国际经济学 [M]. 广州：暨南大学出版社，1992.
[27] 赵春明. 非关税壁垒的应对及运用 [M]. 北京：人民出版社，2001.
[28] 刘力，陈春宝. 国际贸易学——新体系与新思维 [M]. 北京：中共中央党校出版社，1999.
[29] 姚曾荫. 国际贸易概论 [M]. 北京：人民出版社，1987.
[30] 宋则行，樊亢. 世界经济史 [M]. 北京：经济科学出版社，1993.
[31] 张金水. 应用国际贸易学 [M]. 北京：清华大学出版社，2002.
[32] 佟家栋，周申. 国际贸易学：理论与政策 [M]. 北京：高等教育出版社，2003.
[33] 季铸. 世界贸易导论 [M]. 北京：经济科学出版社，2007.
[34] 许斌. 国际贸易 [M]. 北京：北京大学出版社，2009.
[35] 朱廷珺. 国际贸易 [M]. 第2版. 北京：北京大学出版社，2011.
[36] 范家琛. 国际贸易学 [M]. 北京：中国铁道出版社，2013.
[37] 陈宪，张鸿. 国际贸易——理论·政策·案例 [M]. 第3版. 上海：上海财经大学出版社，2012.
[38] 王光艳，龚晓莺. 国际贸易理论与政策 [M]. 北京：经济管理出版社，2013.
[39] 梁能. 国际商务 [M]. 上海：上海人民出版社，1999.
[40] 鲁友章，李宗正. 经济学说史（上册）[M]. 北京：人民出版社，1979.
[41] 张相文，曹亮. 国际贸易学 [M]. 第2版. 武汉：武汉大学出版社，2004.
[42] 周敏倩，竺杏月. 国际贸易理论、政策与案例 [M]. 南京：东南大学出版社，2013.
[43] 许心礼，等. 西方国际贸易新理论 [M]. 上海：复旦大学出版社，1989.
[44] 陈宪，应诚敏，韦金鸾，陈晨. 国际贸易：原理·政策·实务 [M]. 第3版. 上海：立信会计出版社，2013.
[45] 刘丁有. 国际贸易 [M]. 北京：对外经济贸易大学出版社，2013.
[46] 张锡嘏. 国际贸易 [M]. 第5版. 北京：对外经济贸易大学出版社，2013
[47] 陈宪，张鸿. 国际贸易——理论·政策·案例 [M]. 第3版. 上海：上海财经大学出版社，2012.
[48] 张汉林.WTO主要成员贸易政策体系与对策研究 [M]. 北京：经济科学出版社，2010.
[49] 龙永图. 世界贸易组织知识读本（修订本）[M]. 北京：中国对外经济贸易出版社，2001.
[50] 刘晨阳.亚太区域经济一体化问题研究 [M]. 天津：南开大学出版社，2009.
[51] 宋岩. 关税同盟福利效应 [M]. 北京：经济管理出版社，2007.
[52] 马静，郑晶.FDI、区域经济一体化与区域经济增长 [M]. 北京：中国经济出版社，2009.
[53] 綦建红. 国际投资学教程 [M]. 第3版. 北京：清华大学出版社，2012.
[54] 王红岩. 国际投资学教程 [M]. 上海：立信会计出版社，2007.
[55] 樊秀峰，薛新国. 国际投资与跨国公司 [M]. 第2版. 西安：西安交通大学出版社，2013.
[56] 张纪康. 跨国公司与直接投资 [M]. 上海：复旦大学出版社，2011.
[57] 易瑾超. 国际服务贸易教程 [M]. 北京：人民邮电出版社，2015.
[58] 缑先锋. 国际服务贸易 [M]. 上海：立信会计出版社，2012.
[59] 汪素芹. 国际服务贸易 [M]. 北京：对外经济贸易大学出版社，2011.
[60] 世界贸易组织秘书处. 乌拉圭回合协议导读[M]. 索必成，胡盈之，译. 北京：法律出版社，2001.
[61] 高功步，焦春凤. 电子商务 [M]. 北京：人民邮电出版社，2015.
[62] 李鹏博. 揭密跨境电商 [M]. 北京：电子工业出版社，2015.

［63］阿里巴巴商学院. 跨境电子商务基础、策略与实战［M］. 北京：电子工业出版社，2016.

［64］何传添. 跨境电子商务（出口篇）［M］. 北京：经济科学出版社，2016.

［65］Maneschi, Andrea. *Comparative Advantage in International Trade: A Historical Perspective*［M］. U.K.: Edward Elgar，1998.

［66］Routh, Guy. *The Origin of Economic Ideas*［M］. Vintage Books，1977.

［67］Viner. *The Role of Providence in the Social Order*［M］. Princeton：Princeton University Press，1972.

［68］Schumpeter, J. A.. *History of Economic Analysis*［M］. Oxford: Oxford University Press，1954.